叢書・ウニベルシタス　823

ハイデガーとフランス哲学

トム・ロックモア
北川東子／仲正昌樹 監訳

法政大学出版局

Tom Rockmore
HEIDEGGER AND FRENCH PHILOSOPHY
Humanism, antihumanism and being

Japanese Translation rights arranged with
Professor Tom Rockmore in Pittsburgh directly
through The Asano Agency, Inc. in Tokyo.

目次

謝辞

一冊の本を刊行する喜びの一つに、企画を遂行するに際して受けたさまざまな支援に対して感謝の気持ちを捧げるということがある。ノーブル・J・ディック財団には、書籍その他の資料を購入するための奨学金を提供して頂いたことに対して、デュケイン大学教養学部長のジョン・J・マクダネル博士には、単に論文を読むだけではなく、パリの国立図書館で研究滞在するためのフランスへの旅費を支給して頂いたことに対して、そしてまたアメリカ哲学会に対しては、同じ図書館に比較的長期にわたって滞在できるようフェローシップを与えて頂いたことに対して感謝の意を表したい。

序論

「かつて一つの星の如く世界の空にとどまり
続けし一つの思い、この思いに専一なること、
それこそが思惟である。」[*1]

二百年以上前に、天文学者たちは、十分な大きさを持つ恒星がその重力に従って、光を放つよりはむしろ吸収し、それゆえ文字どおり不可視のまま巨大な影響力を及ぼすということを推測した。[*2]今日、それはフランスにおけるハイデガー哲学の役割である。巨大であるが滅多に見ることのできない暗い恒星のように、ハイデガーは、フランスの哲学的な議論の性質と軌道を形づくり決定してきた。マイケル・ロスは、「フランス哲学へのハイデガーの影響が過大評価されすぎたということはほとんどない」[*3]と述べている。

以前の仕事の中で、[*4]私はハイデガー哲学と彼のナチズムとの関係を研究した。この本は、ハイデガー思想のフランスにおける受容についての自前で独自な探求を通して、ハイデガー理論と彼の政治との関係についての関心を継続するものである。われわれは、戦後フランスの基本的にヒューマニスト的なフランスの哲学的伝統において、ナチズムと結びつけられている哲学的な理論が支配的見解として出現するに至った過程――それはけっしてこれまで明白になっていない――を理解する必要がある。そして、最も重要な

フランスのハイデガー研究者の一人であるフィリップ・ラクー゠ラバルトの「ナチズムは、ヒューマニズムである」[*5]という最近の奇妙な主張を可能にした背景を把握する必要がある。

ハイデガー理論のフランスにおける受容についての研究は、主に以下の三つの理由から興味深い。まず第一に、こうした研究は、フランスの哲学的伝統のいくつかの主要な局面、とくに数世紀にわたる深いヒューマニズム的コミットメント――それは、フランスにおけるハイデガー理論の受容にとって極めて重要な意味を持つ――の輪郭を描き出す機会を提供する。第二に、それは哲学の哲学史に対する、広範にわたるがほとんど理解されてこなかった関係の特殊ケースを表している。端的に言ってわれわれは、どのようにして哲学が哲学的伝統に関係するのか知らないし、どのようにして哲学的諸理論が後の議論の中で用いられるか知らないのである。第三に、フランスでの受容の研究を通じて、ハイデガー理論における重要なものを学ぶ機会が与えられる。単純に言えば、この本は、第二次世界大戦後の期間に、ハイデガーがフランス哲学における主導的思想家、主要な「フランスの」哲学者になったことを主張する。そして、それ以上に、まず哲学的人間学と見なされ、後にポスト形而上学的ヒューマニズムと見なされることになったハイデガー理論のフランスにおける受容の大半が、体系的に失敗していることを主張する。

第二次世界大戦終結後のフランスにおけるハイデガー理論のインパクトは、一八世紀の終わりへと向かうドイツでの『純粋理性批判』の出版後に生じたカント理論のそれに比肩しうるものである。幾人かの哲学者たちはカント理論に興味を持たず、少数は異議申し立てした。しかし、大半の人にとってそれは、ドイツ哲学における直接的にポスト・カントの議論を支配するものであった。幾人かのフランスの哲学者は、ハイデガー理論に興味を持たなかったし、それを拒絶した者もいる。しかし、半世紀以上ものあいだ、それは、フランスの哲学に、いまだ明白な衰退の徴候を見せることのない決定的な影響を及ぼし続けている。

第二次世界大戦以降のフランスにおけるハイデガーの哲学的支配の性質は、カントの概念を通じて示唆することができよう。カントは、ある有名なくだりで、可能な経験と知識の対象に関わる主観の中心的な組織化する働きを描き出すために、コペルニクス的転回という天文学的比喩を採用した。[*6] 戦争の終結以来ハイデガーが次第に影響を増しながらフランスにおける主導的な哲学者になったとすれば、ハイデガー理論が今日のフランス哲学の中心的位置を占めているとすれば、彼の理論が、フランス哲学がその諸問題を編み出しその諸解決を捜し求める地平を形成しているとすれば、それは——自らの諸カテゴリーを討論へと運び込み、フランスの哲学的議論を構成しているという点で——統覚の超越論的統一性としてのカントの主観と、文字通り比較しうるものである。

ハイデガーの哲学的重要性は、主に彼の輝かしい初期の著作『存在と時間』によるものである。この本が一九二七年に現れた際、そのまぎれもない重要性はすみやかに認知され、その著者は、頁のインクが乾かないうちに哲学の舞台の中央へと推し出されることになった。オットー・ペゲラーは、この本の出現を、それによってもはや物事が以前のままでは在りえない、新たな仕方で哲学的風景を照らし出す閃光にたとえる。[*7] 一九三一年に、最初のフランス語訳のハイデガーのテクストを紹介した際、アレクサンドル・コイレは、「[ハイデガーの]実存の哲学は、西洋哲学の発展の新たな段階を確定するだけでなく、全く新たな時代へと向かう出発点を形づくるだろう」[*8]と主張した。

コイレの主張は、フランスで実際に現実のものとなった予言として読むことができる。それよりもさらにラディカルな見方が、フランスの一部の信奉者たちによって情熱的に喜んで受け入れられている。ハイデガー思想に最も詳しいフランスの哲学者の一人であり、ジャン・ボフレの死後はハイデガー思想とナチズムが直接的に結びついているとする見解に抗する最も粘り強いフランスでの擁護者となったフランソワ・フェディエは[*9]、フランス哲学は本質的にハイデガー的だと主張する。すなわち、「それは、非常に単純である。今日の哲学に対する関心は、ハイデガーに対する関心と不可分である。その帰結として、もし、フランスにおける哲学が生存しているならば、それは、ハイデガーが今世紀に成し遂げた巨大な仕事と密な関係〔etroitement en rapport〕の中にあるということになる」[*10]からである。だとすれば、ハイデガー理論が哲学にとって中心的であると確信するあれほど多くの哲学者たちが、一九八七年のヴィクトル・ファリアスの研究[*11]の出現に続くハイデガーのナチズム関与論争の再燃をフランス哲学への攻撃として感知したことは全く驚くに当たらない。

ハイデガー思想に対するフランスの関心を指摘しただけでは、どのように議論を進めてゆくかを述べたことにはならない。二つの主要な実行可能なアプローチは、コンテクスト主義と反コンテクスト主義である。哲学的な反コンテクスト主義者たちは、絶対知という伝統的な哲学概念からその手がかりを得ている。絶対知は、例えば、人間の認識能力という点でも、歴史的、概念的な文脈等々に関しても、あらゆる面で制限がない。デカルト、カント、エドムント・フッサールのような書き手は、知識が時間の内にありながら、時間的な性質を持たず、時間に制限されることがないと論じている。ヘーゲル、カール・マルクス、モーリス・メルロ゠ポンティのような他の人たちは、知識への要求が、時間の内にあるだけでなく、時間的な性質を持っており、それゆえ、時間に制限されていると主張する。

コンテクスト主義者たちは、われわれは諸観念を理解し評価する際に当該観念のコンテクストへの関わりを考慮していると主張する。反コンテクスト主義者たちは、われわれが、コンテクストへの理論の繋がりを検証することなしに、これら全ての事柄をなすことができると考えている。コンテクスト主義者たちは、もしわれわれがコンテクストを考慮することに失敗したならば、非常に異なった、しばしば誤った諸理論の理解に達すると考えている。例えば、後期ワイマール共和国のコンテクストにおける国民社会主義へのハイデガーの熱狂という背景に逆らって、われわれがハイデガー理論を理解し損なった際のハイデガー理論がそれである。反コンテクスト主義者たちは、テクストそれ自体に集中すべく、テクストのコンテクストへの繋がりを回避する傾向がある。コンテクスト主義者たちは、そのような情報はテクストの非常に異なった理解へと導くと考える。ジャック・デリダや多くのフランスのハイデガー主義者たちのような反コンテクスト主義者たちは、コンテクスト主義者たちが解釈にとって本質的であると主張する情報を軽視する一方で、テクストのより精巧な吟味に従事する傾向にある。反コンテクスト主義者たちは、コンテクスト主義者たちが知識社会学へはまり込んでおり、テクスト研究に十分な注意を払っておらず、テクストの周辺情報の収集でそれを代用している、と主張する。

本書のアプローチであるコンテクスト主義は、広く採用されている。アーサー・ラヴジョイは、例えば、ウィリアム・ジェイムズについてのエッセイの中で、このドクトリンにアピールしながら、「全ての哲学者は、……人間理性が直面する問題の性質から生じてくる非個人的な論理的考察と気質（それ自体は、部分的に、歴史的状況によって形作られている）との相互作用の結果である」と書いている。[*12]

ハイデガー論争において、反コンテクスト主義は二つのレベルで拡大している。すなわち、完全に異なるがゆえに、先行する哲学的伝統と比較不可能であり、ナチスとの関わりについてもそうであるとして、ハイデガー理論を読解する立場である。ハイデガーのナチズムへの転向は、半世紀以上のあいだ知られてきた。にもかかわらず、いまだに、典型的には、ハイデガー理論と彼のナチズムの間の厳格な分割、つまり偉大な哲学者ハイデガーと凡庸なナチス党員ハイデガーの間の性質の違いを主張することで、ナチス党員ハイデガーは無理だとしても、少なくとも哲学者ハイデガーだけは救い出そうとする努力が進行中である。[*13]

ハイデガーは、現実の国民社会主義に興味を示さなくなった後でさえ、ナチ党員であったし、いくつかの解釈では依然としてそうである。[*14] ナチへの転向に関連して、ハイデガー理論にいかにアプローチするかをめぐる論争、より詳しく言えば、彼の生活と思想との関係をめぐる論争が、彼の擁護者と批判者の分割点になる。彼の擁護者たちは、彼の生活と思想が分離可能であるばかりか実際に分離しており、いかなる形であれ彼の思想が彼の生活に基づいていないと主張することを好む。彼らは、彼の思想を、ナチスへの転向を含んだ彼の生活によって損なわれることはないし、無関係なものでさえあると考える。彼の批判者たちは、彼の生活と思想は不可分であり、彼の思想は、彼の生活を理解することなしに解明することはできないと論じる傾向がある。とくに彼のナチズム支持に関してはそうである。

ハイデガー思想が、彼の政治活動によって影響されないと考える人々——実際、その中には、その経歴が偶然でなくハイデガーの著作の把握に基礎を置いている多くの重要なハイデガー研究者たちだけでなく、ハイデガー思想により距離を置いた関わり方をしている他の人たちも含まれる——は、彼の政治参加を、彼の思想を把握する要素として、小さく見積もること、無視することとさえ好む。例えば、人間の苦悩を減らすことに関心を持つリベラル・アイロニストを自称するリチャード・ローティは、驚くべきことに、ハイデガー理論、もしくは明らかに、人間の苦悩に無関心である人物の思想を、この課題に関連があるものと見なしている。[*15]

幾人かの評者たちは、ナチズムに転向した後のハイデガー思想が、それが生じることになった騒然としたコンテクストへの参照なしには理解不可能であると主張する。それに対して他の人たちは、それらのコンテクストへの参照なしに彼の著作を考察する。なかにはより極端に、それと別の理解をしようとすること、彼の政治参加というコンテクストの中でハイデガーの諸著作を理解しようと試みることさえもが、それらの著作を理解することを全く不可能にするとさえ論じている。[*16]

しかしそうだとしても、ハイデガーが政治から興味を失ったという理由から、それらのコンテクストを参照することなく彼の理論を「救済」しようとするあらゆる努力は、疑いなく問題含みである。なぜなら、それは、反コンテクスト主義的な操作を通じて、彼自身のコンテクスト主義へのコミットメントを冒瀆するという犠牲を払うことによってのみ、彼の理論を「救済」するからである。そうした操作はまた、彼の理論を明らかにするよりは、むしろ隠蔽し、最終的には自らが明らかにしようと主張する理論を取り違えてしまう、適切に「消毒された」読解を提供することになる。

本書のアプローチは、結果的に二つの理由から、コンテクスト主義的なものとなるであろう。まず第一に、コンテクスト主義は、ハイデガーのケースにとりわけ適切なものである。というのもハイデガー自身はその術語を使用しないが、彼自身がコンテクスト主義者だからである。彼は『存在と時間』の中で、時間としての存在を研究するために、実存として理解される現存在についての理論を提案した。彼は、理解するということを、前概念的な環境世界の中にあるその実存的な根を通じて考察している。ハイデガーにとって、あらゆる種類の主張は解釈の中に基礎づけられている。解釈は、人間が世界の中で存在する――心の状態と言説を伴う――基礎的な在り方の一つである理解の中に根拠づけられている。[*17] ハイデガーが開示性（Erschlossenheit）と呼ぶところの、人間自身の立場からの人間存在の自己把握と環境把握は文字通りそれが世界の中に位置づけられた理解であるという事実に依拠している。ハイデガーにとって、理解とは常に必然的に位置づけられており、それが生じることになったコンテクストから文字通り不可分のものである。当然、もしハイデガーの政治的転向が、擁護されもしくは理解されさえされるべきだとすれば、このことは、コンテクスト主義的な根拠の上になされなければならないということになる。そこからさらに、反コンテクスト主義的パースペクティヴから、ハイデガー理論を解釈もしくは擁護しようとする広く行きわたった努力が、厳密にハイデガー的な根拠から見て、間違った方向に導かれているということになる。

第二に、他のいかなるアプローチも、とくに反コンテクスト主義的な戦略は、ハイデガー思想のフランスでの受容を理解するという課題に不適合である以上、本書はコンテクスト主義をとる。フランスの哲学者たちは、他の人たちと同様に、誰一人として否定することのない哲学的な力ゆえにハイデガー理論に引きつけられている。だがしかし、なぜフランスの哲学者たちがハイデガー哲学に興味を持つのかだけでなく、むしろなぜ彼らはほぼ間違いなく他のどこの哲学者たちよりも興味を持つのか、そしてなぜ彼らの興味がそれがこれまでそうだったところの仕方で具体的化してきたのかを理解するうえで解明する必要のある数多くの——フランスの状況に固有な——要因が存在する。方法論的基礎に関して、いかにして、そしてなぜハイデガー理論が、実際にフランスで受け入れられてきたかを理解するには、フランス哲学のいくつかの主要な諸相を注意深く説明することを介する以外、他に術がないように思える。本書においては彼の諸著作がそのフランスでの受容に関わる範囲内でのみ論じられることになるから、ハイデガーのテクストを詳細に議論すること——それは確かに正当な関心ではあるが——を願う人々は、どこかよそを当たる必要があるだろう。ハイデガー思想にコミットしている人々の多くが、取るに足りないこのエッセーの隅々にばら撒かれている、〝思想のマスターの不十分な理解に起因する批判的発言〟を見出すであろうことは容易に予想される。それでもなおこの議論は、ナチズムへと引き込まれていった紛れもない哲学的天才が、どうして、その政治的な諸見解を共有していない多くの哲学者たち、とりわけフランス哲学のヒューマニズム的な伝統の中で仕事をしている人々の注目を引きつけるのかという困惑させる問いに関心をもつ人たちを満足させるかもしれない。

ハイデガーとフランス哲学は、ハイデガーがフランス哲学の方へ転回し、フランス哲学がハイデガー理論へと転回することになった二重の運動を通じて合流することになった。両方の運動に関して説明が必要であるが、いずれもそれに属するテクストを枠付けているコンテクストへの言及なしには説明されえない。彼が『存在と時間』を書いたとき、そしてその後でさえ、ハイデガーは、フランス哲学に興味はなく、フランス哲学への転回は、彼のそれ以前の思想によっては説明しえないものであり、第二次大戦の終結におけるフランスの議論において長いあいだ中心的であったデカルトの立場に対しては非常に批判的であった。フランス哲学への転回は、彼のそれ以前の思想によっては説明しえないものであり、第二次大戦の終結における彼自身の困難な実存的状況を介することによってのみ説明することができる。同様にわれわれは、なぜ第二次大戦後ただちに、フランス哲学が、熱狂的なナチス党員であったと広く知られていた曖昧なドイツの思想家の難解な理論へと転回したのかを理解するために、フランス哲学の性質を理解する必要がある。

ハイデガーのフランス哲学への転回は、「重層的決定」という現在流行している言葉で特徴づけることができる。フランス哲学は、多くの理由から、長いあいだ異常なまでにハイデガー理論に対して受容的であった。それらの理由の中には、宗教との連綿とした強い絆、とくに、元神学生の理論に遠い残映を残しているローマ・カトリシズムとの絆が含まれる。例えば、ハイデガーが反対するデカルト主義への伝統的傾倒ということがある――この傾倒が伝統的なデカルトの束縛を解体しようとするフランスのコンテクストの中で、ハイデガーの理論を魅力的なものにしている。また、フランス哲学の現象学に対する広く行きわたった関心、特にヘーゲルとフッサールの立場への関心ということがある。その関心が一種の現象学であるハイデガーの基礎的存在論への興味を創り出しているのである。

フランスの政治構造と同様に、フランス哲学は、高度に中央集権化されている。フランスの哲学的な中央集権化は、その時代の議論を支配する人物としての「思想のマスター master thinker = Meisterdenker」という現象の中で明白になる。デカルトの場合、その支配は数百年間に及ぶ。二〇世紀にはハイデガーに加えて、アンリ・ベルグソン、ヘーゲル、アレクサンドル・コジェーヴ、ジャン = ポール・サルトルを含む多くの思想のマスターたちがフランス文化に存在した。そして、その中でも、おそらく最も法外な存在として、〈*le maître absolu*（絶対的マスター）〉[*18]というほとんど翻訳不可能な句で描写されるフランスのフロイト派の精神分析家ジャック・ラカンがいる。このパースペクティヴからすれば、ハイデガーは、その素性がフランス的であり、全くフランス的でさえある「フランスの」思想のマスターたちの系列の、最後に連なるもの――彼らの全てがフランス語で書いたわけではない――にすぎない。

他の要因として、デカルトもしくは、より以前のミシェル・ド・モンテーニュにまでさえ遡る、伝統的フランス哲学の主観性に対する関心がある。主観性をめぐるデカルト主義的見解にコミットしている人々とポスト・デカルト主義的な見解にコミットしている人々のあいだの対立は、まさに、捨て去られるべき概念として主観性を取り扱うミシェル・フーコーと[*19]、表面的なデカルト解釈であるフーコーの教えはおそらくデカルトの枠組みから逃れることができないものの一つだろうと断ずるジャック・デリダ[*20]とのあいだの論争の中で、際立ったかたちで顕わになっている。主観性に対するハイデガーの関心は、彼の立場における一貫した主題である。すなわち、初期の見解で支配的であった現存在分析を通じた存在へのアプローチ、そして、その後の――フランスの構造主義運動に影響力を及ぼすことになった――主観を脱中心化しようとする努力を通じた主観性からの離脱の試みを貫く主題であったわけである。

これらの、そして他の諸要因は、確かに重要である。しかしながら、おそらくフランスにおける並外れたハイデガー受容を理解するための唯一の最重要要因は、広く共有された、フランス哲学のヒューマニズムへの持続的な傾倒に由来するものである。一五世紀と一六世紀のヨーロッパにおける古典研究（*studia humanitatis*）のヒューマニズム的な復活は、特にフランスで力を持った人間の哲学の発達に同伴するものであった。ラブレーのような文学的な人物たちの著作だけでなく、ジャン゠アントニオ・コンドルセを経てデカルトやモンテーニュへと遡り、かつ現在にまで続いているフランスの哲学的な諸理論の長い系列は、人間の問題を主題として展開している。この主題は、近年のフランス哲学において広く目につくものになっている。すなわちヘーゲルの『精神現象学』を哲学的人間学と見なすアレクサンドル・コジェーヴの有名な解釈[*21]、『実存主義はヒューマニズムである』というサルトルの有名な講義[*22]、そしてクロード・レヴィ゠ストロース、ミシェル・フーコー、ジャン・ピアジェ、ルイ・アルチュセール等によって生み出されたフランス構造主義の反ヒューマニズムの諸形態である。

フランスでのハイデガー受容は、一九二〇年代後半から三〇年代前半に始まり、ヘーゲルの『精神現象学』についてのコジェーヴの有名な講義（一九三三―三九）の中で強い勢いを獲得した。フランスでのハイデガー受容の初期の局面において影響力を持った他の人々は、コイレ、アンリ・コルバン、ジョルジュ・ギュルヴィッチ、エマニュエル・レヴィナス、そして後のジャン・ヴァールなどである。コイレは、ヘーゲルとハイデガーの諸見解のあいだの緊密な連続性を主張し、哲学的人間学としてのハイデガー理論という初期の受容――それは戦後のサルトルの有名な講演の中で最終的に頂点を迎えることになった――に影響力を持った。だが、ハイデガー理論を読解するこの初期のやり方は、ハイデガー自身が指摘したように誤読である。というのも『存在と時間』におけるそれとは逆の徴候にもかかわらず、彼はフッサールに従うかたちで、彼自身の理論と、哲学的人間学を含んだあらゆる種類の人間諸科学を鋭く区別しているからである。

われわれは、フランスでのハイデガー受容における最初の局面と第二の局面を区別することができる。第二の局面は、明らかにハイデガーの『ヒューマニズム書簡』の出版を通じて開始される。この『ヒューマニズム書簡』は、彼の諸著作をいかに読むかについての、十分適切な仕方でフランス人に宛てられた手紙であった。この第二局面は、その受取人であり、一九四〇年の半ばから八二年の死に至るまで、ハイデガーの最も重要なフランス人の弟子であったジャン・ボフレの決定的な努力、つまりこのテクストにおける見解をフランスのハイデガー観に転化しようとする努力を通じて保持された。

ハイデガーの『ヒューマニズム書簡』は、第二次世界大戦の終結時に、彼の理論の名声が、めざましく急速に高まったことを適切に評価するうえで不可欠である。このテクストの中でハイデガーは、彼自身の理論を、新しく実行可能なヒューマニズムのポスト形而上学的形態であると叙述することを通じて、サルトルによるぎこちないヒューマニスト的理解から、彼自身を引き離している。彼が新たなヒューマニズムと思われるものを支持し、サルトルや他の全てのヒューマニズムに関する伝統的諸見解を拒絶したため、最も非人間的であった戦争を経た後のフランスで、ヒューマニズムが全ての人の心にある主題であったこの時代において、彼の理論に相当な注目が引き付けられることになった。

ハイデガーの『ヒューマニズム書簡』は、このテクスト中で述べられた転回（Kehre）というはっきりしない概念にかかっている。ハイデガーの後期思想の解釈において重要な役割を獲得することになったこの概念は[*23]、哲学的、政治的パースペクティヴの双方から解釈されうる。哲学的には、この概念は、自らの立場を単純に繰り返すことに満足することのないハイデガーを含む全ての思想家たちの後年の著述の中でよく見られる、〝初期の立場の発展〟に関連している。政治的にはそれは、それら全てからの転回、つまりハイデガーがかつてそれへと向かって公然と方向転換し、ヒトラーのドイツにおいてフライブルク大学の総長として仕えた国民社会主義からの転回を指している。にもかかわらず、ハイデガー思想の内に推定される転回をナチズムからのさらなる転回として読解するのは誤読である。ハイデガーが一九三四年にフライブルク大学総長を辞職した後に、現存するものとしての国民社会主義を棄てたとしても、それは、その忠誠を、彼がけっして放棄することのなかった国民社会主義の理想的形態――彼の見解によれば、ナチス・ドイツは、それを現実化するのに失敗した――へと移し変えただけのことだったのだ。[*24] 戦争が終結してしばらく経った後の一九五三年に彼が示した、本人の申し立てでは誤解されたという「この運動の内的真理と偉大さ」[*25]に対するハイデガーの絶えることなき忠誠心を、後の彼の著述を解釈するに際して心に留めねばならない。

戦後、フランス哲学におけるハイデガーの重要性の高まりは、彼の『ヒューマニズム書簡』のインパクトだけでなく、彼を代理するボフレの精力的な努力の結果である。カント、ヘーゲル、マルクスのような他の多くの思想家たちは、熱心な弟子たちを持った。アルフレッド・ノース・ホワイトヘッドが、われわれに想起させてくれるように、西洋的伝統全体が、拡張した意味でのプラトンの影の中で、せっせと働いてきた人々の仕事なのである。[*26] しかし、おそらく、ハイデガーにとってのボフレ以上に、親密な弟子をもった思想家は、ハイデガー自身――彼の弟子たちは、彼の生活や思想におけるあらゆる可能な欠点を許す心構えをしており、彼が自覚的にナチス党員になったことさえ単なるナイーブさと見なすほどであるわけだが――を含めていないであろう。フランスのハイデガー研究において卓越した地位をすみやかに獲得したボフレは、三〇年以上にわたってハイデガーの生活と思想の研究に身を捧げ、哲学の伝統の中にほとんど先例がないような極めて稀な仕方で、フランス哲学においてハイデガーの重要性を増大させるのに大いに貢献した。

フランス哲学のハイデガー理論へ転回の構成要素の回顧的分析と、同時代におけるフランス思想の中でのその理論的影響は区別すべきだろう。同時代的なフランスの哲学的議論にハイデガーの立場がもたらした驚くべきインパクトは、以下の二つの仕方で立証することができる。一つめは、ハイデガー理論に関心を持った多くのフランスの思想家たちの中の幾人かに注目することを通じてなされる。これには、ハイデガー理論の釈義に専心した人々、現象学や歴史哲学の研究においてハイデガーのアプローチに依拠する人々、当人の見解がハイデガーの洞察に決定的に依存した人々――そのうちで最も傑出しているのがデリダである――が含まれる。ハイデガー理論に関心を持つ人々の純然たる数と質、ハイデガー理論についての彼らの著作の総量が、その影響の印象的な指標となっているのである。

フランス哲学におけるハイデガー理論の影響は、二〇世紀における主要な哲学者の一人が国民社会主義へと転向したことから生じた複雑な諸問題に関するフランスの哲学的考察が形成される仕方の中でより明白になっている。凡庸なナチス党員ハイデガーと偉大な哲学者ハイデガーの繋がり、政治参加と哲学的理論の繋がりの問題と真摯に――フランスの論議を規定する徹底してハイデガー的な枠組みの内部に位置付けられる視点から――取り組んできたフランスの思想家たちによる戦後の努力を無視するかたちで、フランスにおけるハイデガー受容を論じきることはできない。以下の議論が示すように、フランス哲学がハイデガー思想に広範にコミットしているせいで、ハイデガー思想と彼の政治的アンガジュマン（参加）の繋がり、彼の基礎的存在論と彼のナチズムの繋がりを分析しようとするフランスの思想家たちの能力に制約がかかっている。以下の議論がさらに示すように、ハイデガー思想への政治的ダメージを最小限に抑え込もうとするデリダやラクー＝ラバルトのような重要なフランスのハイデガー研究者たちによってなされた近年の努力は、事実上、彼の初期の立場をヒューマニズムと見なす誤った読解を前提にし続けている。フランスのハイデガー受容は、重要な理論が――そもそも理解されうるとすれば――ずっと後になって、はじめて理解されるようになる道筋を例証していると言える。フランス哲学それ自体およびハイデガー理論をヒューマニズムと見なすフランス的読解がある。ハイデガー本人が、二つの――体系的に両義的でありながら決定的に重要な――テクストの中でヒューマニズムとしてのハイデガー理論という広く行きわたった誤解に寄与している。すなわち、基礎的存在論が、哲学的人間学ではないし、哲学的人間学ではありえないことを示している『存在と時間』の第一〇節と、その二〇年後の――彼の立場がポスト形而上学的ヒューマニズムであることを示している――『ヒューマニズム書簡』においてである。

ハイデガー理論を人間学的ヒューマニズムと見なす最初の誤読の修正は、戦後『ヒューマニズム書簡』の影響下で発展してきた、彼の理論を非人間学的ヒューマニズムと見なす後の読解によって与えられた。初期の読解を矯正しようとしたこの読解は、もっぱらハイデガー理論についての、さらなる誤読を介して行われた。『ヒューマニズム書簡』の中でハイデガーは、彼自身の理論を新たなヒューマニズムとして盛んに喧伝する一方で、ヒューマニズムを非難している。にもかかわらずヒューマニズムが形而上学であり、彼自身の理論がもはや形而上学でないのであれば、彼の理論はもはやヒューマニズムでありえない。ヒューマニズムとしてのハイデガー理論という通常のフランスでの読解は、実際、彼の思想の誤読であるが、それは広く影響力を持ったままであり、特にアメリカでのハイデガーをめぐる議論に影響を及ぼしている。フランスにおいて支配的なハイデガー理論の読解は、この理論を最初からずっと、もしくは、少なくとも彼の思想における――彼自身の位置付けに従って――転回と呼ばれるもの以降に見られる〝ヒューマニズムの新しいより深遠な形態〟であったものとして描き出している。しかしこれは、明らかな誤読である。そうした誤読が可能になったのは、彼自身の反ヒューマニズム、より正確には、人間とヒューマニズム的事柄に対する彼の無関心――それは、後期の彼がナチズムの理想的形態に傾倒していたことから例証される――がしばしば矮小化され、気づかれないままになってきたためである。

最後に、この研究の性質と、想定している読者について語っておきたい。ハイデガーの仕事のおかげで、膨大な、しばしば専門的であり、主としてハイデガー研究者向けの文献が生み出されてきた。それらはしばしばあらゆる種類の批判性を欠くものである。対照的に、本書は批判的であり、可能な限り非専門的で解りやすいものとなるであろう。当然ながらハイデガー専門家たちは、本書を無学であるか表面的、あるいはその両方だと思うだろう。本書の議論に不満であろうし、納得することはないであろう。それは、大いに予期できるといって差し支えない。しかしながら、他の哲学者を批判すること、ベネデット・クローチェによる有名なヘーゲルへのアプローチで言い換えるなら、その哲学者の理論のうち何が生きており何が死んでいるか決定しようと試みるのは当然のことだ[*27]。実際ハイデガーの哲学的理論と彼のナチズムとの繋がりを批判することは、特に重要である。なぜならこれほど多くの書き手たちが、この繋がりを重要なものでないと信じており、ハイデガーが重要で偉大な哲学者であるという理由から、この繋がりを見過ごすことさえ望んでいるからである。しかし私は、われわれがハイデガー理論を、その時代のコンテクストの内で把握することを試みない限り、彼の理論を理解できないと確信している。

この意味において、本書が掲げている論点は、少数の専門家たちの関心事ではなく、いかにして諸観念をその時代のコンテクストの中で把握し評価するのかというより広範な問題を説明するためのものである。そういうわけで本書は、ハイデガー専門家ではなく、われわれの困難な世紀の終わりにあって、哲学もしくはその知恵が良き生活のために不可欠である思われる哲学者たちと、われわれの時代における傑出した悪の例証であるものとの関係に、正当にも興味を抱いている良き意志を持った知的な男女、哲学者と非哲学者に向けられたものである。

第一章　〈フランス的〉哲学者としてのハイデガー

フランスにおけるハイデガー受容の背景について、その文脈をいささか概観しておく必要があるので、本章は社会学的な色合いをもつことになるであろう。本論の主張は、第二次世界大戦以来、ハイデガーがフランス哲学で圧倒的に重要な役割を担ってきたということである。現代フランスの哲学的議論に対してハイデガーが与えたインパクトが認識できないとすれば、現代フランスの哲学議論にとっての主要問題や、問題に対するアプローチがどのようであるかを理解する希望も放棄するしかないであろう。フランス人たちが思考を始めると、ドイツ語で考え始めるのだというハイデガーの大言壮語もまるきり嘘だとは言えない。[*1]

影響という漠としたものをはかることは難しい。このことば自体が、充分な分析を行なうのが難しいのである。ハイデガーの思想に関して行なわれる議論の単なる規模であるとか、ハイデガーの立場に関心をもつ哲学者の数であるとか、ハイデガーがその後の議論に与えたインパクトであるとか、二〇世紀末という時代をどう捉えるかといった面で、彼の影響は、さまざまな尺度によって測ることができよう。ともかく、ハイデガーが、この時期にもっとも影響のあった哲学者の一人という特別な位置づけを獲得しているのは明らかである。そして、それがもっともはっきり見て取れるのはまさにフランスにおいてである。ハイデガーのさまざまな思想は、二〇世紀の後半のフランスにおいて、レヴィナス、デリダ、リオタールそしてアンリなどの主導的な立場にある哲学者たちにはっきりとした痕跡を残している。また、詳細な哲学史研究にコミットしている哲学者たち、たとえばアリストテレスについてはピエール・オーバンク、レミ・ブラーグに、スアレスについては、ジャン＝フランソワ・クルティーヌに、デカルトについてはジャン＝リュック・マリオン、シェリングについてはクルティーヌやミクロス・ヴェトに、そしてヘーゲルについてはコジェーヴ、ジャン・イッポリットやドミニク・ジャニコーといった人々に対する影響があったし、フーコーなど社会理論家たちやリュス・イリガライなどのフェミニストたち、ラカンなどの精神分析学派に対しても影響を残している。

ところで、ハイデガーとフランス哲学との関係は双方向的ではない。相互承認によって担われた関係ではなく、極端に一方的である。ハイデガーはたしかにルネ・シャールなどフランスの詩人たちを高く評価している。そして、たとえばジャン・ボフレが典型であるが、自分や自分の思想に献身的な哲学者を評価してはいた。しかし、彼自身がフランス哲学に感銘することはなかったのである。事実、むしろ、かなり敵対的な態度をとっていたのである。したがって、デカルトに対してしばしば批判的に反応したという例外を除けば、フランス哲学側からのハイデガーへの影響はない。私の知るかぎりでは、批判としてでなければ、ハイデガーが、全体としても部分的にも、フランス哲学からなんらかの思想的影響を受けたという証拠はない。実は、ハイデガーはあるテクストでフランスとフランスの思想家に対して和平交渉を提示していると受け取れるふしがあるが、全体としては、フランスの思想に対しては常にネガティヴな態度を取っている。[*2] それをはっきり示すのは、初期と後期とを問わず、デカルト哲学に対する一貫した批判的な態度であり、[*3] さらに、晩年において、サルトルの立場を拒絶したことである。[*4] ところが、デカルトや特にサルトルの理論に対するハイデガーの拒否反応は、フランス哲学のハイデガー的転向をむしろ促進したのであって、妨げるものではなかった。これについての詳細は以下で述べよう。

重要な思想家の常として、ハイデガーの思想に対してはさまざまな解釈が可能である。実際、ハイデガーの立場は、それぞれの言語でそれぞれ異なったかたちで、またさまざまな文献でさまざまなかたちで解説されている。事実、ハイデガーとフッサールとの関係が話題になる頻度は、アメリカの方がヨーロッパよりも高い。アメリカでは、一方のトレンドに属する研究者は、他方の理論についてそれほどの見解も知識もないからである。ところが、ドイツでは、一般的には、ハイデガー理論はフッサールとの関係を云々するかたちで理解される。*5 さらに、フランスでは、たしかに、現在は、ハイデガー理論については、デリダ的なアプローチの影響力が大きいが、しかし、それも多くの可能性のひとつにすぎないのであって、ハイデガー思想には、フッサールの現象学との関係を通してアプローチするというはっきりした傾向がある。それに対し、アメリカ合衆国においては、ハイデガーはフランスのポストモダンの目を通して理解されており、特にデリダやフィリップ・ラクー＝ラバルトやジャン＝リュック・ナンシー、フランソワーズ・ダスチュールなど、デリダの仲間たちの見解が特に注目される。それと同時に、フランスにおけるハイデガー受容の影響を受けたアメリカの思想家たち、たとえばガヤトリ・スピヴァック、ジャック・タミニオー、ライナー・シュールマン、ジョン・サリス、ディヴィッド・クレルといった人々の影響もある。

フランス思想へのハイデガーの影響は、ますます重要性を増してきたと言える。たとえば、『純粋理性批判』の出版により、カントの立場は、ドイツにおける哲学の議論においてきわめて早い段階で巨大な影響力をもったのであるが、それでもヨーハン＝ゲオルク・ハーマンやヨーハン＝ゴットフリート・フォン・ヘルダーそしてフリードリッヒ＝ハインリッヒ・ヤコービといった幾人かの哲学者たちはカントの批判哲学に与することがないか、あるいは敵対的な関係にあった。ところが、現代フランスの哲学の議論では、たしかに、例外的には、ハイデガーの思想に対していかなる関心も示さない思想家や、著作がハイデガーの思想と関係のない思想家がいることはいるが、第二次大戦後においては、ハイデガーの影響が現代フランス哲学の地平を、つまりフランスの哲学者たちが今日思考し著述するパースペクティヴを形成している。その意味で、彼の影響は絶えず増大していると言わねばならないであろう。

ハイデガー哲学の重要性を認めるにせよ、フランス哲学の議論に与えた莫大な影響は驚くべきものである。たしかに、ゴットロープ・フレーゲやルートヴィッヒ・ヴィットゲンシュタインは英語圏の哲学において長い間きわめて影響力が強かったが、彼らの思想は、ハイデガーがフランスの読み手に与えたほどの魅力を持つには程遠い。

フランスにおけるハイデガー哲学の多大な影響は、フランスが原則的にハイデガーに対する広範な関心を示し続けること、基本的に困難にする以下のような明らかな要素があることを考えれば、驚くべきものである。すでに指摘したように、ハイデガーがフランス哲学に対して反感を持っていたことはよく知られている。さらには、文体上の障壁がある。原則として、フランス哲学は今日もなお、有名なデカルト的な明晰さと判明さへの関心を尊重している。それに対し、ハイデガーは、どうみても標準的なドイツ語とは思えないおそるべき難解さを示す言語で自分の考えを述べる暗いドイツの哲学者である。

さらに、共通市場という枠内での接近（rapprochement）が進んでいることを考慮に入れたとしても、ドイツ人とフランス人の間には、摩擦ないし激しい憎悪が続かざるをえない明白な歴史的な背景がある。ドイツ人とフランス人とのあいだの政治的な相違が極端となったのは、二〇世紀の両世界大戦においてであったが、それは、地理的には隣人同士であるにもかかわらず共存が難しいことを証明している。フランスのハイデガー賛美をただしく理解するためには、第二次世界大戦において、フランスはナチス・ドイツに敗北し、その占領下にあったことを見逃してはならない。そして、ハイデガーは、まさにそのナチス・ドイツと誤解の余地がないほどはっきりと一体化していたのである。

したがって、フランスにおけるハイデガー受容のありかたを理解するためには、フランス哲学の「フランス的な」ところを性格づける必要がある。フランス的な文脈や背景の性格づけが必要となる。誤解を避けるために、たとえアウトラインであっても、フランス哲学を解説することが私の意図するところではない点を予め明言させてもらいたい。ここでのフランス哲学の性格づけは、それがハイデガーの理論へ引きつけられたことを理解するために行うものである。

「フランス哲学」？

「哲学」というタームをとってみても、それは、優劣の問題は別として、たとえばドイツや合衆国で営まれている哲学とは明らかに異なっている。「フランス哲学」という曖昧なタームは、「フランスにおける哲学」や「フランス語で書かれた哲学」という意味で理解されうるかもしれない。あるいは、「特にフランス的な視点を伝える哲学」という意味で理解されるかもしれない。フランスでのハイデガーをめぐる議論には、フランスで仕事をしている哲学者だけでなく、フランス語圏の論争に寄与している哲学者たちも含まれている。「フランス哲学」ということで私が考えているのは、フランス人の著者たちやフランス語で著述を行っているフランス人以外の著者たち、さらには、アルフォンス・ド・ヴァーレンスやマルク・リシールやジャン・グロンダンなど、フランスの外にいてフランスのハイデガー議論に寄与している著者たちによって、フランスで生みだされた哲学のことである。つまり、ベルギーやカナダやスイスやアフリカのフランス語圏の地域など、フランス語圏の国々におけるフランス語による哲学についてはほとんど述べないことにする。

「哲学」という語は、それぞれの哲学的傾向やそれぞれの国の伝統によって異なった意味を持っている。philosophie というタームを見れば、フランス人なら、英語やドイツ語でこのタームが意味する「哲学」を思い起こす。同様に、リセの最終学年——よく哲学級と言われる——のことも思い出すであろう。それは、西洋哲学の基礎を習得することに捧げられる学年で、とくにデカルトや他のフランスの思想家が重視される。さらに、フランス語の話し手なら誰でも馴染みのある意味だが、「物事を哲学的に考えなさい」、ないし、もっと厳密には、「ストイックに考えなさい」というよく使われる命法もある。

フランス語の philosophie ということばでは、専門哲学と、非専門的な哲学、たとえばフランシス・ベーコンのような人の思想にあたるようなものとの区別をしない。フランスでは、哲学者というのは、プラトンやアリストテレスやカントやヘーゲルやデカルトやジャン゠ジャック・ルソーのような究極の問題に取り組む人のことだけを言うのではない。ヴィクトル・リケッティ、ミラボー侯爵あるいはポール゠アンリ・ドルバック男爵などの著述家たちも、フランスの文化的な文脈では、哲学者と見なされる。政治的な事柄としては、アグレガシオン——いまだに、カレッジの教員となるためには切り抜けなければならない主要ハードルである全国的な選抜試験のことだが——が範囲とするセット・プログラムでは、生存する哲学者の著作物はすべて排除される。ところで、すでに亡くなった哲学者のなかでは、アグレガシオンのプログラムによく含まれるのが、ヴォルテール、ディドロ、あるいはパスカルといった、英語で言うところの哲学者ではない著述家のテクストである。したがって、ポール・ロワイヤル論理学がパスカルを哲学者としてとくに強調しているのも不思議ではない。[*6]

さらに重要な点は、フランスで哲学には、固有の学問的なステータスが与えられるということである。長いあいだ、哲学は、「哲学は科学の科学」だという考えにとらわれていた。最近の例としては、フッサールの「厳密な学としての哲学」[*7]という見方を挙げることができる。一七世紀において新しい科学が成立し、哲学と科学とが分離して以来、こうした捉え方は、哲学一般においてはその威力を次第に失う傾向にあった。しかし、フランス哲学においては、この捉え方が少なくとも言語レベルでは、まだ生きている。フランス哲学は、社会学や心理学などと並んで、習慣的に人文学=人間科学（science humaine）[*8]として分類されている。

フランスの知識人たち

フランス哲学者も含むフランスの知識人の独特な重要な役割を簡潔に性格づけることは大切ではあるが、同時に難しい[*9]。フランスの知識人は、他のどこの知識人よりも自立的なありかたをしており、より真摯に受けとめられ、かつ、彼ら自身も自分たちが重要な課題を果たしていると考える傾向がある。

フランスの哲学者の果たす役割は、部分的には、こうしたフランス知識人への期待と関係している。彼らが果たす文化的使命という点では、これに類した形態はどこにも見られない。ヴァンサン・デコンブの指摘によれば、第三共和国の初期において、フランスのアカデミックな哲学は「新しい共和主義的な制度の正当性」[*10]を教えるという使命を与えられていたために、当然ながら自らを社会的発展の終局点（terminus ad quem）と見なす傾向があった。

哲学の重要性は、リセの最終学級において哲学が占める位置によって確認される。リセは、最後の年ないしフランスにおける中等教育の最高峰である哲学学級において最終段階を迎えるが、それにふさわしく哲学の勉強に捧げられる。[*11] したがって、哲学はバカロレアとして知られる試験、つまりフランス中等教育の修了資格であるディプロムを取得するためには合格しなければならない試験において決定的に重要である。さらに、私の知るところでは他のどこにも似た現象がないが、フランスの主たる全国紙である『ル・モンド』において定期的に哲学書の書評が行なわれており、これも哲学の重要性の認知である。

フランスでは、知識人が社会の良心であるかのように語り、行動することがよくある。[*12] 時代の重要な事柄に対しての態度を表明したり、請願書を出版し、重要事項をめぐる公的な会議に参加することについて他と比べてより積極的である。こうした知識人の重要性についての確信は、知的責任への関心[*13]において証明される。この知的責任は、各人の見方に応じて、サルトルのアンガジュマン（engagement）という考えにおいて、あるいは、万人の万人に対する思慮深い参与という考えにおいて天頂（apogée）ないし天底に至る。[*14]

知識人が通常のアカデミック・エスタブリッシュメントの外で自立的なステータスあるいは半自立的なステータスを獲得することを可能にしているフランス的文脈の特性によって、哲学者を含めたフランス知識人の重要性が増幅される。他のところでは、哲学者を含めたアカデミック知識人は、アカデミックな議論に影響力を持つ条件として大学における職の獲得に依存している。知識人にとっては、もしなんらかのかなり明白なかたちでアカデミー内部に地位をもっているのでなければ、広範なかたちで注目をあびるのはもとより、アカデミックな論争に影響することも通常はきわめて困難である。

ドイツにおいて、ハイデガーは、第二次大戦後のナチスとの協力を理由に教壇に立つことができなかった時期においても哲学的議論に影響を与えつづけた。しかし、ドイツ哲学における他の似たような例は知られていない。合衆国においては、知識人はごく少数の自然科学者を除いて、ほとんど影響力がないため、大学システムの外において真に公的な聴衆の心をつかむことは難しい。たとえば、アルバート・アインシュタインが後に道徳的な影響を及ぼしたのも、彼の物理学における仕事によって可能だったのであり、そのような事例は、合衆国においてはきわめて稀である。さらに、大学外の立場からアメリカのアカデミック・ライフになんらかの影響を与えることは困難である。文芸批評家エドムンド・ウィルソンや、大学での定職を確保できなかったにもかかわらずいまだに影響力がますます大きくなってきている哲学者チャールズ＝サンダース・パースなどのような稀な事例は、このきまりを疑わしものにするというよりもむしろ確認するものである。

哲学者も含めてフランスの知識人は、しばしば、大学外の立場から、さらにはアカデミーの外側からも影響力の強い役割を演じることがある。部分的には、フランスのアカデミック・システムの内部におけるいくつかの大学とパラレルな関係にある諸機関の存在に支えられている。こうした機関は、機能的には大学レベルであるが、しかし、いかなる形式的な意味においても大学の一部ではない。こうした機関の一つが、いわゆるグラン・ゼコールであり、これに入学できるのは選抜試験に通った学生たちだけである。さらには、高等教育実科学院があり、これは、伝統的なフランスの大学と同様に、バカロレアを取得したものであれば誰にでも伝統的に開かれている——現在では変わりつつあるわけだが。これはフランスの大学システムの中にある大学とは違って、外部から任命された教官を受け入れるのではなく、自ら教官群を選ぶしくみになっている。最後に、これに、もっとも権威あるコレージュ・ド・フランスが加わる。

二〇世紀全般にわたって、フランスの知識人は、こうした大学とパラレルな制度の内部の立場から顕著な影響を与えつづけたのであった。つまり、形式的な大学制度の外側からである。それについてはよく知られた事例がいくつもある。たとえば、フランスの社会学者ピエール・ブルデュー、メルロ゠ポンティ、ヴュイユマン、バルト、そしてフーコーといった人々は全員コレージュ・ド・フランスで教鞭を執っていた。レヴィ゠ストロースはコレージュ・ド・フランスと高等研究所で教えたし、アルチュセールやデリダは高等師範学校と関わっていた。デリダの場合、高等教育実科学院とも関わっている。

フランスの知識人には、教育制度の完全に外側で行なわれた仕事によって巨大な影響力をもつ位置を獲得する人もいる。アンドレ・マルローなどのような作家の場合には、フランスでも他のところでも見られる現象であるが、哲学者となるとフランス以外は稀である。シモーヌ・ド・ボーヴォワールとジャン゠ポール・サルトルが、哲学者についてこの現象の二つの事例と言える。二人とも哲学の学位を取り、哲学と文学に身を捧げるという運命に従う前に、中等教育に従事している。しかも、第二次世界大戦によって強いられた断絶の後には、教育体制に戻ることはなかった。両者ともに、莫大な影響力を獲得したのは、フランスでの教育的身分を捨てた後であった。ボーヴォワールの影響力は主として文学的であったが、それに対して、サルトルは、フランス・アカデミーの外側という立場から重要な文学的・哲学的貢献を死の間際までなし続けたのであった。

デカルト主義

ハイデガーが、デカルトおよび制度化された宗教に対して対立的な立場にあったことは有名である。しかし、逆説的なことに、フランスのデカルト主義及びフランス哲学と宗教との密接な結びつきが、フランス哲学のハイデガー的転回に大きく寄与した。宗教的な性格を時には強固に保持しつづけているフランス哲学内部にあって、デカルトは何世紀にもわたって中心的な場を占めてきた。フランス哲学のデカルト主義的な側面と宗教的な側面とは対立的な関係にあると思われるかもしれないが、実際にはそうではない。少なくともフランスにおいては、デカルトの理論はある意味で、理性を信仰で根拠付けようとする絶え間ない努力としての哲学の宗教的基礎づけへの要請と両立するかたちで解釈されることが多かった。

フランス以外では、デカルトは、彼の理論が哲学史で果たした影響のゆえに重要な哲学者と見なされるのが普通である。かつて中心的な重要性を持っていたがもはや哲学の議論にとっては中心的ではない著者と見なされるのである。デカルト理論についてのこのような見解を強化したのはハイデガーであり、しかも、デカルトが後の思想に与えたインパクトも彼自身の理論もせいぜいのところ根深い誤謬と説明されることを示す試みを通してであった。フランスやフランス哲学においてはこれとはかなり異なった姿勢が一般的であって、デカルトの思想は主として肯定的な仕方で理解されている。したがって、相も変わらずデカルトの思想はフランスの哲学議論の中心と密接な関係を保っている。

そうした関係の驚くべき事例と言えるのがベルグソンの次のような宣言である。「一切の近代の哲学はデカルトから派生している。……一切の近代の観念論はここから派生している。特にドイツ観念論はそうである。……近代哲学の一切の傾向はデカルトのうちで共存している」[*15]同じように驚愕的な事例は、フーコーの有名な研究『狂気の歴史』に対するデリダの反応である。『省察』第一巻の重要な節でデカルトは、自らの理論にとって、自分がまさに狂気でしかないのではないかという可能性を考察している。[*16]この節についてのフーコーの注釈[*17]について、デリダはフーコーがこの書物におけるコギトを誤解しているばかりでなく、この誤解が、哲学の営みがもはやデカルト的なもの以外ではありえないということを証明していると指摘している。[*18]

一七世紀以来、今日に至るまで、フランス思想全体を通して、デカルトのインパクトは広範なかたちで感じ取ることができる。[*19] ここには、〝優れたエッセー〟という概念も含まれる。デカルトの影響は、哲学の限界を超えて、知的生活のかなり広範囲に及んでいる。グスタフ・ラッソンに依拠するエルンスト・カッシーラーに従って次のように言える。「一七世紀半ば以降、デカルトの精神はあらゆる知の領域に浸透しているのであり、哲学を支配しているだけではない。文学も道徳も、政治学も社会学も支配している。神学の領土においても、この学問に新しい形式を付与することで自己主張している」[*20] サルトルが最後のデカルト主義者であり、メルロ゠ポンティが最初のポスト・デカルト主義者であるとよく主張されるが、フランス哲学にはいまだに多くのデカルト主義者が存在しており、この主張は間違っていると言わざるをえない。

デカルト研究者に対して払われる敬意という点でも違いが見られる。他のところでは、デカルトの研究者に対しては、真摯ではあるが限定的な敬意が払われる。それに対しフランスでは、デカルト論議が、そのメンバーのキャリア全体がデカルト思想研究に基づいているような小さな内輪の産業を作り上げている。[*21] ハイデガーの見解を考慮に入れたとしても、デカルトはいまだに現代フランス哲学において最も長い影を投げかけている。

フランス哲学における思想のマスターとしてのハイデガーの位置は、明らかにデカルトに対する彼の批判によって補強された。ハイデガーは、彼の仕事全体を通じて存在一般という問題に取り組んでいるが、存在一般は存在者ないし存在物とは区別される。このようなハイデガーにとってデカルトは、ギリシア古代に起源を持ち、いまだに存在の問題に対するわれわれのアクセスを妨げている誤った存在論観の中心的な絵柄を示している。ハイデガーの『存在と時間』は、初期の中心的な傑作であり、かつ著作全体を通じてもっとも重要な作品であるが、デカルトに対する暴力的な攻撃を行なっている。[*22] そして、この攻撃は、後期の著作においても、とりわけ重要なエッセー「世界像の時代」[*23]において引き継がれている。こうした著作やその他のテクストにおいて、ハイデガーが強調するのは、デカルトの立場が存在に関するギリシアの根源的な洞察からの宿命的な乖離によって引き起こされたまやかし的な形態の形而上学の典型である、ということだ。

たしかに、フランス哲学においてはハイデガー的な存在の問題が伝統的な関心となったことはなかった。しかしながら、彼の思想の対デカルト攻撃が、伝統的なフランスのデカルト主義を超えていく一つの動きとして彼の立場に対する関心を喚起する点で重要であったことは間違いない。デカルトの立場に対するハイデガーの有名な反感は、彼の著作全体にわたっているが、それは、デカルトが死後三世紀半経ってもなおフランス哲学において持っている支配力から、自分たちを解放しようといまだに格闘しているフランスの思想家にとって独特な魅力を持っているのである。

哲学と宗教

ドイツ語圏や英語圏の哲学に比べて、哲学と宗教との関係をとくに強調することでフランス哲学は独特である。つまり、理性と信仰との関係である。ギリシア哲学は本質的には世俗的であり、理性に焦点があてられていた。スコラ哲学は、理性と信仰という概念を和解させようとする何世紀にもわたる努力を代表するものである。この努力は、理性と信仰との違いに注目することなどを通して哲学の宗教からの解放を前提とする啓蒙主義が、あらためて独立的理性を知識の基準として主張し、ゆえにこの努力自体を拒絶しためため、最終的に未完のままとなったのである。[24]

近代哲学は、無神論的な世界における神学の解任＝位置ずらし（displacemnet）の記録であると言われてきた。[25] トマス主義という重要な例外があるが、中世以来の哲学は宗教から自己を解放するといういまだに満たされない努力に関わっている。たとえば啓蒙主義の時代がそうである――啓蒙主義はしばしば宗教に対する広範な懐疑主義という側面から理解されるわけだが。[26] デカルト以降、そしてカント以降は確実にそうであるが、知識への要請はもはや宗教的な洞察への要請に基づくことはできない。しかし、神学的な衝動が哲学的議論から消えてしまったわけではない。新しい形をとるようになっているのである。フランス哲学における哲学的用語と宗教的用語の連続性の度合いは、その最も注目すべき特徴の一つである。[27]

ヘーゲルの理論は、たとえ存在論的な証明という形ではあるにせよ、本質的に宗教哲学であるという理解、より厳密に言えば誤解がよくなされる。[28] しかしながらヘーゲル自身は、典型的にも、近代哲学の始まりにおいてデカルトによって導入された自由な思考という哲学的概念は宗教改革によって可能になったと主張している。[29] ヘーゲルにとっては、独立した思考とは、[30] 理性と信仰の分離、あるいは、彼がプロテスタント的原理とよぶ理性による世界の統御の原理を前提とするものであり、これこそが近代哲学の中心的洞察である。[31]

しかし、何度もその試みが繰り返されたにもかかわらず、哲学はけっして宗教から完全に自己を解放することができなかった。哲学が、理性と信仰とのあいだの紐帯を断ち切ることがけっしてなかったからである。たとえば、近代哲学の優良証明としての自由な思考という概念の重要性に固執したそのヘーゲルが、宗教を絶対的な意味での知の本質的な構成要素の一つと認めている。[32] ヘーゲルの理論は、しばしば合理主義の極地と捉えられるが、宗教と信仰との不可分の結びつきを強調する。理性そのものが信仰を要求する、つまり理性における信仰という理由からである。[*33]

何世紀ものあいだ、フランス文化はローマ・カトリックの深い影響下にあった。[*34] 宗教的な要素は、フランス哲学の根強い中心的な側面でありつづけている。[*35] フランス哲学における汎伝染性の宗教的要素は、ひとりの重要なフランスの思想家による最近の主張によって描き出されていると言える。それは、ヨーロッパは常に基本的にキリスト教的、更に言えば、ローマ・カトリック的であったし、現在もそうであるし、多分そうでありつづけるであろうという主張である。[*36] フランス哲学におけるこのような宗教的な要素は、さらにフランスにおけるデカルト解釈によっても例証される。

フランス以外では、デカルト理論は、知識を自然の光によってのみ求めるため理性を信仰から解放しようとする合理主義者の努力という型にはまった読み方をされる。このやり方で読めば、デカルトは彼の立場を心に現前していることに、つまり、単なる啓示とは対置される「われ思う」ないしコギトに基礎づけているということになる。明証性は、神への信仰に基づいた主張とは違う個人の意識の確信にのみ基づくのであり、明証性をこう捉えることでデカルトは理性を信仰から切り離そうとしている。

デカルト理論をこのように解釈すれば、哲学と宗教とのあいだの葛藤、つまり、理性と信仰とのあいだの葛藤が暗示される。しかしながら、フランスにおいては、デカルト理論はよく、いやそればかりか主として、理性と信仰との非分離を主張すると解釈されるのであり、哲学と宗教ないし神学との連続性を仮定するものとして解釈されるのである。フランスにおいては、フランス思想の特殊な宗教的な性格は、デカルト理論の宗教的な解釈と両立すると考えられることが多い。フランス語圏では、理性と信仰との区別――多くの人がデカルト的立場の確固たる近代的な性格をそこに見るのだが――は、通常、理性を信仰に基づかせる努力として、哲学と宗教との恒常的な結びつきの例として理解される。[*37]

デカルトは、一般には、知識をコギトの合理的な確信に、つまり神からは区別される個人的主観の意識に基礎づけようとして、信仰を片付けたと考えられている。より厳密には、第一の真理ないしはすべて他のことがそこから派生する「われ思う je pense」ということに基礎づけようとし、特定の基盤を神学以外の土台に置こうとしたのである。しかし、デカルトは、あたかも懐疑の克服への要請を神に対する意識[*38]に基礎づけようとしたかのように、つまり、神はわれわれを欺きはしないという確信[*39]に基礎づけようとしたかのようにも読めるのである。たしかにデカルトは、極めて世俗的な思想家と解されることがよくあるが、彼の著作で最初から最後まで通して変わりないのは、認識が信仰の確信に左右されるという教理である[*40]。

歴史的には、知識論を信仰と結びつけようとするデカルトの試みは、神学からの反論をしりぞけることに失敗した。そのために、デカルトの書物は禁書目録に載ることとなったのである。デカルト理論における宗教と哲学とのあいだの可能な葛藤によってどのような困難が生じるかは、徹底してデカルト主義的仕事であるポール・ロワイヤルの論理学において明らかである。著者であるピエール・ニコルとアントワーヌ・アルノーはふたりともにきわめてデカルト主義的思想家であるが、理性と信仰は同じ源から発しているために、対立することはないと考えている。しかしながら、彼らも、一六八三年に出版された『省察』の第五版は神学からの反論に答えて変更されたことを率直に認めている[*41]。さらに、パスカルは純粋に数学的な書物を除けば、ジャンセニズムとの戦いでもっとも有名なのだが、それにもかかわらず、フランス哲学においてパスカルに付与される重要な役割は少なくとも部分的には宗教のフランス的な重要視ゆえであるという推定を行うこともできる。

こうした高度に宗教的な性格は、逆説的に聞こえるが、フランス哲学をハイデガーの反宗教的な哲学理論に向かわせることになる。後に見るように、有名なコジェーヴのヘーゲル解釈は、ヘーゲルの哲学的無神論とハイデガーのそれとの間の強固な連続性を前提としている。[*42] ハイデガーは神学を勉強しており、そればかりかイエズス会の神学校にいたことすらあるが、後の彼のカトリック教会に対する関係は緊張をはらんだものであったし、敵対的ですらあった。[*43] しかし、フランス哲学の宗教への関与という持続的な文脈においては、たとえばサルトルのように、信仰の束縛から自らを解放することを主張する思想家たち、メルロ＝ポンティのようにたとえ信仰は減少しているとしてもいわばキリスト教的な枠組みにおいて思考しようとしている思想家、そして個人的信仰および宗教にとってのキリスト教的な枠組みを保持しようとする思想家たちとのあいだで進行中の論争では、ハイデガーの存在への関心はしばしばキリスト教的な見方と矛盾しないと見なされる。トマス主義者たちは、伝統的にハイデガーに対しては友好的であり、とくにフランスのトマス主義者たちはそうである。たとえば、エティエンヌ・ジルソンは、ハイデガーが存在中の存在とは神のことであるというとトマスの命題を看過したことを遺憾としながらも、ハイデガーが存在者と存在との間の関係というプラトン的・アリストテレス的問題に立ち返っていることを賛美している。[*44]

哲学的伝統

フランスの哲学的議論の決定的に歴史的な性格には、驚くべきものがある。哲学の歴史は、英語圏にあっては、流行おくれとなってしまった。イギリスの観念論はヘーゲルの影響を受けている。分析哲学への傾斜が、イギリス観念論に対するラッセルとムーアによって先導された抵抗運動から発したというのは有名である。この抵抗運動は、始めは反歴史的ではなかったが、後に、ヴィットゲンシュタインにしたがって反歴史的となった。最近の分析哲学は、相当に反歴史的な特質を持っており、時に、露骨なまでに反歴史的になる。歴史の概念という問題に関心を抱く分析系の思想家はいるにはいるが、一般に、そうした思想家も哲学というディシプリンの歴史的なステータスや知識の歴史的なステータスを問題にはしない[*45]。むしろ、哲学的な議論においては、非歴史的な対象や非歴史的な仕方で理解された対象＝客観性への関心へと制約された実証主義的な見方を好む傾向がある[*46]。分析哲学の実証主義的・非歴史的ないしは反歴史的本性は、とりわけ現代の科学哲学において明示的となっている。現代の科学哲学は、たいていの場合、科学について別のかたちでの概念的なモデルを吟味しようとする歴史的な議論を無視する。

ハイデガーは、『存在と時間』以降の著作で哲学的伝統に連なる何人かの人物を詳しく研究しているが、こうした研究は、歴史的な方向に強く傾いているフランス哲学においては、共鳴を生むのである。アメリカとは違ってフランスでは、哲学的仕事の大部分は歴史的であって体系的ではない。英語圏の議論には、ギリシアの主要思想家やカントの研究が満載であるが、哲学的伝統における他の人物はそれほど多く含まれていない。たとえば、ドイツ観念論は、英語圏の思想においてはめったに研究されることはないが、現時点のフランスでは主要テーマである[*47]。フランス哲学ではむしろヘーゲルやシェリングやフィヒテといった著者たちがよく研究されている。ヘーゲル研究の大流行は、部分的には、最近のフランス思想においてもヘーゲルが思想のマスターとして果たしつづけている役割によって説明することができる[*48]。シェリングは、ヘーゲルと同じくらい人気があるといってよいが、部分的には彼の思想の宗教的な要素ゆえに重要視されている。シェリング思想研究の数やフランス語翻訳の数（たとえばサヴィエ・ティリエット、ジャン＝フランソワ・マルケー、ヴェト、クルティーヌといった人々によるもの）を尺度とすれば、目下のところ、フランスは疑いもなく世界におけるシェリング研究のセンターである。

歴史的なテーマに対するフランス哲学の変わらぬ関心は、哲学史家に与えられる相応な信望に反映されている。英語圏の哲学においては、G・E・L・オーウェンやグレゴリー・ヴラストスなどの歴史家たちが輝いているギリシア思想という例外を除けば、歴史的な主題に対して注意が払われることはほとんどない。たとえばカントやもっと最近ではヴィットゲンシュタイン、フレーゲ、ウィーン学団理論家などの少数の選ばれた哲学者たちの書物を別とすれば、ある特定の思想体系の基本的特徴を年代的に記述することは、きわめてうさんくさいとされてしまう。哲学の歴史研究者は、本当に哲学をやっているのではない、実際、いかなる本質的な意味でも哲学をやっているのではない人とされてしまう。フランス思想においては、哲学の歴史家は、同じゲームの対等なプレヤーと見なされるし、歴史的な関心について言い訳する必要はない。かつての哲学歴史家としてはジルソンやジャック・マリタン、フェルディナン・アルキエ、アンリ・グウイエやサヴィエ・レオンが、そしてその後は、オーバンク、ヴェイユマンそしてアレクシス・フィロネンコが、最近では、マリオン、クルティーヌそしてブラーグといった人々がこれに含まれる。

フッサール、ヘーゲルとフランスの現象学

もし、二〇世紀におけるフランス哲学の歴史が書かれるとすれば、現象学は非常に大きな場を占めることになろう。フランスにおいては、現象学は長いあいだどこよりも重要であった。時として現代の主要哲学運動として理解されることがある。[*49] そして、形而上学の終焉の後における哲学の継承者として理解されることすらある。[*50]

現象学に対するフランスの伝統的な関心が、フランス哲学がハイデガーに向かうのを促進してもいる。[*51]

ハイデガーは、現象学者として哲学を始めた。彼の初期の主著である『存在と時間』は、フッサールの超越論的現象学のきわめて強い影響を受けている。フッサールの現象学はドイツに端を発しているが、むしろフランスにおいてより重要となったように思われる。ドイツにおいても、おそらくヘーゲルの生きていた頃を除けば、現象学が優勢な傾向であったことは一度もなかった。現象学は、その主要代表者たち(フッサール、ハイデガー、メルロ＝ポンティ、サルトル、ガブリエル・マルセル、そしてカール・ヤスパース)が退場してからというもの、最近ではあまり注目されることがなくなってきた。ハイデガーの学生であったハンス＝ゲオルク・ガダマーやポール・リクールなどの名前と結びついた解釈学などの新しい傾向が興ったのであった。しかし、フランスにおいては、現象学はいまだに注目を浴びており、それは部分的にはデカルトへの変わらない関心ゆえである。フッサールは、デカルトの思想を自らの超越論的現象学において継続すると主張している。*52

フランスにおいてフッサールとヘーゲルの立場が高く評価されていることは、ハイデガー思想への関心に貢献している。*53 フランスの思想家たちは、フッサールへの関心ゆえにハイデガーに向かう、あるいは、フッサールとハイデガーとの両方への関心を結びつける傾向がある。フランス現象学におけるハイデガーへの転回は、フランスにおいてフッサール現象学との取り組みが継続していることによって助長されているのであり、阻止されているのではない。エマニュエル・レヴィナスやデリダを含めたハイデガーの主要なフランス人学生たちは、同じように詳細な研究をフッサールにも捧げている。*54

フランスには、ハイデガー主義者と比べてフッサール主義者は少ないのだが、そのことは、通常は二人の哲学者の重要性を比べる指標とは見なされない。フッサールの理論は、ハイデガーの理論と大体同じくらい重要と考えられている。フッサールとハイデガーは、まるで対話関係にあるかのように一緒に論じられるが、それは他のところでは稀なことである[*55]。

こうした傾向は、実際、他ではあまり見られない。フランス以外のハイデガー研究者は、フッサールの思想をあまりよく知らないのが通例であり、たとえ知っていても、ハイデガー理論の構成にとってはそれほど重要でないと考える。フッサール理論に精通しているハイデガー研究者であっても、ハイデガーの思想にアプローチするのに、フッサールの立場にまで立ち返ることはほとんどないか、まったくないかである[*56]。たとえば、ハイデガーの指導のもとで用意されたハイデガー思想の古典的な紹介において、オットー・ペゲラーは、フッサールにほとんど注意を払っていない。ペゲラーは、ハイデガーはフッサール的な基盤の上で自らの立場を展開することに失敗したというフッサールの見方をそのまま受け入れている[*57]。フッサール的視点とハイデガー視点とは断絶的であるというペゲラーの読み方に対する潜在的な異議申し立てと言えるのが、両者の連続性を強調したメルロ゠ポンティである。メルロ゠ポンティによれば、ハイデガーは、単にフッサールの思想を引き継いだだけであり、そこから根本的には離れていないというのである。ハイデガー自身の主著は、フッサールの生活世界（Lebenswelt）という考え方の「明示化 explicitation」と理解してさしつかえないと主張している[*58]。メルロ゠ポンティほどフッサールとハイデガーとの連続性を強調するフランスの哲学者は少ないとはいえ、フッサール的バックグラウンドでハイデガーを理解するという彼の関心は、フランスの議論にとっては典型的である。

ハイデガー理論におけるフッサール的なバックグラウンドを強調するフランス的な考え方は、ハイデガー自身の独自な見方と矛盾することではない。『存在と時間』には、フッサールへの献辞がある。ハイデガーは、自分がフッサールの『論理学研究』の虜になっていたということを強く主調している。何年ものあいだ、フッサールの立場と真剣に取り組む努力を繰り返したことを強調する[*59]。ハイデガー後期の立場が依然として完全に現象学と見なされるかどうかははっきりしないとしても、[*60] 彼の初期の基礎的存在論は、『イデーンI』に始まるフッサールの理論と同じように、超越論的現象学の一形態と見なされることが多い。

フランス哲学に対してハイデガーがもつ魅力は、フランスにおけるヘーゲルへの哲学的関心によって強化された。フランスでのヘーゲル研究の中の少なくとも四つの要素が、ハイデガー理論への注目を呼ぶものとなっている。まず第一に、フランスのヘーゲル研究者たちは、ヘーゲルの現象学とフッサールの現象学との結びつきを強調することがよくある。[*61] 長いあいだ、フランスの主要ヘーゲル研究者であったコジェーヴとイッポリットによれば、そしてヴァールとデリダによれば、ヘーゲルの理論はフッサールのそれと重なるところがある。[*62] このことは、また、フッサールの現象学を通して、ハイデガー理論との結びつきを示唆する。

第二に、ヘーゲル理論の理解のために、ハイデガー理論が果たす役割がある。コジェーヴは、彼の有名なヘーゲル『精神現象学』研究において、マルクスとハイデガーの見解に非常に多くを負っている。コジェーヴは一九三〇年代に多大な影響を与えた講義を行い、それが一九四〇年代に出版された有名な書物の土台となったのだが、この中でハイデガー理論に注意を向けている。つまり、コジェーヴ流の読み方では、ハイデガーの理論は、ヘーゲル自身の理論のより新しいバージョンを示しているというのである。コジェーヴは、ハイデガーの立場に注目するようになったフランスの哲学的討論に加わった最初の一人である。彼は早くからハイデガー理論に関心があったが、この関心は彼のヘーゲル研究に先行するものであり、かつまた部分的にその方向性を規定したのである。コジェーヴはハイデガーをヘーゲル後のもっとも重要な無神論哲学の代表と見なしている。

第三に、もっと迂遠ではあるが、ハイデガーがヘーゲルへの関心を呼びかけているルートがある。それは、フランスの文脈では、ヘーゲル理論とハイデガー理論とを一緒に考える必要を示唆する要因である。[*63]ハイデガーは、彼のことばで言えば、重要な思索家たちと彼らと同じレベルで対話することを繰り返し試みてきた。[*64]『存在と時間』に始まり、ハイデガーの著作はヘーゲル思想と対話しようとするいくつもの試みを含んでいる。[*65]

第四に、フランス思想に対するヘーゲルの多大な影響がある。フランスにおいては、一九三〇年代初期のコジェーヴに始まり、一九六〇年代の終わりにおけるマルクス主義の衰退に至るまで、数多くのヘーゲル解説者たち――彼らはしばしば共産党とつながっていた――が、特殊左翼的なヘーゲル主義ないしヘーゲル的マルクス主義を展開した。ハイデガーは次第に、こうした傾向とは別の選択肢と見なされるようになった。というのは、混乱をもたらすような形での左翼ヘーゲル主義の根強い影響と多くの人が見なしたものから逃れたいという願望が多くの人をハイデガーの方向へ向かわせたのである。

「フランス」哲学と異国の概念モデル

フランス哲学においてハイデガー理論の受容に重要な関係がある点として、非常に多くの「フランスの」思想家たちが異国出身であること、そして異国の概念モデルを吸収するフランス側の姿勢を挙げることができる。フランスの知的生活において、異国生まれの思想家たちが果たしている重要な役割は驚くほどである。というのは、フランスは長いあいだ内向的な国であったからだ。フランス革命は、自由と平等と博愛という普遍的な理想をかかげたが、その後に続く恐怖政治でこうした理想を踏みにじることとなったのである。博愛という究極的にはキリスト教的な理想は、たしかに他でもほとんど実際の実現を見ることはなかったが、しかし、このカトリック的かつ基本的に外人恐怖症的な国においてはもっとなかったのである。フーコーによれば、精神医療のさまざまな機関は、長いあいだ、非理性的とされる人々を排除するために用いられてきた[*66]。戦後の環境では、自己防衛のために結集するフランスという政治的論議を支配したド・ゴールの構想が、しだいに、フランスに居住する外国人の排除のために誤用されることになった。その後の歴史全体に鳴り響くこととなった有名なフランス革命の平等理念を与えてくれた国が、ジョゼフ・ド・メストルの権威主義的ヴィジョン[*67]とジョゼフ＝アルトゥール・ゴビノーのアーリア的陰謀としての歴史観をも生み出したのである[*68]。

フランスの知的生活は、フランスという国自体と同じように、本質的に自分自身を中心として営まれている。他者の考えに対して一見無関心であったり、敵対的であったりするように見えるが、しかし、実は、異質な思想モデルや異国の知識人に対して極端に感受性が強いわけであり、そうした見方は誤解である。フランス哲学は、通常、異国の思想モデル、特にドイツの思想モデルに対して開かれている[*69]。

海外から輸入された観点に対する関心は最近の現象ではない。その証拠に、ジョン・ロックの『人間知性論』の思想と、とりわけニュートンの『数学原理』とをフランスの仲間たちが注目するようにしたヴォルテールの長年にわたる努力がある[*70]。最近では、そうした思想資源の主たるものとしてドイツに力を注ぐ傾向がある。すでに一九二〇年代に、ヘーゲルに対する関心が高まり、ハイデガーとの取り組みが始まるかなり前に、フランスの偉大な批評家イッポリット・テーヌは以下のような観察をしている。「一七八〇年から一八三〇年にかけては、われわれの時代の思想のすべてを生み出したのはドイツである。今後半世紀、いやあるいは一世紀にわたって、それらについて新たに思索することがわれわれの課題であり続けるだろう[*71]」

もしフランス哲学が異国の知識人のもつ影響力に対して開かれたものでなかったとしたら、明らかにハイデガーはフランス哲学において突出した意味を獲得することはなかったであろう。フランス哲学においては、四つのドイツからのモデルがあると言われている。ニーチェとハイデガーとマルクスとフロイトである。[*72]少なくとも一九二〇年代の終わりからフランス哲学に大きな影響を与えてきたフッサールとヘーゲルを含む他の思想家の存在についてはすでに見た通りである。

フランスの知的文脈は、異国生まれの哲学者に対して極端に友好的であった。最近の例でいうと、リトアニア生まれの現象学者エマニュエル・レヴィナスや、カントとヘーゲルの研究を行ないながら自らの体系的な立場を前進させたエリック・ヴェイユ[*73]のような良く知られた「フランスの」哲学者たちがいる。また、ロシアからの亡命者であり、アメリカ合衆国に亡命する以前に哲学と科学の歴史に対して重要な貢献をしたアレクサンドル・コイレや、生まれが同様にロシアであるアレクサンドル・コジェーヴ、アルジェリア生まれで今はフランス国籍であるデリダなど、他にも多くの人がいる。

フランス・アカデミズムの保守主義

合衆国では、大学教官はリベラルであるのが通例だが、フランスやドイツでは、保守的であるのが通例である。フランスのアカデミズムの保守主義は、一部は、フランスの哲学や社会に遍在する強固なローマ・カトリックの影響にもよるが、フランスのアカデミーの構造によって強化されてもいる。フランスの中等教育制度全体が、フランス的教育システムの再生産を中核として組織されている[*74]、と言われている。

そのために、フランスの左翼哲学者たちは、フランスの哲学が現状維持という役割を果たしていることを再三にわたって弾劾してきた。[*75]

ここでの文脈では、フランスの教育システムが、哲学者を含めて将来の学者たちを組み込んでいく四つの仕方を示しておけば充分であろう。フランスの教育システムは哲学者たちが既存のアカデミズムの規範から離れず、それらに従うことを確実にするために、彼らを一連のプレッシャーの下に置くのである。それが、成功の代償である。大学の教師たちは、一般に体制順応主義的になりがちであるが、フランスにおいては他のどこよりも冒険を避け、体制順応主義的であると言えるであろう。

その一つのファクターと言えるのが、フランスの学者たちが大学レベルで教える前にリセで過ごすことになる何年にもわたる時間である。このことは事実上、大学でのキャリアの望みを手にするためには、長い期間、アカデミックな出世を追求しなければならないことを意味する。

二つめのファクターとしては、アグレガシオンの構造が挙げられる。これは、さまざまな学科のそれぞれ異なるセット・プログラムに基づいた全国的な選抜試験である。この試験は、二つの部分から成り立っており、筆記試験とそれに続く口述試験がある。この試験に合格するためには、通常の学術的ガイドラインの外側ではなく、内側で目立つのが有利である。有名な例はサルトルであり、彼は、最初にこの試験を受けたとき才気を示そうとして、不合格だった。二度目に合格したのである。

最近まで第三のファクターであったのが、第二学位論文あるいは国家博士論文（thése d'état）の請求である。これは、通常、若い教授が、一連の選抜試験で彼なり彼女なりの気概を証明して見せた後で、教授資格者（agrégé）になるためにアグレガシオン（agrégation）に合格し、博士号、たいていの場合は、三等博士号（doctorat du troisième cycle）を取得し、そしてすでに教育に携わるようになってから、行なうことである。つまり、アメリカ合衆国の大学システムにおいて若い大学教師がアカデミックな学位の取得の条件を満たし、テニュア（終身雇用資格）待つだけの状態である時期に、フランスの平均的な教授はあるポストに就けばテニュアが得られるが、しかし、同時に学生でもあるということになる。それも、第二の学位論文が書かれるまでの長期の期間にわたってそうなのである。その結果として、若い教授は、フランスの教育システムへの忠誠を確実なものとする外的な規定に従わざるをえないことになる。この第二の博士論文は最近廃止されたが、しかし、その代わりに他の関門が導入されている。したがって、そのことで、フランスの平均的な若い教授をフランス教育の共同組織的構造に結びつけるさまざまな構造は決して弱体化されたとはいえないのである。

第四のファクターは、フランスの学問的な才能はエリート中等学校の制度によって確定され、かつ養われていることである。エリート学校とエリート大学という概念は、西洋諸国ではかなり一般的である。長いあいだ、エリート高校やエリート大学を保持してきたからである。明白な例と言えるのが、イギリスのパブリック・スクール制度であって、それらは実際、たいてい富裕家庭や少なくとも裕福な家庭の子弟のための私立学校である。もっとも優秀な者たちはオックスフォードやケンブリッジに入学することを期待されている。

フランスの制度はこれとは異なっているが、しかし結果は似ている。フランスのエリート学校制度の学生たちはしばしば裕福な家庭の出身であるが、経済的な背景よりは、むしろ、もっとも優秀な学生たちが全国的な試験制度を通してアイデンティティ形成し、最終的に取り込まれることが強調される。ナポレオンの時代にまで遡るこの制度は[*76]、いくつかのいわゆる「グラン・ゼコール（高等専門学校）」を含む。その中でももっとも有名なのは、将来のエンジニア、及び数学と物理学に関心のある学生たちのためのエコール・ポリテクニク（理工科学校）と、人文系学生のためのエコール・ノルマル・シュペリエール（高等師範学校：ＥＮＳ）[*77]、そして、将来のテクノクラートを育てるエコール・ノルマル・ダドミニストラシオン（国立行政学院：ＥＮＡ）である。こうした教育機関は大学教育の役目を果たすが、通常の大学教育より優れていると見なされるのが普通であり、また現にそうである。こうした教育機関で勉強する者たちは、伝統的に、将来のフランスの大学レベルの教育者たちが受ける一連の選抜試験において、かなりの比較的優位を示している[*78]。ノルマリアン（normalien）つまりエコール・ノルマルの学生には、なるのではなくて、そう生まれついているのだとまで指摘されたことがある[*79]。ノルマリアンとして受け入れられることは、ブルデューが分析したことだが、聖別に等しい[*80]。

集中的な準備をした後に、難しい筆記試験を受け、第一段階を合格した者は口述試験を受け、今挙げたエリート校のいずれかに入学することになる。これらのエリート校に入学許可されたものは、そこで勉強しているあいだは、さらなる試験を受ける必要がない。ただし、卒業と同時に、大企業のトップとして、ノルマリアンの場合には、文科系の大学教師としてフランスで主導的な立場に立つことが期待されている。相も変わらず、フランス社会で重要な役割を果たしているそうした学生たちの多くの例、それもよく知られた例がある。最近の例としては、名簿（cacique）の一番でＥＮＳに合格し、政治に向かう前は高校教師であったジョルジュ・ポンピドーや、彼の後継者であったヴァレリ・ジスカール＝デスタンがある。ジスカール＝デスタンは、エコール・ポリテクニクとＥＮＡを卒業している。

こうした学生たちがさらされている、とくに厳しい選抜プロセスとそれに続く教育が目的としているのは、通常にはないような強い紐帯をもつグループを作り出すことであり、現に作り出している。こうしたグループは、自分たちの機関にも、自分たちをその最も高貴な華であると見なすことができる制度にも忠誠をつくすのである。この制度は、その最も重要なメンバーたちのあいだでの明確な協調を可能とするのであり、彼らはこの制度によってアイデンティティを築き、同時にそれによって育てられているのであるから、当然ながら、この制度を擁護しかつ宣伝する傾向がある。その結果、自らがその中で成功を収めた、極めて規制的で厳格なアカデミックな制度に対する無条件の忠誠が生じるのである。この制度は、ごく僅かな人々、つまりアカデミック・エリートに強く傾斜している。[*81]

この背景の重要性は、アカデミック・キャリア全体を通じて見られる。フランスにおいては、本を出版するとき、自分の名前の後にエコール・ノルマルの卒業生であることを記すのは普通である。したがって、この背景は学生の人気を呼ぶ一要因でもある。というのは、フランスの教育体制内では、良いコネがある教授たち、つまりノルマリアンである人たちが、この制度に入りたいと思い、その一部になることをめざす学生たちにとって指導教官としてより魅力があるからである。[*82]

このシステムは哲学者も含めて、フランスのエリート学者たちの協調を強化しているが、このシステムにはあらゆる種類の伝統を保持する傾向がある。そして、変化への抵抗や恒常的な政治的保守主義を成立させるのである。その時々の支配的社会的文脈の中で生きており、またそのプレッシャーにさらされていると言う点では、哲学者も他の人と変わりはない。カントが、検閲を免れるために自分の著作の出版を延期したのは有名な話である。何十年もの間、ヘーゲルは当時の政治体制に政治的に適応してしまったという非難がなされてきた。特にマルクス主義者からの非難がよくあった。[*83]

ハイデガー自身の根深い保守主義的思想においても、同じ政治的保守主義が反映されている。彼の本性的な保守主義は、彼がナチズムへ向かったことにおいて明らかである。ナチズムは、保守革命的運動であったが、それは、ワイマール共和国衰退の日々にあって、多くの知識人たちがリベラリズムと共産主義との間に考えられる第三の道と認めたものであった。さらに、ハイデガーの保守主義を顕著にしているのは、伝統の重要性の強調である。『存在と時間』において、ハイデガーは本来性の必要性を主張している。本来性とは、自己の本来的選択、ないし、存在の「もっとも固有な」可能性と理解される。本来的な選択とは、すでに本来的であったものを選択することであり、自らの宿命の選択である。言い換えれば、人の過去の本来的な受け取りにおける未来の選択のことである。[*84] したがって、フランス哲学がハイデガーに強く惹かれたもう一つの理由として、彼の思想の保守的な質を挙げることができる。そういうわけで、彼の思想は、他のもっとリベラルな見解に立ち向かう際に利用できると見なされたわけである。

第二章　ハイデガーとフランス哲学における思想のマスター

前章ではフランス哲学の中で、この国の哲学をハイデガー思想の方に向かわせようとする、あるいは少なくとも、受容するように仕向ける傾向のある特徴を特定しておいた。本章では、思想のマスターという概念を、特にフランス哲学を参照しながら分析することにする。

思想のマスター？

思想のマスターという現象は、フランスに限定されるわけではない。それは他の国々にも見出だされる現象であり、哲学も含めて、少数の思想家の考え方が不相応なまでにそこで行なわれている議論を支配し、他の人々の貢献が受容され、評価される枠組みまでも生み出す傾向がある学術的及び非学術的なディシプリンの共通の特徴になっている。こうした支配は、しばしば、たとえばマルクス主義者のマルクスに対する、フロイト主義者のフロイトに対する、そして概して信奉者なるものが重要な知的代表人物に対してとる崇拝の態度において顕著になる。

哲学においても、思想のマスターという現象は、例えば英米の分析哲学において広範に流布している。二〇世紀の始め、ラッセルとムーア、そして後のヴィットゲンシュタインを含むケンブリッジ大学の小さな同人集団が、それ以降支配的になる議論を定式化した。支配的な人物は変わったものの、このパターンはより最近の分析思想の中でも持続している。ウィルフリード・セラーズとW・v・O・クワイン、より最近では、ドナルド・デヴィッドソン、マイケル・ダメット[*1]、そして今ではローティ、そして恐らくはそれよりやや低いレベルではあるがヒラリー・パットナムといった人たちの考えが、文字通り議論の地平を形成している。分析的スタイルで書きながら、彼らの考えを真剣に受けとめていない人々は、真剣な考察の対象から排除されることになる。

同様の現象がフランス、特にフランス哲学において、より広く見受けられる。ここではデカルトが何世紀にもわたって思想のマスターであるが、彼以外にもより短い期間、同じ様な地位を享受した人は何人かいる。思想のマスターの理論を中心にするという――今日に至るまで、言葉の様々な意味において、政治的かつ知的に強く中央集権的国家であった――フランスの哲学のこうした傾向は、疑いの余地なく、ハイデガーがフランス哲学における思想のマスターになることを可能にした一つの要因である。

思想のマスターと対話としての哲学

哲学における思想のマスターという現象を理解することは、哲学的伝統の対話的構造を考慮するうえで有用である。その起源がギリシアにあるため、哲学というものは、プラトン的な対話とのアナロジーで、語られる、あるいは書かれる対話として理解されてきた。対話の二つの形式は、大まかに、一方における、口頭でなされる反伝統的なもの、他方における、書かれていく伝統的なものという対比によって性格付けることができる。

前者、あるいはソクラテス・モデルはプラトン的対話モデルに従っており、この場合、哲学は、直接的な討議、あるいは会話として呈示される。[*2] プラトン的な口頭での対話としての哲学という概念は、依然として影響力を持っている。これは、分析哲学において依然として広範に流布しているオックスフォード談話室アプローチと呼ばれるもの――J・L・オースティンによる描写が有名である――の根底にある。このモデルにおける哲学は、直接的なフェイス・トゥー・フェイスの対面での矢継ぎ早のやり取りとして生じる。似たような考え方が、例えばソール・クリプキの『名指しと必然性』のようなその性質において広範に、あるいは全面的に口頭によるものとして呈示される、珍しいタイプの哲学的著作の背景に潜んでいる。[*3]

口頭による、対話としての哲学というソクラテス的モデルは、確固とした反伝統的なスタンスを特徴としている。たとえ口頭の対話に固執しない見解であっても、私たちは再び最初から始める――以前の思想の失敗を意識しながら始める（カント）、新しい始まりを作り出す（フッサール）、始まりを回復する（ハイデガー）、確固とした体系的アプローチの中で哲学史を無視する（クワイン）――必要があるというおなじみの考え方の中に、反伝統主義の例を見ることができる。哲学にとっての新しい始まりというテーマをめぐるこれらのバリエーションは、哲学的討議は非連続的で、いわば、新にスタートできると前提している。このモデルでは哲学は、伝統、あるいは長期にわたって進行する連続的対話としてではなく、むしろ一連の個別の独立した討論として理解される。

それとライバル関係にあるヘーゲル・モデルは、プラトン的な例の影響を受けているものの、対話を長期にわたって拡張していく。この場合、哲学は、直接的な遭遇としてではなく、間接的で、継続している対話、伝統と見なされ、そのため口頭によるのではなく、本質的に書かれたものと見做されることになる。

このモデルでは、哲学の会話は、後の思想家たちがその先人が書いた見解に対して反応し、その上に自らの立場を構築することを通して生じてくる。そして、哲学の伝統は、満足のいく理論を構築しようとする努力の中で競合し合うさまざまな考えが提起されたり、拒絶されたりしながら連続的に書かれていく対話ということになる。哲学的な意味での哲学史の発明者であり[*4]、書かれるものを語られるものよりも優位に置き[*5]、首尾一貫して先行する諸理論を取り込みながら、その上に自己の立場を構築しようとしてきたハイデガーによれば、こうした見解の最も顕著な例はヘーゲルである。

双方のモデルに共通な要素は、哲学がプラトン的対話の一つのヴァージョンに従って進行している、という前提である。両者の間の対立は、哲学の対話形式をモデル化する適切なやり方をめぐるものであって、そもそも哲学自体が対話的なものであるか否かをめぐるものではない。この問題は、以下のようにより挑発的な仕方で提起することができる。もし哲学的討論が、対話の形式をとると認めるとすれば、それ以上のなんらかの制約はあるのだろうか？ 哲学には、個人の間の口頭の、あるいは書かれる対話という以上のなんらかの構造はあるだろうか？

この問いに対する応答は、哲学的対話の参加者に課されている制限に注意を向けるところから始めることができる。哲学的対話は参加するつもりのあらゆる人に対して平等な基盤の上でオープンであるように見えるかもしれない。しかし、討論に参加している人々のほとんどは、むしろ不平等な足場に立ってそうしている。というのは、比較的少数の思想家の見解だけで事実上哲学の討論が形成されており、その中でそうした少数の思想家たちがしばしば思想のマスター（maître à penser）[*6]として、つまり哲学ゲームのマスターとして[*7]決定的な影響を及ぼすのである。

哲学史は暗黙の内に、ごく少数の思想家だけが本当に哲学的討論に影響を与えている、と前提している。

いかなる哲学史家も、全ての参加者に言及しようと試みたりしない。同じ理由から、哲学的運動は通常、少数の中心的思想家たちの見解を通して叙述される。その例として、大陸合理論におけるデカルト、ライプニッツ、スピノザ、イギリス経験論におけるロック、バークレー、ヒューム、そしてドイツ観念論におけるフィヒテ、シェリング、ヘーゲルの支配といったものを挙げることができる。

これらの哲学者の各々が、重要な哲学的運動の内部において重要なのである。彼らの各々が、個別のアプローチの発展、傾向の定型化、運動の練り上げに貢献していると見做すのは不当なことではないだろう。自らを知識と真理についての唯一の真なるあるいは正しい理論と主張してお互いに排除し合う傾向にある、競合する様々なアプローチの間で進行している闘争として哲学的伝統全体を理解することができる。[*8]

思想のマスターについてのホワイトヘッド、カント、サルトルの見解

思想のマスターという概念は、異なった名称の下で、さまざまなパースペクティヴから論じられてきた。ホワイトヘッドによれば、「哲学は偉大なる哲学者による衝撃の後では、けっして古い立場に逆戻りすることはない」[*9]という前提に基づいて、傑出した思想家は、絶えず議論を位置ずらしする新しいオールタナティヴの導入という面から認定することができる。しかしながら、異なった諸見解が単一の認定可能な立場の周囲に合流するのはきわめて稀なケースである。

極端な例を出せば、フッサールの思想に端を発する現象学の運動は、本質の探求であるという見方が広範に流布している。しかしながら、その主要な提唱者の何人か（例えば、ハイデガー、メルロ＝ポンティ、サルトル、その他）は本質に関心を持っていなかったし、運動自体に単一の本質があるか否かははっきり

しない。さらに言えば、確立された立場へのオールタナティヴがしばしば、彼らの影響を通して認識される。しかし、関心を引き付けることがなく、そのためそれに続く討論を位置ずらしできないにもかかわらず重要な観念、ホワイトヘッドの言う意味でのオールタナティヴが多くあることに疑いの余地はない。

思想のマスターという現象についてのホワイトヘッドの考え方は未発展のままに留まった。より発展したアプローチが、システム的科学としての哲学というカントの概念によって提起されている。カントによれば、システムは一つの観念との関連で、理論の様々な部分の統一性を要求する。[*10] 青の失われた影は不在のものとして推論できると論じたヒューム[*11]と同様に、カントは、理論の諸部分は自然な統一性の中で相互連関しており、したがってその内の一つでも不在であれば、気付かれるはずである、と想定している。新しい科学については、それを構成する諸要素がその創設者（Urheber）もしばしば気付いていない内在的秩序に従っている新しい仮説に基礎付けられている、ということがある。創設者は、自分にも、その信奉者にとってもしばしば明確でないけれど、その合理的統一性という面からは理解しうる見解を提起し、それに適応するのである。

というのも、その創設者、およびしばしばそのずっと後の継承者たちまでもが、自分たち自身けっして明確にしえなかった理念を中心にしてグループを形成していること、そしてその帰結として、自分たちは科学の適切な内容、分節化（体系的統一性）、限界を規定できる立場にはいない、ということが私たちには分かるからである。[*12]

カントは、新しい科学は、彼自身による——聖パウロがキリスト教の信仰に基づく解釈の根拠として提案した――霊＝精神と文字の区別の復活に対する新たな洞察に基礎づけられることになろう、というところまで議論を拡張している。カントはこの区別を再解釈することで、〝全体〟の構想と〝文脈から取り出された章句の解釈〟の対比を強調している。カントは、このことを念頭に置きながら、誤った解釈に対して自らの立場を守るべく、理論を文字（字義）ではなく、その固有の精神によって解釈することを提唱している。[*13]

こうした〝精神と文字によるテクスト解釈〟という観念は、ドイツ観念論の伝統の中でポピュラーだった。[*14] この観念は、カントによって創始された理論的革命を完結しようとするフィヒテ、シェリング、ヘーゲルの努力の中で前提とされ、[*15] カントの立場の受容において影響力を発揮している〝正統性〟という概念に関係している。ラインホルトに始まって、一群の著述家たちがそれぞれ別個に、自分こそが批判哲学を完全に理解しうる者だと主張した。カントがラインホルトやマイモンのような熱心な思想家たちに対して、君だけが批判哲学を理解していると示唆したせいで、この傾向がもっぱら助長されることになった。

哲学史家たちは、めったに自分にオリジナルな仕事というものをしない――ヘーゲルとカッシーラーは重要な例外である――というのは、実際、自明の理である。彼らのエネルギーは主に、他者の見解を読むという骨の折れる、果てしない仕事に費やされる。しかしハイデガーが自らの読解、例えば批判哲学に対する読解が真正なものである、と暗示的かつ明示的に断言していることからも見て取れるように、オリジナルな思想家というものは、自分は先行する思想に対する尋常ならざる理解力を有している、と主張することがしばしばある。ハイデガーは概して、カントの理論それ自体には関心を持っていなかった。彼は、カントと対話しようとする自らの試みが乱暴であることは認めているが、この暴力は異なる基準に従っているがゆえに正当化される、と断言している。[*16] ハイデガーの関心は、単純にカント哲学を正しく読解するということではなく、あるいはそれが主要な目的であるわけでさえなく、むしろ彼を自らの先駆者として読むことであった、と主張するのは正当であろう。[*17]

『純粋理性批判』をめぐる議論の中でしばしば見られる、個別の著作家が批判哲学への通常ならざる洞察を有するという断定は、重要な思想家とその弟子たちのあいだの関係についてのカント自身の理解と整合している。カントに言わせれば、前者が自分では定式化できない観念を使用するのに対し、後者は自分では使用できない観念を定式化する。例えば、ある有名なくだりでカントは、自分はプラトンを、彼自身が理解している以上によく理解している、と主張している。[*18]

独創的な思想家はしばしば、自分では明確に定式化できない洞察を使用するというささやかな示唆を通してカントは、彼の弟子たちに対して、自分こそがカント思想の理解についての正しい読解を独占的に所有していると示唆するよう勇気づけたわけである。批判哲学に関して言えば、この主張は純粋に哲学的な根拠に基づいて、比較的地味な思想家（K・L・ラインホルト）だけではなく、時としては主要な思想家（フィヒテ）によっても提起されている。これと類似のはっきりした政治的波及効果を有する主張が、マルクスの思想をめぐって、マルクス主義の運動全般にわたって提起されてきた。

思想のマスターとは、後の議論において取り上げられ、それによってその精神を把握され、さらに発展させられることになる観念を生み出す者であると理解するホワイトヘッドの考えと、カントはかなり近いところにいる。思想のマスターとは、後の――大筋において、主として、そして稀なケースではほぼ全面的に――その人物の思想の含意するところを探り出そうとする議論を支配する者である。後に続く論議と思想のマスター自身との関係を無視するホワイトヘッドとは異なって、カントは、思想のマスターとは、その思想と取り組むことを課題とする後の議論を支配する者であることを強調している。

思想のマスターについてのカントの考え方は、思想のマスターの思想を社会に結び付けようとするサルトルの努力の内に、遠く離れた反響を見出だしている。カントの分析は意図的に抽象的になっている。なぜなら彼は、最も一般的に可能な意味での知識の可能性の条件と徹底して取り組んでいるからである。カントにとっては、思想のマスターとは、後の議論を支配するオリジナルな観念を特徴としている。サルトルによる革新の本質は、後の議論を支配する能力はオリジナルな観念及び同時代の社会への関係によっている、という彼の示唆にある。サルトルにとっては、思想のマスターとは、その思想が所与の瞬間において社会の本性を捉えている者である。

私たちが思想のマスターと呼んできたものについてのこうした考え方が、後期サルトルのマルクス主義的段階において、萌芽的な未発達の形態ではあるが、〝哲学は哲学がそこから生じてくる、そして哲学が自ら説明しようとする実践（プラクシス）によって保持されている〟、という言明の中に浮上してくる。まず、彼は、所与の瞬間において社会を特徴付ける社会的実践の唯一の形態がある、と想定している。サルトルによれば、現在という時期は、産業革命の結果として生じた資本主義の時代である。説明上の目的からすれば、社会的実践の他の形態は重要ではない。第二に、たかだか一つの理論で社会的実践の現在支配的な形態が把握できる、と彼は想定している。彼は、現代の社会的実践を説明できる理論が複数あるかもしれない、あるいは、現代社会の理解は単に程度の問題かもしれない、という可能性を考慮に入れていない。第三に、彼は哲学はもっぱら社会的実践を理解することのみに関心を抱いている、と想定している。このようにして彼は暗黙の内に、社会一般、あるいは特に社会的実践の理解を中心にしていない全ての哲学理論——実際的には、彼自身の立場の当初のヴァージョンを含めて、哲学の理論の大多数——を考慮の範囲から除外している。

サルトルによれば、自らが生じてくる社会を理解している理論は、同時代の社会的実践を把握し続ける限り、その時代の哲学であり続けるはずである。「このように哲学は、その哲学を生み出し、支え、かつそれによって明らかにされていく〝実践〟が依然として生き生きし続けている限り、効果的であり続ける」[*19]そこから、私たちの時代には一つの哲学しか、つまり現代の社会的実践によって支えられ、かつそれを理解することに成功する理論しかありえない、という結論が導き出されてくる。そこからさらに、社会的実践が変化する時、社会がもう一つの時期に入る時、時代の哲学であったもの、現代の支配的な考え方（master idea）は、その活力を失うことになる、ということが導き出されてくる。その帰結が、新しい思想のマスターによる貢献を誘発することになる。社会的変化によって作り出される理論的真空だ。

思想のマスターは、異常なまでに鋭い仕方で社会的文脈の本性を把握する、というサルトルの想定が、稀にしか現実化されないのは明らかだ。彼は、近代哲学におけるそうした三つの時機を同定しており、それをデカルト、ロック、カント、ヘーゲル、そして最終的にはマルクスと結びつけている。これら三つの哲学が、近代の哲学的討論を規定する：

デカルトとロックの、カントとヘーゲルの、そして最終的にはマルクスの「瞬間」がある。これら三つの哲学は、それぞれの番が来た時、あらゆる個別の思考のための腐食土、全ての文化の地平となった。それらが表現している歴史的瞬間を越えていかない限り、それらを越えていくことはできないのである。[*20]

近代の哲学的伝統には重要な哲学が三つしかないという断定は、明らかに疑問である。デカルトとロック、カントとヘーゲルという奇妙な組合せのいずれかが、単一の哲学を表現している、という主張もまたそうである。デカルトが合理主義者であるのに対し、ロックは経験主義者である。ヘーゲルは、カントによって創始された思想における運動を終わらせようとした。青年ヘーゲル派、そして後にマルクス主義者たちが、ヘーゲルはその課題において成功していたということに対してルーティン的に異議申し立てするようになる。[*21] ヘーゲルはその最初の哲学的テクスト、いわゆる「差異論文 Differenzschrift」で、複数の真なる哲学体系はありえない、と論じた。カントとヘーゲルの立場の基本的な相違点を指摘して、カントとヘーゲルが共有する単一の立場があるのを否定することもできる。デカルトとロックが共有している単一の立場を同定することは、前者の合理主義と後者の経験主義は基本的に両立不可能であると思えるだけに、一層困難である。

マルクス主義を無条件に私たちの時代の哲学として、つまりいかなる種類の修正主義も受け入れることができない理論として同定することには明らかに議論の余地がある。[*22] サルトルが、ハンガリー革命直後の一九五七年にこの主張を提起した時、このことは、ハンガリーにおける恐るべき出来事、つまり、自由の名における自由の抑圧にもかかわらず、彼の内に残ったマルクス主義への信仰告白を表していた。今日、東欧における激変の後では、この主張を擁護するのは遥かに困難になっている。サルトルが予見していたように、時代が変化するのに伴って、新しい哲学が必然的に浮上してくることになるのか、それとも、マルクス主義が実際には、近代社会の基礎を理解しておらず、自らを生み出すに至った実践を明らかにできなかったかのいずれかだろう。

哲学の伝統における思想のマスターたちを同定する中立的、普遍的、さらに言えば、広範に受け入れ可能なやり方さえないのは明らかである。思想においてその時代の社会的実践を捉えることによって討論の中心に躍り出た思想家たちがいた、という点ではサルトルは正しい。だとしても、もし思想が重要になるべく社会的に方向付けられる必然性などないとすれば、このことが、思想のマスターたちを同定する唯一のやり方であるとは言えない。時代精神（Zeitgeist）だけ、つまり空中に浮いている観念だけを捕まえた思想たちもいる。例えば、ハイデガーはワイマール共和国の衰退の際に現前していた精神を捉えていたと言うことができるし、サルトルは占領下のフランスにおける自由への関心をはっきりと捉えていた。

哲学の伝統は異なった仕方で理解することができるわけだから、ごく少数の〝正真正銘に偉大な哲学者たち〟を列挙する短いリストに関して合意するのは、端的に言って不可能である。そのようなリストは非常に短いものにならねばならないだろう。というのも、いかなるパースペクティヴから見ても、普遍的に、あるいは広範にわたって偉大な哲学者と見なされるような思想家はごく少数だからである。哲学的伝統についてある読み方をすれば、それには四つ以上の名前は含まれない。プラトン、アリストテレス、カント、そしてヘーゲルである。[*23] これら四人の思想家は間違いなく、後に続く——彼らの思想に対する一連の反応という形をとる——哲学的討論全般に影響を及ぼした真に偉大な哲学者たちである。彼らはまた、その影響が哲学を越えて、例えば社会科学、芸術、文学など、端的に言えば、事実上西洋文化全般に及んでいる稀な思想家たちの典型でもある。しかし、異なったパースペクティヴから見れば、デカルトやヒューム、ベルグソン、[*24] ヴィットゲンシュタイン[*25]やフレーゲ、聖トマス、聖アウグスティヌス、その他を含めたくなるかもしれない。

ホワイトヘッド、カント、サルトルは、少なくとも私が思想のマスターと呼んでいる人たちが哲学的討論に決定的影響を与えていることには同意してくれるだろう。主要な思想家のインパクトの後で、後の哲学的立場がその影響圏内で形成され、まるで月や小惑星群が惑星の周囲に軌道を描いて回り、惑星が太陽の周囲を回るように、彼の理論の周囲を回転するようになる。思想のマスターの理論は、彼の問題を取り上げ、彼の解答を論じ、そして次第に、彼の思想によって確立された重力場あるいは概念の地平の内部で思考し続けるようになる他の人たちの見方に疑似重力的な影響を行使するようになる。特別なケースにおいては、思想のマスターの概念的な場があまりにも強いため、まるで討論のただ中におけるその位置——そこでは、彼は巨星のように、影響を及ぼしかつ全ての光を吸収する[*26]——のため彼自身の存在が不可視になっているかのように、文字通り「見られる」ことがなくなってしまうのである。

フランス哲学における思想のマスター：デカルト、ラカン、サルトル

哲学の伝統には、常に思想のマスターたち、その思想が後の討論を支配するようになる人々がいる。「プラトンに対する一連の脚注」としての「ヨーロッパの哲学の伝統」というホワイトヘッドの有名な記述は、通常プラトン的伝統として知られているものにおけるプラトンの影響を示唆している[*27]。近代哲学においては、デカルトは特に二つの仕方で影響を及ぼしてきた。一つには、ヘーゲルがプロテスタントの原理と呼んだ、信仰とは区別される独立した思考という観念の発見において、もう一つには、それ以降認識論を支配するようになった、知識に対する基礎づけ主義的戦略の発見において[*28]。それ以降の哲学は、かなりの部分彼の思想への一連の反応によって構成されている、としばしば認定されていることからも分かるように[*29]、ヘーゲルの影響は多くの著述家たちに認められる。

理論が関心を引くという事実は、必ずしもそれが思想のマスターによって発展させられた、ということを意味するわけではない。例えばラインホルトは、カントの批判哲学をめぐる論議においてかなりポピュ

ラーであったが、彼の理論は本質的に重要ではなく、概して忘れられている。思想のマスターは、後の討論を組織化し、中心化する影響を及ぼす。その見方は単に討議に影響を与えるだけでなく、討議が起こる境界線を定義し、焦点を提供し、論争当事者たちが取り上げる可能性のある立場を輪郭付ける。哲学の伝統全般にわたって明白に認められる、思想のマスターたちの組織化という面での決定的な役割は、フランスの思想ではとりわけ強い。

フランス哲学では長きにわたって、思想のマスター（maîtres à penser）、そして思想のマスターのように見える人々が相次いで現われた。一九三〇年代以来、ヘーゲル、コジェーヴ、サルトル、ラカン、マルクス、ハイデガーは皆短い間、思想のマスターとしてのステータスを享受した。長いあいだデカルトが、そしてそれよりはずっと短い期間、ヘーゲル、コジェーヴ、サルトルが哲学的討論の中で占めていたような種類の優位を得ることはなかったものの、国際的名声を博した、メルロ＝ポンティ、レヴィ＝ストロース、フーコー[*30]、そしてデリダのような重要な著述家たちがいる。

フランスでは、マルクスの理論は特殊ケースである。長年にわたって、彼の影響は、二つの異なった源泉によって維持されている。哲学的には、最初にコジェーヴ、次にサルトルのおかげでポピュラーになったヘーゲル左派によって、政治的には、フランス共産党によって。後者は、一九八一年に社会党のミッテランが大統領に当選したのに続いて政治的操作が行なわれ事実上沈黙させられるまで、主要勢力であり続けた。マルクスの影響は一九六〇年代後半まで極めて強力であったが、一九六七―六八年の学生蜂起以降は急速に後退した。現在においては、東欧における最近の政治的急変の帰結として、ほとんど消滅している。しかしその絶頂期には、フランス・マルクス主義は、とりわけても、正統マルクス主義者であり、スターリン主義的哲学者でさえあったルイ・アルチュセール[*31]の著作を通して、重要な知的運動であった。

マルクス主義はその全盛期には、常にヘーゲルの思想に依拠していたものの、重要さにおいてはそれとほとんど拮抗していた。哲学的には明らかに、メルロ＝ポンティ、レヴィ＝ストロース、フーコー、あるいはデリダの見解よりも影響力があった。メルロ＝ポンティは、華々しくはなかったとしても極めて堅実な思想家である。名高いコレージュ・ド・フランスの教授としての影響ある地位にもかかわらず、彼の聴衆は主として海外に、とりわけ彼の思想について広範に議論されているアメリカにいた。レヴィ＝ストロースは、哲学的訓練を受けた人類学者であり、彼の思想はフランスの構造主義の主要な源泉の一つになっている。しかし彼は、厳密に哲学的な論議においては比較的マイナーな役割しか果たしておらず、その役割というのは主に、サルトルとの間で展開された、サルトルのマルクス主義をめぐる論争におけるそれである。[*32] やはりコレージュ・ド・フランスで名声を博した教授であるフーコー[*33]は、明らかに生前よりも死後により大きな影響を及ぼしている。[*34] デリダは、海外で国内よりもはるかに大きな聴衆を獲得した、意図的に常軌を逸している著作家である。アングロ・サクソン諸国における彼の聴衆は時としてカルト信奉者の様相を呈することがあり、主に文学部にいる。フランスでは、彼の思想は、ガリレー社から自分の著作を出版しようとしており、かつ／またはパリのコレージュ・アンテルナショナル・ド・フィロソフィー（国際哲学院）と繋がっている、密な仲間たちからなる小さな同好会の範囲を越えた関心は呼んでいない。

ほとんどの場合、思想のマスターのキャリアは、芽が出てすぐ急に満開になり、しばらくすると枯れていく花のようなものである。そういうわけで、一九世紀への転換期の前後、ポスト・カント期におけるフィヒテは、ヘーゲルの登場によって決定的に光彩を失うまでの短い期間、哲学界の最大のスターだった。フランス哲学の全ての思想のマスターたちは——デカルトを除いて——類似した過渡的なステータスを享受してきた。フランスの思想において何世紀もわたって続いたデカルトの影響は、明らかに衰えていない。

ここでフランス哲学の文脈において思想のマスターとして同定した著述家たちは、フランス文化の温室的な環境の中で、はっきりした、密接な関係を相互に持っている。デカルトを例外として、これらの哲学者たちの各々が、不特定の期間、現代フランス哲学に強く決定的、そして圧倒的とさえいえる影響を及ぼした。彼らの各々がハイデガーの影響を受け、各々がフランスの討論において、ハイデガーの影響をさらに拡大した。そして、ヘーゲル以来のフランス哲学における最重要な思想のマスターとしてのハイデガーの圧倒的な現前性と対比すれば、各々はとどのつまり、巨大な重力の固まりの周囲に軌道を描く小衛星、小惑星、小物体のようなものである。

ラカンは世界的な名声を博するフロイト派の精神分析医であるとともに、フランスの精神分析における異論の余地のない教理上のマスターである。[*35] フランス文化の近親交配の世界の中で、彼はとりわけてもハイデガー、ヘーゲル、コジェーヴ[*36]に対する複雑な繋がりを、構造主義的論議及びボフレに対する短期間の精神分析治療[*37]を通して保持していた。これから明らかにしていくように、ボフレは他の誰にもまして、ハイデガー理論に対する現在の熱狂を生み出した。ラカンのボフレとの暫定的な接触は、彼自身のハイデガーとの直接的な接触に繋がった。[*38] ラカンは、フランスにおけるフロイト派の精神分析を事実上支配する重要な知識人であったにもかかわらず、自発的にコジェーヴに従っていた[*39]――ラカンは彼を自らの師と認めていた。[*40] ヘーゲルの『現象学』における有名な主‐僕分析についてのラカン自身の解釈を中心としながら、コジェーヴに特有の概念がラカンの著述全般にわたって現れている。[*41] 実際のところ、ラカンの根本的観念の多くは、コジェーヴのヘーゲル読解から決定的な影響を受けている。[*42]

第二次世界大戦が終わった後――『存在と無』は一九四三年に刊行されている――および、六〇年代前半のフランスの構造主義の台頭期のフランス哲学においてサルトルが支配的役割を果たしたことはよく知られており、しばしば記述されている。[43] ラカンのそれと同様に、サルトルの理論も、他の人々と並んでハイデガー、ヘーゲル、コジェーヴ、そしてとりわけフッサール[44]からの影響を反映している。フッサールが、サルトルの最初の主要な哲学的師であったことに疑いの余地はない。彼が一九三三から三四年にかけてベルリンで学んだのは、フッサール研究に従事するためだった。一九三四年に書かれた彼の最初の主要な学術刊行物である『自我の超越性について』は、フッサールの観念論的な自我概念の現実主義的な再読解を提供するものである。[45] その他多くのフランスの知識人と同様に、サルトルはもっぱらフッサールの著述を通して、ハイデガーに行き着いた。彼は、自らの初期におけるフッサールへの熱狂は、フッサールの著述との四年間にわたる集中的な取り組みにつながった、と報告している。彼がハイデガーの理論に向かったのは、フッサールに飽きてしまい、依然として未解決のままの問題、とりわけ独我論と現実的なパースペクティヴの練り上げ[46]といった問題を解決しようとしてのことである。彼の思想に対するヘーゲルの影響、とりわけ『存在と無』における影響についてはしばしば研究されている。[47] 同世代の他の多くのフランスの思想家たちとは違って、彼はコジェーヴの『現象学』についての有名な講義を通してヘーゲルに触れたわけではない。彼が友人を通して、また、コジェーヴが書いた論文を通してコジェーヴの見解を知ったのは確かであるが。[48]

「フランスの」思想のマスターとしてのヘーゲル

ヘーゲルの思想の重要性についての評価は、極めて拡散している。彼の理論をつまらない、ひいては、重要でないとさえ見做す著述家たちがいる一方で、哲学の全伝統の中で真に重要なごく少数の哲学の一つであると論ずる人たちもいる。例えば、フッサールとハイデガーに深く影響を受けているレヴィナスは、ある時、「哲学者にとってヘーゲルとの関係で自らの思想を位置づけるということは、織工にとってこれから織る、あるいは織り直す布を付けたり、外したりする前に、機を備え付けるようなものである」[*49]と主張している。

フランス哲学における思想のマスターたちの長い系譜の中で、戦後期の〝指導的フランス哲学者としてのハイデガー〟の登場を理解するうえで最も重要なのは、デカルト、ヘーゲル、コジェーヴである。流れがハイデガーの方に向かっていくうえで重きをなし、ヘーゲル、コジェーヴ、フランス共産党を介してフランスでの論議に影響を与えたマルクスを除けば、ヘーゲルとコジェーヴは、一九三〇年代から第二次大戦末のハイデガーの台頭に至るまでフランス哲学における最も影響ある思想家だった。

ヘーゲルの立場は、他の主要な哲学者たちのそれと同様に、さまざまの、しばしば相互に両立不可能な見解から解釈されてきた。ヘーゲルへの主要なアプローチは、すでに一八三一年の彼の死後におけるヘーゲル学派の解体に際して明らかとなった。一方では、ヘーゲルの思想の宗教的要素を縮小あるいは除去する方向に向かったマルクスを含む青年ヘーゲル派がおり、他方には、宗教的要素を強調するヘーゲル右派がいる。その中間に、中間の地盤を守るべく負け戦をする旧ヘーゲル派がいる。[*50]

フランスでのヘーゲルへの関心が生まれたのは、まだヘーゲル自身が生きていた一八二八年に、ヴィクトル・クザンがコレージュ・ド・フランスでの講義の中で、『現象学』について論じてからである。[*51]クザンは一八一七、一八年にハイデルベルクでヘーゲルと会い、彼の仕事に関心を持ち、彼と文通し続けた。[*52]クザンの後は、比較的最近までフランスの諸サークルおけるヘーゲルの思想の影響は決してマイナーなものではなかったが、フランスにおけるヘーゲル研究はまとまりがつかないままだった。

一九世紀の最後の十年間、リュシアン・エルは、ヘーゲルの人生と思想についての短い、中立的なプレゼンテーションで業績を残した[*53]。二〇世紀の始め、ヘーゲルの思想は多くのフランスの著述家たちによって論じられた。それらの議論の中には、政治哲学についての古典的ドイツの見方に関するヴィクトール・バッシュの著作の中のいくつかの章[*54]、フランスにおいてはそのような種類のものとしては初めてのポール・ロックによるモノグラフィ[*55]などが含まれる。その少し後で、カント学者のヴィクトール・デルボは、最終的に本の形で刊行されることになる、ソルボンヌでの一連の講義の中で、「一八世紀末から一九世紀初頭にかけてのドイツ哲学におけるカント的要因[*56]」についての議論の文脈でヘーゲルに言及している。エミール・メアソンは、科学的説明についての包括的著作の中でヘーゲルの自然哲学（Naturphilosophie）について詳細に書いている[*57]。新カント主義者のレオン・ブランシュヴィックは、西洋哲学における意識の記述の中で、ヘーゲルについての厳しく批判的な章を書いている[*58]。

ブランシュヴィックのヘーゲルに対する攻撃は、彼の持っていた影響力のおかげで、ヘーゲルの思想に対する非同調的な雰囲気を確立するうえで重要な役割を果たした。フッサールと同様に、ブランシュヴィックも、ヘーゲルをカントに対するロマン主義的反動の一部と見做した。彼はヘーゲルを「現代のスコラ主義の巨匠[*59]」と見做した。ブランシュヴィックに言わせれば、ヘーゲルは思想家に起こりうる最悪の運命を被ったのである。彼は、定式化される以前からすでにアナクロニズムであることが分かり切っていた自然の形而上学を提案したのである[*60]。ブランシュヴィックはさらに、明らかにデカルト主義的な視点から、ヘーゲルの理論における適切な方法の欠如のため、「彼の歴史哲学は、彼の自然哲学と同じくらい一貫性がなく、脆弱になってしまった[*61]」、と言及している。

フランスにおけるヘーゲルへの関心は、一九二〇年代の終わりにはヴァール[*62]――ヴァールによる重要なヘーゲルとキルケゴールの研究でフランスでのヘーゲル・ルネッサンスが始まったと言われている[*63]――によって、三〇年代にはコジェーヴによって、四〇年代にはイッポリットとコジェーヴによって決定的な新しい刺激を受けることになった。それ以来、ヘーゲルへの強い関心が続いており、現在では、フランスはヘーゲル研究の主要なセンターの一つになっている。ヘーゲルは非常に強い影響を及ぼし続け、非ヘーゲル派さえ彼の思想に注意深く関心を払い続けている[*64]。

他の所、とりわけ英語圏では、ヘーゲルを無視するのは比較的容易であった[*65]。しばしば引用されるが、恐らくはヘーゲルの影響を誇張しているであろう――というのは、フランスの精神分析におけるヘーゲルの現前性は非常にリアルであるが、彼が精神分析の発見にどのように関係しているかは不明確だからである――以下のくだりでメルロ＝ポンティはそうした怠慢に対する解毒剤を提供すると同時に、とりわけても、ヘーゲルの思想とそのこれまでの使われ方を混同することに対して、極めて適切に警告している：

前世紀の全ての偉大な哲学的な観念――マルクス、ニーチェ、現象学、実存主義等の哲学、そして精神分析――の始まりはヘーゲルにあった。彼こそが、非合理的なものを探求し、それを拡大された理性と統合する――それは、依然として私たちの世紀の使命である――試みを始めたのである。彼は悟性よりも広い大文字の理性の発明者である。大文字の理性は、個人の意識、文明、考え方、歴史的偶有性の多様性と単一性を尊重することができるが、にもかかわらず、それらを制御して、それら自体の真理へと導く試みを放棄することはない。しかし今や明らかになっているように、ヘーゲルの後継者たちは、自分たちが彼に負っているものよりも、彼の遺産の内で自分たちが拒否しているものをより強調してきたのである[*66]。

フランスの議論における――そして、おそらくは他の国の議論おいてもそうであると思われるが――ヘーゲルの重要性は、彼の学生の数によって測ることはできない。フランスあるいは他の国でヘーゲルの思想と直接的に関わる人は決して多くない。しかしながら彼の著述、特に『現象学』がフランスにおける彼のもっとも重要な学徒であるコジェーヴやイッポリットなどによって力強く、洞察に富んだ仕方で読まれたおかげで、彼の思想は事実上フランスの文化全般にわたって過剰なまでの影響を及ぼした。ヘーゲルの理論に影響を受けた人たちの中には、ステファン・マラルメやレイモン・ケノー、ラカンのような精神分析家[*67]、そしてその主要な仕事は別のところにある例えばフーコーやアルチュセール――彼ら二人とも今日では哲学修士論文（Maîtrise de philosophie）と呼ばれているDSEをヘーゲルについて書いている――及びヘーゲルについて集中的に書いているデリダ[*68]のような哲学者たちが含まれる。

一九三〇年代以降[*69]、フランスでは小規模ながら活発なヘーゲル研究の伝統が発達するようになった。『現象学』に対する継続的関心を別にすれば、ヘーゲル研究の主要な特徴は、合理主義、神学、哲学的人間学、現象学、実存主義、マルクス主義など、フランスにおける伝統的なヘーゲルの強調とうまく調和するあらゆる特性と関連する関心のありかたにあった。いわゆるデカルト派あるいは大陸合理主義の創始者であるデカルトを通して、フランス哲学は恒久的に合理主義的な方向性を与えられた。合理主義的傾向は、フランス思想における合理主義と非合理主義の間で進行中の闘争の中で表現され続けている。この闘争において、後者は、フロイト、ニーチェ、ハイデガーのような著作家への強い関心と結びついている。彼らは皆、理性への挑戦者として読まれている。ヘーゲルの思想についてのフランスでの討論は大筋において合理主義的であり、主に、社会的、政治的、文化的文脈において展開する理性の歴史的性格を強調しているように見える。これによって、非歴史的、更に言えば反歴史的とさえ言えるデカルト主義的な理性への関わりに、歴史的次元が付け加えられることになった。デカルト主義にとって歴史とは、単なる物語(fabula mundi)にすぎなかったのである。

フランスのヘーゲル解釈は、フランス哲学における強力なキリスト教の影響に対応する宗教的あるいは右派的読解に支配されている。ヘーゲルの思想の背後にあるキリスト教的なインスピレーションには否定しがたいものがあり、このことは、ヘーゲル学者の間にとりわけてもローマ・カトリック教徒の数が多いこと――他のいずれのナショナルな伝統に属する集合よりも多い――を部分的に説明している。[*70] 哲学的人間学に対する関心は、ハイデガーによれば全ての哲学を人間学へと転換したという、デカルトのコギトによってスタートした主体性概念の更なる展開である。[*71] フランスにおける哲学的人間学全般への関心、そして特にコジェーヴの解釈で中心的な位置を占める主-僕論への関心に内在する神学に対しては微妙な、あるいは微妙でない批判がある。[*72]

フランスのヘーゲル解釈は、ヘーゲル理論の現象学およびその継子である実存主義に対する関係を強調する。デカルトの影響と、ヘーゲルに対する現象学的アプローチのあいだの連続性を強調する典型的な議論は、二つの要因に支えられている。第一に、デカルトの理論とフッサールのそれとのあいだには明らかな連続性があり、そのことは、自らの理論をデカルトの立場の連続として描こうとする後者の努力に現れている。[*73] 第二に、ヘーゲルもまた、自らの理論とデカルトの見解の繋がりに関心を向けている。もしカントが成功していたら彼はデカルトの問題を解いていたであろうと示唆し、それに加えてさらに、カントの哲学的革命を完成しようとする彼自身の関心を示すことで、ヘーゲルは自らの立場がデカルトの影響を延長するものであることを暗示している。

フランスの哲学に共通する、ヘーゲル理論の現象学的な読み方には、少なくとも四つのレベルがある。第一のレベルは、すでに述べたように、ヘーゲルの『現象学』を強調する。[*74] 第二のレベルは、ヘーゲル思想の現象学的側面を強調する。[*75] 第三に、ヘーゲルの思想と、現象学の他の、より最近の形態、特にフッサールのそれとの間の関係がある。例えば、コジェーヴが、ヘーゲルを解釈するために、フッサール[*76]、ハイデガー[*77]、およびマルクスから借用した洞察を利用しているのに対し、イッポリットは部分的にフッサールの思想[*78]を通してヘーゲルを読んでいる。実存主義を現象学の派生物と理解すれば、第四のレベルは、それと関連したヘーゲルの実存主義的読解ということになるだろう。こうした読解は、主に二つの異なる源泉に由来する。コジェーヴの解釈におけるハイデガーの影響[*79]と、イッポリットの解釈に対するサルトルの影響[*80]である。実存主義的なヘーゲル読解が多様であるとすれば、それはまさに「実存主義」というタームが明らかに多様な仕方で理解され、ドストエフスキーからサルトルに至る――その中にはリルケ、カフカ、カミュといった作家、キルケゴール、ニーチェ、ヤスパース、ハイデガー、サルトルといった哲学者たちが含まれる――までの全く異なったタイプの著作家たちに当てはめられているからである。[*81] キルケゴールのヘーゲルに対する関係についてのヴァールの研究以来、フランスのヘーゲル主義者たちは、ヘーゲルの現象学の実存主義的側面をルーティン的に強調してきた。

ヘーゲルの思想は、彼の死に際してのヘーゲル学派の解体以降、政治的論争を引き起こしてきた。マルクスは青年ヘーゲル派もしくはヘーゲル左派のメンバーであり、マルクス主義は常に、ヘーゲルに対してたとえ不安定であるにせよ密接な関係を保ち続けた。マルクス主義的なヘーゲルへのアプローチは、最近まで共産党が重要な政治的役割を果たしていたフランスにおいて特に強くアピールした。第二次世界大戦の終焉から一九六〇年代後半の学生革命に至るまで、あらゆる重要なフランスの知識人は一度はフランス共産党員であったか、もしくはマルクス主義に関心を持っていたか、あるいは少なくとも、マルクス主義を知悉していたかのいずれかである。

最近まで、フランスにおけるヘーゲルをめぐる論議の主要な構成要因は、マルクス主義的アプローチだった。その擁護者には、マルクス主義者と同様に非マルクス主義者もおり、献身的なマルクス主義者であるコジェーヴから、フランス共産党員であるロジェ・ガローディ[*82]を経て、それと類似の政治的なコミットメントをしていたフランスの著名なヘーゲル学者であるジャック・ドント[*83]、そしてヘーゲルを通してマルクスを、マルクスを通してヘーゲルを理解しようとする典型的にフランス的な努力[*84]の中で重要な役割を果たしたイッポリットのようなより中立的な観察者に至るまでかなりの幅がある。ルカーチはそのマルクス主義的著作を通して、マルクス主義的なヘーゲル読解を発展させた。[*85]『青年ヘーゲル』という重要な研究書の中でルカーチは、ヘーゲルを、ある意味でマルクスの理論を先取りしていたアダム・スミスの読解者として解釈している。その例の中には、賃金の減少傾向についてのヘーゲルの言及、資本主義は価値の恒常的な上昇傾向に依拠しているという見解、貧困の増大に対する関心等々が含まれる。自らはマルクス主義者ではなかったイッポリットも、ルカーチのヘーゲル読解をめぐる議論では、ルカーチの立場を支持している。[*86]

「フランスの」思想のマスターとしてのコジェーヴ

他の主要な哲学者たちと同様に、ヘーゲルもまた、さまざまなナショナルな伝統の中で、異なった仕方で研究されてきた。幾分誤解を含んでいるかもしれないが、単純化して言えば、英語圏の議論が長年にわたって『現象学』と取り組んできたのに対し、ドイツ語圏の議論は『論理学』に、そしてより最近ではヘーゲルの存命中には刊行されなかった初期の著作、そして『法の哲学』に焦点を当てる傾向がある。フランスでのヘーゲルをめぐる議論は今では、初期の著作や『論理学』を中心にしているが、比較的最近までは、一部の例外を除いて[*87]、主要な強調点と貢献は『現象学』を中心としていた[*88]。

フランスの議論の文脈では、ヘーゲルの見解とコジェーヴのそれとが密接に絡まり合っている。コジェーヴがフランスにおけるヘーゲルの仕事への関心をスタートさせたわけではなかった――それはシャルル・アンドラーの業績である[*89]――が、彼による『現象学』の独創的な読解は、ヘーゲル・ルネサンスに莫大な刺激を与え、フランスのヘーゲル研究だけでなく、フランスにおける哲学的論議全体に数十年にわたって影響を与え続けた。またハイデガー思想の初期の受容形成にも寄与した[*90]。

コジェーヴの有名な『現象学』読解のおかげで、ヘーゲルはフランス哲学における中心人物になり[*91]、コジェーヴ自身もフランス哲学における有力者になった。コジェーヴの一連の講義は、ヘーゲルの思想に対する関心をゆっくりと、しかし着実に変化させ[*92]、ヘーゲルはまさに文字通り、フランスの議論における思想のマスターとして登場することになり、その中で独特な哲学的ニッチ（生態的地位）を占め続けている。皮肉なことに、コジェーヴのヘーゲル講義は、ヘーゲルが『現象学』における主‐僕関係――この関係はコジェーヴのこの著作の読解で非常に強調されている――のみごとな分析の中で叙述している転倒とよく似た転倒へと通じた。分析の中でヘーゲルが、この関係における真実は、僕が主の主であり、主は僕の僕である、と強く主張していることは有名である[*93]。これと同じ弁証法的論理が、コジェーヴ自身のヘーゲルに対する関係においても作用しているように思われる。というのも、思想のマスターの興味深い位置を示唆する奇妙な警句によって、解釈者であるコジェーヴ自身が、しばらくのあいだ、フランスの哲学において、彼が解釈したテクストの著者よりも重要になったからである。〝全ての哲学する精神のうちでもっとも力強い精神〟の思想の〝単なる読者〟として自己を呈示し、かつ同時に、自己自身の見解をマスター（主）のものとして呈示したコジェーヴは、短期間の間、フランス哲学の中でヘーゲル以上の、おそらくはその当時の最大の思想のマスターとしての名声を獲得した。二〇世紀のフランス思想の決定的な歴史が書かれるとしたら、その中で、二つの世界大戦の戦間期の最も影響力のある「フランスの」思想家がアレクサンドル・コジェーヴということになったとしても、驚くには値しない。というのも彼は、市民権を得る以前からすでに、アレクサンドル・コジェヴニコフとして、有名なヘーゲル講義によって、フランスの知識界の将来の指導者となるべき世代を魅了していたのである。

フランスの論議におけるコジェーヴの影響を評価するには、彼のカリスマ的パーソナリティーと彼の仕事の双方を考慮に入れる必要がある。コジェーヴは、哲学だけではなく、東洋思想——彼は中国語、チベット語、サンスクリット語を学んだ——及び物理学に深い関心を持った、尋常ならざる知的才能を有する、複雑で神秘的な人間であった。彼はおそらく自らの教育を継続するという目的のため、革命直後の祖国ロシアから逃れたものの、生涯にわたって、マルクス主義に共感を抱き続けた。彼は、フランスに移住する前に、何年ものあいだドイツで学び、ハイデルベルクのヤスパースの下で、ロシアの宗教思想家ヴラジーミル・ソロヴィヨフの思想について博士論文を書いた。[*94] 財産を使い尽くし、最終的には、友であり、かつロシア移民仲間であるアレクサンドル・コイレの仲介によって生計を支えざるをえなくなり、高等教育実科院（Ecole pratique des Hautes Etudes）でロシア哲学講座を担当することになった。彼はまた、コイレが創設に寄与した雑誌『哲学探求 *Recherches philosophiques*』で、驚くほど多様なテーマをカバーする原稿料付きの書評を書くようになった。

コイレがヘーゲルの宗教哲学（la philosophie religieuse de Hegel）についての講義を中断せざるをえなくなった一九三三年から三九年にかけて、コジェーヴは、ヘーゲルの『現象学』についての講義で代役を務めることになった。彼は学生たちにメスメリズム（磁気催眠療法）的効果を及ぼしたようである。[95] 彼の講座の定期受講者の尋常ならざるリストの中には、レイモン・ケノー、ジャック・ラカン、ジョルジュ・バタイユ、[96] ピエール・クロソフスキー、アレクサンドル・コイレ、エリック・ヴェイユ、モーリス・メルロ＝ポンティ、レイモン・アロン、ガストン・フェサール、アロン・ギュルヴィッチ、アンリ・コルバン、ジャン・デサンティ、アンドレ・ブルトン[97]など、将来のフランスの知的生活のリーダーたちが含まれている。

その中で歴史の終焉が宣言された[98]講義――第二次大戦が勃発して歴史が終焉していないことが示されたせいで、この講義は一層逆説的な終り方をすることになった――の最後に、コジェーヴはフランス軍に召集された。アカデミックな野心を抱くことのなかった――『現象学』についての彼の有名な本は、フランスの詩人レイモン・ケノーによって編集された彼の講義の筆記録にすぎない[99]――彼は、後に自らを養子にしてくれた国のために交渉する公僕となり、哲学の仕事は余暇に限定するようになった。最終的な皮肉として、彼は一九六八年にブリュッセルでの欧州共同市場の会合の最中に亡くなったが、それはまさに、フランスが学生革命によって席巻され、それによって、革命的知識人、そして恐らくは知的革命家と見なされていた彼がその職業生活を捧げてきたド・ゴール政権がほとんど転覆しかけていた時である。

コイレとコジェーヴというフランスに移住した二人のロシア人のヘーゲル解釈には、密接ではあるが、まだ完全に明らかにされていない相関関係がある。[100] コイレは、一九一〇年には、フッサールを囲むゲッティンゲン・サークルのメンバーだった。[101] 彼は後に、哲学の伝統についてはほとんど何も知らなかったはずのフッサールを、自らの哲学史へのアプローチに大きな影響を与えた人物と見なすようになった。[102] ただしゲッティンゲンでの彼の主要な師は、アドルフ・ライナッハ[103]だった。フランスに移住した時、コイレは、非正統的な形でフッサール哲学を持ち込んだ。[104] 彼の非正統性はさまざまな仕方で表現された。例えば、一九三一年から三二年にかけての高等教育実科学院でのヘーゲル宗教哲学の講義において。この講義で彼は主に、当時はまだあまり知られていなかったヘーゲルのイエーナ期の諸著作に焦点を当てている。

　コジェーヴの講義は、ヘーゲルの『精神現象学』の研究を通して、コイレの講座の主要なテーマを継続[107]することを意図したものだった。彼は『現象学』[108]を人間存在の記述として、[105]非宗教的、無神論的な視座[107]――そうした視座の中には、弁証法の自然への拡張[108]に対する批判や、フッサールとヘーゲルに基本的に共通する方法についての反弁証法的な見方[108]が含まれる――から読んでいる。

　コジェーヴは、宗教的なテーマは、彼の解釈ではこの著作全体の特徴であるところの哲学的人間学から[109]不可分である、と考えていた。このことは、ヘーゲルについての彼の見解は主として、恐らくは圧倒的にコイレに由来するものであることを示している、と見なされてきた。[110] しかし、コジェーヴがコイレのヘーゲル講座とその問題系を引き受けたのはたしかだが、彼のヘーゲル読解をコイレのそれから導き出す、あるいは、そこから予期することも不可能である。[111] コイレもヘーゲルについて類似の見解を持っていたかもしれない。しかしフランス哲学の後に続く世代に影響を与えたのは、それらの見解をめぐるコジェーヴの発言であって、コイレのそれではない。

　コジェーヴによるヘーゲル理論の読解を評価するのが困難なのは明らかだ。あらゆる観察者が、コジェーヴによるヘーゲル解釈の重要性を認めているが、それが何を意味しているかについての見解はかなり多様である。そうした論議の中核にあるのは、コジェーヴは、これまでヘーゲルについて書かれたおそらく最も重要な本の中で、ヘーゲルの思想への洞察を提供したのか、それともこっそりと自分自身の見解をヘーゲルのそれと入れ替えたのか[*113]ということである。[*112]

コジェーヴ自身が論争の的になる人物だったわけだから、フランスの論議においても、意見がはっきりと分かれたことにはなんの驚きもなかろう。コジェーヴを無神論的実存主義者と見るヴュイユマンは、マルクスの『資本論』はヘーゲルの『現象学』に対する真の注釈であることを明らかにしているコジェーヴの研究の重要性はいくら強調してもしすぎることはない、と主張している。[*114]バタイユによれば、コジェーヴはヘーゲルがすでに思想の極限にまで達したことを理解しており、そのため彼は、ヘーゲルの思想を説明することを優先し、自分のオリジナルな理論を打ち出すという考え方を拒絶していたというのである。[*115]ジャン・ラクロワに言わせれば、コジェーヴは単に、彼の時代の真のヘーゲル主義者であるにすぎない。[*116]アンリは、コジェーヴが弁証法の自然への適用を否定したこと――これはイッポリットの主張でもある――は、ヘーゲルの立場に忠実ではないと見なした。[*117]フランスの精神分析史家エリザベート・ルディネスコによれば、コジェーヴの読解は、歴史と虚構の間のようなところにある。[*118]コジェーヴの解釈に含まれる様々な洞察を賞賛しながらも、全体として見れば擁護できないとしているアロンは、コジェーヴは、ヘーゲルの読解という見せかけの下で自分自身の理論を呈示している、としている。[*119]パトリック・リレーに言わせれば、コジェーヴにはそもそも、ヘーゲルの正確な読解を呈示するつもりはなかったのである。[*120]コジェーヴとヘーゲルが一つの巨大な知的形象へと融合するように見える地点までコジェーヴを詳細にわたって研究したデコンブは、コジェーヴの『現象学』評価とヘーゲルのオリジナルな著作の間の繋がりをめぐる問いに関わることを拒絶している。[*121]より批判的な人々は、ヘーゲルの『現象学』に対するコジェーヴの注釈と、この著作についての彼の解釈を区別している。[*122]ピエール・マシュレーによれば、コジェーヴは実際、概念的テロリストであった。[*123] 彼は、コジェーヴは注釈者としての権利を濫用し、ヘーゲルのテクストの解釈という装いの下に自らの理論を呈示した、と主張している。[*124]

コジェーヴの見解とヘーゲルのそれ、ヘーゲルのテクストとコジェーヴによるそのテクストの読解の間に、不均衡があるのは明らかだ。この不均衡はフランス哲学内部の討論では、しばらくのあいだ、事実上隠蔽されており、ルカーチの場合と同様に[*125] ヘーゲル以上にヘーゲル主義者であると描写されてきた[*126] マルクス主義者コジェーヴは、短期間のあいだヘーゲルより大きく見えていた。二〇世紀の半ばには、当時の哲学的論議が――もっぱら、あるいは主としてコジェーヴの眼差しの中でのみ存在していたにすぎない――〝ヘーゲル〟とは独立にコジェーヴによって規定されていると見なし、その前提で、それらの論議の複雑な性質を研究することが可能であった。[*127] しかしコジェーヴがその成長を助けたフランスのヘーゲル学者層は、後にイッポリットによって紹介されたよりスタンダードな解釈によって、大幅に、さらに言えば、全面的に、コジェーヴによる読解から自由になった。[*128] イッポリットは、主要なヘーゲル学者としての自らの名声を確立する以前に、コジェーヴの講義を聴講していた。現代のフランスのヘーゲル研究は、かなりの部分コジェーヴではなく、イッポリットの見解によって形成された、と見るのは正当である。その逆説的な帰結として、コジェーヴはフランスのヘーゲル研究に決定的な影響を及ぼしたものの、その影響のおかげで、もはや一切、あるいは精々たまにしかコジェーヴに言及することなく、あたかも、彼は何も書かなかったような様相を呈しているフランス・ヘーゲル研究の固有の傾向が助長されることになった。[*129]

コジェーヴが最終的な立場になる可能性があると見なしていたヘーゲルの理論と、コジェーヴ自身の立場を区別する必要がある。両者は明らかにリンクしているが、異なっており、一緒にすべきではない。ヘーゲルは偉大な哲学者、西洋の哲学的伝統の偉大な思想家の一人であり、一九世紀の始まり以来フランスの議論において、及び哲学全般にわたって思想のマスターであり続けている。コジェーヴはせいぜい、重要なヘーゲル解釈者、より詳しく言えば、重要なヘーゲル解釈者たちの長いリストに属するヘーゲル思想の最も権威ある読解者の一人、ルカーチと共に二人の最も重要なマルクス主義的ヘーゲル解釈の一人、フランスのヘーゲル学徒の内で最もよく知られており、明らかに最も影響力のある人の一人にすぎない。ある書簡の中でコジェーヴ自身が、自分の『現象学』読解においてヘーゲルの主要な教理が暗黙の内に修正されていることを強調している。[*130] 彼の解釈は多くの観念を強調しており、そのいくつかは非常に影響があったが、その全てを単純にヘーゲルに帰属させることはできない。コジェーヴは、自らの立場はヘーゲルに由来するものであると主張しながら、歴史の終焉を宣言した。[*131] コジェーヴによれば、

ヘーゲルは哲学の歴史を（そして、それに伴って歴史一般を）終焉させ、大文字の概念と大文字の時間を一致させることによって（その光はすでにわれわれの上に輝いているが、加えて、私たちを暖めるというよりも燃やし、それゆえ私たちには時として反逆的であるかのように見える）知恵の時代を開始することができたのである。[*132]

この考え方に対する反響は、例えば、「閉包あるいは歴史の終焉としての絶対知[*133]」というデリダの見方などにかなり広範に認められる。しかしヘーゲルは自分の体系の中で哲学を終焉させるとは一度も言っていない。実際彼は、事実の後に来る哲学は、以前の思想形式について瞑想するよう運命づけられていると主張することで、この可能性を明示的に否認している。[*134] テクスト解釈が依然として有意味であるとすれば、ヘーゲルのテクストのどこにも、ヘーゲルがイエーナの会戦でのナポレオンの姿に歴史の終焉[*135]を見たとい

う、有名なコジェーヴの主張を裏付ける証拠はない、と指摘しておく価値はあるだろう。実際のところ、ヘーゲルはある書簡の中で、世界精神が馬の背に跨がっているのを見た、と書いているだけである。[*136] そして、この言明を、歴史の終焉はナポレオンではなくスターリンに到来した、という意味へと不可解に修正したコジェーヴの見解――この修正は、アロンを非常に苛立たせたというコジェーヴのスターリン主義的体質を例示する良い例である[*137]――を支持するものはヘーゲルの内には一切ない。最も狭く解釈した場合のヘーゲルが、こうした種類の言明をしているとすれば、それは、『現象学』の中の、私たちは今や新しい時代の誕生に立ち合っている、というコメントだろう。[*138] 実際のところ、ヘーゲルはこの主張さえも後に『法の哲学』の中で、ミネルヴァのふくろう、あるいは哲学は黄昏に飛び立つ、と述べることによって撤回しているように見える。[*139]

コジェーヴのヘーゲル解釈を、かつて彼の学生だったイッポリットのそれと比較することは有益だろう。[*140] コジェーヴとイッポリットは、ヘーゲルの『現象学』についてのいずれも重要ではあるが、相互に驚くほど異質な研究で知られている。[*141] イッポリットのヘーゲル研究は、それに共感しない人たちからも、客観性と距離感を備えたモデルであり、そこには明らかにイッポリット以上にヘーゲルがいる、と見なされている。[*142] イッポリットは重要であるが、〝より正統派〟のヘーゲル学者であった。彼は後にフランス哲学の中で重要になる、ミシェル・フーコー、ジル・ドゥルーズ、ルイ・アルチュセール、ジャック・デリダ[*143]、ミシェル・アンリといった学生たちにヘーゲルの理論を教えた。コジェーヴは、その一つ前の世代のフランスの知識人たちにとってより重要な存在であり、哲学から政治科学、社会学、文学を経てイスラムに至るまで広範にわたる文化の領域で傑出していた。

さらに言えば、ヘーゲル理論のコジェーヴによる有名な解釈は、知名度では彼よりやや劣るものの、同等に洞察に富み、同等に恣意的なマルクス主義的なヘーゲル『現象学』読解として知られるルカーチのそれと比較することができよう。左翼的ヘーゲル主義という一般的枠組みの中で仕事をしている両者は、ヘーゲルの思想の宗教的な側面を落として、人間学的側面を強調している。[*144] マルクス主義者になって以降、マルクス主義に対する忠誠を誇りにしていたルカーチとは異なって、コジェーヴのマルクス主義はけっして正統派ではなかった。コジェーヴはマルクス主義に傾倒していたにもかかわらず、講義の中で、マルクスによる弁証法の自然への応用を、ヘーゲル自身に見出されるその起源と共に否定している。[*145]

コジェーヴの影響は、一九四七年に、ヘーゲル、ハイデガー、マルクスを奇妙に混合した彼の研究が刊行されて以降存続するようになった、と言われている。[*146] しかし、より広範な公衆に対する彼の影響は、たしかに彼の講義ノートが本の形で刊行されたことによって拡大されたわけであるが、それ以前にすでに彼の影響力のあるヘーゲル講義によって始動していたのである。彼が著名になったのは、少なくとも部分的には、哲学的な華麗さを含む、彼の常ならざる知的才能に起因する。アロンにとって、コジェーヴはコイレやヴェイユより印象的で、サルトルより知的であり、[*147] 自分自身の考えをすでに持っている、あるいは持つのことのできる人物だった。[*148] ガダマーは、ハイデガーはカントやヘーゲルより重要度がほんの少しだけ低いところに位置すると考えていたが、アロンはコジェーヴについて類似の見解を抱いていたとされる。[*149]

しかしコジェーヴの個人的華麗さだけでは、フランスの哲学的討論のしばしば眩暈《めまい》がしそうな知的雰囲気の中で、単に著名であるだけでなく、支配的にさえなった理由を説明することはできない。彼が急上昇した要因としては、そうした要素に加えて、彼が外国出身であったこと、彼のメスメリズム的な文体、彼自身の思想の中心にヘーゲルの著作『現象学』を据えたこと、そして歴史はナポレオンとともに終焉したという——フランスでシンパシーをもって受容された——彼の見解、そして特殊な歴史的契機を挙げることができよう。

「文体こそ、人なり le style, c'est homme」と言われている。常にそうではないにせよ、それが、コジェーヴがフランスの哲学的討論の中で影響力を勝ち取る助けになったのは確かである。同じくらいヘーゲルのテクストを詳細に知っていた他の人、例えばヴェイユが、これだけの関心を引いたことはなかった。[150]ヘーゲル自身は、明らかに下手な講師であり、彼の無味乾燥な話しぶりはもっぱら彼の思想によって引き立てられていた。それとは対照的に、コジェーヴのヘーゲル読解は、聴衆を引きつける名人芸によって進められた。

コジェーヴはまず、『現象学』の何行かを、いくつかの単語を強調しながら翻訳するところから話を始める。そして彼はメモなしに、一言もつまづくことなく、完全なフランス語で語った。そこにスラヴ系のアクセントが、独創性と魅力を与えていた。彼は、疑い、批判する傾向のある超インテリの聴衆を魅了した。なぜだろうか？　その理由の一部として、才能、弁証法的名人芸を挙げることができるだろう。私には、彼の語りの能力が、最後の年の講義を描き出している本の中に、そのまま保持されているかどうか分からない。しかしこの能力は雄弁さとは無関係であり、テーマと彼の人格によるものだった。主題は、普遍史と『現象学』だった。後者を通して前者が説明された。全てが意味を獲得した。歴史的摂理に対して懐疑的な人々、芸術の背後の技巧性を疑う人々さえ、この魔術師には抵抗しなかった。彼が語るその瞬間に、彼が「時」と「出来事」に付与した理解可能性それ自体が、証明として機能したのである。[151]

彼が外国出身であることとそのメスメリズム的なスタイルを越えて、フランス思想のマスターとしてのコジェーヴの登場におけるユニークでかつ最も重要な哲学的要因は、疑いの余地なく、彼のテーマの選択にあった。哲学的傑作である『現象学』は、ヘーゲルの最初の主要著作である。きまじめに自らの著作の全てを改定したヘーゲルが、この著作の改定を相応しいと思わなかったというのは常ならざることであり、したがって、これこそが、ヘーゲルが執筆した最も重要な研究書である、と見ることもできる。しかし、拙速に構成されたことも含めて様々な理由から、これは詳細な注解を要する非常に謎に包まれた著作である。フランスの知的文脈においては、コジェーヴの講義のおかげで、重要な哲学者の依然として翻訳が手に入らなかった主要著作が、手に届くものになったわけである。

『現象学』は、その重要性が認知されているおかげで、長いあいだ注釈者を引きつけてきたが、その反面、翻訳者は拒絶してきた。ヘーゲルは極度に翻訳しずらい。ドイツ語でさえ曖昧なのだから、他の言語で彼の議論をフォローするのは尚更難しい。この本は一九一〇年に初めて英訳されたが[*152]、フランス語では、イッポリットの訳が出るまで長いことアクセスできなかった。イッポリットによる訳は、コジェーヴが講義を終えてからようやく刊行されたのである。フランスの中等学校の全ての生徒に要求されている外国語の習得が、現実に達成されるのは、伝統的に極めてまれなことである。一九一九年にソ連を去ったコジェーヴは、ハイデルベルクで何年かを哲学の勉強に費やした。一九二八年にフランスにやって来た時、彼はヘーゲルとドイツ語についての全般的な教養で武装していた[*153]。このこととフランス語の習得によって、彼は、未翻訳の基本的な哲学的著作をめぐる、さらに言えば、フランスと全ヨーロッパが不安の中で第二次大戦へと向かっていった歴史的激動の時に理性を歴史に導入した著作をめぐる知的論議を提供するのに適した、ユニークな人物になったのである。

すでに述べたように、コジェーヴのヘーゲル解釈がフランス人にアピールした理由の一つは、ある意味で、ヘーゲル思想における歴史的要因を強調する彼自身の態度と矛盾する、ヘーゲルの思想を通して歴史の終焉を認知しようとする彼の特殊な主張にあった。ヘーゲルの思想において哲学は終焉した、というこれと関連する主張は、長いあいだヘーゲル左派の間でポピュラーであった。とりわけ、かの〝最初のマルクス主義者〟であるエンゲルスによってポピュラーになって以来、[*154] マルクスの主義者のあいだでポピュラーであり続けた。コジェーヴは、この主張を、〝人間の終焉〟をも含意するところまで拡張したわけであるが、この概念は、最近のフランス哲学、特にフーコーやデリダの見解の内にしばしば見出される。[*155] この点についてマルクスの影響を受けているコジェーヴによれば、歴史の終焉[*156]は、人間の終焉、つまり自由で歴史的な人間的個人の終焉でもあり、それは、戦争、革命、そして哲学の終りに続いてやって来るという。[*157]

コジェーヴのヘーゲル読解のはっきりと左翼的な性質も、政治的に分極化していたフランス知識人の文脈の中で、関心を引きつけた要因だった。ヘーゲルの思想における宗教的要素を画一的に低く評価する左翼ヘーゲル主義者たちは、主体性についての無限な見方よりも有限な見方を、神に関する諸観念よりも人間に関する人間学的な概念を特権化しようとする。コジェーヴの『現象学』論を含めて、左翼的なヘーゲル思想の読解は、人間学的アプローチを強調する。コジェーヴは、ヘーゲル自身がどう考えていようと『現象学』は哲学的人間学だと主張している点に代表されるように、必要とあればヘーゲル自身に抗してさえこのアプローチの有効性を主張した。[*158] コジェーヴは人間学的な視座から、主体と客体の間の相互作用、[*159]とりわけ——全ての対立が克服されるとする歴史の終焉[*160]における和解という形で自然に解決されることになる——主と僕の複雑な関係[*161]の優位性を強調している。ヘーゲルは最初の哲学的人間学者ではない、とコジェーヴは論じている。彼に先立って、デカルト、カント、フィヒテといったキリスト教思想家たちがこの道を歩んだという。ヘーゲルは、人間存在を前キリスト教的で、異端的に理解している点で[*162]、これらの思想家たちとは本質的に異なっているという。

フランスの議論におけるコジェーヴのインパクトは、人々の関心が歴史に、さらには、歴史的合理性へと向かっていった特殊な歴史的契機によって、さらに強化された。彼の講義は偶然にも、ヒトラーが権力を掌握した瞬間から第二次大戦勃発までのとてつもない社会的不安定の時期と一致した。ドイツにおけるワイマール共和国の没落、国民社会主義の台頭、フランスにおける不安定な政治・経済状況——それは、短期的には人民戦線（front populaire）結成（一九三六）において頂点に達する——など、全てがあいまって、歴史的理性、理性の歴史的性格——これは、マルクス主義に命を与えたのと同じテーマである——を包括することを企図する哲学的仕事への関心を喚起したのである。

そして最後に、コジェーヴのヘーゲル読解には、驚くほど劇的で、運命的でさえある一側面がある。哲学は長いあいだ、自らの商品の不可欠性を強調してきた。西洋哲学の黎明期においてプラトンは、哲学は善き生活の最低限の条件である、と主張した。『現象学』の有名なくだりでヘーゲルは、歴史は転回点にあると示唆した[*163]。存在をめぐる議論の中でハイデガーは、これこそが人間史の中心点である、という確信をますます深めていった。そして彼は、自分は形而上学の評価を通じて、現在、そして未来さえも解釈できると主張した[*164]。ヘーゲルとハイデガー双方の熱心な読者であるコジェーヴは、歴史的な危機の時代において ハイデガーの存在観を読み返す形で、歴史的契機＝瞬間（moment）とヘーゲルのテクストの連関へとメロドラマ調に関心を引き付けている。「最終的分析として、おそらく未来の世界、ということはつまり、現在の意義と過去に対する理解は、私たちが今日ヘーゲルのエクリチュールをいかに解釈するかにかかっている、と言えるだろう[*165]」

第三章　ドイツ現象学、フランス哲学、そして主観性

前の二つの章は、ハイデガーが近年のフランス哲学の思想のマスターとして登場したことを理解するために、ハイデガー思想の好意的な受容へとフランス哲学が傾斜することとなる諸々の特徴に注目しながら、フランス哲学一般の構造を解剖してきた。とりわけ注意が注がれたのは、フランス的な哲学議論における、思想のマスターという重要な現象に対してである。本章ではさらに、フランス哲学におけるハイデガーの人気を、主観＝主体、あるいは主観＝主体性というテーマに関する見解を通じて理解することを試みることにする。

主観性への共通の関心は、フランス哲学とハイデガーとを関係付け（rapprochement）する際に重要な要因である。主観性は長大な哲学の歴史を通じて重要なテーマであり続けた。主観性はすでに、アウグスティヌスやピコ・デラ・ミランドラのような前近代的な著述家の思想において、不気味にも立ちはだかっていた。そしてモンテーニュやデカルトのようなフランスの思想家の諸々の著作とともに、主観性はまさに哲学の問題となった。現代哲学は主観性の問いを主要な諸々の関心の中の一つとしてきたのだ。

現代フランス哲学は、例えばハイデガーによって、主観性のデカルト主義的な概念から派生するものとして、あるいはデカルト理論の基礎であるコギト（cogito）の概念から派生するものとしてしばしば理解されてきた。主観性はさらにハイデガーの立場の構成要素でもある。彼の立場の初期の定式は、現存在、

あるいは存在（being）に関わる人間（human being）についての極めてオリジナルな分析に依拠していた。ハイデガーがデカルト主義的な立場を拒絶したこと、そして後期思想において——いわゆる「思惟」を浮上させる形で——形而上学および哲学を拒絶したことは、主観をめぐるデカルトの見解の拒絶として理解することができる。[*1]

本章では、主観性をめぐる広範な領域に対する主要な現代のアプローチを議論することになる。誤解を避けるために、現代哲学における、もしくは近年のフランス哲学おける、主観性の概念の一般的な歴史を提供すること、あるいはその概略を提供することさえもわれわれの意図ではないと予め明言させていただきたい。本章が意図するのは、もっぱら近年のフランス哲学におけるハイデガーの役割を理解する際の、このテーマの重要性を指摘することである。

デカルト主義的な主観性と知識

主観性への関心ははるか古くから存在するにもかかわらず、主観性は現代哲学においてのみ顕在的なテーマとして現れた。主観性は、早くもパルメニデス以来、知識の問題への関心という文脈において発生し、それによって規定されている。現代哲学では、知識への継続的な焦点の一部として、知識の客体から主体へと強調点が移動している。はっきりと知っていると主張するうえで必要とされるのは、知者、すなわち知る主体と知られる客体、もしくは、すなわち主観性と客観＝客体性の概念である。[*2] 認識論に関心をもつ哲学者たちは、主観性や客観性を、それぞれの規範的な知識概念によって課せられる必要条件の機能として把握する傾向がある。

主観／客観区別という点で、古代哲学者たちが主として、客体という極を強調していたと言うのは適切だろう。プラトンとアリストテレスは、客体的なものとしての知識概念に対して、同じ様な関わり方をしていた。プラトンのイデア概念やアリストテレスの実体（ousia）概念は、知識の必要条件として理解される不変の客体にふさわしい、必要な規範的条件を満たしている。

古代思想において、客観的な知識の本性や可能性をめぐる問題は、通常、知識が伝達され、あるいは知識が実現するところの主観の問題への明示的な反省を欠いたまま論じられていた。しかし主観の概念は、ギリシア文化のいたるところで――ホメロスの諸々の詩あるいは『オレスティア』におけるように、神々に対する人間の関係が通常のトピックであるところの、理念的な人間形式にまつわる芸術的な描写やギリシア文学において――暗黙に前提されているのと同様に、古代認識論においても暗黙に前提されている。主観の観念は、ギリシア哲学において、例えば『国家』において、すなわち精神構造を範型として形成された理想国家に関するプラトンの議論において、そして哲学的人間学を明示的に援用するアリストテレスの倫理学において巨大に立ちはだかる。

主観についての近代的見解の勃興は個人の概念に依拠している。個人という概念はギリシア思想においては依然として欠如していた。[*3] この概念が哲学の伝統へ加わるのは、ようやく後期キリスト教思想においてであり、それは例えば、神の恩寵からの堕落を、個人の人間的な責任に帰属させるような場面である。個体性の観念を前提とする個人責任の概念は、すでにアウグスティヌスの諸著作に存在していた。[*4]

主観に関するアウグスティヌスとデカルトの諸見解の間の連続性を強調してきた著述家は多い。[*5] ポスト・デカルト主義者の認識論は、あらゆる懐疑論的な異論に抵抗すべく知識の主張（knowledge-claim）という側面を強調する。認識論的な客観性に対する現代的な関心は、客観的な知識の条件としての主観概念への移行を経ることによって減少するどころか、逆に強化されている。この移行が明白となるのは、デカルトのコギトにおいて、カントの統覚の超越論的な統一において、ヘーゲルの実体を生成させる主体において、フッサールの超越論的自我において、そしてハイデガーの現存在においてである。これらの諸概念は、主観的な意味ではなく客観的な意味における知の主張――客観性への手がかりとして主観性の観念によって提起され保持される主張――を支持すべく導入されている。

懐疑主義――それはそれが応答しようとする知への関心よりも新しい――と、懐疑主義が打倒すべく戦いを挑む、提起されている諸解決とのあいだには、相互的な関係が存在する。デカルト理論は通常、モンテーニュにより哲学的討論に再導入されたピュロン主義的な懐疑主義を背景として理解されてきた。デカルトは、ピュロン主義を打倒する努力に成功しているか、あるいは別の観点から見て失敗しているものとして、別の言い方をすれば、懐疑主義から知識を見事に救出したもの、あるいは英雄的に失敗したもののいずれかとして見なされうる。[*6]

デカルトの認識論は、アウグスティヌスに根を持つ、疑いえぬ根拠としてのコギトの概念にはっきり依拠している。アウグスティヌスは現代的な意味における哲学者でもなければ、認識論に関心を持っていたわけでもない。しかし彼の諸々の著作は、認識論にとって重要な哲学上の諸々の洞察を提供している。自由意志を論ずるにあたり彼が目指したのは、マニ教からローマ・カトリックへと至る彼自身の発展過程において直面した、悪の問題を解決することである。客観的真理を見出すべく、世界へと旅立つかわりに自己自身へと遡行する際に、あるいは内的感覚（inner sense）の観念を展開する際に、彼はデルフォイの神託「汝自身を知れ」[*7]に対して新たな意味を付与する。彼はさらに、コギトというデカルトの観念を、その名称を使ってはいないが、暗示している。デカルトが後にそうするように、アウグスティヌスは疑いえぬものとして現前する自らの存在に基づいて神の存在を論ずる。後にデカルトのコギトとなるであろうものの先取りが、自由意志の分析における少なくとも二つのくだりにおいて顕在化している。彼は書いている。「あなたが存在することは明らかであるゆえに、そしてもしあなたが生きていなかったならば、このことはあなたに明らかではなかったであろうゆえに、あなたが生きていることもまた明らかである。かくして、これら二点が絶対的に確実であることをあなたは理解する。[*8]」そして彼は付け加える。「さらに、これら二点を理解する者が、存在しかつ生きていることはきわめて確実である。[*9]」

デカルトはコギトの概念をはじめから所有していたわけではなかった。初期の著書『精神指導の規則』(一六二八)において彼が主張しているのは、「健全かつ正確な諸判断」、「確実で疑いえぬ知識」、推測ではなく「明晰かつ明敏な注視と確実な推論」、そして「真理を見出す方法の必要」である。[*10]『規則』において彼は、知識の対象を適切に秩序付け、単純なものから複雑なものへと上昇し、たえず直観に依拠し、注意して何ものも遺漏のないようにすることによって方法の概念を練り上げている。[*11]『方法序説』におけるコギトの導入は、方法に関するデカルトの見解の形成において決定的に新しい歩みである。この方法は、後に基礎づけ主義、あるいは認識論的な基礎づけ主義として知られることになる戦略によって知識の特権的な源泉を保証する。知識の基礎づけ主義的な見解は現代の哲学の言説を支配している。

「基礎づけ主義」とその否定あるいは「反基礎づけ主義[*12]」を理解するための諸々の方途がある。知識に関する戦略の——影響力があり独創的でもある——定式化において、デカルトは精神的な直観と演繹のみを認める。[*13]知識が可能なのは、ただ自明な直観と必然的な演繹によってのみであると彼は主張する。[*14]この観点から、「デカルトの基礎づけ主義」は以下のような断言として理解することができる。つまり、「疑いえぬ知識が可能であるのは、認識論的根拠あるいは確実に知られうる基礎が存在し、そしてそこから、知られうるものの全領野を包含する諸々の真の言明を厳密に導出することが可能な場合、そしてその場合においてのみなのである。」

コギトの観念においてデカルトは、アウグスティヌスの自己へと向かう転回を、普遍的な知識へ至る軌道へと変形する。『方法序説』第四部において、いかなる理性的な疑念をも越えたものとしての規範的な知識の概念へと訴えつつ、彼はコギトを、まったく確実、あるいは不可疑なものと見なすことができる主観の概念として導入する。デカルトによれば、思考への要求は否定しえぬものであるゆえに、それは哲学の基礎として役立つことができる。重要な一節において、彼は以下のように述べている。

けれどもそう決心するや否や、私がそんなふうに一切を虚偽であると考えようと欲するかぎり、そのように考えている「私」は必然的に何ものかであらねばならぬことに気づいた。そうして「私は考える、それ故に私は有る」というこの真理が極めて堅固であり、極めて確実であって、懐疑論者らの無法きわまる仮定をことごとく束ねてかかってもこれを揺るがすことのできないのを見て、これを私の探究しつつあった哲学の第一原理として、ためらうことなく受けとることができる、と私は判断した。[*15]

デカルトのアプローチは、反伝統的な態度を、確実なあるいは疑いえぬ知識の基礎づけへと結合している。コギトは、あるいは、私が考えるとき私は思い違いをすることも欺かれることもできないという主張は、知に対する積極的な主張に関する全基礎付けを引きだそうとする彼自身の関心への解答であり、いたるところでデカルト自身によって、そのようなものとして明示的に認められている。

第一『省察』で彼は、「もしいつか私が学問においてなにか確固として持続的なものを確立しようと欲するならば、以前に受け入れていた諸々の見解すべてを私からきっぱりと取り除き、最初の土台からやりかえなくてはならない」と述べている。[*16] 同じ反伝統的な態度は最晩年の著作『情念論』においても変わらない。そこで、彼は、「あたかも、自分以前にはこれまで誰も着手してこなかった事象を論ずるかのように書かざるを得ない」と感じている。[*17] コギトの概念をアルキメデスの点とすることにより、彼は明晰判明な諸観念への訴えを必然的な真理として認証する。アウグスティヌスに従い、彼はさらにより大なる完全性の事実存在（existence）、あるいはより高度な存在（higher being）を証明することへと向かう。[*18] こうした後期の諸著作では、神の存在を証明する能力が、他の更なる知識を獲得する手がかりとして認定されている。[*19]

デカルトとカントの主観性の見解

認識論と人間の本性の考察との間には決定的な差異がある。規範的な知識の概念から導き出される主観性の概念を、無条件に、人間という主体を描写するのに利用することができないのは明らかである。デカルトは、知識の認識論的条件を満たすために仮定された事実上の認識論的プレースホルダー（場所保持者――訳注：数学用語。式の中の文字のうち、定められた集合の要素の名前を代入しうるもの）としてのコギトの記述における争点を明確にできなかったし、実際のところ混乱ぎみだった。

客観的な知識に関する規範的な見解を保持するために援用された主観性の観念からは、人間の本性に関するいかなる推論も導き出すことはできない。デカルトのコギトに基づいて、人間の諸々の主観を記述することも、あるいは別の方法で特徴付けることも不可能なのは、統覚の超越論的統一としてのカントの主観性の見解に基づいて人間の諸々の個体性を特徴づけることが不可能であるのと同様である。思考するものとしての、あるいは思考する存在としてのデカルトの自己記述は、明らかに思考するとともに身体を有している人間の記述と解されてはならない[*20]。認識論の視点——そこにおいてわれわれは、路上の人々がロボットではないかとデカルトとともに疑念を抱くのであるが——は、日常生活のそれではない[*21]。人間は能動的であるとともに受動的でもあり、歓喜溢れるとともに悲しみにも満ち、空腹でも満腹でもある。『方法序説』における「森羅万象の観者（spectator）[*22]」としての人間に対するデカルトの言及、彼の有名な知識の観者理論の基礎は、人間ではなく、むしろ認識問題についての一つの見解を指し示している。より正確に言えば、明晰判明な、あるいは自己認証する諸知覚を通して、自立しすでに構成されている客体を知ることができるという主張を指しているのである。

抽象的な認識論的仮定として、また能動的ではなく受動的な観者としてのデカルトの主観は、彼の知識の規範理論から直接的に帰結する。他者についての諸々の見解に依拠しつつ、デカルトは、客観的な知識に不可欠なものとしての主観性を主張する。カントも、客観性あるいは客観的知識は主観性に依存するという、デカルトの考え方を踏襲している。

カントの主観性の概念は主に二点においてデカルトの見解と異なる。第一に、カントは、デカルトと異なり、主観性と人間的主体とを、あるいは厳密な認識論に必要不可欠な諸々の要件と、人間存在の適切な把握へと到達するというきわめて異なる課題とを注意深く区別する。第二に、カントはデカルトの見解において単なる受動的な観者にすぎぬものを知識の条件としての演者＝行為主体（actor）へと変形する。こうしたカントの動き——批判理論におけるコペルニクス的転回として知られている動き——は、現代観念論のあらゆる形式の基礎である。この動きそのものは、カントから始まるものでなく、別のところで、例えば「真理と事実は互換的である Verum et factum convertuntur」という考え方を基礎とする初期のヴィーコの反デカルト的定式において広範に先取りされていたことは、いまだ広範に知られていない。[*23

人間に対するカントの関心は、よく知られている彼のルソーに対する関心とつながっている。初期の著作においてルソーは、人間が自らの諸々の努力によって自己自身を認識することを可能にするという問題と、それよりも重要だがまたそれだけ一層困難でもある人間本性をめぐる問題とを区別している。[*24] 人間を把握することへのカントの関心は、多様なレヴェルにわたる彼の著作において明らかである。ある書簡において、もし人間の問題という方面における進歩の可能性が僅少であったとしても、この問題の考察以上に有用なものはないと彼は述べている。[*25] 彼はさらに人間学の講座を担当しており、それは『実践的見地における人間学 Anthropologie in pragmatischer Hinsicht』（一七九八）という著作へと結実した。人間は二つの視点からのみ研究することができる、とカントはこの著作において主張する。一つは、いかなる自然が人間を形成するかを理解するための生理学的な観点――これは今では生物学的な視点と呼ばれるであろう――からの研究。もう一つは、人間は自由に行為する存在 (frei handelndes Wesen) であるという前提のもと、人が自分自身をどうすることができ、かつどうすべきか、あるいは、現実にどうしているかを理解する実践的な見地からの研究である。

カントは人間学的関心と認識論的関心を峻別している。認識論的著作において彼は、主体として理解される人間本性をめぐる諸々の問いに応答しようとする試みに対して、典型的な仕方で興味を示しているが、しかしそれに警告を与えてもいる。『純粋理性批判』の人口に膾炙している一節において、彼が理性をめぐる諸関心を結合させた三つの問いに言及しているのは有名である。[*26]『論理学序説』では、彼はこの一節を再現し、「人間とは何か」という第四の問いを付加することで補強しているが、この第四の問いを彼は最も有用でありかつ最も困難な問いであると記述している。[*27] 論理学についての著作で、『プロレゴメナ』および『純粋理性批判』のテーマである形而上学は、何をわれわれは知りうるのかという問題へと制約されると主張する。同じテクストで彼は、誤謬推理についての議論の中で、人間の主観性に関するわれわれの知識の制約を分析している。論理学と心理学の区別において、彼はとりわけ、後にフッサールが心理学主義と呼ぶであろうもの、つまり粗っぽく言えば、知識の可能性の諸条件と、われわれが事実やっていることとの混乱に対して警告している。[*28] 批判哲学の核心である、超越論的論理学を含む論理学は、あらゆる内容を捨象しておりアプリオリである。心理学はアポステリオリ、もしくは経験的である。[*29]

カントは形而上学を認識論として理解したのであって、存在論的な主張として理解したわけではない。カントにとって形而上学とは、われわれは何を知りうるかという問いの解答にのみ関わる。[*30] 知識は主観を必要とするというデカルトの見解に従いつつ、カントは、知識の抽象的な主観、あるいはあらゆる表象に付随し得るはずの「我思う」についての自らの見解を、統覚の根源的な総合的統一体という概念に即して描き出している。[*31] 主観性に関するデカルトとカントの諸概念の間の連続性はきわめて明白であり、そのことは批判哲学の理解に役立つ。それゆえ、カントの「私は思考する」(ich denke [denken= 思考すること])が、デカルトのそれ (cogito [cogito, cogitare = 思考すること]) の正確な翻訳であることは確かに偶然ではない。

カントは、認識主体を人間として理解するのではなく、知識にまつわる規範的な概念の諸々の必要条件を通じて理解することにおいてデカルトに従っている。受動的なものとしてのデカルトの主観概念からの離脱は、コペルニクス的転回——批判哲学における基礎的な認識論的洞察——によって規定されている。

直観が客体の構成に適合しなければならないのだとすれば、知識は不可能であるという主張において、カントは合理論にも経験論にも共通する、独立した客体を認識しようとする努力を原則的に拒絶する。[*32] カントによれば、もっぱら客体がわれわれの知識に適合するという仮定のもとでのみ、知識が可能になる。[*33] というのは、彼が述べているように、理性は自らが生み出すものだけを認識するからである。[*34] しかしながら、もし認識論的な主体が、自らが生み出したものだけを認識できるのであれば、そのような主体は受動的ではなく、知識の可能性の条件として必然的に能動的になる。

デカルトとの関連でいえば、カントの認識論的革新は、知識の主体についての類似せざる見解へと帰結する。二つの主要な差異は、主観＝主体それ自体、及び主観＝主体の客体への関係の本性の修正に関わる。カントによる能動的なものとしての主観＝主体理解は、『純粋理性批判』のテーマであるのみならず、批判哲学のすべてを貫くテーマでもある。彼の三批判書は、理論的、実践的、感性的＝美的知識の可能性の分析と見なすことができるが、これらの知識の可能性はそれぞれ、知る主体＝主観に帰属する、理性あるいは合理的活動の三つの類型に依拠している。主観＝主体が知識の手がかりであるというデカルトの主張は、既に構成され、それゆえ主観から独立している客体という見解に伴われている。われわれは自らが生み出すものだけを認識するというカントの着想は、主観性と客観性との間の認識論的かつ存在論的な結びつきを鍛造する一方、客観性にとっての主観性の重要性を再確認する。われわれが認識するのは自らが生み出すものであるという主張、それは、認識論は存在論において基礎づけられると言うことだ。なぜなら、自らが生み出すものを知りうるのは、われわれがその生産者だからであり、自らが生み出すものは精神の構造に対して透明だからである。

カント後の主観性

われわれは、知識に関与する主観にまつわる三つの判別可能な見解をこれまで確認してきた。一つは、客観性――それは、ハイデガーが後に自らの真理の開示の理論の中核と見なす客観性の自己顕現として読解することもできる――へと専念するために、主観を軽視する、あるいは少なくとも強調しないギリシア人のアプローチ。そして、主観性にまつわる諸概念を、それぞれ受動的かつ能動的なものとして強調する、客観的な知識に関するデカルト及びカントの近代的アプローチ。

知識の主観＝主体に対するそれぞれのアプローチは、後の哲学論争へと影響を与え続けている。ドイツ観念論の伝統に属する思想家たちが多かれ少なかれ能動的なものとして主観性を捉えるカントの理解に従う傾向がある一方で、より近年のドイツの思想家たちは、受動的な主観性というデカルトの見解か、あるいは私がギリシア人の見解と呼んだものへと回帰する傾向がある。フッサールの理論はカントのそれに影響を受けているが、しかし彼の知識の主観＝主体の概念はデカルトのそれへと接近している。ハイデガーの主観＝主体理解はさまざまな影響を反映している。いくぶん単純化すれば、ハイデガーは、彼の思想の異なる期間において、デカルトの主観性の概念にもギリシア人のそれにも従っている。そしてハイデガーの影響の下、近年のフランス哲学は主観性にまつわる修正されたギリシア人の見解に従う傾向がある、と言うことができる。

有名なカントのコペルニクス的転回は、後期ドイツ観念論において広く重要な役割をはたすことになる反デカルト主義的な主観概念に繋がる。知識が可能なのは主観が自らが知るものを生み出す場合であり、かつその場合のみであるとするならば、コペルニクス的転回はカントをして、主観性を能動的なものと見なす見解、主観と客観の間の同一性を想定する見方へとコミットさせる。もし主観＝主体が、自らが認識するものを生み出すのであれば、主観＝主体は、知るに際して明らかに、自らが生み出したものを知ることになる。換言すれば、客観性は主観によって知覚可能である、あるいは主観にとって透明であり、それゆえ認識可能である。というのは客観性は主観性に依拠し、主観と一致しているからである。知る者と知られるもの、主観と客観との同一性は、ヘーゲルが思弁原理と呼ぶものだが[*35]、これは批判哲学からドイツ観念論を経て、マルクス理論を含むいわゆる同一性哲学（Identitätsphilosophie）を貫く赤い糸のようなものとなるのである。

ヘーゲルが認めているように、思弁原理はフィヒテ理論の内にあり、ヘーゲルはこうしたフィヒテ理論、とりわけ主観性と客観性の同一視を[*36]、カントの批判哲学精神を捕獲するものと見なしている[*37]。それは、主体へと生成する実体をめぐる、『精神現象学』におけるヘーゲルの著名な記述にも見られる。そしてそれはマルクス理論にも存在する。疎外及び価値というマルクスの概念、彼の立場におけるこの二つの基礎的なテーマは、商品、すなわち販売される運命にある生産物を生産する労働者と、そのようにして生産された生産物とのあいだの同一性の関係を前提とする。マルクスによれば、価値が生み出されるのは、労働者が生産物の形式で自らの労働を対象化する生産過程においてである。しかし労働者が疎外されうるのは、もっぱら労働者が自らの生産物から分離されうるからである。つまり、生産物が外的な形式における自己自身、あるいは自己自身から分離されたものと見なされうるからである。

マルクスを含む後期ドイツ観念論の哲学者たちはみなカントの理論から影響を受けているにもかかわらず、誰もかなり緩い仕方でしか、カントの能動的な主観性概念に従っていない。ドイツ観念論における主観性にまつわる後の諸観念や、後の哲学の多くは、以下の二つの選択肢の一方を選ぶことになる。すなわち、もはや共存することが難しいはずのカントの批判哲学の枠内にある選択肢によるアプローチに対応し、それらを練り上げていくか、あるいは、批判哲学によって拒絶された選択肢へと、限定的な帰還を試みるかのいずれかである。

後期ドイツ観念論における主観についてのさまざまな見方は、カントの主観性の見解における諸々な緊張に影響を受けている。矛盾をはらみつつもカントは、知識の超越論的な分析を企てる自らの関心を、主観に関する抽象的な見解を介して、現実の人間存在に対する関心へと結合する。批判哲学において、主観は自らが認識するものを生み出すという考え方には明瞭に意図されていたわけではないものの人間学的な響きがある。厳格にもカントは、自らの立場の内部において認識論的かつ人間学的な諸要素を分離する。純粋理性をめぐる彼の理論が、人間の諸々の限界の本性を無視した形であらゆる知識の条件を同定しようとするにもかかわらず、不可避的に人間学的オーラを有しており、それは、彼が守ろうとしている見解にとって最終的には破壊的な意味を持つ。主観の能動性の本性を明らかにしない限り、主観は必然的に能動的であるという主張に満足することはできない。例えば、悪名高い人間の魂の内なる隠された知られざる能力に関する不明瞭な暗示に見られるように[*38]、カントが主観の能動性を示すのに失敗していることは、主観を、他のより人間的な術語でもって、人間として再概念化する必要があることを示唆している。

諸々のポスト・カント主義者による主観概念の展開は、カントの見解に対する一連の反応として理解することができる。カントが演者としての主観を優位におく形でデカルトの観者理論を拒絶しているにもかかわらず、そうした拒絶の身振りがデカルト主義的な選択肢によって構成される枠組みの内部にとどまっているため、そうしたデカルト的主義的な枠組み——そこには人間学的な術語で能動性を解釈することが含まれる――が、後続する論争の範囲を確定することになったのである。単純化して言えば、カント以降のドイツ観念論では、抽象的な認識論的プレースホルダーとしての主観、あるいは知識のために想定される単なる原理としての主観の観念から、社会的、政治的、歴史的な世界に根ざした人間としての主観という競合する見解へと漸進的な移動が生じたのである。概してこの移動はドイツ観念論の内部では完遂されていない。というのは、最も人間学的な視点に傾斜したマルクスの理論も含めて主な理論家の誰も、人間としての主観の概念にのみ基づいていたわけではないからである。ポスト・カントのドイツ観念論では、カントの理論が暗黙の内に参照する人間を現実的な主体と見なす具体的な見解とのあいだの緊張を示している。原理的には分離可能であるはずのこの二つの側面は、実際のところ、全ての後期ドイツ観念論の立場の内部で絡み合っているのである。あらゆる形態の後期ドイツ観念論は常に、この二つの側面のいずれ一方（フィヒテ、マルクス）を、あるいは両方（ヘーゲル）を同時に強調する。

ドイツ観念論におけるポスト・カント的な契機は、有限者と無限者、あるいは知識と主観性についての絶対的な見解に依拠する複雑な議論を提供する。無限者あるいは絶対者を通じて有限な主観を理解したシェリングは、その点で他の主要なドイツ観念論者たちとは異なる特殊なケースだと言える。当面の目的のために、マルクスの唯物論とされるもの[39]とドイツ観念論との区別を無視して、マルクスの理論をドイツ観念論の運動内部で理解するならば、主観の抽象的な見解（フィヒテ）から、抽象的かつ具体的なそれ（ヘーゲル）を経て、もっぱら具体的なそれ（マルクス）へと発展していく過程を観察してみたくなる。しかし、そうした分類は正確ではない。というのは各々の見解は、有限な次元と無限な次元を、言い換えれば、現実世界に根付く現実の人間としての主観理解と、抽象的な認識論的原理としての主観理解を結合しているからである。だとすれば、それらのあいだの差異は程度問題、あるいは強調の問題である。というのは、マルクスを含むドイツ観念論者は全て、人間を、無限で抽象的な主観性であると同時に有限で具体的な人間的主体として理解する二元論的な人間観を呈示しているからである。

マルクスの唯物論とされるものは、とりわけマルクス主義の伝統においては、観念論のアンチ・テーゼ、とりわけフィヒテの変種へのアンチ・テーゼとして理解されてきた。しかしフィヒテの抽象的な主観性の概念は、マルクス自身の見解と明確な平行関係を有する。[*40] フィヒテもマルクスもはじめから、能動的なものとして主観を見る見解に理論的な基礎を置いていた。両者は主観性と人間を同一視する。そして両者とも後に、自らの理論の論理によって、有限な主観という見解を越えて、超限的（transfinite）あるいは絶対的な主観へと至るべくせき立てられることになった。

哲学者のなかには、非常に重要であるにもかかわらず、誤解されている者がいる。フィヒテの場合は最悪だ。フィヒテの難解なスタイル、あるいは、自らが批判哲学の唯一正当な解釈者であるという――カントによってすげなく拒絶されることになった――彼の大げさな主張は、彼の理論を理解するうえで役に立たない。フィヒテの主体概念は二つの主要な側面において、極めてカント主義的である。第一に、彼は主体の概念を、彼の言葉でいえば自我（das Ich）を、能動的なものとして主張する。[*41] この面で彼はカントの議論を転倒している。カントは知識と経験の諸類型を、能動性の諸類型を通して分析しているが、彼は統一された主観の概念を、統覚の超越論的な統一という抽象的な意味でしか思考することができなかった。第二に、対してフィヒテは、カントが指摘しながらも獲得することができなかった〝結果〟から出発する。第二に、自我の理論において、彼は、統覚の根源的な総合的統一というカントの主張の結論を発展させる。『全知識学の基礎（*Grundlage der gesamten Wissenschaftslehre*, 1794）』――フィヒテの最初にして最も影響力のある立場の言明――は、主体、自我、対象、非自我そしてその相互関係を通じて、カントの統覚観の諸々の帰結を発展させたのである。[*42]

ヘーゲルの主観性に対する見方は、絶対者観の修正と、驚くほど断片化された分析を特徴としている。カントがわれわれにとって不可欠である見なしていたごく少数の言葉の一つである「絶対」という術語が[*43]再び現れてくるのは、フィヒテの絶対的な自我、あるいは、あらゆる文脈から仮説的に分離されたものと理解される自我において、そしてシェリングの無差別点（Indifferenzpunkt）においてである。シェリングの絶対者を特徴を欠くものと批判したヘーゲルは[*44]、絶対者に関するシェリングの存在論的な再解釈に従っているものとしばしば読解される。ヘーゲルにとって、絶対者は終結＝目的においてようやく十全に存在することになる結果である[*45]。周知のように『精神現象学』は、経験の主体にまつわる三重の理論を呈示している。第一に、直接的な主観として、次いで、ヘーゲルが記述する精神的なオデュッセイアを通じて意識へと上昇していく全人類として、そして最後に、主体化した実体あるいは絶対者として。

ヘーゲル思想はあまりにも総合的であると酷評されているにもかかわらず、ヘーゲルは結局のところカントと同様に、主観性の概念に関する三つの異なる位相を一致させることができず、経験の統一的な主観を考察することはできなかった。マルクスのいわゆる〝現実的な人間〟の視点からのヘーゲル観念論批判も同様の困難に苦しめられる。マルクスが主観性を研究するのは三つの相互に関連した、しかし異なる水準においてである。すなわち、たとえば『経済学・哲学草稿』のような初期の諸著作においては「人間」の概念を通じて。『ドイツ・イデオロギー』や他の箇所では、彼自身は一度も実際に定義しなかった概念である「階級」の観念を通じて。そして『資本論』を含む後期の経済学的な諸著作においては、資本主義の「実在的」主体としての資本の理論を通じて。マルクスはヘーゲルや哲学一般を超えて進んでいき、プロレタリアート[46]の概念において人類史の実在的な主体を見出したというマルクス主義者の断言は、主観性にまつわる統合されたマルクスの見解を前提しているが、マルクス自身は実際には、それを定式化していない。

フッサールに関する補論

主観性のプレ・カント的な概念と私が呼ぶものが意味するのは、フッサールや初期ハイデガーにおけるような「デカルト主義的」見解への修正された回帰か、あるいは後期ハイデガーにおけるような「ギリシア的」見解への回帰である。フッサールという重要な例外を除き、ドイツ観念論は、カントにおける能動的なものとしての主観の強調を継続する一方で、デカルトによって提起されカントによって再提起された認識論的なプレースホルダーとしての主観という解釈から次第に離脱していく。著述家のなかにはフッサールのカントに対する関係を強調するものもいる[47]。驚くべきことではないのだが、フッサールは自らの立場とデカルトのそれとのあいだの連続性を主張するゆえに、主観概念のカント的あるいはポスト・カント的な多様な変容から後退して、プレ・カント的な、より詳しく言えば、「デカルト的」な見解へと回帰している。

フッサールが明瞭に輪郭を描こうとしなかった主観性についての見解は、カントとデカルトの諸要素を結合したものである。カントやデカルトと同様、彼は知の主体と人間を鋭く区別する。一九一三年に出版された『イデーン』[48]第二版では、彼は後期の全著作においても現象学の基礎と見なされることになる現象学的還元を導入する。超越論的現象学へと専念することにより、フッサールは経験的なエゴと超越論的なエゴとの差異を主張する。形相的な現象学が可能なのは、後者の視点による。[*49]

フッサールの、カント的な主観の見解から、よりデカルト的、あるいはアウグスティヌス的な見解への後退は、知識をめぐる主客関係の最終的に曖昧な理解へと至ることになる。知識が可能であるのは、主観がその対象を生み出す場合かつその場合に限るというカントの主張に対して、フッサールは躊躇している。彼は、主客関係に言及するために「構成」という術語を採用する。しかし、一見して明確に定義されていないと分かるこの中立的な言葉は、彼自身が自らの理論の鍵となる側面を明確にすることができないことの反映である。[*50]

ここでフッサール理論の適切な解釈をめぐる、研究者間の論争に決着をつけようと試みるのは無駄である。しかしフッサールが自らの見解とデカルトの立場の間の多くの関連を強調している『デカルト的省察』以降も、フッサールの現象学的構成の概念は、体系的に曖昧であるか、あるいは少なくとも未定義である。というのも、彼は、超越論的現象学は、意識において自らを構成する内容、言い換えれば、われわれの内で構成されるものに対する体系的な分析であると考えていたが、それと同時に、主観は自らとその客体を構成するとも考えていたからである。[*51] 少なくとも、われわれは自らが生みだしたものを認識するというカントの見解からデカルトの方向へとフッサールは後退しているように思われる。

ハイデガーの主観性

ハイデガーは主観性にまつわる近代の理論を破壊したという誤解に基づく主張[*52]は、彼の見解と先行する哲学的な伝統との真正な連続性を誤読している。主観性に関する彼の見解を把握するために、フッサール理論との関連でハイデガー理論を考察することは有用だろう。『存在と時間』に見られるフッサールの影響は、超越論的真理（veritas transcendentalis）としての現象学的真理への関わりや[*53]、哲学的経験論の真正な意味としてのア・プリオリズムの形態への関わりにおいて明らかである。能動的な主観性というカントの見解からのフッサールの後退は、ハイデガーにより加速される[*54]。まずデカルト主義的観者理論の見解への修正された回帰を通じて、そして後に主観の脱中心化を通じて。ハイデガーの公式的な反デカルト主義的スタンスにもかかわらず、現存在としての主観という彼の初期の見解は、デカルト主義的であると同時に反デカルト主義的でもある。対照的に、近年のフランス思想においてきわめて影響力のある、主観の脱中心化を目指す後期ハイデガーの企ては、断固としてプレ・デカルト主義的であり、ギリシア人が抱いていた知への関心——そこでは、主観をめぐる明示的な反省が不在である——により接近している。

ハイデガー自身が、自らの思想に対する唯一の積極的な影響はギリシア思想にあると示唆しているせいで、現代思想とのつながりの多くが隠蔽されがちである。ハイデガーの立場の展開における主要な二つの時期を分けているのは、彼が自らの思想の「転回 Kehre」と後に呼んだもの——われわれは後で再びこのテーマに立ち戻ることになろう——である。私が主観性にまつわるハイデガーの「デカルト主義的」見解と呼ぶものは、彼の最初にして最も影響力のある哲学書『存在と時間』（一九二七）で定式化された、現象学的存在論という初期の、よく知られた見解にとって中心的な意味を持つ。主観性に関するハイデガーの見解の展開は、彼の生涯にわたる存在への惑溺に即して説明することができる。存在に関する彼の見解が変化するのに伴って、それを通して存在への関心が提起されてくる主観に関する見解も変化せざるをえなくなったのである。

『存在と時間』においてハイデガーは、彼の理解するフッサール現象学を自身の存在論的な諸目的のために改鋳する。ハイデガーの主要なテーマ——ハイデガーに言わせれば、重要な思想家にはただ一つの課題しかない[*55]——は、彼の全著作に満ちている存在の問いである。『存在と時間』において、彼は存在の意味[*56]という問いを措定している。そこでは存在あるいは存在一般は、諸々の存在者から区別される。ハイデガーは現象学を存在論と同一視する。彼は以下のように書いている。「哲学は普遍的な現象学的存在論であり、現存在の解釈学から出発する。そしてこの解釈学は、実存の分析論としてあらゆる哲学的な問いの導きの糸を、その問いがそこから発現し、かつそこへと打ち返されるところへと固く結びつけてきたのである[*57]」

「現存在 Dasein」という術語は日常的なドイツ語であるが、それはドイツの伝統の影響下にある哲学者たちによって通常、カントによる神の存在（Dasein）証明の場合のように、「実在 existence」を意味するものとして使用される[*58]。「現存在」は、人間（human being）及び人間の存在（man's being）を表すハイデガーの術語でもある。「人間の諸々の振る舞いとしての諸学はこの存在者——人間自身——の存在様式を備えている。この存在者を我々は術語的に現存在と名付ける[*59]。」その帰結は、諸々の介在者あるいは物、そして、存在一般あるいは存在者の存在、および諸々の存在者と存在を媒介する現存在あるいは人間の存在を含む、三層構造の存在論なのだ。

『存在と時間』においてハイデガーは、現存在の実存や存在に対する連関を強調する。現存在は少なくとも予備的な仕方で、存在と関連し、かつ存在を了解している[*60]。現存在は自らの実存という観点から、自らを了解する[*61]。そして、その多様な存在の仕方は、現存在の存在への関わりを示す[*62]。同書においてハイデガーが提起した主要な主張とは、存在は時間であるということだ。しかし、論文全体は二つの部分に分かれた形で、現存在の分析を行っている。すなわち、予備的な現存在の基礎分析、そしてその後の現存在と時節性にまつわる分析である。プラトンにとって、存在が現れと実在との中項であったように、ハイデガーにとって人間あるいは現存在は、諸々の存在者と、その存在の把握との連結体である。

『存在と時間』はデカルトの存在論を、コギトの存在の探究を怠っている点を含めて強く批判している。[*63] ハイデガーの、実存としての現存在という見解は、反デカルト的で反人間学的な主観性観に従っている。フッサールは自らの反人間学的な基礎に基づいて、[*64] ハイデガーが哲学を人間学に基礎づける事態へと陥ったと誤解した。[*65] フッサールの基礎的な反人間学とハイデガーが一致していることは、ハイデガーが自らの現存在あるいは主観性の分析を、心理学や生物学のみならず人間学――すなわち人間に関する三つの学問[*66]――からも区別しようとすることにおいて明らかである。あらゆる類の哲学的人間学とのハイデガーの継続的な対決は、後期の諸著作を通じてしばしば反復されている。[*67] ハイデガーの現存在に関する初期の見解を「デカルト主義的」なそれと名指すことがその核心部において意味しているのは、彼が、反デカルト主義的な立場をとっているにもかかわらず、主観を観者と見るデカルト主義的な見方の修正版への、フッサール的な後退を継続しているということである。

ハイデガーの現存在観における「デカルト主義的」次元は、開示＝暴露としての真理概念にとりわけ顕著である。[*68] ハイデガーによれば、開示としての真理観は二重に現存在に根ざしている。すなわち、現存在自体の開示性において、そして真理および非真理の内にあるものとしての現存在において。[*69] 知識の主観に対する開示の本質は、隠蔽されているものを光の下に引き出すことになる。というのは、「人が語っている諸々の存在者はその隠蔽性から引き出されねばならない」からである。「ひとは諸々の存在者を隠れ無きもの（alethes）として見えるようにしなければならない。すなわち、諸々の存在者は発見されねばならないのである。[*70]」

初期ハイデガーの主観性概念が「デカルト主義的」であると言うことで、一方の見解が他方のそれへと還元しうるということを言いたいわけではない。その名称が文字通りには「実存」を意味する現存在が、世界に根ざしている仕方にこだわる点で[*71]、ハイデガーはデカルトやフッサールとは異なっている。ハイデガーは、意識としての主観というフッサールやデカルトの見解と、実存としての現存在という見解のあいだの対決を強調する[*72]。この対決は根本的であり、かつ、そうなるよう定められているのである。実存を通して現存在を考えることでハイデガーが意図したのは、デカルトにおいて開始され、カントによって継続され、フッサールにおいて頂点に達する――ものと彼が見なしている――近代哲学の伝統との絶縁である。しかし主観を存在論的真理の源泉と見なすハイデガーの見方は、いまだ強固に「デカルト主義的」である。というのは、フッサールやカントの場合は異なるが、ハイデガーにとっては、デカルトにとってそうであるように、知識の客体は主観から独立に既に構成されているからである。デカルトのコギトがいかなる観念が明晰で判明であるか規定するために諸々の意識内容を構造化するように、現存在は諸々の存在者から非隠蔽性を奪取することで真理を開示するのだ。

彼の思想における転回（Kehre）後、すなわち一九二七年の『存在と時間』の出現後のある時点、ひょっとすると同時期かもしれないがおそらくは一九三〇年以降と思われる時期にハイデガーは、自己・開示するものとしての存在観に組みする形で、現存在を通じて存在を知ろうとする初期の努力を放棄する。この変化はハイデガーの反デカルト主義の深化と結びついており、形而上学および哲学に対抗する漸進的な転回において顕著になる。カントが悪しき形而上学を拒絶したのは、学としての形而上学の諸条件を確固たるものにするためであった[*73]。『存在と時間』においてハイデガーは、後世の哲学の伝統において隠蔽されてきた、本来的とされる形での古代ギリシアの形而上学を復興することを企てる。しかし真正な形而上学の再生を賭けた努力は誤った方向へと導かれた、とハイデガーは後に考えるようになる。後期思想において彼は、デカルト理論を西洋形而上学あるいは哲学と同一視する。ハイデガーにとって、コギトの導入は不可避的に哲学を哲学的人間学へと変形する。その哲学的人間学は西洋形而上学の克服によってしか克服されえない[*74]。『省察』における主観に代わるものを呈示することを意図した名高い一節において、ハイデガーは以下のように書いている。

人間性としての主観で在ることが、歴史的な人間の根源的な本質――それは常に根源的な仕方で始まる――に属する唯一の可能性だったわけではなく、また常にそうなるわけでもない。流れ去る雲が隠された大地の上に影を投げかけるように、主観性への確信としての――かのキリスト教の救済の確信によって準備された――真理が、自己開示する生起＝出来事（Ereignis）の頭上に陰翳を覆い被せる。そのため、生起を人間が経験することは依然として拒絶され続けている[*75]。

この一節は、ハイデガーの主観性観の根本的な変化を指している。この見解の変化は、「デカルト主義的」な概念から修正されたギリシアのそれへ、あるいは、現存在を分析することによってのみ存在を把握することができるという見解から、存在がわれわれへと自らを明け開くというそれへの変化なのである。もし存在が自らを明け開くならば、人間が存在を開示する必要はもはやない。この方途によってハイデガーは、人間学的な主観概念という「デカルト主義的」誤謬を避けつつ、開示としての真理概念――その際に彼の真理概念は、もっぱら、真理が現存在〝を通して〟開示されるという見解から、真理が現存在〝に対して〟開示されるという見解へとシフトしたという意味で修正される――を獲得する。

主観性にまつわるフランスにおける近年の諸見解

ハイデガーの主観性観は、フランス・ヘーゲル学派、フランス実存主義、そしてフランス構造主義に影響を与えてきた。ハイデガー理論は一九三〇年代のヘーゲル復興の一環として、フランスにおける主観性をめぐる諸々の見解に影響を与えるようになった。ヴァール[*76]やコイレ[*77]はそれぞれハイデガーの立場に関するいくつかの論考を書いていたにもかかわらず、それらは彼らのヘーゲル読解に対して顕著な影響を及ぼさなかった。しかしジェイムズ、ホワイトヘッド、そしてマルセルについての論考を集めた論集の中での、ヴァールのハイデガー思想の読解は、それとは異なった見方をせざるをえないと読者に感じさせる哲学的ベンチマークとしては役立った[*78]。ハイデガーの影響は、イッポリット、そしてとりわけコジェーヴのヘーゲル観にかなり強く認められる。イッポリットは、ヘーゲルについての自らの見解を固めた後、一時的にハイデガーに関心を寄せた。それに対してコジェーヴのヘーゲル読解、とりわけ彼の主観性の概念は、当初からハイデガー思想の影響を強く受けていた。

『精神現象学』の翻訳と研究を含むイッポリットの最も重要な仕事は、一九四〇年代が終わる直前に出版された。ヘーゲルに関する彼の初期の研究はハイデガーの影響をまったく受けていない。彼は後に、少なくとも三本のハイデガーに関する論文を書いた[*79]。後の彼のヘーゲル論理学の研究において、わずかなハイデガーの影響が見出されたことを論拠として[*80]、イッポリットは後に関心をヘーゲル理論からハイデガーのそれへと、あるいはヒューマニズムから存在へと移動させたと論じられてきた[*81]。実際、イッポリットがハイデガーの術語を使用しているいくつかのくだりがある[*82]。しかしハイデガーのイッポリットの著作への影響は一時的なものにすぎず、影響という名称にほとんど値しない。というのは、ヘーゲルの見解に関するイッポリットの次著では、ハイデガーの名も術語もまったく見当たらないからである。[*83]

コジェーヴのヘーゲル解釈はハイデガーにもマルクスにも影響を受けたものであることには既に言及した。ハイデガーはコジェーヴによるヘーゲル思想の解釈に影響を与えたが、これはしばしば過小評価されている。コジェーヴはハイデガーを人間学的に理解した――そうした理解は当初、フランスにおけるハイデガー思想の受容に広範に見られたが、後にそれは、ハイデガー自身が『ヒューマニズム書簡』で明確に拒絶した。ハイデガーはコジェーヴのヘーゲル解釈に二つの特別な仕方で影響を与えている。『精神現象学』の人間学的な読解という点で、そしてまた、死というテーマへの集中という点において。

コジェーヴはとくに、ヘーゲルの立場にとっての死の概念の重要性を強調する。ヘーゲルは『精神現象学』でも他の著作においても、死に関して直接述べたことはほとんどない。しかし死はハイデガーの初期著作において中心テーマである。[*84]ハイデガーに依拠しつつ、コジェーヴは自らの『精神現象学』読解[*85]においてこのテーマを強調する。人間を自由なものとして理解することが人間を有限な（finite）ものとして理解することである以上、ヘーゲルの人間学的な理論は本質的に死の哲学である。[*86]キリスト教的な人間学とヘーゲルの見解との間の差異は、ヘーゲルが死の観念を導入したことにある。[*87]コジェーヴによれば、ハイデガーは、死と関連しているはずの闘争と労働をめぐる諸々のテーマを無視したにもかかわらず、ヘーゲルの死に関する諸観念へと回帰している。マルクスは死の問題を無視する一方で闘争と労働を力説する。そしてハイデガーもマルクスも革命の恐怖（テロ）というヘーゲルのテーマの重要性を見落としている。[*88]

実存主義は広範で多様な諸々の著作家を一つにまとめる広範な運動であり、「実存主義」という言葉の解釈の仕方によって変動はあるが、セーレン・キルケゴール、ニーチェ、ミゲル・デ・ウナムーノ、ハイデガー、ヤスパース、ルドルフ・ブルトマン、パウル・ティリッヒ、サルトル、アルベール・カミュ、ボーヴォワール、メルロ＝ポンティその他[*89]の人たちが含まれるとされる。実存主義、とりわけフランス実存主義にハイデガーが与えたインパクトが重要なのは、部分的に、哲学的人間学を案出する実存主義者としてのハイデガーという、広く受け入れられしつこいまでに長続きしているものの、誤解を含んだフランス的な理解に起因する。概念に関する運動に対して固定的に設定される時間的な境界線は常に恣意的であるが、フランス実存主義が、一九四三年にようやく出版されたにすぎないサルトルの主著『存在と無』よりも先に始まっていたのは確かである。もし、ここまで示唆してきたように、フランス実存主義が一九三八年[*90]までに本領を発揮するようになっていたとすれば、それは明らかにコジェーヴのヘーゲル講義と重なっている。

フランス実存主義とハイデガー思想のあいだには幾つかのレヴェルでつながりがある。現象学から実存主義への移行が、カント批判哲学の再解釈と平行している、あるいは事実上一致しているという論を展開するに際してヴュイユマンは、実存主義者としてのハイデガーという解釈に従っている。[*91]レヴィナスはハイデガーの人間学的解釈に注意を向けている。マルセルという可能な例外を除き、フランス実存主義はほとんど現象学に由来しているとレヴィナスは言う。彼は更に、実存主義は、ハイデガーの立場の人間学的な側面——それについては、ハイデガー自身が否定しているわけだが——にのみ由来するわけではない、と指摘する。[*92]

ハイデガーのインパクトはフランス実存主義者の諸著作の中に散見することができる。一つの明らかなリンクは、例えばサルトルの実存主義的な存在論、そして後には、依然としてデカルト主義的なサルトルの主観性観は具体的な実存観としては不適切であるというメルロ＝ポンティの批判に見られる実存への持続的なこだわりである。[*93] メルロ゠ポンティはハイデガーを意識していたが、彼が最も影響を受けたのはフッサールの現象学である。フランス実存主義の著述家の中で、ハイデガーの影響を受けたのは、マルクス主義へ転回する以前のサルトルである。彼の主観性観は、ハイデガー理論の影響を極めて明瞭に受けている。サルトルが受けた主な哲学的影響には、ヘーゲル、ハイデガー、フッサールが含まれる。[*94] 第二次世界大戦の勃発によって、本来性及び歴史性という概念が必要不可欠なものとされたまさにその時に、ハイデガーはサルトルにこの二つの概念の意味を教えてくれた、とサルトル自身が主張している。[*95] サルトルは一九四〇年にフランス軍兵士としての責務を引き受ける際に、ハイデガーによる「歴史的な瞬間の自由な引き受け[*96]」――とサルトル自身が奇妙な仕方で命名したもの――に助けを求めている。[*97]

ハイデガーはサルトルに対して、直接的には、後者によるハイデガーのテクストの読解を通して、間接的には、他の人々の見解、とりわけコジェーヴのそれを通して影響を及ぼした。『存在と無』における膨大なハイデガーの影響の中には、「アンガジュマン（参加）」や責任といった観念が含まれる。両者とも、サルトルが現実的な意味に解釈したハイデガーの決意性（Entschlossenheit）の観念を範型としている。サルトルによる三つの脱自態としての時節性（temporality）解釈は、ハイデガーの類似の分析を想起させる。サルトルの無の概念もまたコジェーヴによる再解釈を経由して、ハイデガーに由来する。[*98] サルトルの「現象」観は、ハイデガー自身の分析を想起させる、等々。

現存在を通じて存在を把握しようとするハイデガーの試みは、当然のことながら基礎的存在論の人間学的な誤読を引き起こす。『存在と時間』は第七四章において、つまり本来的であること、自己自身であることを選択するよう強いられる主体という「デカルト主義的」な概念においてその最高潮に達する。サルトルの『存在と無』では、あたかも主体が「デカルト主義的」なモデルに基づいて理解されているかのように、全てが推移している。ハイデガーの――サルトルの言葉で言えば、〝状況の中にある〟、あるいはハイデガー自身の用語で言えば、〝自らの決意的な選択に直面している〟――〝実存としての現存在〟の人間学的読解と、本来的であることを選択するように定められた人間というサルトルの見解との間には、明白な平行関係が存在する。「デカルト主義的」な主観性の突出――サルトルは後にそれをデカルト主義的ヒューマニズムと呼んだ[*99]――は、あらゆる実存主義、例えば知覚の基礎たる〝生きられた身体としての主観性〟というメルロ＝ポンティの見解[*100]、及びサルトルに認められる反ヒューマニズムに対する彼の批判[*101]の主要な構成要素である。しかし構造主義においては、そうしたデカルト主義的な主観性観の不在が目立つ。

思想運動が均一もしくは均質であることはめったにないが、それにしても構造主義は極端に不均質である[*102]。構造主義の範囲は、まさにそれが数学から発して自然科学および社会科学をカバーし、心理学および言語学を含みつつ哲学にまで至っていることによって端的に示される[*103]。当然、構造主義は「構造」に関わる。しかしこれが意味するところはさまざまに理解されてきた。例えば、諸々の客体に関する実体的というよりは関係主義的な人文諸科学の研究方法として[*104]、あるいは構造は、全体性、変換そして自動制御といった概念を通して理解することができるという見解として[*105]、あるいはまた、真理や存在に対する意味の関係として[*106]。『存在と無』が出現する一九四〇年代初期からサルトルがフランスの文化コンテクストを次第に支配するようになったが、それは構造主義として知られるようになるものが一九六〇年代に勃興するまで続いた。フランス構造主義運動は、サルトルの影響に対する広範な反逆であり、広範囲にわたる反現象学的なスタンスに繋がるものと理解されてきた[*107]。

構造主義の主要な源泉はソシュール言語学であるが、ハイデガー理論も重要な役割を果たした。構造主義は、ハイデガーがフランス哲学にとって中心的な意味を持っていた時に生成した。ハイデガーの立場は若干のフランス構造主義者に直接的な影響を与え、他の思想家にも間接的な影響を与えた。自己顕現としての存在に対する後期ハイデガーの関心を想起させる形で、様々な構造主義者たちが、主観という概念を縮減し、あるいは同概念への依存を回避することによって、諸々の構造を解明しようと試みた。レヴィ゠ストロースのようにハイデガー思想に何も特記すべきことを負っていない構造主義者もいるが、ラカン、あるいは見方によっては構造主義者でもあるデリダのように、ハイデガー思想に深く影響を受けた人たちもいる。デリダ——構造主義の一形態と見なされている彼の脱構築観は、現象学から生まれたものである*108——を例外として、構造主義の存在は、一般的に以下のような印象を与える。つまりまずはサルトル、次いで現象学との断絶に伴って、「デカルト主義的」な主観性観から、身体性を抜き去られた認識論的プレースホルダーとしての主観性観への転回——それは、後期ハイデガーにおいて特徴づけられる主観性の脱中心化という考え方と類似している——が生じた、ということである*109。

バルト、デリダ、ドゥルーズ、ピアジェ、ゴルドマンなども含めて多くのフランス構造主義者群*110に言及しうるであろうが、この論点を最も容易に説明することができるのはレヴィ゠ストロース、アルチュセール、そしてフーコーの理論を通してであろう。そうした意味での典型的な構造主義者の一人であるピアジェは、生きられた経験と何らかの関わりを有する主観という概念を回避しようとした*111。バルトはエクリチュールの作者という概念を、人称の概念と置き換えた*112。

構造主義的文化人類学者レヴィ゠ストロースは、人間から独立した歴史概念を推し進める。それによれば、歴史とは知の探究の出発点ではあるが終点ではない*113。『純粋理性批判』において、カントは知識の可能性を、概念上の主観が認識可能な経験の客体を生み出す無意識的で認識不可能な活動に依拠させた*114。全ての文化は、人間精神——それは、あらゆる時代や場所において基本的に同一である——が形式を無意識的に押しつける帰結として理解することができると主張している点で、レヴィ゠ストロースはカントと同じ方向を進んでいる。[*115] この見解は、例えば、諸々の神話が存在するにもかかわらず、作者゠創造者(authors)は存在しないという主張を含意していると見なされてきた。[*116]

アルチュセールのいわゆる理論的反ヒューマニズムは、あらゆる形態の人間学を拒絶する彼の構造主義的マルクス主義[*117]において発揮される。彼の反ヒューマニズムは、ルカーチの明敏な『歴史と階級意識』以来のマルクス主義者の論争を背景として理解することができる。ルカーチの著書における疎外の強調によって、マルクスのヒューマニズムという観念――これは後に未刊行だった初期マルクスのテクストが刊行されることにより確証されるところとなった――をもたらした。[*118] ヒューマニズム的、人間学的、そして断固として哲学的なマルクス読解は、エンゲルス以来流布している、歴史学と社会科学において哲学を超越しているマルクスというマルクス主義の見解を脅かした。[*119] アルチュセールの論争への介入は、マルクスの初期の哲学的諸著作の存在――ひとたびそれらが公刊されれば、事実を否定することは難しい――を認めつつ、他方でその重要性を否定することによって、科学たるマルクス主義というマルクス主義的な見解を擁護することを意図していた。[*120] 彼の反ヒューマニズム的なマルクス読解、あるいはより正確には、マルクスが人間の実践の諸水準に関する一定の分析に資すべく人間の普遍的な本質という観念そのものと断絶したという彼の主張は、[*121] 円熟期の著作においてマルクスが実践の科学的研究を遂行するために、主観の概念に類似したあらゆるものを越えたことを示すことを意図するものだった。マルクス主義の正統学説を維持するための政治闘争を離れては理解しえない彼の意図は、マルクスについてのマルクス主義的な見解を「救う」ために、マルクスが理解した意味での主観を廃棄することにあった。

ハイデガー思想とのフーコーの連関は、フーコー自身の理論を認識するうえで重要である。ニーチェが彼にとってハイデガー以上に重要であること――ハイデガーのレンズを通じてのニーチェ読解――をほのめかしているにもかかわらず、彼はハイデガーを必要不可欠な哲学者と見なしている。[*122] 人間にまつわるある種の概念に対するフーコーの攻撃は極端にラディカルである。しかしそれは人間そのものに対する攻撃、あるいは反ヒューマニズムと誤解されている。というのはそれは人間の概念あるいは表象の分析に限定されているからである。[*123] 初期諸作におけるフーコーの目的は、部分的に、いかにして人間が一七世紀、一八世紀の科学の客体となったのかを示すことであった。[*124] そして彼の後の著作は、まさに人間の実践の多様な諸形態を跡づけることに集中する。[*125]

諸々の構造主義者のなかでも、レヴィ＝ストロースとアルチュセールは、社会科学としての構造主義人類学及びマルクス主義を構成するために、主観性を括弧に入れる。これまで主張されてきたように、もし「構造主義」が人文諸科学の一般的な方法論を定式化する表面的な努力にすぎぬものであるならば、[*126] フーコーは構造主義者ではない。彼は社会科学という概念そのものが誤解であるとして原則的に反対する。社会諸科学は欺瞞的諸科学であるばかりでなく、それらは科学でさえない。なぜならそれらは、認識しえない、また科学の客体ではありえない、〝人間〟という概念に依拠しているからである。[*127] コジェーヴ[*128]のみならずハイデガーからも影響を受けたフーコーは、人間の概念は「終わった＝限界付けられている fini」と主張する。[*129] それは、断片化した言語の裂け目において人間が自らに一時的に表象を与えた一八世紀において、二つのタイプの言語（ランガージュ）間に創設されたものである。[*130] 現代のわれわれの課題は人間の消滅を思考することである。なぜなら、それは今や消滅の過程にあるからである。フーコーが後に述べたように、その帰結は、一七世紀への帰還を指し示す、主観なき匿名的なシステムである。しかし人は、神の場所に置かれたわけではなかった。というのは、「匿名的な思考、主観なき知識、同一性なき理論……」

のみが存在するからである。[*131] 後期ハイデガーと同様に、フーコーは人口に膾炙した一節において、人間という概念の非永遠性を強調する。まさに人間の概念が知識状況の変化において生じたように、さらなる変化によって、人間が「波打ち際の砂に描かれた顔の表情のように消去される[*132]」ことになるだろう。

第四章　ハイデガー、サルトルとフランスのヒューマニズム

ハイデガーが、フランスの哲学的な議論の内部において重要性を持つようになるのを促したと思われるいくつかの要因を確認したが、今度は、ハイデガーが実際にどのようにして名声を獲得することとなったかを見る必要がある。

以下の三つの章では、ハイデガーが、最近のフランス哲学にとって思想のマスターと見なされるようになった経緯においてヒューマニズムが果たした役割を取り扱うことになるが、これはその最初の章である。ハイデガーの思想のヒューマニスト的な誤読の諸側面を吟味するが、同時に、フランス哲学とハイデガー理論におけるヒューマニズムというより広いテーマを扱うことにもなる。意図されているのは、フランスにおけるヒューマニズムに対する伝統的な関心とフランスにおけるハイデガー受容との結びつきを確認することである。この章では、フランスにおけるヒューマニズムに対する関心の復活がいかに自然にハイデガーへ向かうことを可能にしたかが示されることになろう。第五章では、『ヒューマニズム書簡』がハイデガー思想のフランスにおける受容に対して与えた影響を考察することになる。最後に、第六章では、ハイデガーの政治的な関与とヒューマニズムとの関係を吟味するつもりである。そこで、フランスの多くの哲学者たちがハイデガーに向かったのは、ハイデガーが自分たちのヒューマニスト的な関心を共有しているという誤解に基づく信念があったからだということがはっきりするであろう。

既存の哲学的立場を決定し、それを最初に定式化したり再定式化したりすることを可能にする特殊に哲学的な関心と、多くの場合まったく異なった関心、本質的に哲学的であろうとなかろうと、議論において名声を獲得するに至らしめるような関心とでは、違いがある。『存在と時間』（一九二七年）が公刊された後に、ドイツでハイデガーの理論に向けられた関心は、ハイデガーのもともとの立場の根底にある主張、つまり存在の問題が忘却されてきたという主張への広い関心を引き起こすような可能性とは一線を画したものであった。二、三の哲学の同僚たちを除けば、直接の議論においてはほとんど誰もこの主張を明確に意識してはいなかったし、この主張を取り扱う用意すらもなかったのである。逆に、ハイデガーの理論が現代のドイツの文化生活で名声を勝ちえたのは、現代の幅広い関心事を、哲学の同僚たちに広くアピールするような哲学的な言語で捉えるという注目すべき能力ゆえなのである。[*1]

ワイマール共和国の崩壊、世界的な不況、失敗したものと一般的に考えられていた自由主義と広く恐怖を与えていたボルシェヴィズムのあいだでの第三の道の探究、そしてナチズムの台頭によって特徴付けられる特殊な歴史的状況においては、ハイデガーは、自らのテクニカルな理念をその時期の時代精神を表現する言葉に翻訳することができた。例えば、本来性や決意性、共存在、不安などの主題があり、自尊心をなんとか保持しようとし、二つの世界大戦のあいだの厳しい時期において個別性を主張しようとあがいていたドイツにおける実存的な主題の全てがあった。時代の精神を哲学的な言語で捉えるハイデガーの卓越した修辞能力は、なによりも一九三三年五月に行われた有名な学長就任演説において披露されている。それは、正式にナチ党員になったばかりのハイデガーが、フライブルク大学学長としての職を受けたときのことであった。[*2]

ハイデガーの思想がフランスにおいて最初に注目されたのは、一九二〇年代後半から三〇年代の始めであったが、フランスの議論にとって中心的となったのは、もっと後のことである。ヘーゲルがフランス哲学の重要な要因となったときには、フランスでのヘーゲル受容においてハイデガーが与えた影響が大きかったにもかかわらず、ハイデガー自身は中心的な役割を与えられなかった。また、一九三〇年代始めにハイデガーの著作がフランス語に翻訳されて読めるようになり始めたときにも、そうならなかった。さらには、サルトルのような著者たちが、自分たちの立場を定式化するためにハイデガーの基礎的存在論を使ったときにもそうならなかった。第二次世界大戦の余波の中で、フランスの哲学的文脈においてヒューマニズムの問題が再び登場したときに至ってようやくそうなったのだ。それに続く論争は、以来、フランスの移ろいやすい文化的文脈においては数少ない固定点の一つとなっている。[*3]

ヒューマニズム

ヒューマニズムは曖昧な概念である。多くの互いに相容れない仕方で用いられる。[*4] この概念には明らかに自然な意味ないし非規範的な意味はないようである。哲学とヒューマニズムとを関連して考えることは、哲学者たちがこれまで何度も拒絶してきたことである。[*5] ヒューマニズムは厳密な哲学的思想とは相容れないというのがその理由であった。しかし、ヒューマニズムは哲学と矛盾しない。少なくとも、哲学のいくつかの形態とは矛盾しない。ハイデガーは、哲学とヒューマニズムとの間に楔を打ち込もうとしているまさにそのテクストにおいて、つまり『ヒューマニズム書簡』において、自らの理論のヒューマニスト的な性格に固執しているのである。[*6]

哲学とヒューマニズムとのあいだには、長い繋がりがある。しかし、それはまだ解明されていない。ヨーロッパのヒューマニズムは特定の理論や特定のテクストという形で存在するには至らなかった。むしろ、長い時代にわたってもっぱら段階的に発生してきたのである。ヒューマニズムへの関心は、すでにローマ時代の伝統にも見られる。キケロとヴァローはヒューマニタリアニズム（人道主義）ないし人間性への愛そのものと、ヒューマニズム（フマニタス）、つまり、教育を意味するギリシア語のパイデイアとを区別した。キケロとヴァローに倣ってバンダはヒューマニズムの二つの意味を区別している。カントやゲーテや他の啓蒙主義の人物たちを突き動かした人間について知りたいという欲望、そして、もっと一般的な知識に対する関心があった。[*7] この後者の意味では、ヒューマニズムはルネッサンスにおける人間の理念の発見と関連がある。[*8] そして、一四世紀後半におけるさまざまな個性の成立とも関連がある。[*9] 人間の理念は、後にヨーロッパ中に広まった理念であり、しばしば中世の終焉を告げるものと受け取られている。しかしながら、人間という考え方が成立したときにも、古典研究のかつての見方は消えることはなかった。この時代全体が、人文主義的な伝統の復活と人間の哲学の成立との間で絶え間なく揺れていた。[*10]

よく知られているように、「ヒューマニズム」は、その見方によって意味が異なってくるために、定義するのが難しい。たとえば、ヘフディングは次のように書いている。「したがって、ヒューマニズムは、文学的な傾向、つまり文献学の一学派を意味するだけではない。ヒューマンなものへの関心によって性格づけられるような生活の傾向を意味するのであり、その場合、それは観察対象であると同時に行動の基礎でもある。[*11]」ヘフディングの定義は、古典研究への回帰とともに、個人責任の概念にアウグスティヌスが注意を向けたことに伴って現れてきたキリスト教的な新たな人間の概念を、有効に呼び起こす。しかし、この定義は、ヒューマニズムの中心的な哲学的要素、すなわち、よき生活に不可欠なものとしての哲学という広い意味での——自己満悦的な——ヒューマニズム的理解を省略している。

ヒューマニズムに関する議論は、しばしば、類とその種の一つを等置する傾向がある。[*12] 現在の目的からすれば、「ヒューマニズム」の三つの形態を区別することができる。古典文学の復興、人間の強調、哲学の社会的関わりへの要求の三つである。

古典文学の復興として理解されたヒューマニズムは、宗規を考慮することなしに、合理的な諸能力を発達させようとする努力である。この考えは、フリードリッヒ＝イマヌエル・ニートハンマーが、バイエルンで企てた教育改革の中に表明されている。ヘーゲルの友人であり、時にはパトロンでもあったニートハンマーは、一八〇八年に、視学総監に任命された。ニートハンマーは、古代世界の研究、特に古典文学の再興を通じて、人間の諸能力の全体的な発展を涵養しようとする新ヒューマニズム（*Neuhumanismus*）と呼ばれる運動の代表者である。[*13] ヘーゲルが、ニュルンベルクにあるエギィディエン・ギムナジウムの校長に就任した際、少なくとも週二七の授業のうち一三の授業がギリシアとラテンの題材にあてられていた。[*14] 人間との関わりで理解されたヒューマニズムは、哲学的立場としての長い系譜をなしており、影響力がある。ピコ・デラ・ミランドラとルドヴィクス・ヴィヴェスの著作によって説明することができるこのヒューマニズムの観点は、その性質から、自由、自然主義、歴史的観点、宗教、科学のような広汎なテーマに及んでいる。有名な一文で、ピコ・デラ・ミランドラは、人間の自由の観念を強調している。

私は、アダム、お前に、自分自身の決定と選択を通じて、それらを獲得させるために、決められた場所、特定の見方、どんな特別な特権も与えはしなかった。他の被造物の本性に課せられた限界は、私の指示した法の内に封じられている。お前は、私がお前に委ねた自由という力によって、どんな障害からくる強制にも構わず、自分自身の本性を決めるであろう。私は、お前を世界の中心においた。そうすることで、そこから世界に何があるかを良くみることができるであろう。私は、お前を、天上のものとも、地上のものとも、死すべきものとも、不死のものともしなかった。そうすることで、自由で至上の計画者のように、お前は、自分自身を、自分自身で選んだ形へと作りあげるだろう。[*15]

ヒューマニズムは、しばしば、啓蒙主義運動の核心であると見なされる。教皇の有名な対句、「神の理解という方法を想定しないとすれば／人類の適切な研究は、人間である」は、しばしば、人間の研究における啓蒙の関心を表わすモットーとして用いられた。しかし、ヒューマニズムの立場からの啓蒙の論じ方は、決して普遍的な傾向ではなかった。例えば、フーコーは、有益にも、出来事としての啓蒙と、一つのテーマもしくは与えられた諸テーマの一組に焦点を絞った決定としてのヒューマニズムを区別している。[*16]啓蒙期における主題としてのヒューマニズムに与える重要性は、評者によって、大きく異なる。有名な著述家であるエルンスト・カッシーラーは、この時期についての詳細な論議を構成しようとしたが、その中では、ヒューマニズムについて、教皇に言及するのと別の仕方で述べるということはほとんどしていない。[*17]それとは対照的に、この論題に関するピーター・ゲイの著作では、ヒューマニズムは、突出して現われている。[*18]

啓蒙期のあいだに成長した文化の中で、数ある要素の中の一つであった哲学は、人間学的なアプローチを強調する傾向があった。この傾向は、ヒュームの著作の中で、特に明白となっている。『人性論』の中でデヴィッド・ヒュームは、「人間本性は、人間に関わる唯一の学であり、これまで最も放置されてきたものである」と書いている。[*19]

全ての学は、人間学であるというマルクスの有名な主張を明確に予期していたかのように、ヒュームは、

「全ての学は、多かれ少なかれ人間本性との関わりを持っていることは明らかである[*20]」と断言する。彼は、更に、以下のように書く。

彼は、全ての科学的な問いは、結局、人間についての問いであることを把握している。その決定が人間の科学に含まれないもので、重要なものはなにもない。われわれがその科学に習熟するようになる前に、ごくわずかであれ確かさをもって決定し得ることなど何もない。それゆえ、人間本性の諸原理を説明しようと試みるなら、我々は、実際のところ、ほとんど全く新たな、あらゆる確実性を伴った唯一の土台の上に構築される諸科学の完全な体系を企ているのである[*21]。

これがまさに、ヒュームが、経験的な観察を通じて構築しようと試みたところの人間の科学である。「他の諸科学にとっての唯一の堅固な基礎が、人間の科学であるのと同様に、われわれがこの科学に与えることの出来る唯一の基礎は、経験と観察の上に置かれなければならない[*22]」

哲学に対するヒュームの人間学的なアプローチは、近世のドイツ哲学によってさらに強化される。ここで、理性に対する啓蒙の強調は、世界の中心としての人間、あるいは己の運命の主人としての人間という、増大しつつある世俗的でプロメテウス的でさえある人間観を伴っている。デンマーク人の著作家であり、神との特定の関わり方を通じてのみ人間を真正と見なすキルケゴールのような思想家たちは、この傾向の例外である。カントが、信仰の余地を残すために知識の限界を探求したことは有名であるが[*23]、結局、彼の立場は、徹頭徹尾、世俗的なものであった。彼は、継続して、理性を強調したが、その主要な――実際のところ唯一許容される――構成要素は、経験の様々な類型に対する彼の分析に由来する。理性に関する議論でさえ、彼の優れて合理主義的な見地から見て、合理的に越えることができない、理性によって認定された境界内で遂行されている。

カントの批判哲学における人間学的な要素の内に、部分的には、カント自身が述べている独断のまどろみからの目覚めにおける、よく知られたヒュームの影響をたどることができる。[*24] カントは彼の倫理学において、外界の影響から完全に自由であるがゆえに、全く合理的な仕方で行為の諸原則を決定することができる人間の概念を通じて、倫理のために不可欠ではあるが証明することのできない仮定としての自由を主張する。カントは、同様の考えを、「自分自身に強いた未成年状態からの脱出[*25]」という有名な啓蒙の定義の中でも強調している。歴史に関する諸著作では、人類は、道徳法則の漸進的な内面化という面で、歴史を通じて成熟していくことを強調している。

合理的で自由なものとしての人間に関わるカントにかなり近い主張が、彼に続くドイツ観念論の主要なテーマとなる。カントは、マイナーな著作の中で歴史の理論を展開しているものの、それを、断固として非歴史的な性格を持つ自らの理性観に統合することはできないままだった。[*26] 批判哲学との関係で言えば、カント以降のドイツ観念論は、主として、理性の歴史的性格についての次第に高まっていく自覚という点において異なっている。ここに、一般的な知識の可能性を説明するという、厳格な認識論的理由によって引き起こされたカントのコペルニクス的転回は、歴史的な、歴史主義的でさえある解釈を加えられるようになる。努力（Streben）についてのフィヒテの見解、歴史の終焉としてのヘーゲルの自由の観念、そして、人間史の始まりにおける純粋な個性の出現というマルクスの概念は、社会的、文化的、政治的、あるいは歴史的な諸環境における人間の活動の範囲を拡張していく道筋の異なったヴァージョンである。

ゴットフリート＝ヴィルヘルム・ライプニッツとクリスチャン・ヴォルフ以降の、近世のドイツの哲学者は、徐々に世俗化されていき、そのことは世俗的なヒューマニズムの重要性に反映される。フィヒテ、シェリング、ヘーゲルは、全てプロテスタンティズムに深く影響されていた。すなわち、彼ら各々の見地には、強い宗教的な要素が存在するのである。特に自身の教職を犠牲とすることになった無神論争(***Atheismusstreit***)という名高い論争の後のフィヒテにおいて顕著である。世俗化された見方では理解することのできないシェリングの思想とは違って、フィヒテとヘーゲルは、全く世俗的な態度で読解することが可能である。[*27] これは、マルクスの理論により当てはまる。マルクスの理論においては、宗教に関する無関心――マルクス主義においては、むしろ宗教に対する率直な攻撃という異なった形がしばしばとられる――は、世俗的な救済の観念を通じた人間性の発達のモードとしての人間的行動の世俗性の強調と結び付いている。

哲学それ自体は、その本質的な社会的有意味性の主張に由来するインスピレーションから見て、広範にヒューマニズム的なものと見なすことができる。吟味されない生活は、生きるに値しないというソクラテスの考えは、プラトンによって、哲学のみが知識を生じさせるという主張と、哲学的な知識は社会的に不可欠なものであるという二つの主張へと変形させられる。後者の考えは、しばしば抵抗をもって迎えられてきた。哲学は、驚きのみを満足させるというアリストテレスの見方、哲学はいつも遅れてやって来るというヘーゲルの断言、哲学はイデオロギーもしくは虚偽意識であり、マルクス主義的科学によって初めて解明され得る諸問題を解決するには不十分であるとするマルクス主義者の論点、そして、哲学的な諸問題は言語の不適切な使用から生ずるとするヴィットゲンシュタインの論点は、この主張に対する広く行き渡った哲学的不安のいくつかの表明にすぎない。にもかかわらず多くの哲学者たちは、哲学というディシプリンは、良き生活にとって有用であるだけでなく、本質的なものでもあるという――プラトンによって初めて形を与えられた――広い意味でヒューマニスト的な見方を支持している。

哲学の社会的な有用性という広く意味でのプラトン的な考えは、近代の哲学的な伝統全体にわたって影響が大きい。純粋理性の提唱者であるカントは、哲学もしくは最高の形式にある理性を、純粋科学[*28]としての倫理の条件としてだけでなく、人間の目的に本質的に関わる世界の概念として理解した。「人間理性の本質的な目的に関わる全ての知識に関わる学問（teleologia rationis humane）[*29]」としての哲学、「人間理性の立法者[*30]」としての哲学者というカントの拍子抜けするほど素朴で、過度に単純化した叙述は、広く模範とされている。哲学の本質的な社会的有用性というカント的な確信に対するバリエーションの短いリストの中には、近代という時代の隠された秘密としての超越論的現象学というフッサールの構想と共に[*31]、人間存在は存在の問題に依拠しているというハイデガーの確信も含まれるであろう。

フランスのヒューマニズム

重要な例外を除いて、フランス哲学は、基本的にヒューマニスト的である。フランス思想の極めて多様な諸側面がお決まりごとのようにヒューマニズム的な名乗りを上げる。近年の例として、ヘーゲルの人間観についてのイッポリットの研究[*32]、人間の概念についてのミシェル・デュフレンヌの擁護[*33]、そしてロジェ・ガローディによる実存主義、カトリック思想、構造主義、マルクス主義などの異った諸傾向とのヒューマニズム的対話を挙げることができる[*34]。

ドイツ哲学における世俗哲学的アプローチの出現は、しばしば、ルターの影響の結果とみなされた[*35]。ルターの宗教改革もなく、神学と哲学の自然な結びつきが強固なままであったフランスでは、ヒューマニズムをめぐる状況は、より複雑であった。他の国々や文学では、時間的なものと永遠のもの、理性と宗教の分離はしばしば、不完全なものであった。恐らくこの分離は、完全に実行されたことがなかった。哲学と宗教は、後のドイツの観念論者たちの見解の中で、相互に関連づけられることになる。われわれ自身の時代では、サルトル以上に、無神論的な哲学を念入りに仕上げたものはいない。そのサルトルでさえ神の不在という思想を通じて、人間を理解していたのではあるが[*36]。

信教の自由を保障することを求めてイギリスから独立したアメリカでは、理性は、宗教的な信仰と強い結びつきを持つことはけっしてなかった。理性と信仰の分離の傾向が比較的弱く、ドイツより弱いのが明白なフランスでは、競合するヒューマニズムの世俗的概念と宗教的概念とのあいだに、数世紀にわたって変わることのない緊張が存在した。この緊張は、人間観を中心に置く世界理解と、宗教的コミットメントを中心に置く世界・人間観との間にある、多くのレベルでの反目と見なすことができる。それゆえ、本質的に、無宗教的もしくは異教徒的な人間概念と[*37]、宗教的もしくは反異教徒的な人間概念との間にある違いと見なすこともできる。フランスの議論では、世俗的ヒューマニズムの反宗教的渇望は、しばしば、宗教的ヒューマニズムの観点から、人間性の否定であり反キリスト教的なものとして拒絶されてきた。その典型的なくだりとして、アンリ・ド・リュバックは、以下のように書いている。

実証主義的ヒューマニズム、マルクス主義的ヒューマニズム、ニーチェ主義的ヒューマニズム。それらは厳密な意味で無神論以上のものであり、それらの各々の基礎にある否定は、反有神論であり、より正確には、反キリスト教である。それらは互いに対立しあっているが、隠された形であるいは明示的に非常に多くのものを含意している。それらは、神の拒絶という基礎を分かちあってはいるが、それと共に、同じ結論を有している[38]、とりわけ人間の人格の全面的解体という結論を。

フランス思想において、競合するヒューマニズムの諸形態の間でのよく知られた対立は、時として、〝百科全書派、および人権を掲げる全ての自由思想家たち、そして普遍的理性の熱烈の支持者たちの諸見解〟の、〝しばしばキリスト教的霊感を受けているスピリチュアリストの見解〟に対する闘争と見なされる[39]。相容れることのないヒューマニズムの諸構想間の競合は、キリスト教、特にローマカトリック教会を新たな見解に対する主要な障害であり、反啓蒙主義の源泉とみなす世俗的なヒューマニストたちと[40]、真のキリスト教の教義からの堕落の代表としての世俗的ヒューマニズムとの戦いを常に追求してきた教会とのあいだの闘争へと帰結することになる。

啓蒙は、キリスト教が沈滞期にあるときにのみ、可能となると主張されてきた[41]。実際には、状況は、常により複雑なものであった。というのも組織化された宗教へと強く関与してきた人々が、しばしば、人間についての啓蒙主義的な見解にも同時に関与しているからである。「哲学者は、けっして良きヒューマニストであったことはなく、ヒューマニストもまた良き哲学者ではない[42]」というディドロの発言に示されているように、例えば、今日、主にデカルトの『省察』に対する第五の論駁群の著者として知られるピエール・ガッサンディは、その正統的信念について疑う余地のないカトリックの僧侶ではあったが、ヒューマニズムに関与していた。

フランスのヒューマニストの伝統は、イタリアのルネサンスに先行するというよりはむしろ追従するものであった[43]。古典文学の復興は、一五三二年の『パンタグリュエル物語』の中で、ラブレーによって強調された。息子であるパンタグリュエルへのガルガンチュアの有名な手紙は、古典研究の復活、古代の言語の習得、特にギリシア語を習得することの重要性、印刷術の役割等について言及している。[*44] 少なくともイタリアと同じように、フランスにおけるヒューマニズムは、人間についての哲学と結びついていた。

哲学的なヒューマニズムは、フランスにおいて、デカルトというよりは、むしろモンテーニュにおいてすでに始まっていた。モンテーニュは、しばしば、近代哲学の創始者と見なされている。[*45] モンテーニュは、とりわけ、彼の有名な『レイモン・スボンの弁護』の中で表明されている考え方のために、懐疑主義者として名高い。しかし、彼は、主として人間に関心を持っていた。彼の仕事は、異なった視点から読解することができる。例えば懐疑主義を伴った関心によって示唆されるように知識の理論として、あるいは生の哲学として。[*46] 彼の著名な『随想録』の主題は、彼自身であり、彼の読者の間に極めて多様な反応を呼び起こした。[*47]「このようなわけで、読者諸君、私の本の内容は、私自身である [Ainsi, lecteur, je suis moy mesme la matière de mon livre][*48]」と彼は序文で述べる。『随想録』の第三巻は、彼の自我、彼の思想、彼の気分等々を扱っている。彼の著述の中では、「ヒューマニズム」が、完全に人間的なものに関わる新たな意味を獲得していることが示されている。[*49] 彼の懐疑主義さえもが、真実は自己自身という主題＝主体 (subject) の上に打ち立てられなければならないという観点を導くものとして解釈されてきた。[*50]

同じように、デカルト理論もまた、認識論的もしくはヒューマニズム的な視角から読むことができる。アングロ・サクソンの議論では、デカルトは、主に、現代の認識論者の原型、基礎づけ主義の創始者、[*51] 懐疑主義に抗する確実な知識に至る方法の発見者として研究されている。それに対してフランスの伝統は、認識論的な力点を保持する一方で、それを、後の実存主義を予期させさえする近代の哲学的ヒューマニズムの基礎としてのデカルト理論の読解と結びつけている。[*52] フランスでは、しばしば、デカルトの理論における、科学と人間とのあいだの結びつき、あるいは知識と〝人間による世界の統制〟のあいだの結びつき、偏見の代わりに理性を使用する思想家としてのデカルトに強調点が置かれる。フランスの議論は、「私は何を知ることができるのか［que sais-je?］」というモンテーニュの問いに、人間精神の発展に対する限界なき可能性を証明する形で答えた思想家としてのデカルトというヒューマニスト的な見方を強調する。[*53]フランスの諸サークルで、デカルトは認識論者である以上に、カントの批判哲学において頂点へと達し、我々自身の時代へと存続している後の啓蒙主義的な議論を支配してきた理性の観念を創出したヒューマニストとして理解されている。

われわれが、デカルトとモンテーニュの理論のヒューマニスト的な側面を認めるとするならば、同時に、彼らの間の連続性もまた認めなければならないだろう。モンテーニュの懐疑主義は、知識の基礎を構築するための自己への回帰を要求する。彼のピュロン的な懐疑主義は、コギトを通じて、あらゆる種類の懐疑に打ち勝とうとするデカルトの後の努力に深く影響している。デカルトのテクスト群のいたるところ、特に『方法序説』の中に、モンテーニュの思考の残響が存在している。全てのものの観察者[*54]としての人間という彼の有名な考え、そして、研究の主題を彼自身に決定したこと[*55]という二つの側面が、モンテーニュの同様の関心と繋がっている。

ヒューマニズムに対するデカルトの関心は、彼の最初のテクストのタイトル「人間論 Treatise on Man」で、明らかになっている。この論文は一六三三年に完成したものの、すぐに公表中止になった。一六三七年に出版されたより有名な『方法序説』は、人間と機械のあいだの――後に哲学的唯物論者であるジュリアン＝オフレ・ラ・メトリによって開拓される――類比の拒絶[*56]を通してもっぱら強化されることになる主体への転回に根ざしている。『第一哲学についての省察』は、もともとは「われわれの精神を、その発達の頂点へともたらす普遍科学の試み［Projet d'une science universelle qui puisse élever notre esprit à son plus haut degré de perfection]。」と呼ばれるはずのものであった。デカルトのヒューマニズム的衝動は、一六四五—四六年に書かれた最後の著作である『情念論 [Les passions de l'âme]』の中でも依然として健在であった。[*57] この著作の中で、デカルトは、自由意志に関して、人間は、神に似ていることを強調している。

デカルトの影響は、フランスのヒューマニズムの世俗的、宗教的な系統の双方に、すみやかに、深く浸透した。フランスのヒューマニズムの世俗的な系統は、デカルトによる理性の優位と自然法の不変性の強調に続く形での進歩の観念についての力説の中に、すでに存在している。[*58] 信仰から区別される理性の強調が、後の彼の議論のトーンを決定することになった。啓蒙運動は、機械論者のベルナルド・フォントネル、有神論者のヴォルテール、唯物論者のクロード＝アドリアン・エルヴェシウスや、その他の広く異なった思想家たちを一つのグループにまとめた。デカルト的理性の環境の内にある全ての思想家たちは、理性、科学的方法、証明へのデカルト的コミットメントを共有していた。[*59] 啓蒙運動は、全ては、人間とともに始まり、人間とともに終わるという「百科全書」という項目におけるディドロの陳述によって、その基調を定められた『百科全書』によって、さらに発達することになった。たった一人の案内人である理性への信頼を、ディドロは、以下のように書く。

この理性によって、われわれは、人間の原理的な諸能力の中に、われわれの仕事が属すべき主要な諸部門を探し求めてきた。人間の代わりに、冷たく、無感覚で、物言わぬものを置かないのであれば、別の方法でも同様に満足のいくものとなるかもしれない。なぜなら、もし最もつまらない事柄や、無味乾燥な些事においてさえ、喜ばせ、教示し、共感することを望むならば、人間こそが独自の始点であり、全てが究極的に関連づけられねばならない目的＝終焉となるである。私自身の存在、同輩の人々の存在を取り去ってしまったら、自然の残りには一体なんの意味があるだろう。[*60]

ルソーが最初に言及した、際限のない人間の進歩の観念、人間の完全性の観念[*61]は、カントを感化した。この観念は、実践的な面において、民主主義や進歩と同様に、自由、平等、博愛という名高い諸理念を実現することを追い求めたフランス革命によって、巨大な助けを与えられた。この観念は、コンドルセの諸著作の中で、無限に完成へと至る人間の観念、根本的に制限のない人間の完成の観念として詳細に練り上げられた。ルソーに対抗する立場をとったコンドルセは、人間の進歩に関する有名な研究の中で、「諸国民の間に存在する不平等の解体、単一の人民における平等、そして最終的には人間の真の完成に向けての進歩」を強く主張した。[*62]

コンドルセや他の人々によって代表される世俗的ヒューマニズムは、宗教的ヒューマニズムとの永続的な緊張関係にある。この緊張は、確かに、フランスの文脈だけに制限されるわけではない。そのことは、ヘーゲルに反発して書かれたルードヴィッヒ・フォイエルバッハとキルケゴールという二人の思想家の著述から見て取ることができる。ヘーゲル左派であるフォイエルバッハは、ヘーゲル思想の宗教的な側面に、人間学的な局面を付与する。ヘーゲル的な観念論に対抗して、実存を主張したキルケゴールは、宗教的次元を強調した点で、ヘーゲル右派の枠内に位置付けることができる。世俗的ヒューマニズムは、人間のための座を空ける目的で、神を否定する傾向がある。例えば、人間の神への依存という通常の考えは、フォイエルバッハの転倒を通して、人間に依存する神という考えを支持するものとなった。[*63]人間は、己の労働を通じて、救済を追い求める。それに対して宗教的ヒューマニズムは、人間の救済は、神への帰還として追い求められねばならない、というキルケゴールが表明した対照的な見方をとっている。[64]

全く敵対的で相互に排他的なヒューマニズムの諸形態のあいだでの緊張は、フランスの思想や社会の中に、たくさんの異なった水準で存在している。例えば、それは、革新と伝統の闘争、ローマカトリック教会に密接に結びつけられた強固で中央集権的な国家を望む人々とそれに反対する人々との闘争として存在している。人権宣言——それらの人権は、その後に続く恐怖政治の中で破壊されわけであるが——を行なうことで社会契約を実現しようとしたフランス革命が、貴族の特権を廃止し、教会に制限を加えたのである。被統治者の意志に基づく政府を設立しようとする努力は、身分制に抗しての法の前での平等と伝統的で神聖な王権からの解放を目指した。予想通りの結果として、二百年以上にわたって緊張が続いた。それは、二つの異なったフランス革命の見方に現われている。対立する二つの陣営の一方は、フランス革命を、国家と教会との結びつきを失わせるという代償を払うことで得られた、人類の自由の発展に対する不朽の貢献であると見るのに対し、もう一方は、フランス革命が生ぜしめたものは人権に対する裏切りと見なす。[65]後者の見方は、フランスの外でのエドマント・バークの議論に代表される。[66]

フランス革命を燃え立たせた自治への願望は、結局は、貴族主義的な中央集権主義の一つの形態が、ナポレオンの権力への上昇を通じて、もう一つの別の形態へと取って代わられたという出来事の中で、部分的に実現しただけである。その時以来、問題は、未解決のままであり、フランスは、集権化された諸制度を伴った強力な中央政府を維持し続けてきたのである。実際のところ、フランスの政治的な中央集権化は、その管理に対する、場合によってはほとんどアナーキズムに等しい反抗を生じさせてきた。驚くことではないが、アナーキズムは、フランスでは長いあいだポピュラーな政治的信条であり続けている。[67]他の諸制度と同様にフランスの教育は、高度に集権化され、厳格であり、専制的である。そういうわけで一九六八年のフランスの学生による革命が、伝統的な教育方法、学生と教師との間の関係等々に対する体系的な異議申し立てに象徴される、自治を得ようとするさらなる試みとしか見なされなかったのは、驚くべきことではない[*68]。

世俗的ヒューマニズムと宗教的ヒューマニズムの支持者のあいだの張り詰めた闘争において、双方は、宗教と哲学とのあいだの絆を支持しているようにも攻撃しているようにも読める同じデカルトの理論に依拠してきた[*69]。デカルトの著作が禁書目録に載せられたのは偶然ではない。彼が気づいていたように、可能な宗教的対立を和解させようとした彼の努力にもかかわらず、科学的知識を確保するための「基礎づけからの新たな建設[*70]」というその試みは、自己保存的な理性の名において、権威と伝統との根本的な断絶を予想させるものであった。彼の明確な否認にもかかわらず、神と魂についての諸問題を研究しようとする彼の関心――彼は、それを、起こりうる動揺を抑えるべく意図した書かれた『省察』に先行する献辞の中で、間の悪い仕方で陳述している――は、「神学的というよりはむしろ哲学的な議論によって[*71]」啓示神学を居心地のいいものにするというよりは、むしろ脅かしている。

世俗的ヒューマニストたちと宗教的ヒューマニストたちのあいだの議論は、しばしば、伝統に対する適切な態度に関わるものである。ハイデガー、もしくは彼に続くガダマーのような伝統主義者たちは、しばしば、理性と伝統を分離する努力を拒み、伝統を保存することに努力を傾ける。それとは対照的に、デカルトや、デカルトを好む者たちは、伝統との断絶を、科学を開始するための必須の条件であり、理性を通じた人間の解放と自然支配のための不可欠な条件であると見なしている[*72]。

伝統との断絶を命ずる理性への近代的な傾倒と、権威への伝統的傾倒とのあいだの緊張は、思想家たちを、異なった、互いに相容れることのない陣営へと分割する。この複雑な緊張関係は、時に、パスカル[*73]のような個人主義的な書き手の思想の内に現れる。パスカルは、その点では、自分自身に対して分裂的な書き手である。ポンスは、科学者パスカルと信仰者パスカルとの間にある解決することのない葛藤を、鋭い洞察力でもって注意深く観察した。これは、時間の経過の中での人間の完成というベーコン的理念を含んだ、無限の進歩という啓蒙の理念を受け入れたパスカルと、見かけのうえでの進歩にもかかわらず人間は不変的に同じものであり続けるがゆえに、人間の進歩は幻想であると痛罵するパスカルとのあいだの緊張関係である。[*74] 理性への彼の傾倒が、ピュロン的懐疑主義の受容へと導き、今度は、その懐疑主義が、宗教的な信仰へと彼を押し戻してゆく。それが、パスカルなのである。[*75] そして、その同じパスカルが、彼の数学への重要な貢献にもかかわらず、アウグスティヌスとアクィナスに従って、われわれの知識が、感覚、理性、信仰という三つの原理へと分割されていることを主張するのである。[*76]

ハイデガーのヒューマニズムとフランス哲学

もしハイデガーがヒューマニストであるとしても、普通の意味でのヒューマニストではない。というのも彼は、いわゆる形而上学的ヒューマニズム概念だけでなく、進歩の観念や人間の完全性のような多くの通常のヒューマニズムの観念を拒絶しているからである。にもかかわらず、ハイデガーは、彼の存在への関心という見地とヒューマニズムとの哲学的な結びつきを断絶しなかったし、むしろ再び鍛え上げようとした。[*77]

一九三〇年代の初頭におけるハイデガーの位置についての最初の関心と、戦争の後にただちに生じた彼の理論に向けての大きな転回は、ヒューマニスト的諸テーマへの認知された関連性によって、燃料を与えられることになった。広く知られたヒューマニズムについての伝統的なフランスの関心を越えて、その当時のヒューマニスト的観点から、少なくとも五つ以上の要素が、ハイデガーの思想への注目を呼び起こすことになった。まず第一に、フランスを含んだヨーロッパ全土に、社会的、政治的構造に影響を及ぼした世界的な経済崩壊がある。困難な経済的状況が、ある人たちがハイデガーの「実存主義 existentialism」に対応していると見なす仕方で、全ての種類の実存的な要因への関心を呼び起こした。

第二に、伝統的なフランスのローマ・カトリシズムがあった。そこには、トマス主義と様々な種類のスピリチュアリズム、エマニュエル・ムーニエとも関係する初期の人格主義などへの哲学的な諸関心が含まれるハイデガーの政治的保守主義が、哲学的にもしくは政治的に見てよりリベラルな見解に反対する人々からの、彼の立場への支持を集める要因になった。

第三に、長く続くフランス社会主義の伝統がある。この伝統の思想家たちは、長いあいだ、諸個人の完全な発達への関心を抱いてきた。フランス社会主義は、長いあいだ、ロシア革命の後の強力なフランス共産党の出現を含めて様々な形態をとってきた。ドイツや他の国々と同様、フランスでも、ボルシェビズムを食い止めようとする関心が、保守的な哲学的見解を含む右派の諸理論への転回への強い動機となった。

第四に、ヘーゲル主義の左派的な形態の出現を含んだ、ヘーゲルに対する新たな注目がある。[*78] フランスでは、ヒューマニズムという記号の下でのハイデガー思想のフランス流の適用において、これら全ての諸要因が一定の役割を果たしたが、加速要因になったのは、間違いなくコジェーヴによって綿密に練り上げられたヘーゲル解釈の左派的形態である。

第五に、ハイデガーの理論についての人間学的な誤読を許し、実際のところ、それを暗示さえしているハイデガー自身のテクストの曖昧さがある。『存在と時間』の第一〇節で、ハイデガーは、自身の現存在分析と人間学のあらゆる形態とを明確に区別している。にもかかわらず、以下の議論で現われるように、その同じ節は、首尾一貫しないことに、彼の思想の人間学的誤読の可能性を開いたままにしている。ハイデガーの最初の主要な出版物である『存在と時間』は、一九二七年の時点で、ドイツの哲学者たちを彼に注目させた。一九三〇年あたりまで、ハイデガーの理論は、多くても、ほんの数人のフランスの学者に知られているだけだった。一九三〇年代前半に、様々な仕方で、直接的にはハイデガーの思想に関する論説や、いくつかの彼の著書の翻訳によって、間接的にはハイデガーの理論の影響を受けたヘーゲル思想についての新たなフランスの関心を通じて、『存在と時間』がフランスでより知られるようになった。

翻訳は、フランスの哲学者たちにとって常に、特別に重要であった。フランス語はそれほどでもないものの英語にはしばしば堪能であるドイツ人とは違って、フランスの哲学者たちは、アングロ・サクソンと同様に語学的背景を欠いている。アングロアメリカ的な分析哲学者たちは、ヴィットゲンシュタインやフレーゲの考えを除いて、全般的に、他の諸文化や伝統に興味がなかった。フランス哲学は、すでに述べたように、早くも、一九世紀には、ドイツ思想への深い関心を発展させていた。現在、ドイツ思想に関するフランスの議論は、強い文献学的なパースペクティヴを伴っている。ところが、比較的最近まで、ドイツ哲学への関心の一方で、その裏ではドイツ語に関するフランスの哲学的運用能力は、すっかり遅れていたので、フランスの哲学者たちは、フランス語への翻訳に頼りきっていた。

最初にフランス語訳で現れたハイデガー思想は、彼がフライブルクでのフッサールの後任についた際に行われた、一九二九年の有名な講演「形而上学とは何か」の翻訳であった。講演が行なわれたのと同じ年に、後にコジェーヴの有名なヘーゲル講義に参加し、自身は指導的なフランスのイスラム教徒として名をはせることになるアンリ・コルバンが、NRF（新フランス評論社）に翻訳を提供した[*79]。コルバンの翻訳は、はじめは拒絶されたが、結局は、アレクサンドル・コイレの短い序文と一緒に『ビフェール』誌に掲載された。それに続いて、早くも、一九三一年四月に、〈*De la nature de la cause*（原因の本性について）〉というフランス語タイトルが付けられた『根拠の本質 Vom Wesen des Grudes』が、アレクサンドル・コイレが新たに創刊した雑誌『哲学探究』の最初の号に掲載された。[*80]

コイレの序文が、フランスにおける最初のハイデガー受容の色調を定めた。コイレは、ハイデガーを、「その思想が、その時代の思想を決定づける偉大な形而上学的天才の一人」として、記述するところから始める。[*81] コイレにとって、「実存主義の哲学」は、新たな哲学的舞台を定めるだけでなく、議論の全く新たな部分の始まりを構成するものであった。[*82] われわれに、われわれ自身のことに関して語りかける、戦後最初のものとして重要であったハイデガーの理論は、自己意識と自己の内での自己自身の存在の暴露という二つのテーマを主題としている。[*83] ハイデガーの最も重要な貢献は、宗教的もしくは神秘主義的な傾向を持つ人々に抗して、無からは無が生じる＝何も生じないと主張したことである。このように、ハイデガーは「人間の有限性の唯一の威厳が、無性の内へと投げ入れられ、沈められている」[*84] ことを認める。

ハイデガーは、彼の思想が、存在の問いのみに関連していることを一貫して主張しているが、コイレは、もっぱらそれ自身を通じてのみ理解される人間存在というハイデガーの概念に集中するために、この問いを無視した。コイレは、そのようにして、ハイデガーの理論を、哲学的人間学であるとする初期のフランスのハイデガー受容を決定づける視点の先鞭をつけた。コイレによる実存の哲学としてのハイデガー思想の定義づけは、戦後、実存主義という自らのブランドと、ハイデガーの基礎的存在論の双方をヒューマニズムとして同定しようとするサルトルの努力をただちに予期させる。

コイレは、その十五年後に出された論説で、ようやくハイデガーに立ち戻っている。[*85] にもかかわらず、コルバンの翻訳に対する彼の簡潔な紹介は、直接的に大きな影響力をもった。ジャン・ヴァールは、キルケゴールの立場へのハイデガーの関わりについての詳細な議論を提供する『具体的なものへ *Vers le concret*』の中で、ハイデガー思想の重要性を主張したコイレに従っている。[*86] その一方でコルバンは、一九三八年、ハイデガー自身の序文を含んだ、ハイデガーのいくつかの翻訳を集成した一巻を出版した。[*87] このようにして、一九三〇年代後半までに、フランスでは、ハイデガーに関する文献が増大していき、彼の思想は、フランスの公衆に、利用可能なものとなり始めていた。フランスでの、ハイデガーに関わる初期の出版物の多くは、ドイツ語のテクストへ接近する能力を持つ「国外からの移住者」によるものである。コイレは、フランスに移住する以前は、ドイツで研究をしていたロシアからの移住者であった。外国で生まれた学者によるハイデガーに関する他の出版物の中に、同じように、フランスに移住する前に、ドイツで生活していたジョルジュ・ギュルヴィッチによる本も含まれている。[*88] さらには、フランスに移住する以前の一九二八—二九年の間に、フッサールとハイデガーの双方の下で学び、フッサール思想についての博士論文[*89]を書き終えたエマニュエル・レヴィナス[*90]による詳細な論文も含まれる。そして、直接的あるいは間接的にハイデガーに関わっている本に関するコジェーヴの数多くの論評が含まれる。[*91]

コジェーヴの辛辣な論評は、しばしば、コジェーヴがその著者以上にその題材について知っているかのような一定の印象を与える。ハイデガーの存在の概念についてのアロイス・フィッシャーの研究は、基礎的存在論にとって根本的である時間の概念を無視しており、ハイデガーの存在の概念となんら結びつきのない立場の論評に帰着している、という彼の発言が、その例である。[*92]

翻訳されたハイデガーのテクストと彼の思想についての論評の刊行に依存した結果、フランスにおける最初のハイデガー受容における不正確な読解が生み出されることになった。というのも、それでは、人間学的ヒューマニズムの一形態としてハイデガー思想にアプローチしようとする広く行き渡った傾向を見破ることができなくなるからである。例えば、ジョルジュ・ギュルヴィッチは、近年のドイツ哲学を見渡して、基礎的存在論の人間学的解釈の出現、及び、この観点から倫理を探求する後の傾向と、それを実存主義へと融合させる傾向を類型化して以下のように述べている。すなわち、「ハイデガーの道徳主義は、しばしば、まさにこのような仕方で、実存の存在の基礎としての人間性の崇拝へと導くものとして、自己を呈示した[*93]」のである。

こうした人間学的アプローチは、フランスで最も初期に現れた研究の一つであるハイデガーの存在論に関するレヴィナスの研究において、すでに、現実のものとなっていた。[*94]レヴィナスは、現存在としての人間という概念を鍵とするハイデガーの存在論についての卓越した議論を提供している。時間の観念論的な破壊へと帰結する主体―客体関係についての現代の議論は、時間へと関わる存在の問いというハイデガーの提示を超えてはいない、とレヴィナスは主張する。人間が、本質的にその実存であるがゆえに、ハイデガーは意識の内に置かれてきた慣れ親しんだ出発点を逆転させた。すなわち、現存在にとって、在るということは、存在を理解しているということである。主題の統一性を達成しようとする通常の知的努力のかわりに、ハイデガーは、実存の範囲内での人間存在の統一性を記述しようとする。

レヴィナスは、ハイデガーの時間的存在論（temporal ontology）についての後の論文において、ハイデガーの存在を通じての人間理解は、永遠の中に支えを欠いている有限な人間という悲劇的な見方を生み出していることを正確に記述している。[*95]ハイデガー主義的な人間概念についての彼の焦点は、初期のフランスの議論の典型であり、その議論における深さや正確さにおいて比類のないものであった。レヴィナスは、ハイデガーの実存としての現存在観と哲学の人間学的形態とを合流させることは避けたが、ハイデガーの存在への関心から導き出される人間（存在）(human being) の概念へと注意を集中させている。

ハイデガーについての人間学的読解は、フランスにおけるヘーゲル研究の復活においてより力説されている。ハイデガーは、自身の非弁証法的な理論とは根本的に異なるヘーゲルの弁証法的な位置と取り組もうと繰り返し努力したにもかかわらず、実際に取り組むことはできなかったわけだから、これは明らかに皮肉である。[*96]『存在と時間』の最後から二番目の節である第八二節の中で、ハイデガーは、通常の時間概念のラディカルなヴァージョンだというヘーゲルの見方と彼自身の見方を比較している。[*97] ハイデガーによるヘーゲル的時間概念についての議論は、二人の偉大な思想家の間の決して起こらなかった対話への導入のように読める。実際には、この対話は、ハイデガーがヘーゲルの立場について精通しているわけでも、共感しているわけでもなかったので、起こることはなかった。[*98] けっして興味深くないわけではないのだが、ヘーゲル思想に関するハイデガーの後のテクストは、ヘーゲルの体系の孤立した諸局面以上のものを注釈しようとして当惑する無力さを反映している。

フランスの文脈では、ハイデガーへの人間学的アプローチは、コジェーヴの有名なヘーゲル精神現象学講義を経由することを、かなり強いられた。ヘーゲルへの参照を除けば、コジェーヴは、ハイデガーの現存在を、神なき人間の概念、つまるところ、人間存在の無神論的概念として理解することに関して、レヴィナスと同意している。ヘーゲル理論の他の左派的な解釈者たちと同様に、コジェーヴは、絶対者を犠牲にして、人間を強調する。われわれはすでに、ハイデガーの「きわだって真正で哲学的な」哲学的人間学は、「結局、『精神現象学』の人間学へ、なんら新たなものを加えなかった[*99]」というコジェーヴの主張に言及した。影響力のあるコジェーヴのヘーゲル・セミナーを通じて、間接的に、ハイデガー思想についての彼の人間学的解釈は、後にフランス文化の中で傑出して頭角を現すことになった多数の学生へと伝えられた。

コジェーヴの人間学的解釈はさらに、ハイデガー思想の翻訳に直接的に影響を及ぼした。翻訳を通じて、一つの言語から他の言語へと思想を置き換える際、それが不可避的に変形されると、ハイデガーは強く主張した[*100]。この見方は、ハイデガーの初期思想の鍵概念である「現存在」という用語のフランス語への翻訳によって例証することができる。「ここ」を意味する副詞「da」と、「ある」を意味する動詞「Sein」に基礎を置いた「現存在 Dasein」という単語は、しばしばドイツ哲学に見出される。例えば、カントの神の現存（*Dasein Gottes*）に関する議論では、それは「現実存在＝実存 existence」を意味した[*101]。しかし、この単語は、フランス語を含む他の言語に翻訳することが困難である[*102]。

自らの最初のハイデガーの訳書の中で、コルバンは、先例に従って、〈Dasein〉を〈existence（実存）〉と翻訳した。一九三八年に出版され、フランスにおけるハイデガーに関する議論の最初の局面で、フランス語訳でのハイデガーの著述の基礎的ソースとして利用されることになった自らが手がけたハイデガーの訳書の中で[*103]、コルバンは、「実存」としての「現存在」という初期の訳を、「人間的＝現実 réalité-humaine」という新たな造語で置き換えた。その結果、典型的な仕方で、フランスにおけるハイデガー思想の人間学的誤読が深まることになった。

コルバンは、コジェーヴのゼミナールの生徒であった。「現存在」を「人間的＝現実」とした彼の訳の変更の内に、ハイデガーについてのコジェーヴの見方の影響を跡づけることができる。コジェーヴは、その本の最初のページ以降、隅々にわたって、「人間的現実」について書いている。例えば、第二パラグラフで、ヘーゲルを支持し、他の諸理論の批判をする形で、思想や理性などについての分析は、『我(me)』という単語と、それに続く、自己意識、つまり人間的現実（human reality）［la réalité humaine〕の起源についてのホワイ（なぜ）やハウ（どのように）を決して見出すことはない」と述べている。[*104]

コルバンは、ハイフンを付け加えたことを除いてこの点ではコジェーヴに従っており、自らの訳書の巻頭の序文で、幾分詳細に、この特殊な訳語を正当化している。『存在と時間』の中で、ハイデガーは、その実存へと関わる、根本的もしくは実存論的（existential）な人間存在の諸構造と、その中で人間が存在するようになる、特殊もしくは実存的（existentiell）な仕方を区別している。[*105] 自らの初期の翻訳実践について向けられたと推定される発言の中でコルバンは、「現存在」を「実存」と訳した帰結として、ハイデガーの実存哲学は、本質（存在）（essence）と事実存在＝実存（existence）の間の古い議論への回帰を意図していないにもかかわらず、実存論的と実存的という彼の区別をそれと混同させることになった、と強く主張している。「現存在」の適切な訳語として、「実存」を「人間的＝現実」に置き換えたことを通してコルバンは、ハイデガーのテクストをフランス語に翻訳するために必要とされた、基本的でテクニカルな語彙を供給するつもりであった。[*106] 彼は、その序文の終わりで、「人間の共存在（coexistence）を可能にする人間的現実を基礎付ける」正しい「理解」[*107]に対する、著者への「賛辞」を述べた際に、ハイデガー理論の人間学的解釈を更に強めている。

この鍵となるハイデガーの用語についてのコルバンによる影響力を持つ翻訳と、彼によるハイデガー思想の分類は、ハイデガー思想に接近するため主として翻訳に依拠してきたフランスにおける議論の文脈の中で、目立って、重要性をもつことになった。ハイデガーの見方を、実存の哲学とする彼の分類は、後に、フランスの実存主義に強い影響を及ぼした。それは、ハイデガーとサルトルの視点の合流へと向かっており、後者は、第二次世界大戦後、ヒューマニズムとしての実存主義についての描写の中で、自らの批判者たちへの応答として、この合流をただちに利用した。[*108]

サルトルのハイデガー解釈は、いつも過度に好意的なものであった。サルトルは、その見解がハイデガーのそれと相容れない場合でさえ一貫して彼自身の見解をハイデガーの理論に帰した。数ある中のその一つの例は、ハイデガーの立場を実存主義者とする彼の分類であり、その記述の仕方は、後に、サルトルの思想から自己自身を引き離そうと決然と努力した『ヒューマニズム書簡』の中で、ハイデガーが厳しく拒絶したものである。

ハイデガーを実存主義者として分類する傾向は、後に、フランスにおけるハイデガー論争の第二局面において、ハイデガーの主要な代弁者となるジャン・ボフレを含んだ、他のより決定的に重要な著述家たちにも影響を与えた。ハイデガーの導きに従ったボフレは、後に、ハイデガーの哲学的思想と現代の哲学的理論との間の積極的な繋がりについてのいかなる理解をも拒絶した。にもかかわらず、初期の論説の中で彼は、ハイデガーの理論を、実存主義の一つの形態であるとする分析に、なんのためらいも持たなかった。[*109]

「現存在」を「人間的=現実」とするコルバンの翻訳、「人間の存在」はまさに「人間における人間的=現実である」とする彼の主張は、フランスにおけるハイデガーについての議論を支配することになる、登場しつつあったハイデガー思想の人間学的読解を強化した。これはハイデガーが『存在と時間』の中で骨を折って予見しようとしていた、現象学的存在論という主題と、人間諸科学という全く異なった主題との間の明白な混同へと導いた。[*110]

大体において、現象学的存在論と、人間諸科学——人間学、心理学、もしくは生物学等——のあいだの根本的な区別についてのハイデガーの主張は、こうした同一視を排除するものであった。にもかかわらず、「現存在」に対応するフランス語の術語としての「人間的=現実」の導入は、哲学や科学の領域での人間学的な主観性の概念に権威を与えるものと見なされた。『情緒論素描』（一九三九）の中で、サルトルは、コルバンの示唆に従って、以下のように書いた。

いまや、人間は、世界と同型の存在である。ハイデガーが考えたように、世界の概念と《人間的＝現実》［réalité-humaine］（Dasein）の概念が、不可分である可能性さえある。もし、人間的＝現実が少なくとも存在するのであれば、まさに、この理由によって、心理学は、失われている人間的＝現実に献身しなければならない。[*111]

これと同じ傾向は、同様に、フランス社会学にも感染した。ジャン・ヴァールは、ミシェル・レリスの論文を要約する中で、「人間的＝現実の科学」[*112]についての未来の構成を描き出した。この術語の使用は、遅くとも、ボーヴォワールがそれを用いた一九六〇年の時点でも流布していた。[*113]

サルトル、フランス現象学、ハイデガー

ハイデガーを誤読するフランスのヒューマニストの中で、ジャン・ヴァールは、重要な役割を演じた。ハイデガーの、熱狂的だが批判的な初期の生徒ヴァールは、何年にもわたってハイデガーについて教え、執筆してきた。フランス哲学界の前に一九三七年に出版された論文の中でヴァールは、キルケゴールに対するハイデガーとヤスパースの見解の関係が同じであることを示した。[*114] その際、彼は、ハイデガーとヤスパースの見解のあいだに、重要な類似点を見つけた。[*115] その後、彼はハイデガーの思想に批判的になってい

った。彼は一九五〇年代の前半以来、著書の中でハイデガーを実存の哲学と見なすことが間違いであることを示してきた[*116]。さらにその後、彼は存在についてのハイデガーの省察は根本的に不毛であるという結論へと至った[*117]。

最良のフランスのハイデガー研究者の一人としてのヴァールの役割は、例えば、ドイツのハイデガー専門家であるペゲラーによって認められている。ペゲラーによれば、ヴァールはハイデガーを理解しようと真に努力したが、結局彼はハイデガーがどのように存在の問題を解釈したかを把握し損ねた[*118]。この見解はハイデガー自身にも共有されている。フランス哲学会（Société française de philosophie）への一九三七年の手紙の中でハイデガーは、彼の思想の実存主義的読解に対して、ヴァールの論文を参照しながら抗議している[*119]。

サルトルが、お馴染みになっているハイデガー思想の実存主義的誤読を発明したわけではない。しかし彼は、その普及を助ける決定的な役割を果たした。カントに従って絶対的責任としての絶対的自由を強調したサルトルは、占領下にあったフランスで一九四三年に『存在と無』を出版した後、われわれは選択することにおいて全く取り消しようもなく自由であるという主張を通じて、哲学者にとって非常に稀である巨大な知的名声を獲得した。彼は、理論的だけでなく、実践的な水準でもこの見解を保持した。ドイツの占領下にある多くのフランス人に関する典型的な一節の中で、サルトルは、以下のように書いている。

> われわれは、ドイツの占領下にあった時以上に、自由であったことはない。あの当時われわれは、話す権利をはじめとして、全ての権利を失ってしまった。われわれは、毎日、侮辱され、押し黙らなければならなかった。われわれは労働者、ユダヤ人、政治犯として、一塊のものとして扱われた。壁の

上に、新聞の中、スクリーンの上のあらゆる場所で、抑圧者たちが、われわれがわれわれ自身のイメージとして抱くことを欲した無関心で胸の悪くなる顔を、われわれは見せつけられたのだ。これら全てのおかげで、われわれは自由であったのだ。ナチの毒液が、われわれの思想の中にさえこっそりと混入されていたおかげで、全ての正しい思想は、戦利品であった。全能の警察が、我々を黙らせようと試みたので、全ての言葉は、まさに犯行の重みを持つようになった。われわれの各々が為す選択は、真正のものであった。というのも、選択は、死の現前を前にし、いつも「～よりはむしろ死を」という形式で表現されたからである。[*120]

もし、サルトルが、無名で、単に言葉に魅了された曖昧な書き手、その言葉の巧みさが哲学的フィクションだけでなく哲学そのものにおいても顕著な誰かさんに留まり続けたとしたら、彼の影響力は、最小限なものに留まっていたであろう。彼の巨大な名声、多くの読者たちに対するその著書の魅惑的な効果、そしてハイデガー理論に対する依存とその誤読といった要素のおかげで、サルトルは、フランスのハイデガー受容の最初の局面で、決定的な役割を果たした。この繋がりは、「実存主義はヒューマニズムである」という彼の有名な講演の中で、もっぱら拡張されただけである。第二次大戦の直後に行なわれたこの講演で彼は、無神論的実存主義、自由、献身、責任について議論しながら、再び、ハイデガーの人間的＝現実の概念に注意を促したのである。

サルトルの影響、支配的な思想家としてある種の知的グルの様相さえ呈していた彼の地位は、フッサール、ハイデガー、ヘーゲルという今日まで続く三人の主要な哲学者に対するフランスの関心において、大変な重みをもった。フランスの文脈では、サルトルがヘーゲルへの高まる関心を強化し、フッサールに対する関心への重要な刺激を与え、[121] そして彼が——『存在と無』に対するハイデガー理論の圧倒的な重要性ゆえに——それよりさらに影響力のある、根本的に間違ったハイデガー解釈を提供した、と言うのは適切である。この視角から見れば、フランス哲学におけるサルトルの影響は、驚くべきことに持続的であった。フランス哲学が、サルトルの思想から離れて、すでに長い期間が過ぎた。この実存主義的な仲間に対して極端に批判的であったメルロ＝ポンティという例外を除いて、サルトルは、後のフランス哲学で有力な支持者を持つことはなかった。しかしフランス哲学は今でもなお、依然として支配的である「三つのH」、とりわけハイデガーに向かって魅了し続けるサルトルの影響を逃れ切っていない。[122]

サルトルは独創的な思想家であったものの、フランス構造主義の興隆の開始によって彼の思想からの離脱が起こったせいで不当に扱われたわけだが、そういう彼もまた、他の人たちに強く依存していた。彼の最初の立場は、フッサール、ハイデガー、ヘーゲルの考えに多く負っていたし、彼の後の思想は、同様に、マルクスとマルクス主義の諸理論に恩義を蒙っている。彼の最初の主要な作品である『存在と無』の出版後、サルトルの名声が、彼の立場の背景にある思想家としてのフッサール、ヘーゲル、特にハイデガーに対する注目を呼ぶ重要な要因となった。フランスのハイデガー主義者で、フランスのハイデガー論争の第二局面の形成に最も責任のあるボフレは、最初にサルトルを通じてハイデガーに引きつけられることになった多くの人たちの典型である。すなわち、「長いあいだ、私は、ハイデガーを、より重要であると思えたサルトルの背景としてのみ考えていた。そして、フライブルクを旅した際も、私は依然として、『存在と無』を可能にしたものへの好奇心によって動機づけられていた」[123]

サルトルの、先行する思想家たちへの知的依存は、逆説的である。というのも彼は、他の誰かのものを注意を払って読むことは滅多にないし、滅多にテクストを研究せず、広まった観念、もしくは行き当たりばったりの読書から得た観念を自分のものにすることを好んだからである。衒学的なてらい抜きで、サルトルが独創的思想家であることを認めるとしても、同時に、彼による他の思想家の観念の不注意な使用は、不可避的に、歪曲、根本的な歪曲にまで至ることを認めざるをえない。ヘーゲル思想との彼の関わりは、このケースである。[*124] ジュリエット・シモンによれば、サルトルは後に『精神現象学』を注意深く研究したものの、『存在と無』の執筆した時まで、ヘーゲルを読むことはなかった。[*125] ヘーゲルに対するサルトルの関わりについての詳細にわたる検証を提供したクリストファー・フライは、サルトルが、漫然としていない態度でヘーゲルを読んだことはけっしてなかったと主張した。彼は、サルトルの見解が、ヘーゲルの「錬金術的な残渣 caput mortuum」であり、サルトルによるヘーゲルの使用は、実の無いものであると言う。[*126]

サルトルは、フッサールとハイデガーの作品に、かなりの研究を捧げた。にもかかわらず、彼は一貫して、ハイデガー思想を、誤解、もしくは、彼自身の先入見というレンズを通して把握したのである。ハイデガーは、自己の立場とフォアゾクラティカー（ソクラテス前の哲学者）とのあいだの絆を強調しているが、ハイデガー研究者たちは、アリストテレスや新カント派等々のテクストの読解に由来する影響を指摘している。サルトルは、それとは異なった仕方で見ていた。ボーヴォワールによれば、彼は、ハイデガーとフランスの著作家であるアントワーヌ・ド・サン゠テグジュペリとのあいだの繋がりを導き出していた。[*127]

デカルト以来のフランス哲学がそうであるように、サルトルの思想もヒューマニズムの問題によって支配されていた。初期の実存主義段階から後のマルクス主義者としての時期まで含めて、彼の主要な関心は、はじめから終わりまで、人間の自由を含む人間的主体という概念にあった。「自我の超越」におけるフッサールの主観観念に関する初期の研究、『存在と無』における「対自 *Pour-soi*」の分析、『方法の問題』におけるマルクス主義の崩壊を防ぐための人間の実存主義的概念の提示、『実存主義はヒューマニズムである』に見られる彼自身の見解の平易な説明、『弁証法的理性批判』における人間の行為の研究、『家の馬鹿息子』における膨大なフロベール研究。それらは全て、サルトルの中心的な哲学的主題としての人間に対する、継続する関心の諸局面なのである。

サルトルは、人間に興味があっただけでなく、さらに、自らの哲学理論を哲学的人間学において基礎づけようと願っていたのである。人間の概念に関する自らの哲学を基礎づけようとするサルトルの関心の多くの徴候の一つは、彼がマルクス主義者であった時期に書かれた文章の内に見られる。マルクス主義的実践概念についての論争で、サルトルはハイデガーに言及した後で、「人間を、人間以上の他のものに隷属させる全ての哲学は、それが観念論的実存主義であろうとマルクス主義であろうと、人間に対する憎悪に、基礎づけられ、導かれている」[*128]と述べている。

サルトルの立場は、確かに、その初期の実存主義者であった時期においては、知的宇宙の正反対にある、デカルトとハイデガーという二人の哲学者における自由を、根本的に合流しており、融合してさえいると推測するものである。我々は、自己自身を探求した知的戦士であるサルトルの熟考によって、この点を説明することができる。他の人々がファシズムと死ぬまで戦い続ける傍らで、彼は、日記や[*129]、戯曲を書き続け、自らの哲学的傑作を準備するのに忙しかった。一九三九年の十一月に、ヒューマニズムの問題を掲げたサルトルは、人間本性の自己卑下以上のものではない、〝種としての人間〟という観念を拒否した。ハイデガーの立場は、本質主義的ではない主観性についての均一的な概念を提示していたので、共通のゴールに到達するうえでデカルトの理論を凌いでいると言うことができる。フッサールの超越論的自我に対する自らの現実主義的批判を振り返り、自由なものとしての人間観を展望するくだりで、サルトルは、以下のように書いている。

ハイデガーの努力の切迫性と政治的重要性をこれ以上にうまく示すことはできないだろう。ハイデガーの努力とは、人間本性を統合的な構造、本質を欠いた全体性として規定しようとする努力である。確かにデカルトの時代には、精神それ自体に内在する方法を通じて、精神を定義することは、切迫した課題であった。その点で、デカルトの努力は孤絶したものであった。そして、精神に何かを加えることによって、完全な人間を維持しようとする総ての努力は、失敗へと運命付けられていた。なぜなら、それらは、単なる付加にすぎないからである。ハイデガーの方法と、彼の後を追うことのできる思想家たちの他の方法は、その根底において、デカルトのそれと同じである。すなわち、それは、人間本性それ自体に本来備わっている方法で、人間本性を研究すること。人間本性が、人間が自己自身を問う仕方によって既に定義されているのを知ることである。[*130]

サルトルは一貫して、カントが道徳性の証明不可能な前提と見なした、自由という主題を通して、人間を把握しようと努めた。[*131]『存在と無』におけるサルトルの有名な自由の説明は、この本における最も長い単独の章であり、人間の自己意識が、その環境から独立しているとする見方と、[*132]人間が個人に選択を強いるところの自由を所有しているとする見方を展開している。[*133]サルトルによれば、人は、完全に決定されたものであるか、完全に自由なものであるかのどちらかであり、そして、人間は完全に自由である。[*134]人間についての説明と同様に、人間の自由についての見方においても、サルトルは、デカルトと反デカルト的なハイデガーを結びつけている。捕虜になっていた間に書いたシモーヌ・ド・ボーヴォワールへの手紙の中で、彼は、「ハイデガーを読んだ、これほど自由だと感じたことはなかった」と典型的な仕方で書いている。[135]

ハイデガーに由来するサルトルの自由感覚は、ハイデガー自身の見解とはほとんど関係がない。ハイデガーにとって、自由とは、本質的に保守的な概念であり、その真正な表現は、伝統から離れるというよりはむしろ伝統を保持すべく、未来における過去の反復を要求する。[136] ここでも、またその後も、サルトルは、自由を、伝統的な視角からではなく、むしろ自己自身と他者たちの選択を全く妨げないものと見なしている。サルトルにとって、自由は、選択への責任を伴っており、真正な選択は、この責任を引き受ける。

一個人が自分自身や全ての人に対して責任を負うことができるという観念は、同じくらい非現実主義的な二つの支持者集団を、常に引きつけてきた。すなわち、配偶者や子供への責務のような、そうした社会的諸関係に未だに巻き込まれていない若い人々と、哲学的思想を全面的に独立しているものとして典型的な仕方で考える哲学者たちである。この点に関して典型的なアーサー・ダントは、サルトルの考えに十分に魅惑され、サルトルは手本とすべき生活を送り、恐らくは真正さを達成していると示唆しているほどである。[137] サルトルは後に、状況を考慮に入れて、自由についての理解を修正したが、[138] 彼は、完全な人間の自由についての自らの見解を、デカルトの見解の回復であり、ヒューマニズムの不可欠な基礎であると見なしていた。『デカルトの自由』という重要なエッセイで、彼は以下のように書いている。「危機——精神の危機、科学の危機——の二つの世紀が、人間にとって必要となるであろう。デカルトが、神に帰した創造的自由を回復し、この真理、ヒューマニズムの本質的な基礎、人間、そしてその出現が世界の現存の原因となる存在に気付くために[139]」

ハイデガー、サルトル、そしてヒューマニズム

重要な諸理論は、けっして先行者のそれへと還元されることはない。サルトルは重要な思想家なので、サルトル自身の理論が、ハイデガーの理論へ依存していたことを過剰評価しすぎることは誤りである。早くからサルトルはこの依存に気づいており、悩まされていた。[*140] にもかかわらず、サルトルの立場は、単なるハイデガー、もしくは他の先行者の改作として理解することはできない。彼の立場は、それ自体に立脚させる必要がある。しかし、この依存が認知されたせいで、フランスのハイデガー受容の初期の局面を支配したハイデガー思想の誤解が広まることになった。

フランスにおいてさえ、広範な公衆が、哲学を読むわけではない。当然のことながら、『存在と無』のような技巧的な哲学的専門書を読むことはない。サルトルは、彼の著作へと注目を引きつけ、それを通じて彼自身に注目させる並外れた能力を有していた。そうしたサルトルの営為の中に見られるハイデガー思想と彼自身の思想との繋がりは、『実存主義はヒューマニズムである』という後の有名な公開講演で中でかなり強化されている。この中で彼は、今や、ヒューマニズムという性格を与えられた彼自身の実存主義の根拠として、公然とハイデガーをリストアップしている。[*141]

サルトルは、人間に焦点を当てる際、初期のハイデガーに従ってはいるが、両者は根本的に異なった仕方で人間を理解している。ハイデガーは、決してサルトルの関心ではなかった存在の問題という見地から、人間に焦点を当てていた。人間についてのハイデガーの関心が、彼のナチズムへの転向の背後にある理由の一つであるのは確かだ。例えば「学長就任演説」中でハイデガーは率直に、それ自体の目的のためでは

なく、究極的には存在の目的のために、基礎的存在論の中に国民社会主義を基礎づける必要性を主張している。[*142] 彼は、責任ということを第一義的に、過去の真正の反復へと導くものとして、そしてまた、存在を知るべく、真正の形而上学の継承者であるドイツ民族を実現することとして理解している。反対に、サルトルは、自分自身の選択だけではなく——遠隔的にカントに従いながら——全ての人間の選択と結合した政治的コミットメントを主張した。というのも、われわれの各々は、言わば、全世界に対して責任があるからである。ハイデガーは、反デカルトであり、彼のデカルト主義の拒絶は、彼の後期思想、とりわけ主体を脱中心化する試みの中で深まっていった。サルトルは、デカルト主義者としてスタートし、結局、デカルト主義者に留まった。[*143] 状況の中での人間を理解しようとする彼の努力は、彼がマルクス主義者であった時期でさえ、そのデカルト主義的ルーツを捨てさせることはなかった。[*144]

それゆえ、ハイデガーとサルトルの人間の概念のあいだには、深く、最終的に架橋しがたい裂け目が存在しているのである。サルトル思想がハイデガー思想によって影響されていたことに疑いの余地はなく、しばらくのあいだサルトルは、彼自身のヒューマニズムのいくつかの局面をハイデガーが先取りしていたと本気で考えていたようである。にもかかわらず、たとえハイデガーがヒューマニストであったとしても、彼のヒューマニズムは、サルトルのそれとは非常に異なったものである。そしてサルトルは、彼の個人の概念とハイデガーのそれとのあいだの緊密な関係を認識してはいるが、彼は実のところ、ハイデガーとは異なった、もしくは、少なくとも根本的に正反対な主体性理解を提示しているのである。

第五章　ジャン・ボフレと『ヒューマニズム書簡』

一六世紀以降のフランスの哲学は「ヒューマニズム」を広い意味での「人間についての哲学」と解してこれを扱ってきている。そのことはすでにこれまでの章で明確にされたと思うし、またフランスにおけるハイデガー受容の第一段階では、ヒューマニズムの思想家としてのハイデガー解釈が強調されたこともすでに見てきた。ハイデガーの思想は自明な通常の意味でのヒューマニズムではない。たしかに彼は自分の理論が新しい形のヒューマニズムなのだと提案しているし、そして多くのひとがこの提案には従って、新しいヒューマニズムと呼んではいるが……。ヒューマニズム（Humanismus）という用語は『存在と時間』には現れない。ハイデガーの立場からすると、ハイデガー思想についてのフランス流のヒューマニズム的「読み」は、伝統的なヒューマニズム解釈についての無批判な前提にのっとったものである。

この前提は、コジェーヴが提案したものであるが、その極みに達したのが、サルトルの、熱烈な、誤謬に満ちた、しかしきわめて影響力の大きな、あの自分の実存主義とハイデガーの思想との合成物においてである。[*1] コジェーヴはごく小さな知的サークルを超えて有名になることはなかったが、サルトルは一般大衆に人気があった。自らのヒューマニズムを土台にしたサルトルの熱烈なハイデガー理解は、ハイデガー理論の誤った解釈による一般化に一役買って、議論はフランス中に広まった。しかしサルトルの公開講義によってハイデガーのヒューマニズム的誤解が人々に次第に顕わにされたのとちょうど同じ頃に、いかなるものにせよ、ハイデガー理論の人間学的読みに対する反動もまた現れたのである。

ハイデガー理論のフランス的読みの第一段階と第二段階ではともに、ハイデガーの基本にヒューマニズム的立場があると主張されていることが共通している。この二つの段階の相違は、フランスのハイデガー理論の読みにおいて不変であった、ヒューマニズム理論というアプローチそのものについてではなく、ヒューマニズムと哲学的人間学との繋がりについての見解の相違であった。一般的にいえば、第一の読みはハイデガー的な現象学の超越論的側面を無視し、コジェーヴ、ヴァール、サルトルその他による解釈に含まれていた、哲学的人間学を採用するというものである。逆にこれを訂正、ないし軌道修正すべく提出された第二の読みは、更新された意味においてであるにせよ、ハイデガーのヒューマニズムとしての理論という見解は保ちつつ、哲学的人間学から注意深く後退し、超越論的側面を回復しようとするものであった。本章はハイデガーの思想の初期のヒューマニズム的読みに対する反動としての、フランスのハイデガー受容の第二段階を考察しようとするものである。

サルトル、ハイデガー、ヒューマニズム

『存在と無』以降構造主義の出現までの十五年以上の間、サルトルはフランス哲学および、フランスの知的文脈一般をずっと支配し続けたのであった。[*2] こうした圧倒的な思想家は、そうでなくとも、その思想に反抗する異端者を招くものであるが、サルトルはその分を過ぎる人気を博していた。サルトルという人物は生前注目されたのみならず、強力な感情的な魅力を発揮していた。

最近の伝記者ジョン・ジェラッシはこの主題に全一章を充てているが、彼によるとサルトルほど憎まれ

たひとはいないという。[*3] 彼を憎んだひとは、敵（アンドレ・マルロー）と外国のスパイ（フランソワ・モーリアック）に協力したなどとして、教皇ピウス十二世に告発し、教皇は彼の著作を一九四八年に禁書目録に入れたし、一九六二年には暗殺未遂事件まで起こっている。[*4] また別の人たちはサルトルが知的アンガジュマンへの訴えを繰り返してきたくせに、[*5] 占領下のフランスで出版を止めないことに落胆しあるいはまた、サルトルがあれほど派手に叫んだコミットメントも、要するに自分自身へのコミットメントなのだ[*6]ときめつけたりした。[*7]

この面ではフーコーの反応は示唆的である。フーコーははじめフランス共産党の一員であったが、サルトルが方向転換し、やがて『弁証法的理性批判』に至った動きに対応するかのように、彼は逆に共産主義とマルクス主義から離れていった。フーコーはあるインタビューで、サルトルの思想は前時代に属するといって風刺したが、これは他の多くの人の見方を代弁していたのである。「『弁証法的理性批判』は、一九世紀の人間が必死になって二〇世紀に思考しようとした、偉大な、しかし悲壮な努力であった。この意味でサルトルとは最後のヘーゲル主義者であって、そして最後のマルクス主義者であったとすらいえよう。[*8]」

しかし、サルトルの思想は影響力甚大であった。もしもフランスの戦後思想の主たる運動の二つが実存主義と構造主義であったとすれば、フランスの実存主義がサルトルの理論と同一視され、フランス構造主義がサルトル理論の鎖を断ち切ろうとする協働作業であったと言えるということは、このサルトルという人間の重要性とそのフランス哲学への長い影響力を物語っている。[*9] 聖なる怪物（monstre sacré）サルトルの閉所恐怖症に陥らせるような影響から逃れようという願望は、終戦直後のフランスの知的世界で、きわめて強力な動機をなしていた。若いフーコーにとってはサルトルの雑誌『現代 Les Temps Modernes』は、知的テロリズムのひとつの形を代表するものであった。[10] ディディエ・エリボンによれば、サルトルのフランス知識階級への知的支配の終焉の兆候は、彼の思想に対する直接の攻撃であったレヴィ＝ストロースの『野生の思考』によってようやく見えてきたのである。[11] ピエール・ブルデューがこの著作を、新しい、これまでとはちがう道を示していると解したことは意義深い。[12]

もともとヒューマニズムはサルトルの哲学の中心をなすテーマではなかった。人生の無意味性を強調した小説『嘔吐 *Nausea*』のなかで、彼はヒューマニストを、人間を盲目的に愛するが個人を憎む陽気な話し手として風刺している。[13]『存在と無』では、彼が強調したのは個人的なコミットメントであって、ヒューマニズムという テーマは前面に出ていない。かれがはっきりとヒューマニズムに向かうのは、似たような関心がフランス全体を覆った戦後期においてであった。

ヒューマニズムという語を異なった論者はそれぞれ異なった意味に解すが、[14] ともかくそれはこの時点でフランスの生全体を覆う中心テーマであった。サルトルの実存主義において、マルクス主義において、また宗教においてしかり、である。[15] 政治の領域ではヒューマニズムのテーマが一九四五年のフランスの社会主義指導者のあいだでの討議の主題をなしている。レオン・ブルームは人道的社会主義における人間の条件の転換に訴え、ギュイ・モレは誤ったヒューマニズムに反対した。[16] また文学においてはたとえばアンドレ・マルローの有名な小説『人間の条件 *La Condition humaine*』に示されている。

ヒューマニストの射程から観ると、大戦末期にサルトルがマルクス主義へと次第に傾いていったことは問題含みであった。マルクス主義、とくにフランス共産党に結びついた形のマルクス主義は、一九四四年以降十年以上にわたってずっと支配的で、短命に終わったハンガリー革命とこれに続いた一九五六年のソビエトの侵攻までそうであった。[17] カトリック教徒のなかには、たとえばエマニュエル・ムーニエおよび

『エスプリ *Esprit*』に集った仲間のように、マルクス主義とフランス共産党に親密な絆を保った者もあったが、[*18] しかしマルクス主義に対する二種類の反対があった。一つはマルクス主義が正式には無神論の立場をとっていることに悩まされる組織的宗教団体のメンバー、特にローマ・カトリック主義者からの、もう一つはレイモン・アロン、アルベール・カミュ、あるいはモーリス・メルロ゠ポンティのような知識人からの反対であった。彼らはマルクス主義やボリシェヴィキ主義あるいはレーニン主義とのつながりを当初から、あるいは後になって、恐れるようになった多くの文筆家や知識人たちを代表していた。たとえばメルロ゠ポンティは、かつてはサルトルの『現代』の仲間であったのだが、政治的マルクス主義に最初夢中になっていたのが、[*19] やがてクールになり、最後はマルクス主義から離れていった。[*20] フランスでも、ドイツにおけるのと同様、心からファシズムに熱中する知識人もいたことはいたが、国際的共産主義に比べればまだましだという理由からファシズムに向かった人もいたのである。[*21]

大戦後の動乱の中でサルトルのヒューマニズムの質についてのさまざまな疑念、例えば彼がどこまでフランス抵抗運動にコミットしていたかといった問題が挙げられた。[*22] サルトルの政治的なアンガジュマンは彼の経歴のかなり後になるまで、ごく理論的なものにとどまっていた。この点は、はっきりとした実存的な意味がある。つまり、大戦中サルトルは自分の知的経歴を伸ばすことに忙しかったが、他のフランスの知識人、たとえばエコール・ノルマルのルームメイトだったポール・ニザンや、[*23] 共産主義者の社会学者ジョルジュ・ポリッツァー、[*24] 重要な歴史家で『アナール』の共同創立者であったマルク・ブロック、または優れた若き科学哲学者ジャン・カヴァイエス[*25]は、自由へのコミットに命を賭けていたのである。

サルトルの曖昧な立場は気づかれずにはすまなかった。フランスの共産党を代表してロジェ・ガローディは、フランスの文脈においてすら稀なほどに激しく実存主義を非難し、これは思考が行動から切り離されたときの病気の典型的なものだと述べ、また「ジャン＝ポール・サルトルの知的欺瞞によって富める者、育ちの良いもの［la grande bourgeoisie］がくすぐられた[*26]」といって非難した。その少し後で、もう少し哲学的に洗練されていたジャン・ヴァールは、「実存主義はヨーロッパのみならず、いまや世界の問題となった」と書いた[*27]。

サルトルはこうした批判を自覚しており、哲学的な面からこれに答えるため、自らの理論をハイデガーの理論と重ねあわせようとしたのであった。これこそハイデガーが『存在と時間』の中で、またその後一九三七年のジャン・ヴァール宛の手紙でも禁止した[*28]、マスターの立場を人間学的に誤読するというやり方である。サルトルの有名な講義『実存主義はヒューマニズムである』は、もともと一九四五年一〇月二八日の月曜にクラブ・マントゥナンで行われたもので、わずかの修正を加えて一九四六年三月に出版された[*29]。この講義はすぐに広く注目された。大戦中に出版され、あまり注目されなかった『存在と無』の場合とは異なっていた。サルトルの専門的な思想の分かりやすい縮小版[*30]、いや、実のところパロディー版として、彼の主たる哲学的著作が果たしえなかったやり方で広く受け入れられたのであった。

サルトルは実存主義についての講義を、彼の哲学理論に対する、際立った批判のいくつかを概観することからはじめている。トマス・アクィナスのような中世の思想家は伝統的に、存在を本質に依存させた[*31]。このカテゴリー関係を反転させたサルトルによれば、すべての実存主義者は存在が本質に先立つことを認める[*32]。彼は実存主義者をカトリック主義者（ヤスパースやマルセル）か、無神論（ハイデガーやサルトル自身）かという分け方をする。サルトルは自分の無神論的実存主義を、ハイデガーの人間的現実についての見解、すなわち人間とは基本的に存在するものであるという見解と同一である、としたのであった[*33]。これが全面的コミットメント（アンガジュマン）の理論へと導かれ[*34]、これによってのみ人間的尊厳が得られるということになる。[35] 彼はそれ自体が目的である人間を中心に据える、たとえばカントの理論のような伝統的なヒューマニズムを捨て、[36] むしろ人間を自らの存在を外に投企して自らの実存を生み出すものとして捉えたのであった。[37] デカルトの「我思う」的な瞑想的哲学にくみする静観主義を唱えているという批判[38]に対して、彼はデカルト的確実性から始まる行為を強調する。[39]

サルトルの見解は数多くの反対意見を呼び起こした。その中には、サルトルの主張する絶対的自由と人間の存在の内在的無意味性に不安を抱いたキリスト教的実存主義の旗手であるガブリエル・マルセルもいた。これに対し講義の中でサルトルは、一貫した無神論の重要性を強調する形で応じた。[40] 神が存在するかもしれない、ということは人間存在と無関係であるからというのである。[41] しかし彼の講義は、彼の理論に対する疑念を払拭するどころか、むしろ増大させただけであった。社会的、政治的文脈が課する人間の自由の限界づけについて彼が沈黙したことに対し、のちに共産主義者となった、彼のもと学生であるジャン・カナパやフランス共産党からのちに追放されたアンリ・ルフェーブルが、これを攻撃した。

カナパはサルトルを知的日和見主義者と言って批判したが、それは全面的に不当とはいえない。カナパは実存主義とは実は隠れた反マルクス主義であるとみなしていた。彼はあらゆる形態のキリスト教的ヒューマニズム——そこでは人間が神の前に屈服させられる——に反対であり、[42] ヒューマニズムはマルクス主義としてのみ意味をなすからである。[43] カナパにとってヒューマニズムとは人間の闘争を引き起こすものである。実存主義者は自らを革命家であるというが、彼らは結局はブルジョワ知識人の力弱い一グループにすぎない。[44] さらに彼は、人間は自由であるという実存主義者の主張はベルグソン主義への回帰であり、現代の詭弁であるときめつけたのであった。[45]

カナパは『新批評 La Nouvelle critique』の編集者であったが、根っからのスターリン主義者であった。

主としてサルトルに向けられた彼の挑戦的なパンフレットは、ルフェーブルの、哲学的にもっと優れた実存主義研究に比べると見劣りがするものである。ルフェーブルは、サルトルが慢心しているという、正しい判断を下していた。彼はその著作において、後に知識人となった彼と同世代の人たちの名をうまく利用しつつながらの自伝的な物語からはじめ、当初は実存主義に夢中になりながら、後にマルクス主義者、共産主義者となっていった経緯を説明した。[*46]

ルフェーブルによれば、一九四六年の実存主義は運動というよりは新しい学問的な思想形式であって、[*47]何人かのスター的な文化人や文化人ぶる人たちのグループを引きつける強みをもっていた。[*48]正統的マルクス主義を踏襲しつつ、彼は、実存主義とはヘーゲル的観念論の崩壊後の個への集中であるとしている。[*49]フッサールは一種の抽象的理性主義を説き、そこでは現象主義的還元が個の孤立に対応していた。[*50]ハイデガーは連続芝居の形而上学においてフッサールの合理主義を非合理主義に変換した。ハイデガーは、ファシスト贔屓の哲学者であり、彼が運命と死とを高く持ち上げたことがヒトラーに共鳴する「和音」を響かせたのである。[*51]

ルフェーブルの研究書の中でサルトルのみに充てられた章はないが、ハイデガーについての章の中で論じられている。ここでのサルトルの理論についての記述は、ちょうどサルトル自身が講義でやったそれのように、ごく単純化された形でハイデガーの延長とされている。ハイデガーの実存主義は、一種の冒険主義であり、サルトルの理論では、存在と無は、ハイデガー的な実存主義によって分離されるという。[*52]サルトルはハイデガーに忠実であったが、文学と哲学を混同していた。彼の理論はヒトラーのＳＳ（親衛隊）のスタイルにおけるハイデガー哲学の延長である。[*53]彼の首尾一貫しない見解は非人間主義の哲学と、人間への配慮の中間辺りに位置している。[*54]

ハイデガーの実存主義批判

ハイデガーとカール・ヤスパースはともに戦後フランスでもよく知られるようになった。もっともハイデガーのほうがより有名であったが。[*55] ハイデガーはまだ主たる「フランス」哲学者ではなかったが、戦争が終結するとすぐにこの地位を獲得していた。戦争終結期にはハイデガーに対する態度はかなり多様だった。中には彼の思想には無関心な者もあり、ヴァールのように、注意深く、きわめて批判的な見地から研究しようとする者もあり、またレヴィナスやメルロ＝ポンティのように、ハイデガーの位置づけに応じて、自らの位置づけを変えるものもあり、またサルトルやジルソンのように、ごく表面的な読みによって、ハイデガーの理論を自分の思想に引きつけようとする者あったし、またアンリ・ビローやボフレのようにハイデガーの思想に賛同し、時にはハイデガー自身とみずからを同一化しようとするようなハイデガー主義者もあった。

大戦後、フランスのハイデガー主義者たちは複数の側面から圧力を受けていた。サルトルによる自らの実存主義とハイデガーの基礎的存在論、及びヒューマニズムの合成を頂点とするハイデガーの思想の人間学的な誤解や、サルトルに絶えず反対してハイデガーとナチとの協同関係に注目するフランス共産党の努力などもあった。サルトルの流暢な講義は、『存在と無』その他の専門的な哲学的著作に示された彼の厳密な哲学的推理能力というよりはむしろ、彼の言語能力をみせびらかすようなものだった。彼の講義は哲学的な批判者たちをなだめるよりも、むしろ怒らせる結果になった。

さまざまの反応が、左右の陣営から、キリスト教徒や共産主義者から、その他の実存主義者やその反対者からつぎつぎとなされた。エチエンヌ・ジルソンは有名なフランスのトマス主義者であるが、トマス主義とは正しく理解された実存主義にほかならないとして、陣営を分けたうえで支配的位置を占めようとした。[*56] 逆に言えばこれは実存主義が結局は不完全な形のトマス主義である、ということである。ジルソンはサルトル的実存主義のそもそもの前提、すなわち、彼の見解に即して言えば、人間とはただその為すことであるという前提は、純粋に余分な発言であるという見方を示した。[*57]

同じくらい分かりやすいサルトルによるハイデガーの教説の受容は、フランスにおいて増大しつつあったハイデガー信奉者たちのグループを憤らせただけであった。フランスのハイデガー主義者のあいだでは、サルトルのハイデガーへの共鳴によって引き起こされた怒りがいつまでもくすぶっていた。ボフレとデリダの著作はサルトルの無批判的なハイデガー受容に対するフランスのハイデガー主義者たちの反応がいかなるものかを例証している。

ある意味では、フランスのハイデガー主義者たち内部での相対的な位置づけそのものはどうでもよかったともいえる。そもそもいつの時代でも場所でも哲学的正統派とは、自らを師の「正統的」読みに従属させるものであって、彼らもそうであった。しかし、アルチュセールが「正しい」形のマルクス主義に共鳴したがゆえにフランスのマルクス主義グループの中で中心的な重要人物となったように、フランスのハイデガー・グループの中では何人かの人物がハイデガーの「大義名分」に奉仕したがゆえに、頭角を表している。だれにも先んじてジャン・ボフレは、フランスのハイデガー論の第一段階において支配的であった人間学的ハイデガー読解の訂正に成功した。一九八二年のボフレの死後、一時彼の学生だったことのあるジャック・デリダがフランスの主たるハイデガー主義者となった。フランス・ハイデガー論のきわめて緊張した政治的な雰囲気の中で、一九六〇年代中頃から長い間にわたって、フランソワ・フェディエがハイデガーの哲学的思想を政治的立場と結び付けようとするあらゆる試みに対する、最も重要な擁護者であった。

大戦直後、ボフレ、レヴィナス、ビローはハイデガーの理論を擁護する重要な人物であった。ボフレはこの時代の唯一の正統派フランス・ハイデガー主義者というわけではなかったが、皆の中で、たしかに彼が最も顕著であり、またもっとも正統的であった。レヴィナスはけっして正統的ハイデガー主義者ではなかったし、そもそもまったくハイデガー主義者ではなかったかもしれないが、当時、ハイデガーの思想に好意的であったことは明らかである。彼は一九五一年に始まった雑誌『形而上学倫理学雑誌 Revue de métaphysique et de morale』に出した論文の中で、ハイデガーの立場において、現在の諸問題が抽象的な存在についての問題に結びつけられている、とまで主張している。[*58] ビローは同じ雑誌の同じ号の中で、ハイデガーの思想の詳細な、非批判的な読みを紹介し、これが一九五〇年代の、まだ翻訳が出ていないためにハイデガーを読むことができなかった多くの若い学生たちにとっての手本となった。[*59] 彼はこの正統的な射程を、ハイデガーとともにいかに考えるかを示そうとした著作『ハイデガーと思索の体験 *Heidegger et l'expérience de la pensée*』の中でも持ち続けている。[*60] ビローは、初期の影響力の強かった論文の中で、フランスのハイデガー思想の最も権威ある解釈者というボフレの位置づけを無条件で認めている。[*61] ボフレは、他人を「批判」しないというハイデガーの典型的なモデルをそのまま踏襲している。多くのフランスの著作家と異なり、ボフレは論争派ではなく、反対者と対決するよりも表明された見解を「修正する」方を好んだ。

時が移るなかで、サルトルとハイデガーのそれぞれの見解についてのボフレの分析は急激な変化を示すようになる。一九四五年の長い論文の中で[*62]彼はサルトルが自分をハイデガーの理論へと導いたことを評価し、サルトルが自分のハイデガー理解を適切に表明していないとしても、彼こそがハイデガーの理論を誰よりもよく理解しているのだ、といっている。[*63] Dasein（現存在）の訳語としてサルトルが採用した réalité humaine（人間的現実）は、現存在の噴出を捉え損なっている。[*64] 実存主義は現象学を存在つまり人間の条件にまで押しひろげようとし、その分析に際してハイデガーの世界内存在の概念に頼っている。[*65]

この時点で、大戦直後のサルトルの星がその絶頂にあった時、そしてまだ反動がその極に達していない時に、ボフレのサルトルに対する態度は敬意を保ちながらも、次第に批判的になっている。二年後の別の論文では彼はハイデガーの立場にくみして、サルトルから距離をおいている。[*66] サルトルの分析は単なる心理学的妥当性しかなく、そこにはハイデガー的な急進性が欠けている。[*67] ハイデガー自身も言っているように、ハイデガーの現存在についての見解は、現存在がその前提を顕わにするところのコギトを避けるための手段ではない。[*68] ハイデガーの人間存在の本質としての存在という観念は、サルトルが確信したような、どこまでも自らを発明し続ける主体性というようなものではない、というのである。[*69]

その晩年の著作でボフレはさらにサルトルとハイデガーの距離を広げた。ハイデガーのギリシャ人への回帰はサルトルを筆頭とする現代の賢者たちには「少しばかり時代遅れにすぎる。[*70]」フッサールがわれわれの内的生（la vie intérieure）から解放してくれたというサルトルの確信は、半分の真理でしかない、なぜならこのためにはハイデガーとともにコギトの背面にあるダーザインへと回帰することを必要とするのだから。[*71] マルクス主義を今日の知（savoir）の源として受け入れたことで、サルトルは哲学の伝統的な見解を無批判に受け入れたことになる。[*72] マルクス主義と対話するのには、サルトルの実存主義もフッサールの現象学も共に不適当である。[*73] なぜならサルトルはニーチェを哲学者として考察する意味を解さなかったのだから。[*74] 師の思想家の思想を理解できなかった点で、サルトルはハイデガーのはじめての大学院学生だったカール・レーヴィットに似ている。[*75]

ハイデガーのフランス攻略作戦

ハイデガーの『ヒューマニズム書簡』はハイデガーがフランスにおいて注目されるための攻撃作戦の第二弾の段階をなしており、これはまた彼のナチとの関連から注意をそらすためのものであったと私は考えている。

ハイデガーがどこまで実際の国民社会主義（ナチ）に協力したのかについての全容は、いまだに分かっていない。それは彼の『遺稿 *Nachlass*』の関連部分がまだ出版されておらず、マルバッハのハイデガー文書館は一般公開されていないからである。また刊行中の彼の全集が彼の書簡を含まない予定になっていることも重要である。彼がフライブルグ大学の学長であった時代の書簡が、彼のNSDAP（ドイツ国民社会主義労働者党）と実際にどのような関係があったのか、そして彼の実際のナチズムに対する意見がどのようなものであったのかについて当然解明するだろうと考えられるからである。

大戦直後の雰囲気の中では、ハイデガーのナチとの連携についての厳密な情報は現在よりもっと少なかったのである。後になって、戦争も終結し、ハイデガーが自らの伝説づくりにもっと注意を払うようになったとき、彼は何よりもまず、現実のナチ、そして後にはナチの理念に対するコミットメントの本性と程度を隠そうとしたのであるが、そのコミットメントは実はヒトラーの権力台頭以前から始まっており、さらに戦後まで、そして生涯にわたって続いていたのである。

一九四七年、ハイデガーに同情的だったヴァールは、ヒトラーが権力を握った時、ハイデガーは「ナチ指導者たちに賛同する決意をした」と語っている。[*76] ヴァールは、ハイデガーがナチズムに執着したのは、彼の基礎的存在論のもつ形式的な性格のみによるものだとしており、ハイデガーが国民社会主義に向かったという問題に、それはあくまで彼の哲学的思想に由来するものだという立場から、あえて正面から立ち向かおうとする態度をとっている。フランスでのこの議論についてはもっと強硬な者もある。ヴァールの話につづく議論のなかで、ジョルジュ・ギュルヴィッチはハイデガーは根本的に不誠実な思想家であって、彼はもともとの学問的な哲学からナチの哲学へ転移するために実存主義の一形態を利用したのだとしている。[*77]

私たちの直接の関心は、ハイデガーのナチズムそれ自体よりも、それが彼のフランスとフランス哲学への傾倒とどのような関係があるのかということにある。別の箇所で私はすでにハイデガーの哲学的見解と政治的見解は解きがたく絡まりあっていることを詳しく論じた。[*78] 大戦後、ハイデガーのナチへのコミットメントの諸相は部分的にしか知られていないのだが、それでも、すでに重大な疑義を投げかけるに十分と考える識者もある。にもかかわらず、ハイデガーがなぜフランス哲学者たちにこれほどアピールしたのかを理解するには、フランスでは彼の思想が政治から切り離して受け入れられた、ということに注目しなければならない。哲学者を含めてフランスの知識人には、政治的なレベルで直接にアンガジュマンしてきた一連の長い伝統があるにもかかわらず、ハイデガーの理論がある面では政治的な局面から抽象されたことによって高い地位を占めるにいたったのは、逆説的な現象である。

今のところハイデガーの国民社会主義へのコミットメントの詳細な事実を繰り返す必要はないだろう。ただ一九三三年、ヒトラーの台頭のほぼ直後に、ハイデガーが大学の同僚たちによって、フライブルク大学の学長に選ばれたことに言及するだけで十分だろう。同じ年の五月、彼はあの悪名高い「学長就任演説」を行い、正式に自らの哲学的資質を国民社会主義への奉仕に用いると述べたのであった[*79]。当時、SA（Sturmabteilung：突撃隊）の司令官であったエルンスト・レームが、ヘルマン・ゲーリング率いるSS（Schutzstaffel：親衛隊）と対立していた。一九三四年六月三十日の、もしかしたらハイデガーがつながりを持っていたかもしれないレームが暗殺されて後[*80]、ハイデガーは学長を辞任し、教授職に復帰した。終戦に際し、ドイツ学士院のナチ協力者がみなそうされたように、ハイデガーもまた呼び出されて自分の行動についての弁明を求められた。彼はただちに無罪証明の対策、もしくは、少なくとも被害対策を打ち始め、彼自身も彼に近い信奉者たちもこれを彼が死ぬまで続けた。信奉者たちはいまだに諦めていない。

デカルトへの反感にもかかわらず、ハイデガーは二度フランスに呼びかけている。一つは、彼が学長職を辞任してから大戦の開始するまでの中間の時期にあたる一九三七年に書かれた短いテクスト「対話への道 *Wege zur Aussprache*」であり、もう一つはもっと後の『ヒューマニズム書簡』である。前者は、少しは知られたテクストで[*81]、ワイマール共和国の終焉の後に、ヒトラーが権力につき、ドイツがやがて第二次世界大戦となるべきものへとゆっくりと歩み出した時期のものである。

フランスとドイツがともに共同体の枠組みの中で共存しようとしている現代では、この大陸の二国間の関係はきわめて良好である。当時を振り返ってみると、当時の政治的に困難だった独仏関係のコンテクストのなかで、哲学のレベルではいくらかましだったとはいえ、ハイデガーの短いテクストは極めて驚きに値する。ハイデガーの反デカルトは徹頭徹尾、徹底したものだったから、哲学的見地からみると、これまた『対話への道』でフランスとフランス哲学に向いたということは驚きに値する。ハイデガーが隣国にアピールしたという意味では、政治的射程から、より理解可能である。当時、たとえば美術史家のA・E・ブリンクマンがヨーロッパの諸民族（peoples）に文化的協同を呼びかけたように、当時はそうした雰囲気がたちこめていたのである。
　ハイデガーはこのテクストの中で、フランス人とドイツ人とのあいだの合意の条件というヘーゲル的主題を、意識的に吟味しなおしている。彼はいかなる同意も、それぞれの相互的な敬意に基づかねばならず、その条件とは互いに耳をかたむけること、「『独自の自己制限 eigenen Bestimmung』への勇気[*83]」である、と述べている。この小論の第二パラグラフでは、民族の真正性の記述において、諸民族間の理解についての彼の見解を述べている。この驚くべきくだりは全部を引用するべきであると思われる。

諸民族（Völker）のあいだの真正な（echtes）理解は一つの条件のもとで始まり、全うされる。それは歴史的に共有された過去と現在の条件についての自覚へと導かれるような創造的な相互的議論である。そのような自覚をとおして各々の民族は自らの独自性（je Eigene）に引き戻され、さらに鮮明さと、決然性（Entshiedenheit）をもってこれを把握するのである。ひとつの民族の独自性とはその創造性（Schaffen）であり、そこから自らの歴史的使命へと成長し（in seine geschichtliche Sendung hineinwächst）、かくして初めて自らとなる。その使命の主たる特徴（Grundzug）は、西欧世界の救済（Rettung des Abendlandes）であることが、現代世界の状況（Weltstunde）において歴史的に教養ある諸民族に示されたのである。救済とここでいうのは、単に既に手中にあるもの（Vorhandenen）を維持するということではなく、過去と未来の歴史において新しく創造的に正当化を行なうこと（Rechtfertigung）を意味している。隣国の国民の独自性についての相互理解を深めるとは、むしろ次のようなことである。それぞれの独自の課題（je eigene Aufgabe）とは、この救済の必要性をいかに自らに与えるかを知ることである。この必要性についての知識は、西洋世界の最たる脅威とともに生まれる必要性についての経験から、また西洋的人間（abendländischen Daseins）の最高の可能性を隠蔽しようと計画する力（Kraft zum verklärenden Entwurf）から由来する。西洋の脅威が、根こそぎと全般的混乱（Wirrnis）に向かっているまさにこの時、地からの再生の意志は、その逆に最終的な意志（Entscheidungen）によって導かれなければならない[*84]。

この一節は学長就任時期の後、ハイデガーが教授職に戻った当時に書かれており、「本質的思考の自らとの対話（Selfbstgespräch des wesentlichen Denkens mit selbst」は非政治的であるという彼自身の記述と矛盾している[*85]。ハイデガーは一九三四年に学長を辞しているが、ここ――ここでは、自らの正統性に関する見解に基づいてシュペングラー的なことばで語られているが――でも、またもっと後に書かれたものにおいても、ナチズムと自分自身の思想との共通の目的、即ち、ドイツ民族は将来の歴史的文脈の中で自らを実現するべきであるという目的を主張し続けている。ここで彼が同じことをフランス人に対しても薦めているという事実によって、彼が自分の哲学的資質を、これまでと変わらぬ目的に向かって動員しているという事実が揺らぐわけではない。

ハイデガーはいわゆる正統哲学の果たすべき実践的な、したがって政治的な役割についての自らの見解を明確に述べている。すでに起こった事柄を振り返るという過去反省的な哲学をもっていたヘーゲルとは異なり、ハイデガーにとっては正統哲学とは、前向きのものであり、予想の一種であって、そこには理論と実践の問題は生じなかったのである。

それ自体としての哲学的知（Wissen）とは、すでに知られた事柄のもっとも一般的な表象に後から後ろ向きに付け加えられるというようなものではない。事物の絶えず隠れた本質についての知識を通して開示される予見なのである。そしてまさにこうした意味で、この知を直接に有用にすることは必要ないのである。この知が効果を発するのは間接的にであって、哲学的自覚が全ての態度と決断(Entscheiden)のための新しい視点と基準とを準備するのである。[*86]

ハイデガーはここに正統的哲学本来の目的についてなんの疑念も残していない。やがて第二次世界大戦へとむかう、政治的、歴史的状況のただ中にあって、彼は哲学的使命について攻撃的な見解を打ち出している。これは若きマルクスが、人々の意識を変革することによって大衆を変革するのが哲学である、と主張したことを思い起こさせる。[*87]

もしも基本的な哲学的位置において(in der philosophischen Grundstellung)正統的な自己理解が達成されるならば、もしもそれを求める力と意志とが同じほどに目覚まされるならば、支配的な知識(das herrschaftliche Wissen)は新しい高みと明晰さに至るであろう。それがはじめて、しばしば目には見えない、人々の変革への道を用意するのである。[*88]

この一節はハイデガーが、学長を辞任したあとですら、ナチズムの理念に対して執着していたことに、重要な洞察を与えるものである。ハイデガーはここで自らの正統性についての概念に頼り、これを哲学とドイツ民族(Volk)に当てはめている。彼は明らかに、ドイツ民族の真の運命の実現をもたらすために正統哲学が果たすべき革命的役割を主張している。[*89] いわゆるフランス的合理性とイタリア的感覚性という、より下位の二つの傾向を正当化し、救う、より高い総合作用であるドイツ的精神性を主張したブリンクマン同様、ハイデガーのフランス人思想家との対話の提案は、フランス人およびドイツ人のもつ実存の問題についての概念的解決が、ドイツ哲学の内にあるのだということを提示しようとするものだったのである。

ハイデガーのボフレへの手紙

「対話への道」はハイデガーのフランスおよびフランス哲学への方向転換という意味で重要である。戦争終結期の第二段階において、彼はこの方向転換を新しい意欲を持って追求したのだった。サルトルがハイデガーの理論とみずからを一体化するという立場を公にし、それによって「実存主義がヒューマニズムである」という自分の主張を正当化しようとしていたのとほぼ同じ時期に、ハイデガーはこの一体化から逃れようとしていたのであり、「ヒューマニズム」という用語の意味の明確化を通して、サルトルから距離を置こうとしていた。ハイデガーの『ヒューマニズム書簡』は彼の思想の後の展開を理解するうえで有用であるが、なによりもフランスのハイデガー受容の第二期、非人間学的、ポスト形而上学的な、しかしヒューマニズム的なハイデガーの位置を解釈するうえで決定的に重要である。

『ヒューマニズム書簡』は、一九四五年の秋、第二次大戦直後に、若いドイツ語を話すアルザス人であったジャン゠ミシェル・パルミエによってハイデガーに手渡された、ボフレからの書簡に対する返事である。ハイデガーのボフレに対する最初の返事は一九四五年十一月二十三日付であるが[*90]、それにはボフレの論文「実存主義について a propos de l'existentialisme」に含まれる 'Dasein' の訳をめぐる注釈に対する賞賛の言葉の数々が含まれている。彼はボフレに、一九四六年十二月にもっと長い文章を書簡のかたちで書き送り、これを改訂して一九四七年に、『「ヒューマニズム」について、パリのジャン・ボフレへの手紙』(Über den 'Humanismus'. Brief an Jean Beaufret, Paris) というタイトルで出版したのだった。

ハイデガーの『ヒューマニズム書簡』は、理論的、あるいは哲学的かつ実践的な、あるいは政治的な、特定の重要事項に関する回答である。このテクストはハイデガーの後の思想のゆっくりとした展開過程を探るのに重要な資料となる。それは『存在と時間』(一九二七年) において最初の頂点に達し、見方にもよるが、「形而上学とは何か」(一九二九年) に終わるとされる第一の時期と、『哲学の終焉と思想の使命』(一九六四年) まで続く後期の思想との、だいたい中間点に位置するものである。

ハイデガーの『ヒューマニズム書簡』は、きっかけをなしたボフレの手紙に対する答えということだけでは理解できない。戦後すぐにハイデガーに書簡を書き送ったとき、ボフレはまだ無名の哲学者であり、仮に知られたとしても、そのマルクス主義についての関心のゆえであり、実存主義についての関心のゆえではなかったはずである。ハイデガーに対する変わらぬ忠誠にもかかわらず、彼の思想はそれ自体としては、当時も、後にも重要ではなかったし、また、なにか戦略的上の理由があれば別だが、重要な思想家の注意を受けるに値しなかったといって間違いないであろう。

もしも『ヒューマニズム書簡』がそのとき限りの理由でたまたま書かれた資料であり、あるいはボフレのハイデガー宛の手紙という特別な機会のためだけに書かれたと考えるのが誤りであるとすれば、ハイデガーのテクストを歴史的な文脈へと結び付ける、政治的な面を見落とすのはさらなる誤りである。一つの要因は、他の人たちと同じほどの頻度で、同じほどの程度に、哲学者もまた、自分に有利なように政治的に策動するということである。哲学者というものは、めったに公言したことをそのまま実行しはしない。サルトルの無私のコミットメントという虚構の観念もだいたいにおいて個人的なコミットメントに終わったし、このような私欲は、ハイデガーがドイツの学会で自己に有利になるように、困難な時期には第二次世界大戦に向けて、後にはそこから離れようとして、絶えず策略を繰り返したのと全く同じことである。ハイデガーのもっとも変則的なテクストですら、はっきりと哲学的な側面をもっている。それでも「学長就任演説」のようなテクストは、それが表している厳密に哲学的な本質と政治的な本質との両方を考察しなければ完全に理解することができない。同じことが『ヒューマニズム書簡』についても重要である。この資料はボフレの質問をきっかけとしており、ハイデガーはそれを自らの目的に引きつけ、戦後の時点で自分が関心を持っていたいくつかの特定の問題について答えたのである。そこにはハイデガーの、自分の思想に対する誤解を正したいという願望があり、個人的に困難な状況にあって助けを求める努力もあり、またフランスで始まったばかりの、自分のナチズムをめぐる議論を抑えたいという関心もあった。ヴァールへの書簡の後に書いたボフレへの最初の手紙でハイデガーは現存在を「人間的現実」とする誤訳をボフレが論破することがいかに重要かを主張した。ボルク＝ヤコブセンが指摘するように、この面ではハイデガーのテクストはこうした読みを提案したコジェーヴに対する応答であると同時に、サルトルに対する応答でもあり[*91]、もしかしたらコルバンに対する応答であったかもしれない。もともとコルバンが始めたハイデガーのテクストの訳が、こうした読みを広めたからである。

全ての思想家は理解されたいと望むものである。少なくともあまり誤解されたくないと望むものである。それならばハイデガーがフランスで広く行なわれていた彼の思想の人間学的誤解を訂正したいと望んだのは、容易に理解できる。しかし、いかに不愉快なものであったとしても、彼の生涯と思想との直接の、あるいは主たる脅威をなすとはまず言えない彼の哲学的位置についての単なる誤解と、もう一つの、戦後の状況において、彼の哲学的生命と哲学的ライフワークとをもっと直接に脅かす脅威との間には明かな開きがある。彼の哲学的思想の単なる誤解は、第二次大戦の戦禍の中での彼の「実存的な」状況の前では色褪せて見える。もう一つの、彼自身の身柄と思想に対する直接の脅威のほうが、たしかに彼の心の中で優先されていたに違いない。

ハイデガーは明らかに戦争直後に、自分の困難な個人的状況について心配していた。この時期のドイツの生存する第一の哲学者として、彼は他の哲学者とともに、自分と国民社会主義との一体化について弁明する必要に迫られていた。この過程のゆえに、自らをプラトン、アリストテレスの遺産の正統的な相続人と見なし、後にはパルメニデス、ヘラクレイトス、アナクシマンドロスと自分の四人だけが真に存在を考える真の思想家である、と考えていたハイデガーが、大学から駆逐され、教えることを禁じられたのであった。困窮したハイデガーは、最も近しい哲学的同盟者であったカール・ヤスパースに訴えたが無駄であった。[*92] 侮辱的な「烙印づけ」を含むハイデガーの戦後の困難、年金獲得権利の喪失、家屋と個人的書籍の没収の脅威、ドイツの学者人の誰も彼を支持しなかったことなどが、当然ながら、彼をして他のどこかに支持を求めさせたのであった。彼がフランスに目を向けたのには、三つの要因が影響していると思われる。パリで開かれた一九三七年のデカルト学会のドイツ代表メンバーから彼がはずされたせいで一九六六年にもなってシュピーゲル紙のインタヴューの中で不満を漏らしたほど腹を立てたこと、一九三七年十二月四日のフランス哲学会に演説をする招待を受けていながら承諾できなかったこと、また非ナチ化の過程においてフライブルクがフランス占領下にあったために、彼がフランス軍隊当局と交渉しなければならなかったこと、の三つである。

たしかに最後の要因を考えると、ハイデガーがフランス哲学と将来実を結ぶような関係を追求しなければならないと考えたということは十分考えられるし、またそれは結果的に正しかった。というのは反デカルトの哲学者ハイデガーは、フランスの哲学者たちに対話を呼びかけるという形で、フランス人の哲学仲間に対して自分自身の哲学的なディシプリンのレベルでアピールしつつ、この仲間を通して、フランスの占領軍を含めたフランス国民全体に、訴えるという戦略を取ったのである。

困難な窮地にあって、自分の身の上や家族以上に彼が最も心配したのは、哲学的思想の一貫性を守れるかどうかであったかもしれない。それについては、彼のナチへの転向によって明らかに疑義が抱かれていたし、そして今日でも抱かれ続けている。もしそうだとすれば、彼が『ヒューマニズム書簡』を書いたさらなる要因は、ハイデガーのナチズムに関する議論が湧き出たことにあったといえよう。この議論は始まって以来、さまざまな局面を迎えながらも終わることはなかった。この議論は彼自身の人生を最後まで脅かした――彼が「烙印づけ」されていたあいだは、彼の生活を脅かした――のみならず、彼の死後も彼の思想にとっての一つの脅威であり続けている。

ハイデガーのナチズムをめぐる議論は、ナチス・ドイツにおいて彼がそのキャリアの全盛期にあった「学長就任演説」の直後に起こった。[*93] 当初から、重要な哲学者たちの間に、例えばハイデガーは自らの信条に誠実であると称えたヤスパースと、彼は哲学をはずかしめたと言い切ったベネデット・クローチェ[*94]の間のそれのような対立を生み出した。ハイデガーのナチズムを非難する者と賞賛する者との争いは、一方は彼の政治思想と政治的転向とを結びつけようとし、他方はそうした究明を避けて、彼の思想から政治的汚点となるようなものを取り除こうとするものだったが、そうした論争は、大戦中ドイツの大学に残っていたほとんどすべての哲学者が政治的妥協を余儀なくされたドイツ国内では起こりえなかった。

ハイデガーのナチ問題をめぐる論争の最初の、そして不完全な局面は、大戦後のフランスで、サルトルの実存主義を通してハイデガーに注目が集まっていた時、サルトルの雑誌『現代』で浮上した。したがって、ハイデガーがフランスの哲学者たちを相手にヒューマニズムという主題について語りかけた理由のもう一つは、フランスで増大しつつあった彼のナチズム問題をめぐる論議によるダメージを抑え、彼の思想の政治的な帰結を露にしようとする試みに抗して、自らの思想の一貫性を守るという実利的な目的にあったと考えられる。そうした試みがフランスの哲学的議論のみならず、ドイツをも含めてより広範に、このテーマをめぐって広がっていけば、どのような帰結を生むかは容易に予想がついたからである。

ハイデガーの『ヒューマニズム書簡』

もしハイデガーの『ヒューマニズム書簡』を書いた意図が、彼の思想をさらに発展させるのみならず、フランスの哲学的議論に働きかけるためであって、自分の思想の人間学的誤解を解き、さらに、ドイツ国内ではごく僅かになってしまった自分の身と思想を守ってくれる協力者を海外に確保し、そしてさらに、始まりかけたナチズムについての議論に代表される自らの人格と思想に対する脅威を制限するためであったとしたら、彼はすばらしい成功を収めた。

この点についての彼の成功は、いかなる合理的な予想も超え、そして非合理的な期待をすら上回るものであった。彼は自分の位置づけについての誤読を訂正し、隣国に協力者を確保したのみならず、さらに、少なくとも一時的にはナチズムに関する議論に蓋をすることができたのである。彼の成功はそれにとどまらず、ボフレ以前のフランス人の弟子であったサルトルをおしのけることに成功し、かわって彼自身がフランス哲学の大思想家、戦後の議論における主たる「フランス」哲学者となったのである。そして彼はフランスの哲学的議論にきわめて多様な形で永続的な影響力を及ぼしたのであり、その中には、アルチュセールのマルクス主義的反ヒューマニズムすら含まれていた。[*95]

ハイデガーの『ヒューマニズム書簡』は複雑な文書で、解釈が難かしい。[*96] このテクストはハイデガーの文献の中でも注目されており、[*97] 特にフランスでは、『存在と時間』が比較的遅れて現れたせいもあって、このテクストの重要性が際立ち、ますます注目を集めることになった。フランス人は伝統的にドイツ人よりも外国語の原典を読む力を欠いており、また翻訳をあまりしないし、するにしてもかなり時期的に遅れることが多い。ハイデガーの著作をフランス語にするという複雑な過程は、英語にするより困難であるともいえようが、〈Dasein〉の正しい訳語についての議論などの問題も重なって、さらに困難になった。ボフレはその最初の論文の中で『ドイツ語には源泉が、フランス語には限界がある』[*98] とコメントしているが、ハイデガーが最初の返事でそれを高く評価しているのは意義深い。[*99] フランスでの強烈な関心にも関わらず、『存在と時間』の前半がフランス語にされたのは一九六四年のことであり、[*100] その後の翻訳の進捗には二十一年もかかった。『存在と時間』がついに完全な形で手に入るようになったのは一九八五年で、しかもこれは海賊版の翻訳で、[*101]「正式の」翻訳は一九八六年であった。[*102]

ハイデガーの主著の全訳がない中で『ヒューマニズム書簡』は『存在と時間』より三十二年前に素早く翻訳され、決定的な役割を占めることになった。[*103] このテクストで、ハイデガーはボフレが質した一連の質問に公式に答えている。「ヒューマニズム」にどのような新しい意味を与えることができるのか？ 存在論と可能なる倫理との関係は何か？ 哲学においては冒険の要素をいかにして救うことができるか？ こうした問いはそれ自体として重要なものである。そしてまた、大戦直後のフランスの文脈では、実践的にはナチの占領後に人道的な社会を回復しようとする関心、理論的にはサルトルの提唱する実存主義が必要な概念的補助になるのではないかという関心から、とくに重要であった。将来的ヴィジョンという角度からみたボフレの問いは、サルトルに対する敵対的反応というよりは、サルトルの実存主義を貫いて、それが依拠しているとされている哲学的背景を探ろうする努力として解するべきである。そして彼の質問はハイデガーに対して、すでに移行を遂げていた自らの位置づけを更に整理し、そこから急迫するフランスの問題に答えるためのよい機会を提供したのであった。

三つのテーマが『ヒューマニズム書簡』において支配的である。一つはフランスの哲学的指導者サルトルの論から距離を置こうとするハイデガーの公的な努力である。第二には自分のヒューマニズムの観念がフランスで問題にされているこの機会を捉えて、自分自身の思想におけるヒューマニズムの観念を明確にしておこうという、ハイデガーの日和見的な関心である。彼の全著作の中で、唯一この問題を扱っている、最初で最後の議論がここでなされているわけである。彼のナチズムをめぐる議論によって、彼自身のヒューマニズムはどうなのかと政治的な根拠に基づく重要な疑問を投げかけられていたがゆえに、このテクストにおけるハイデガーのヒューマニズム問題の扱いは、ますます重要になる。第三はハイデガーがここで自らの思想の基本的な展開ないし転回を示したことである。大戦後の混乱の中で広がっていた、高度に緊張した政治的雰囲気の中で、この書簡は結果的に、哲学的主張つまり彼の哲学的思想の展開についての洞察に政治的な意味合いを付与することになった。要するに、ドイツの現象学をフランスが哲学的に消化できるようにいわば「消毒」――この言葉を使っても言い過ぎではない――したということである。

ハイデガーは自分以外の哲学の諸論にきわめて敏感であり、実際に、哲学の歴史全体をよく知っている。彼はいかにも大物らしく、批判の無用さを説く。しかし彼自身の著作は自分以外の見解に対する批判的コメントで満ちている。ボフレ宛の最初の返事でも、いわゆる「ヤスパースとハイデガー」という決まり文句は「まさに誤解そのもの」[*104]であると評している。『ヒューマニズム書簡』はハイデガーのサルトル批判であるが、サルトルが師たる思想家と自らを比較し、さらに結びつけようとした努力をハイデガーは完全に不毛であるとして拒否している。その批判は鋭く、直接的で、徹底的である。ハイデガーの議論は『存在と時間』および後の全ての著作に何度も繰り返されている彼の確信、すなわち存在の問題の優位を再確認するものである。つまり彼の存在の理論は、サルトルの実存主義、そして他の全ての哲学的理論と異なるのみならず、これらに先行するものであると言っているのである。

ハイデガーはボフレに対する返事のなかで、サルトルに対して、サルトル自身の作戦を用いている。サルトルもハイデガーも、伝統的なヒューマニズムを社会的関心に十分応えられないとして拒否し、新しい社会的に有用なヒューマニズムを提案している。サルトルは、『実存主義はヒューマニズムである』――これはサルトルの著作の中でハイデガーがはっきりと言及している唯一のものであり、彼が『存在と無』を読んだ証拠はない――の中で、実存主義は、正しく解釈されれば、われわれ一人一人が全ての人に、そしてまた全世界に責任をとることを要求するような、新しいタイプのヒューマニズムを提供する、と断言して、自らに対する批判に答えている。同様にハイデガーも、基礎的存在論に代わって彼の理論を示す新しい名称としての「思考」が、新しい形のヒューマニズムであると論じている。しかしサルトルの見解は、満足がいかない伝統的ヒューマニズムの一種にすぎない。結局サルトルの実存主義は新しい、社会的に有用なヒューマニズムであるかのように自己主張しているだけで、ハイデガーの見解こそが真のヒューマニズムを実現している、というのである。

ハイデガーは、こうした自らの主張を、明らかに『存在と時間』およびそれ以後のテクストを基礎としながら展開している。彼のヘルダリンおよびニーチェ的ニヒリズムへの頻繁な言及は、それぞれ、詩人と*105哲学者について*106――『存在と時間』と『ヒューマニズム書簡』の間の期間に――行っていた講義内容を暗示している。『存在と時間』でハイデガーは、人間存在を通して存在に接近している。彼のヒューマニズムについての見解は、その逆に、存在を通しての人間存在への接近を示している。

このような戦略は『存在と時間』以後の著作にすぐに現れてくる。たとえば一九二九年／三〇年、世界的な経済不況下での連続講義では、彼はさまざまな社会問題は存在に背を向けたことの徴候であると言っている。[*107] 彼はこの考えを、ここでは思考ないし存在に関する正統的思想という観念を用いて展開しており、これは存在に背を向けた伝統的形而上学に代わるべきものとされている。ハイデガーにとって、人間存在の疎外[*108]の根は、「近代人の故郷喪失」にあり、[*109] それは存在の忘却の徴候なのであるという。マルクスの理論は歴史に呼びかけるという点で重要である。もっともマルクスも、フッサールも、サルトルすらも、それと存在とのつながりに気付いていていない。

ハイデガーは、伝統的な形而上学を反転させたにすぎないゆえに依然として形而上学的であるサルトルの理論に対して、特別な扱いをしている。[*110]「実存主義」の名を正当化しようと本質に対して実存が優越すると言ったとしても、それは『存在と時間』と何一つ共有するものではない。『存在と時間』はもっと深いレベルでの議論である。本来性とは、思想に対する行動をいうのではなく、すでに行動であるところの存在に照らした思想をいうのである。人間はそれ自体としては理解可能ではなく、存在を通して、いいかえれば実存としての世界の内でのみ理解しうる。ヒューマニズム的な実存主義のような形而上学的理論は、形而上学を超えた人間存在の理解を要する人間の問題の解決には役に立たない。

ハイデガーのヒューマニズム分析は、彼の存在論をあらかじめ受け入れることを前提としている。彼の二分法的な議論は人間の歴史を堕落と神への回帰の物語として見るキリスト教の見解に類似している。普通のヒューマニズムは形而上学であり、形而上学は存在に背を向け、その結果故郷を喪失し、疎外に陥る。

逆に新しいヒューマニズムは背を向ける行為を反転して向き戻り、存在に回帰し、自らの故郷を取り戻し、疎外を克服する。ある重要な一節で、彼は次のように書いている。「存在の真実を考えることは同時に人間的人間の（homo humanus）の人間性を考えることである。重要なのは存在の真実に仕する人間性（humanitas）であるが、そこでは形而上学的なヒューマニズムは排除される。[*111]」

存在への回帰に基づくハイデガーの新しい、ポスト形而上学のヒューマニズムは、古い人間学的、形而上学的ヒューマニズムに取って代わることをめざしている。この新しいヒューマニズムもしくは、哲学を超えた思考は、多くの意味で安心させるものであった。それはマルクスとマルクス主義に連関する唯物論を回避することができるし[*112]、またナショナリズムすら回避できる[*113]。それは非人間的でなく、ハイデガーの言う、人間を存在への近さを通して考える[*114]、という点でまさに人間的であり、ニヒリズムでもない[*115]。神についてはいかなる見解も持たない。さらに、「生物学主義」ないし「プラグマティズム」にすら至りかねない主体性の立場を放棄する[*116]。この新しい思考は、理論と実践とに関わる哲学ではもはやなく、哲学よりもっと深いものである[*117]。哲学は形而上学となって存在に背を向けることからくるさまざまの人間の問題を解決するどころか、むしろ問題を作り出している。「共産主義」、そして「アメリカニズム」も存在の忘却につながる[*118]。ハイデガーは実際、人間の運命が存在の歴史のなかに現れるといってはばからないのである[*119]。

ハイデガーの新しいヒューマニズムは特にフランスの文脈で、人々に安心を与えるものであり、あるいはそもそもこの目的で考案されたものであったのかもしれない。彼のテクストは、彼の哲学的思考のゆっくりとした展開の中の一つの段階を示しているとも読めるし、また自分の哲学的関心を、フランスでの議論のなかで影響力を得るための提案に巧妙に結びつけたのかもしれないし、その両方であるかもしれない。ともかくハイデガーの新しい形のヒューマニズムは、困難な戦後期にあって影響力を競う様々な一連の立場のなかでも魅力的な選択肢であった。そうした様々な立場の中には、サルトルの無神論的な実存主義や、左翼、サルトルが密接な関係をもったマルクス＝ヘーゲル主義、戦後きわめて強力になったフランス共産党などがあったが、それらすべては、圧倒的に保守的なフランスの知識人社会には基本的に受け入れがたいものであった。

ハイデガーのテクストの中には、戦後の議論に影響力を発揮していた様々な形の世俗的なヒューマニズムに不安を抱いていた保守的なフランス知識人に、直接語りかける部分が含まれている。マルクスの歴史への関心を称えつつも、ハイデガーは唯物論はもう一つの形の形而上学にすぎないと決めつけている。[*120] 彼は行動としての思考を賞賛することで、サルトルおよびマルクス主義に代表される政治的行動主義から距離を取っている。[*121] さらに彼と国民社会主義との関係を心配する読者に向けて、観念的「生物学主義」を排撃することで、読者の信頼回復を図っている。概念的杖の一振りをもって、今や彼は、こうした生物学主義の危険が、サルトルの主観主義哲学への執着の内に見られるとした。それでも何かしら疑いが残っているとすれば、それはハイデガーの思想的「転回（Kehre）」[*122] に言及することで一掃される。この「転回」はいわば、彼が人生の新しいページをめくったのであり、こうして自らの忌わしい過去と決別したことを示唆している。しかし同時にハイデガーは、自分の始めの立場とその後期のヴァージョンとの連続性を強調しており、そのせいで、このせっかくの示唆を無駄にしてしまっている。

このテクストにおけるハイデガーの宗教への言及は特に重要である。彼ははじめカトリック教に惹かれ、一時はイエズス会修道士になろうとしたが、後にプロテスタント教徒と結婚して教会を離れた。ハイデガーは常に哲学的には無神論者であった。彼は、個人的にいかなる宗教を信じようとも、哲学は原理的に無神論でなければならないと主張している。[*123] ボフレが指摘しているように、ハイデガーの哲学的無神論は、神と存在とが一体ではないという、[*124] 本質的に反トマス主義の態度に基づいている。それでもこのテクストで彼は、特に哲学的無神論から、あるいは別の形の無神論から、注意深く距離を取ろうとしており、神という語を二十九回も使っている。[*125] 宗教に関して読者を心配させないような、中立的な立場を取っているが、これは彼自身の深いところにある信条とはどうしても合わないはずである。[*126]

ハイデガーの注意深い読者は、彼自身の理論が、深く哲学と神学との区別に基づいていながら、その区別を越えようとしていたことにはっきりと気づいていた。[*127] それでもこのテクストにおけるハイデガーの宗教的信仰に対する一見友好的な態度は、大半がローマ・カトリック教であるフランスをたしかに喜ばせたのである。フランスにおけるもっとも正統的なハイデガー解説者の一人アンリ・ビローは、無神論が哲学の条件であると主張したハイデガーが、我々に神に帰ることで絶望を避ける道を提供したのだとまで言っている。[*128]

ハイデガーの『ヒューマニズム書簡』と彼の思想の転回

『ヒューマニズム書簡』の中心的観念は転回である。この難解な、問題の多い概念についてはさらに論ずる必要がある。ここに挙げた文脈的な読みが、彼の哲学的観念を脱落させ、さもなければ歪曲してしまう、という考えもあろう。主としてこれまでそう解されてきたように、ハイデガー自身の思想という文脈内で理解すべきであり、したがってより広い文脈に枠を広げて読まれるべきでない、という考え方だ。私の知る限りでは、ハイデガーが自らの思想の内部での転回について述べているのは『ヒューマニズム書簡』と、アメリカのハイデガー学者ウィリアム・リチャードソンに宛てた手紙においての二カ所だけである。
『ヒューマニズム書簡』の中で彼は、自分の新しい、他なる思考と、『存在と無』での思考との違いについて区別した後に、次のように書いている。

この、主観性を捨てる他の考えを正しくやり遂げることは、『存在と時間』の出版にあたって第一編第三部「時間と存在」の掲載を見合わせることにしたせいで、余計に困難になった。……ここではすべてが転倒される。問題の箇所の出版が見合わされたのは、思考がこの転回（Kehre）の適当な語りに失敗したからで、形而上学の言語を借りたのではうまくいかなかったからである。一九三〇年に十分考察され講義されたが、一九四三年まで出版されなかった『真理の本質について』は、「存在と時間」から「時間と存在」へ転回についての思考に、ある種の洞察を与えるものである。この転回は『存在と時間』からの立場の変化ではなく、求められた思考が、転回において初めて、『存在と時間』がそこから経験される次元の場所に達したということ、つまり、存在の忘却という根本的な経験から経験されたということである。[*129]

彼の他の文に比べればこの箇所はきわめて明快で、あたかもハイデガーが自分の転回についての見解を、いつになく丁寧に相手に伝えようとしているかのようである。ハイデガーはアメリカのハイデガー学者ウイリアム・リチャードソンにも、転回についての同じような見解を述べている。[*130] この手紙は一九六二年に書かれており、元々はジャン・ボフレのための記念雑誌に出版されたものである。ここで彼は一九四七年になってはじめて言及された転回は実は十年前の彼の仕事の一部をなしていたのだと述べている。存在自体は、もっぱら反転からのみ考え得る。『存在と時間』の中で「時間と存在」と言い表されていたものの研究に通じる反転が、すでにこの仕事に含まれていた、と主張するわけである。そして、彼の初期の見解は捨てられたのではなく、後の立場に含まれているのだというのである。[*131]ハイデガーによる、自らの思想上の転回についてのこの二つの説明は簡潔であるが、しかし不十分である。第一に、転回の思考は一九三〇年には既に明らかであったという言明と、転回という事柄は一九四七年より十年まえ、即ち一九三七年から自分の思想を動かしていた、という言明の間にはずれがある。[*132]第二の問題系は、この出来事の性質についてである。『存在と時間』のもともとの計画についてのハイデガーの記述ははじめから、存在と時間から時間と存在へ、という転回を予測している。つまりはじめからこの転回が予測されており、この計画を遂行するうえで、困難にぶつかったためにもう一つの転回がなされた、ということであるかのようである。もし二つ以上の転回があったとしたら、もとの計画の中にすでに、思考の失敗によって躓いたのではないような転回もあったのだとしたら、一体どういうことになるのだろうか?

彼の思想上の転回についてのハイデガー自身による記述は、転回の解釈のための主要な鍵となるものとしてしばしば無批判に受け入れられている。[*133]ハイデガーの記述に沿ってアルベルト・ロサレスは、もともとのハイデガーの理論のなかにあった基本前提の間の矛盾が、理論を展開するうちに転回に至ったのだ、と論じている。[*134]彼は自分のこうした解釈はハイデガーの関連著作の再読によって裏付けられると主張している。[*135]ジャン゠フランソワ・マテは、『ヒューマニズム書簡』およびリチャードソンへの手紙の中での転回についての言及では十分理解できない、としている。[*136]彼は、転回という観念はすでにプラトンの前形而上学的思想の内にある、と考えている。[*137]ジャン・グロンダンは『存在と時間』の問題である人間の有限゠目的性（finitude）のラディカル化、すなわち伝統的存在論の破壊に関わる問題と、実は一九三〇年代に起こったもう一つの転回とを区別する。したがってグロンダンによれば、ロサレスの場合と同様に、『存在と時間』の内にすでに予測されていた転回を遂行するうえでの困難のゆえの転回があった、ということになる。[*138]

ロサレス、マテ、グロンダンはそれぞれ独立に、『存在と時間』のもとの計画を遂行する際の思考の弱さゆえにもう一つの転回があった、という転回についてのハイデガー自身の主張を支持している。このハイデガー的見解は、テクストに照らして検証してみることができる。その前にまず、二つコメントしておきたい。一つはドイツ語では〈Kehre〉という語には、語源的に、また概念的に結びついている多くの語がある、ということである。Kehre は文字どおりには「曲がる、あるいは折れる」という意味で、たとえば Umkehrung（逆転、回転、裏返し、反転）、Umkehr（戻り、転換、回転、裏返し）、Bekehrung（転向、改心）などと関連している。また、Drehung（回転）、Umdrehung（回転、変革）、Eindrehung（貫通、巻き込み）などとも関連している。ハイデガーがどのような意味で、例えば、自分の思考上の転回、西洋哲学の転回、存在の転回、その他様々の意味で、転回という観念を指しているかに注意しなければならない。第二に、近代哲学において転回という概念はしばしば用いられており、基本的にそれまであった認識論から背を向けることを意味したカントの有名なコペルニクス的転回をはじめ、フォイエルバッハの宗教の哲学的な人間学への転回、マルクスによる観念論の唯物論への転換（Umstülpung）等々がある。

ハイデガーの書いた著作を急いでざっと見渡しただけでも、彼の思想の内にも、彼のもとの計画の内にも、その計画に対しても、また他の思想家たち、哲学的伝統、形而上学、詩、政治などとの関係での様々な転回があるほか、他の思想家のなした転回もある。こうした多重の転回に注目すると、くだんの転回は当初そう見えたよりもずっと複雑であって、これを理解するためには、ハイデガーが置かれた歴史的状況と彼の著作の両方を参照しなければならないことが分かる。

ハイデガーの思想の中で転回の概念が顕著になるのは戦後になってからであるが、戦争前、また彼の主著が現れる前に、すでにそれは起こっているのである。彼がこの著作を書いている期間になされたある講義で、存在論が存在的形而上学に転換することについて述べているなかで、この転回の概念にふれた箇所がある。[*139]『存在と時間』の第八節で彼は三つの部分からなる大きな計画の枠組みの中に、この主著のプランを位置づけている。出版された『存在と時間』には前半（第一部）の第一編と第二編が含まれている。第二部と第一部の第三編はついに現れなかった。第一部の第三編「時間と存在」は出版された著書における存在と時間の分析の逆転を含むことになっていた。

『存在と時間』はその四四節で、開示性としての真理概念についての重要な分析をしている。講義『真理の本質について』の中でハイデガーは、当初の真理の問題を逆転し、今度は本質の真理についての問題が先に出てくる、としている。

現在の作業は、真理の本質の問題を通常の本質の概念について通常与えられている定義の枠を超えるところまで導き、真理の本質の問題が、同時にまた何よりも、真理の本質に関わる問題であってはならないのではないか、と考えることを助けるのである。しかし、「本質」の概念において、哲学は存在を思考する。[*140]

この時点以降ハイデガーは、しばしば転回という観念を用いている。たとえば一九三六年のシェリングについての講義の中で彼は、「ひとつの地平からのヨーロッパ的実存の転換（Wandel）は、われわれにはいまだ明らかでない」[*141]という言い方をしている。同じテクストの後のほうで彼は、「存在の真理に関する問題……は、真理の存在に関わる問題および根底の問題へと転回する（kehrt sich um）……」と書いている。[*142]

転回の観念はハイデガーのニーチェ講義及びそこから生まれてきた研究において重要なテーマである。この研究の前半の『力への意志』についての一章で、またプラトン主義と実証主義における真理に関する後半の一章で、彼は何回か転回（Umkehrung）の観念に言及している。[*143]前者でハイデガーは、ニーチェのニヒリズムをニヒリズム内部のニヒリズムに対する反対運動と記述している。ニーチェの方法は絶えざる逆転（ständiges Umkehren）である、という。[*144]ニーチェの哲学はプラトン主義の逆転（Umkehrung）であるという議論の中で彼は、回帰（Umkehrung）が、プラトン主義からの抜け出し（Herausdrehung）となるような、変更の必要がある、としている。[*145]しかしDrehung（回転）はかならずしも回帰（Umkehrung）である必要はない。なぜなら後に彼自身が言っているように、それはむしろ、ある種の貫通（Eindrehen）でもありうるからである。[*146]

ニーチェ講義の中でハイデガーは、ニーチェの理論がプラトン的哲学の伝統に対する反抗の失敗であるといっているに留まらない。彼はさらにこれらの講義で、彼自身がナチズムと格闘した、つまりナチズムに反抗したのだということを示唆している。有名な『シュピーゲル』紙とのインタビューで彼は、「きく耳をもつ者はこの講義で、国民社会主義との対決を聴いた筈だ」と述べている。[*147]

ハンナ・アーレントはハイデガー自身の議論に即して、ハイデガーのナチズムへの反抗はニーチェ講義の第一巻と第二巻の間で起ったのであり、この時期にハイデガーは「自らのナチ運動との短い過去」の問題を解決した、と主張している。[*148] ピエール・オーバンクは、ハイデガーは確かに一九三五年には国民社会主義の内的真理を救おうとしたが、一九三六年のニーチェ講義で、ナチズムを可能性として認めることを拒否したとしている。[*149] シルヴィオ・ヴィエッタの見解では、ニーチェのニヒリズム観についてのハイデガーの分析は、ナチズムに内在するニヒリズムを認めるものである。[*150] その一方でニーチェ研究の中でハイデガーが国民社会主義に背を向けたという考え方自体が問題であるとする人もいる。たとえばオットー・ペゲラーは、ニーチェ研究とソクラテス以前の哲学者の研究が、ハイデガーを国民社会主義に導いたのだと主張している。[*151]

最近になって出版された、ハイデガーがニーチェ講義をしていた一九三六—三八年の時期に執筆された、問題の多い研究である『哲学への寄与 Beiträge zur Philosophie』のうちに、もう一つの転回が認められる。この難解な書物のキーワードをなす〈Ereignis〉は、Geschehnis（起こること）、Erlebnis（体験）など、「出来事とか、起こったこと」を表す他の用語とだいたい同義である。「出来事における転回 Die Kehre im Ereignis」に充てられている一節で、ハイデガーは次のように書いている。「出来事（Ereignis）は、転回（Kehre）においてもっとも内奥の生起と、もっとも広い結果（Ausgriff）をもつ」[*152] 彼はさらに、明らかな誇張と共に、「転回が更に歴史となるかどうかが、人間の未来を決定する」[*153] とさえ述べている。

転回の観念はまたハイデガーの後期の技術についての議論にも現れている。一九四九年十二月一日にブレーメンで、ハイデガーは「有るものについての洞察」と題して、四つの講義をしている。最後の四番目の講義「転回 Die Kehre」で、彼は存在に背を向けることの危険について語っているが、これは後の著作の主要テーマの一つとなるものである。この難解で詩的なテクストの、ある典型的な一節の中で、彼は「危険の本質の中に、ひとつの好意（Gunst）が本質し（west）棲み込んでいる。その好意とはつまり、存在の真理の中で、存在の忘却を転回する好意である。[154]」

これがハイデガーの思想における転回の観念の代表的なものの一つであるとすれば、われわれは少なくとも次のような種類の転回をハイデガーの理論のうちに区別することができよう。

（一）『存在と時間』における、存在論の歴史に反し、時間としての存在を把握するために現存在に向かう転回。

（二）ハイデガーの思想における存在と時間から時間と存在への転回。これはハイデガーがもともと立てた計画の通りに彼が思考を進めることができなかったために失敗した。

（三）講義「真理の本質について」における、真理の本質から本質の真理についての問題へと向かう転回。

（四）ヘルダリン講義の第一シリーズにおける、哲学から詩への転回、これは哲学を超えて思想へ向かう転回の一部をなす。[155]

（五）ニーチェ講義における、ニーチェに向かうこと。それはただニーチェのみが、西洋の歴史と西洋の形而上学を始めから決定している原初的出来事を見て取っていたからである。

（六）ニーチェが、プラトンの伝統に刃向かおうとして失敗したことの分析。ハイデガーがこの伝統の最後のメンバーである。

（七）『哲学への寄与』における三つの転回。自己開示としての現存在から存在への転回、同じテクストの中での最初の始源からもうひとつの始源へむかう転回、後期の著作のキイワードとしての出来事(Ereignis)への転回。実のところこの用語はすでに一九一九年、ハイデガーのはじめの講義で目立って使われており、「出来事」への転回はより初期の概念へ戻ってゆくことを表していた。[156]

（八） 国民社会主義への政治的転回と後の国民社会主義の実態からの離反、また誤解であったとされる、運動の真理と偉大さへの、つまり、ナチズムの哲学的もしくは理想的な形態への転向。

（九）『ヒューマニズム書簡』における、自分を新しいページをめくった人間として描こうとする努力。それは、一方では、彼自身が後に〝誤解された運動の真理および偉大さ〟として記述し続けることになるものに執着しつつ、政治に背をむけた者として自らを描こうとした彼の努力である。

（十） 存在からの堕落ないし存在への背きとしての技術へ向かうこと。

こうしてみると転回は、ハイデガー自身が描いている元の立場を調べ上げることのみによって規定できるような一義的な出来事ではないということになる。実際、転回はもしかしたらまったく起こらなかったのかもしれない。当初の見解は次々と発展していきはしたが、存在についての関心は一貫して変わらなかったと論ずることは少なくとも可能であるのだから。彼の思考にナチズムへの転回を含め、一度ならず転回があったのは明らかだ。そして『ヒューマニズム書簡』においてハイデガーは、自らが国民社会主義に反抗したことを示唆しているが、この主張は、彼の全集に含まれる他の後期のテクストと矛盾する。*157

第六章　ハイデガーの『ヒューマニズム書簡』とフランスのハイデガー主義

前章ではフランスのハイデガー主義とハイデガーの『ヒューマニズム書簡』との結びつきに焦点を当てた。その結果、今やハイデガーの『ヒューマニズム書簡』は哲学的な理由によっても哲学以外の理由によっても重要になる。哲学的には後期ハイデガーの哲学的立場への導入となるからであり、哲学以外では、通俗的ヒューマニズムの増大する影響力、しかしある人々にとっては容認しがたい影響力に対抗する道を示しているからである。

前章ではフランスでの論争においてハイデガーの『ヒューマニズム書簡』が極めて積極的に受容されることになった諸要因を分析した。本章では、この著作の影響下でのフランスのハイデガー論争のいくつかの側面について考察したい。論争の第一段階ではハイデガー思想の人間学的誤読が優勢であったが、その反動として第二段階では、『ヒューマニズム書簡』の影響を受けて、ボフレやデリダを含む一連の著述家たちが、非人間学的、ポスト形而上学的ではありながらも依然としてヒューマニズム的なハイデガー理論の読解を提示した。その結果形成されたのがハイデガー正統派であり、これはハイデガーのナチス加担をめぐる論争の激しい再燃を経て、現在まで続いているのである。

フランスのハイデガー正統派と『ヒューマニズム書簡』

フランスのハイデガー論争は、ハイデガー理論を吸収するためのいまだ完了しない複雑なプロセスの一部である。ハイデガーの理論は明らかに、いかなる基準に照らしても、著しく重要な哲学理論である。そして既存の知識と断絶し、先行する見解と大きく袂を分かち、論争に新たな章を開くような哲学理論や哲学的立場ならば、いかなるものであれ、複雑でしばしば長期にわたる受容プロセスを必要とする。このプロセスは時には数世紀に及ぶこともあり、その中において、理論の持つ着想は有効になり、哲学的論争の一部として吸収されていくのである。

重要な哲学理論の受容のされ方はただ一つではありえない。哲学は筋道だった議論に立脚した反対意見を受け入れる余地を認めるものである。しかしある種の哲学理論においては、問題となる立場の「正しい」解釈以外にはいかなるものに対しても反対意見を排除する、概念的正統派が作り出されることがある。哲学におけるカントのコペルニクス的転回の重要性は広く認められた。そして批判哲学にはただ一つの正しい読解法しかないという共通の前提に基づいて、ラインホルトやフィヒテといった多くの著述家たちは、カント理論の唯一の「正しい」解釈を与えようとした。[*1] 同じように、最初のマルクス主義者であるフリードリヒ・エンゲルス以来、連綿たるマルクス主義者たち――もっとも傑出していたのはルカーチであり、新しいところではアルチュセールがいる――が、マルクス思想の「正しい」解釈を決定しようと試みてきた。

ハイデガー論争は長い間、とりわけフランスにおいては、この思想のマスターとの完全な、あるいはほぼ完全な同一化に終始してきた。この論争の無批判的で更には非哲学的な性格は、少なくとも部分的には、通常は反プラトン主義と見なされるハイデガー理論が内包する、本質的なプラトン主義に由来している。プラトンが展開したのは、真理は才能に恵まれた少数の個人にのみ、しかるべき教育を受けた後で初めて明かされるという考えであり、こうした真理観はある種の神秘主義的宗教の教義に驚くほど似通っている。[*2]ハイデガーおよびプラトンの真理モデルの連携は、存在に向けた明け開け（reverence toward being）がますます強調されるようになる後期ハイデガーの著作において、例えば存在が自らを示すための前提条件である放下（Gelassenheit）[*3]の概念において、よりいっそう明白である。もしも思想のマスター・ハイデガーが存在に対して誰よりも敬虔であり、そして存在が直観を通してのみ知られうるならば、このマスターの弟子たちは、存在についての彼の特権的な洞察に疑問を呈してはならず、それを受容して、流布しなければならない。

新参者にとっては、ハイデガーに関する議論は忠実な信者間での論争のように聞こえがちである。マスターの最高の生徒たちが、教義に完璧な読解を与えようと無駄な努力をしながら妄信的に正統派のマントを争っている。ハイデガーの生徒たちは献身的に解説や解明を行なうが、マスターの思想に対する批判的見解が出てくることは稀である。ハイデガー論争においては批判はしばしば気後れしたようなものであり、更に多くの場合は存在すらしない。組織された宗教の信者と同じように、マスターの追随者たちはいかなる種類の批判も放棄するよう求められ、たいてい実際にそうするのである。というのも、忠実な弟子の役割とは、非ハイデガー主義者による批判のみを批判するよう自己の批判の範囲を限定し、疑問を差し挟まずに従うことだからである。

ハイデガー研究の高度に正統的で無批判的な性格は、『ヒューマニズム書簡』の影響によって脅かされはしなかった。初期ハイデガーの中心的著作である『存在と時間』は、後期の思想においてもなおハイデガーの焦点となっている。初期と後期の側面がこのように関係していることは、重要な思想的立場においては標準的なことである。フィヒテの後期の発展は、初期の主要著作である『全知識学の基礎 *Grundlage der gesamten Wissenschaftslehre*』の絶えざる見直しを通して、初期の立場を新しい仕方で再定式化することに大きく拠っている。同じように、ハイデガーの後期の発展は主として、進展しつつあるパースペクティヴからの、『存在と時間』の一連の再読と解釈によって構成されている。

全集のために「Wege, nicht Werke［道であって作品（全集）ではない］」というスローガンを選択したことからも分かるように、ハイデガーは絶えず自分の思想が変化するものであって、停止してはいないということを強調していた。後期の著作の多くが『存在と時間』に基礎を置くか、それの解釈として提示されている以上、彼の後期の思想は、この著作に対する一連の見直し作業と考えてよい。『ヒューマニズム書簡』は、ハイデガーの初期の見解がまだ効力を持っていた時期、言ってみればハイデガーが当初の立場について考え直し続けていた時期における、そうした再読の一つである。

とはいえ、この著作はハイデガーによる初期の立場の再読のうち最新のものであるというだけではない。ボフレの質問に対する文書による念入りな返答という文脈において、この著作はフランスの哲学共同体に対するハイデガーからの書簡となっているのである。ハイデガーの膨大なコーパスに属する他のどんな著作とも異なり、『ヒューマニズム書簡』は、『存在と時間』の特定の一節を後期の視点からいかに解釈するか、場合によってはいかに再解釈するかについての明確な指示によって満たされている。ここで扱われているものには例えば、第二七節、第三五節における「世人」の概念や、[*4] 第三四節での言語観、[*5] ドイツ語版四二頁に登場する「本質」という語や、[*6] 八八頁の時間と存在への言及、[*7] ドイツ語版一一七、二一二、三一四頁の「人間の『本質［substance］』は実存である」という文への繰り返しの言及[*8]や、ドイツ語原版第四四節二二六頁以下の気遣い［care］の概念への示唆[*9]、等々がある。これらを含めたハイデガーの哲学的主著への異例に細かな言及が示すように、この著作においては全てが、あたかもハイデガーが『存在と時間』の読み方をフランス人に教唆しようと試みているかのようである。

『存在と時間』の最良の入門書と見られることもある[*10]『ヒューマニズム書簡』をハイデガーが著したのは、いわゆる思想上の転回の後、つまり元来の立場の重大な変更の後である。こうした変更は、ハイデガーが主著に続いて著した一連の著作の中でしだいに起こっていった。転回の概念を導入する同じ一節の中で、ハイデガーはまた、存在忘却の観念と形而上学を超えた思想という観念を導入している。ハイデガーが次第にそう信じるようになったとおり、形而上学が哲学であり[*11]、少なくとも西洋哲学であるとするならば、この著作で彼が言うところの思考とはもはや哲学ではない。もしそうだとすれば、ギリシア人以来省みられなかったとされる問いを回復する試みとして基礎的存在論の標題のもとに提示された当初の思想的方針はもはや有効ではない。少なくとも当初に表明されたままの形では有効ではない。

存在の意味の問いについての当初の表明がもはや有効ではないとすれば、問いと答えはどちらも見直されなければならない。他にもいくつかの変更が、ハイデガーが生き、著作を著した混乱の時代――ドイツは第一次大戦の敗戦に苦しみ続け、次第に第二次大戦へと動いていく――によって要請された。『存在と時間』以後の理論上の変更は、近年出版された『哲学への寄与 Beiträge zur Philosophie』によってかなり明確になった。この論争を呼んだ論文（＝『ヒューマニズム書簡』）がどのように判断――ハイデガーのコーパス全体でもっとも重要な唯一の著作として賞賛する評価[*12]と、一切の議論を欠いた教条的で預言者めいた彼のセミナー運営の典型として切捨てる評価[*13]の両極端が同じくらい有識な観察者たちによってなされている——されようと、少なくともこの書が後期の著作におけるあらゆるテーマを告知していることは明らかである。[*14]

『ヒューマニズム書簡』の議論ではこうした当初の立場の変更がすでに言及されている。ここで初めてこの名前で言及されることになる存在忘却（Seinsvergessenheit）の概念や[*15]、やはり公式な言及としては初めてのハイデガー思想の「転回」の概念、そして形而上学や哲学一般を超えるものとしての「思考」の観念などである。

ハイデガーの全体像を扱う著作であれば、後期の思想について詳細な議論が要求されるであろう。しかし現在の文脈においては、彼の当初の立場の直接的研究と、『ヒューマニズム書簡』のレンズを通した間接的アプローチとの差異によって生じる視点の相違に注意しておけば十分である。『存在と時間』は初期に属している。『ヒューマニズム書簡』は後期における彼の思想の発展に属しており、この時期にはハイデガーの当初の哲学理論は、彼自身が明確に述べているように、もはや哲学ではないというところまで変化しているのである。ハイデガーが書いているように「来るべき思考はもはや哲学ではない。なぜならそれは形而上学——この名称は哲学に等しい——よりも根源的に思考するからである」[*16]。ハイデガーの立場の発展における連続性の度合いは低く見積もられてはならないが、それによって後期と初期の思想とのまったくの違いが曖昧にされてしまってはならないし、またそれゆえ、直接的に見た場合と、反対に後期の諸段階のひとつを媒介にして見た場合での、ハイデガーの立場についての理解の相違も曖昧にされてはならない。

フランス式ハイデガー、つまりフランスでの哲学論争に特有で、近年では英語圏でもある程度一定して現れている、ハイデガー思想についての特定の見解がある。フランスにおいても他のどの地域においても、

『存在と時間』はハイデガーのコーパス全体での中心的著作であり、今後も確実にそうあり続けるだろう。このことには議論の余地はない。しかしテクストは自分自身を読むのではなく、読まれなければならないものである以上、どのように読むべきか、このテクストをどう評価すべきかという点に関しては論争の余地が残される。『存在と時間』をそれ自身の用語において直接読むことと、後期の著作によって提供される照準を通して読むことは、まったく別のことなのである。もしもフランス式ハイデガーがそれ自身の用語においてのみ理解された『存在と時間』に重点を置くものであったとしたら、それは主として初期ハイデガーに、つまりハイデガーを――少なくとも彼の頭の中では――哲学の彼方へと連れ出すに到った後期の膨大な著作群において発展を遂げる以前のハイデガー理論に関係するものになっていたことだろう。フランスではハイデガーは主として『ヒューマニズム書簡』とその他の後期の著作のレンズを通して読解されているので、『存在と時間』のフランス式読解が、ハイデガーの立場全体の中でも、とりわけ後期ハイデガーの視点に立ってなされているのは驚くにはあたらない。

ボフレと反攻

フランスにおいて驚くべき影響力を持つハイデガーの『ヒューマニズム書簡』は、当初はこの書簡が宛てられたジャン・ボフレを除いて誰にも感銘を与えなかった。ボフレがハイデガーに手紙を書く以前には、彼が後に示すようなハイデガーの思想と更にはその人柄に対する尋常ならざる献身――この言葉は決して大袈裟ではない――を説明するようなものは、彼の伝記の中には明らかにほとんど見出せない。近親交配されたようなフランスの知識人社会では、ゲームのメイン・プレイヤーはみな互いに繋がり合い、時には密接な関係を持っているが、その中でボフレは最初、いかなる特定の知的サークルにも属していなかった。生前のあいだずっと続くことになる――ハイデガーは一九七六年、ボフレは一九八二年に死去している――ハイデガーとの対話を開始したとき、彼はフランスの若い哲学者で、人民戦線で活動したこともあり、社会主義の理念、とりわけマルクス主義に魅了されていた。戦争のあいだ、一度捕虜となって脱走した後で、彼は現象学に、最終的にはハイデガーに関心を持つようになる。サルトルと同様にフッサールを学んだ後で、彼が自ら進んでハイデガーに転向したのは非常に早い時期であり、ドイツ軍の占領中、戦争終了前の一九四二年であった[*17]。ことによると、ボフレはフランスにおけるハイデガーの代理人となるよう運命づけられていた――後期ハイデガーでは思考は存在によって運命づけられているのだから、存在によって運命づけられていたと言いたいところである――と言えるかもしれない。

『存在と時間』と比べ、ハイデガーの『ヒューマニズム書簡』は速やかにフランス語に翻訳された。ドイツ語での初版の刊行からフランス語訳が出るまでには十二年かかったが、ハイデガーがこの著作を著すための公式な口実を与えることになった質問を提出したボフレがフランスのハイデガー論争において支配的な立場を獲得するにはこれだけの時間で十分であった。回顧的に見れば、ボフレがこの論争の支配権を獲得した背景には、次第に増していく彼のハイデガー思想への傾倒以外にも、いくつかの要因がある。一つの要因は、戦争中に兵士として捕虜になったことのある彼の非の打ち所のない過去が、ハイデガーの政治的に見て非の打ち所がないというにはほど遠い過去――これは彼の理論の受容にも影響を与えた――に対する政治的な居心地の悪さを鎮めるために役立ったことである。もう一つの要因は、ドイツ語をも繊細に使いこなすボフレの疑いようのない言語能力である。

彼は最初、ジャン＝ミシェル・パルミエの紹介を受けなければならなかったことからも分かるように、この言語での必要なだけの会話能力を持っていなかったが、すぐにそれを身につけた。フランスでは、ハイデガーをドイツ語原典で読むボフレの言語力が、テクスト分析（explication de texte）にこだわるフランスの伝統と組み合わさったため、彼のハイデガー解釈にはヘーゲル研究におけるコジェーヴにも似た地位がすぐに保証された。フランスのヘーゲル議論における卓越した地位をのちに失うことになったコジェーヴと異なり、ボフレはその死後においてすら、フランスのハイデガー議論において支配的な地位を維持しているのである。不明瞭なハイデガーのテクストの秘伝的教義を学生たちに伝授するボフレの役割の重要性を強調したピエール・ブルデューは、コジェーヴ派やボフレ派が偏愛する著述家に接するため彼らに依拠せざるをえなかった同僚や学生たちの一般的状況を描いている。流行の思想家たちの翻訳がほとんどなかったことを注意したうえで、ブルデューは次のように述べる。

もっとも熱烈な信奉者でも、威厳ある大講義（du cours magistral）で行なわれる折衷的な翻訳を通して、聴講を通した（ex auditu）知識——それはしばしば正確に近いこともあれば歪曲されていることもあった——しか得られなかった。すべてはまるで、秘教的で漠然としたテクストや著者に偏愛によって宗教が結びつけられたかのようであり、そうしたテクストや著者は、フッサールやハイデガーの場合のように、翻訳がないために実際に接することができないことさえあった[*18]……

ハイデガーが当初ボフレに与えた惜しみない賞賛は、きっかけとなった出来事の重要性の乏しさ——ありそうなことだがもしもボフレの書簡が単なる口実として使われたのでなかったとしたら、これは現象学を学ぶフランスの無名の学生からのただの質問状にすぎない——を鑑みれば、このきっかけが両者の後の交流において重要になってくるとはいえ、明らかに不釣合いなものであった。[19] ボフレはハイデガーの関心を引いて明らかに得意満面であり、ほとんど想像を絶するほどのハイデガーの弟子となったのである。ボフレの報告するところでは、彼は一九四六年九月に初めてハイデガーに面会に行き、真剣にハイデガーの著作を研究するよう決意したという。とても対等とは言えないレベルにある二人の思想家の「対話」は三十年にわたって続けられ、これはその間繰り返された訪問の一回目にすぎない。

この間ボフレは、あらゆる機会を捉えてハイデガーへの忠誠を表明しており、その様子はまったくの正統性（orthodoxy）の関係にほかならなかった。哲学は、それに本来備わった非正統性において、また、独立を主張し、伝統や教条的主張に従うことを拒み、確信よりも証明、安心よりも議論を求める必要性において、宗教とは異なっている。カント以降の近代哲学では、正統性という観念は新たな重要性を獲得する。

マルクス主義者とフロイト主義者という可能な例外を除けば、正統性を気にかけるという点でハイデガー主義者に並ぶ者はない。ハイデガーは存在の牧人としての現存在について語ったが、ボフレはハイデガーの存在の牧人であり、正統派の中の正統派、文字通り限りのない忠誠心を持つ代理人、ある意味ではハイデガー主義の宮廷道化師ですらあった。

マスターの思想に対するボフレの限りない受容と同一化は、四巻にわたる彼のハイデガーとの対話、トヴァルニツキによるインタヴュー、そして彼による――批判的な注解の一つもない――ハイデガーの視点からのパルメニデス論において如実に現れている。さらに、ハイデガーの思想になんらかの欠陥が、些細なものであれありうるという考えに対するボフレの抵抗もそれを例証している。ある理論において哲学的論争が決着を見ない場合には、その理論の受容は、完全に拒絶されるのでないかぎり、その思想家の思想において何が有効で何が無効かを決定することによって、部分的採用を模索しなければならない。しかしハイデガーが完全にそのままの形であることを望むボフレは、ハイデガー思想を部分的に取り戻せるという考え自体を拒絶することによって、彼の言う「許容可能なハイデガーと受け入れがたいハイデガー」の区別に抵抗するのである[*20]。さらなる例証はハイデガーが大学教育から追放されていた時期の一九四八年のセミナーであり、ボフレによれば、このセミナーの出席者は彼一人であったという[*21]。

ボフレのハイデガーとの個人的関係は、フランスのハイデガー論争で彼が卓越した地位にまで上り詰めた重要な要因である。ハイデガー研究は一次文献への接近の不平等さによって印づけられており、言うなれば傷つけられている。文献への特権的な接近を根拠に議論する者、あるいは公表されない文献を所有する者に対して、議論を吹きかけることは困難である。ボフレは要所で彼のみが扱える情報を参照させており、このことがこうした現象を例証している。ありそうなことではあるが、もしもハイデガーがボフレとの継続的な対話を、フランスでの彼の思想をめぐる論議に影響を与える手段として利用したとするならば、その目論みのためにフランスでの彼の侍祭に特別な情報を提供したと考えるのは妥当であろう。

ボフレはハイデガーとの対話を開始した直後からこうした態度を実践し始めた。『ヒューマニズム書簡』が刊行された一九四七年の論文では、サルトルの現存在解釈を退けるために、彼はヘラクレイトスの断章一一九についてのハイデガーの手紙を用いている[*22]。一九五八年の論文では彼は次のように書いている。「ハイデガーはアリストテレスの『形而上学』に関してかつて私にこのように述べた。『この形而上学は『形而上学』などではまったくなく、現前するものについての現象学なのである』[*23]。彼はハイデガーに関する後の著作においてもこうしたことを実践し続ける。特に目に余る例として、対話四部作の一節を挙げることができる。そこでは、ハイデガーの後期の著作において「ent-schwindet（過ぎ去る＝脱・消失する）」という語が「verschwinden（消失すること）」なく姿を消していることに関して、一九五〇年にハイデガーが彼に対して口頭で語ったとされるコメントが援用されている。ボフレはこれに加えて、ハイデガーが一九五二年に彼に書き取らせたという七行に及ぶ断片を引用してこれを補っている。[*24] さらにボフレは少し後で、ハイデガーの立場が継ぎ目のない織物のように一貫しているわけではないとの外見を否定すべく、次のように述べる。『ヒューマニズム書簡』の初めでハイデガーは「存在 Sein」という語句を使い続けているが、実は「生起＝出来事 Ereignis」を意味していることが、ハイデガーの一連のトール講義の書き起しでは省略されている一節において示唆されている、というのである。[*25]

ハイデガーの思想に切り込んで行く際のボフレの批判を欠いたやり口は、この後に来るフランスのハイデガー論争でのボフレの重要性にのみ見合ったものである。すでに見たように、フランスでは優秀な学生は試験での競争によって認められ、各種の並行するエリート・スクールから成るシステムの中で教育される。多くはパリにあるこうした学校の教師は、次々とフランス社会の指導者になっていく並外れて有能な学生たちに影響を与える機会を持っている。戦後、ハイデガーに転向した後でボフレは、二十七年間にわたってパリのこうした学校で教鞭をとった。彼自身の言うところでは、この間彼は多くの学生たちにハイデガーへの本当の関心を惹起することができた。これらの学生は後にフランスのハイデガー論争で顕著な活躍をすることになるが、その中にはフランソワ・フェディエ、フランソワ・ヴザン、ジャン＝リュック・マリオン、ジャン＝フランソワ・クルティーヌ、エマニュエル・マルティノー、アラン・ルノー、ドミニク・ジャニコーらが含まれる。[*26] ボフレが誇張気味に述べているところによれば、これらの学生の中でただ一人、後になって「物語よりも伝説を好むことが判明した」[*27]人物、つまり彼の説明によれば、ハイデガー理論に対するボフレの正統派的見解を拒否した唯一の人物がいたのである。

ボフレは自分の教授法についての短い記述の中で、この所見の重要性を指摘している。彼は頻繁にハイデガーを訪問し、その最新の思想を取り入れていたと述べる。教育の場において彼が強調するのは、ハイデガーを「批判する」ことではなく、「カント、ニーチェ、フッサールの研究で終わってしまうことなく、私の学生たちと私自身が fragwürdig、つまり問うに値する（problématique）と思えるような更に重要な点（un point plus brûlant）に到るまで、哲学を研究すること」[*28]である。したがってボフレにとっては、ハイデガーによって凌駕され、最終的には何の共通点もないまでになった哲学的伝統における偉大な先行者たちは、疑いなくハイデガーとは比較にならなかった。もしも立ち止まって問いかけねばならないとすれば、問うことが向けられうるのはハイデガー思想の解明だけであるし、それだけに向けられるべきなのである。ボフレはハイデガーについてのこうした考えを、マスターの思想に対する忠実さの点では類を見ないその教授法——彼自身も主張しているように、戦後のパリのにおいてそれに並ぶものはなかった——によって、伝達したのである。

ボフレは自らのハイデガー思想の記述に強い愛着が現れていることに気づいており、全体として「遠隔操作による説得の実践」[*29]として受け取られやすいことをあっさりと認めている。しかし少なくとも、明らかにボフレ自身が望んでいたように、彼がハイデガーの生徒のひとつの世代を形成するうえで大きく、またしばしば決定的に貢献したことは明らかであり、この世代のうちの何人かは、その教育者であるボフレと同じくらいに、思想のマスターに対して無批判的なのである。

ボフレとフランスのハイデガー正統派の台頭

フランスのハイデガー論争の第二段階における中心人物であるボフレはまた、フランスのハイデガー正統派の中心的な創設者でもある。ボフレがハイデガーをフランスに導入した唯一の人物ではなく、ハイデガーの影響力の唯一の守護者でもないことに的確に目を向けているピエール・オーバンクは、フランスのハイデガー受容を正常なものとみなしている。[*30] しかしそれは正常であるといっても、マスターの思想をまるで開示された真理のように完璧に無傷なものとみなす弟子にとって正常であるというだけにすぎない。[*31] もしも人間が存在の牧人であるならば、ボフレをハイデガーの存在の牧人と考えても――ボフレは明らかに自分をそのように捉えている――決して大袈裟ではない。

ハイデガー個人とその思想に対するボフレの忠誠は尋常ではなく、常軌を逸したものでさえあった。ハイデガーは――実を言えば他のどんな思想家も――ボフレほど忠実な弟子を持ったことはなかった。ボフレは、そうすることが一般的ではなかった時期において既に、彼のアイデンティティ全体を喜んでハイデガーの要求に従わせたのである。[*32] ドイツにおいては、ハイデガーの一番弟子は長い間刊行中の彼の全集の編纂者であるフリードリヒ＝ヴィルヘルム・フォン・ヘルマンであった。よく言われるようにフォン・ヘルマンの著書全体がハイデガーのテクストのバリエーションであるとすれば、遅くとも一九四七年に始まるハイデガーへの転向以後のボフレの著作は次第に、マスターの思想の真正な反復という形式における言い換え、開示された真理のこだまのような反復になっていったと言える。

ハイデガーのある一連の著作が、彼の伝説を生み出すうえで障害となっている。ここに含まれるのは、彼がフライブルク大学の学長職を重要でない挿話として描いている一九四五年の記事や[33]、死後まで取っておかれた一種の知的遺言とも見なしうる『シュピーゲル』誌とのインタヴュー、フランスの哲学者たちに『存在と時間』の解釈を教える『ヒューマニズム書簡』、転回の概念に真正な解釈を与える「リチャードソンへの手紙[34]」、そして何をおいても、彼の明示的な指示に従った、全く批判の加えられていない現在刊行中の全集がある。ハイデガーの理論に関する彼自身の見解はさらに、現代哲学の中心的な媒体になっているいくつかの言語において、彼の明確な指導のもとに行われた共同作業による著作を通しても窺い知ることができる。ドイツ語ではハイデガーの自己解釈に関するフォン・ヘルマンの著作[35]や、ペゲラーの初期の研究の――その後の版ではなく――初版[36]、英語で書かれたリチャードソンの本[37]、そしてボフレの数多い著作のすべてが挙げられる。

ハイデガーに関するボフレの著作には、ハイデガーの自己解釈についての、正確で洞察に富んではいるが、まったく批判を欠いた言明が見受けられる。ハイデガーは相応な水準にある偉大な哲学者との対話を望んだが、ボフレは偉大でもなければ重要な思想家でもなかった。彼の伝説の全ては、フランスの論壇にハイデガーの特定のイメージを伝えようとする長年の努力と密接に結びついている。ハイデガーのボフレとの長大な対話は、時の試練に耐えうるような権威ある解釈を彼の見解に与えるようとする努力と見なすのが妥当だろう。

マスターの思想に対して弟子はしばしば多くの論文を捧げるか、一冊、時には二冊の書物を捧げるものであって、数冊に及ぶことは稀である。この点においてもやはり、ボフレは例外的であった。彼のハイデガー解釈は数多くの場所で詳細に転回されている。実存哲学についての初期の入門書や[38]、「ハイデガーとの対話」にハイデガー思想のさまざまな側面を扱った論文や講演を継ぎ足す形で構成される四巻の書物[39]、ハイデガーのパルメニデス解釈を基盤にしたパルメニデス研究[*40]、ハイデガーに関する二巻のインタヴュー[*41]、ハイデガー思想に関する十回のラジオ講演[*42]、等々がそこに含まれる。

哲学理論についてのハイデガーの把握は並外れたものであった。ボフレの哲学的伝統に関する造詣はこれに比べれば浅いとはいえ、印象的であることに変わりはない。彼の著作には、ギリシア哲学の深い下地に基づいた、フランス思想とドイツ思想、さらにスコラ哲学に関する網羅的な知識が反映されている。ハイデガーに関するボフレの著作は常に、彼の哲学的教養に特徴づけられている。ハイデガーを扱った初期の著作では、彼はその教養を、重要な哲学者の中の一人としてハイデガーを理解するために用いている。この時点でボフレは、現代哲学で真剣に論ずるに値するのは実存主義とマルクス主義だけだという、サルトルの後期の見解を受け入れている。ボフレはハイデガーに転向する以前にはマルクス主義に傾いており、彼の作品にはマルクスとマルクス主義について見識に富んだ賛同的所見が多く存在する。おそらくボフレの著作の中でマルクスへのもっとも非好意的な言及は、ニーチェの方がマルクスよりもギリシア人を理解していたと簡単に触れている箇所であろう[*43]。

ところが、ハイデガーとの対話を開始して以来、ボフレのハイデガーへの態度は変化する。『ヒューマニズム書簡』の後になると、哲学は存在についての誤った観念にのみ関係するのだから彼自身は哲学者ではないというハイデガーの主張を[*44]、ボフレは何の留保もなしに受け入れている。こうした考えは確実に、ハイデガーに関するボフレの後の著作の礎石となっている。そこでは彼は、同じ哲学的教養を用いて、ハイデガーと他の哲学者の見解の根本的な不連続性、ハイデガー理論と哲学との根本的不連続性を支持する議論を行っているのである。

他の哲学者や哲学に対するハイデガーの関係についてのボフレの読解には概念的な断絶がある。ヘーゲル主義者やマルクス主義者はそれぞれ、ヘーゲルやマルクスが哲学的伝統に終わりをもたらすと考えるが、これと同じようにハイデガー主義者は、ハイデガー理論をまったく独自のものとして（sui generis）、先行する思想に対して意味のある関係を持たないものと見なす傾向がある。*45 ボフレは当初、それ以前の思想家たちの思想に対するハイデガー思想の関係について、差異を伴った連続性を看取していたが、後になると差異だけしか認めないようになる。初期のある論文では、フッサール理論への関連においてハイデガー理論にアプローチしようとするフランスでの傾向に沿って、彼はハイデガーをフッサールの見解を土台としてその上に構築するものとして捉えている。世界内存在（l'être-au-monde）という考え方において、ハイデガーは、ブレンターノを継承したフッサールを継承している。ハイデガーはフッサールの志向性の観念を、われわれの「修復しえない事実性」*46 の発見を通して変容させ、その上に立って構築を行っているのである。

しかしその後、『ヒューマニズム書簡』が公刊されてからは、フランスのハイデガー論議の一時的な特徴であったハイデガー理論をフッサール理論に関連するものとして理解する試みを、ボフレは単なる折衷主義と考えるようになる。ボフレの視点の変化は、ハイデガーが自らの著作で挙げている二つの論点を反映している。それは哲学の彼方へ向かうという主張、そして彼の立場をヤスパースの立場と比較すること、更に暗示的に他の誰の立場とも比較することの拒否である。ハイデガーの自己解釈に従って、ボフレはフッサールとハイデガーの見解のあいだの関係を、連続性を通した発展ではなく、不連続性として、概念的な断絶として考え直しているのである。フッサール理論とハイデガー理論が本質的に関係しているにもかかわらず、ボフレはいまや、この両者を対置させ「フッサールとハイデガー」などと書いて同列に置いて考えることが、深い誤解に繋がるという考えを持つようになる。フッサールによる科学概念の先史の分析は、ギリシアにおけるロゴスの起源に関するハイデガーの省察と、厳密には比較不可能である。フッサールが単純に承認したものを、ハイデガーは根本的な吟味にかけるのであるから、両者の見解は根本的に似通っておらず、それゆえ不連続的なのである。[*47]

ボフレは三十年以上にわたって、ハイデガーの立場に関する自らの読解を絶えず洗練させていった。彼のハイデガー解釈の最終的な最も豊かなヴァージョンは、二つの場所で発表されている。一九七七年になされた講演[*48]と、もう一つは一九八一年にフランス・ハイデガー学会で行なわれた講演[*49]である。ハイデガー理論についてのボフレの最終的見解は、後により単純化された形で、しばしば同じ言葉を用いる形で、ハイデガー思想をめぐる一巻にまとめられた彼のインタヴューの中で繰り返されている。これらのインタヴューは間違いなく、ハイデガーの『シュピーゲル』インタヴューと同様、ハイデガー思想をできるだけ広くの公衆に紹介する意図のもとになされている。[*50]ここでボフレはハイデガーの後期の立場を、ギリシア哲学について、とりわけトポスは把握困難であるというアリストテレスの観念についての長大な省察と見なして、守備一貫した興味深い読解を提示している。ボフレにとってはこのように、後期ハイデガーの思想全体を貫く中心的道筋は、存在のトポロジーを解明することへの非形而上学的ないしはポスト形而上学的な関心であり、彼の解釈によればこの関心は一九二七年にはまだ始まったばかりであった。[*51]

ボフレは部分的に、有名なハイデガー思想の転回の読解を基盤にして、ハイデガー理論の解釈を行なっている。彼は明らかにハイデガーのリチャードソンへの手紙は知らなかったけれども、転回の時期を一九二七年に、つまり「いまだ知られざる書物」において「最初の始まり」から「もう一つの始まり」への移行がなされた時期に置いている。[*52]これは存在忘却への移行であり、存在忘却とはもはや『存在と時間』においてそうであったように単なる人間の手ぬかりに起因するものではなく、いまや存在の属性とされるのである。

存在忘却はもはや、『存在と時間』の読者はなおもそう信じていかねないが、単なる遺漏ではない。それは存在に関わるのであって、われわれに関わるのではない。言い換えれば、「存在の忘却」という言い回しにおける属格［存在の忘却］は、目的語から主語へと転じるのである。忘却は存在に由来する。*53

こうした変化が公式に伝えられたのは、一九三〇年の講演「真理の本質について」が最初である。ボフレによれば、ここには後期ハイデガーの思想における全てのテーマを見出せるのである。この単純な言語論的観察は、存在がもはや人間を通して知られるのではなく、それ自身を知らしめるという、ハイデガー理論における変更を意味している。ボフレは目的語的属格から主語的属格への変化を存在の撤収（withdrawal）と解釈する。そしてさらに、いわゆる存在の撤収を、出来事、つまりEreignis［生起］として見られた歴史にとって本質的なものと解釈するのである。*54 思想のマスターとの独自の密接な関係にふたたび依拠して、ボフレはここでマスターを引用しつつ次のように述べる。かつて一九四九年にハイデガーは彼にこう語ったというのである。「人間は現存在となるほどに存在によって浸透されており［transi］、そしてこの出来事（*Ereignis*）とは、現存在が本質的にそこに属している存在の真理である」。*55

ボフレはハイデガーが翻訳不可能とみなしている*56 Ereignisという用語の多数の意味を便利に区別している。その意味とは例えば、ギリシアの詩に関連するもの、切り離された実体としてのギリシア哲学の誕生に関連するもの、そしてこの［誕生の］瞬間から近代技術を通してその瞬間が凌駕される時点に到る哲学史に関連するものである。[*57] 最後のもっとも重要な意味は、Ereignisとしての近代技術に関する長い省察――つねに研究されえたにもかかわらず『存在と時間』までは研究されることがなかったテーマを受け継ぐものとして――を通して、「別の始まり、つまり、後退を通して自らを形而上学から抜け出させる一歩の創出……」との関連において浮上してくる。[*58]

マスターの理論の権威ある解釈を定式化し、伝播＝散種（dissemination）することと、非正統派に抗して、さらに言えば正統的読解を確立する試みと合致しない意見を異にする読解に抗して防衛反応するというのは別のことである。思想のマスターに経歴のすべてを捧げ、論争が決定的な地点に達すると何が「権威ある」解釈とみなされうるかを規定しうる特権的な情報に依拠しようとする弟子が、自らの解釈と衝突する解釈を歓迎することはありそうもないことである。ボフレが他のハイデガー解釈を退けるのは誤解を正そうとする彼の配慮の現れだともみなせるが、ただそれだけではない。静かに、しかし確実に、ボフレはこの分野での卓越性を主張するプロセスを通して、ハイデガー思想についての他の読解への信用をかなりの程度に貶めているのである。

ボフレが、ルノー、ヴュイユマン、メルロ＝ポンティ、リクール、レーヴィット、ペゲラーによるハイデガー思想の競合する解釈を退けているのはその一例である。以前にはボフレの生徒であったアラン・ルノーは、ハイデガーの背教者であり、ボフレ――ボフレはその後のフランスでのハイデガー受容の発展を目にすることなく世を去ったが、今や彼の以前の生徒たちは、彼自身によるマスターの思想の寛容すぎる解釈から距離を取り始め、あるいはすでに離れ去ってしまっている[*59]――によれば、彼の権威あるハイデガー思想の読解を拒否した唯一の生徒なのである。[*60]

論文の一つでルノーは、ハイデガーのトール（一九六六、一九六八、一九六九）およびツェーリンゲン

（一九七三）でのセミナーのフランス語訳に関して疑問を提出している。[*61]『ヒューマニズム書簡』と同様、この後者のセミナーはボフレの手紙をきっかけにして開催された。両方のセミナーの原稿はボフレのノートをもとに再構成され、協力者のクロード・ロエルとボフレ自身によって翻訳されている。ルノーはこれらのテクストのハイデガーのコーパスへの関係と、その再構成の正確さ、そして特定の用語の翻訳を疑問に付すことで、フランスのハイデガー主流派におけるボフレの特権的役割と、ボフレによるハイデガー思想の権威的読解に、暗に脅威を与えたのである。

ルノーの論文の約二倍にもおよぶボフレの熱烈な返答は、[*62]彼がこうした自らの権威への挑戦をどれほど真剣に受け取ったかを表している。返答の中で、ボフレは四つの主張を行っている。第一に彼は、ルノーを不満をためている自分の元生徒として描き出し、それによって、ハイデガーに関するルノーの発言が、第一級のフランスのハイデガー学者の見解に逆らってまで、不相応に重く受け取られるべきではないことを暗示してみせる。第二にボフレはこの主題に関する精通ぶりを開陳するために、後期ハイデガーの立場の発展についてその全体像を簡単に提示してみせる。第三に彼は特定の用語の翻訳と彼の翻訳作業全般とを支配している合理性を詳細に述べ、その一方で特殊な翻訳に反論するルノーの能力を軽視する。[*63]そして第四に彼は、自らのハイデガーとの長年にわたる親密な個人的関係を詳細に報告するのである。

ルノーの記事はフランスのハイデガー論争におけるボフレの卓越性に挑戦するものであるが、ハイデガー理論に挑戦しているわけではない。これに対してメルロ＝ポンティ、ヴュイユマン、リクールらがボフレの返答を引き出したのは、フランスのハイデガー論争における彼の卓越性を脅かしたからではなく、ハイデガーの理論に挑戦したからである。ある有名な本の中で、コレージュ・ド・フランスの教授を長年にわたって務めたジュール・ヴュイユマンは、フィヒテ、新カント派の偉大なるヘルマン・コーエン、そしてハイデガーの三人の立場を、カントの哲学におけるコペルニクス的転回に対する三つの回答として研究している。[*64]

断固としたハイデガー主義者にとっては、この種の研究は明らかに、思想のマスターの並外れた重要性を傷つけるものである。というのも彼の思想は、自ら主張しているように哲学を超越するのであり、たとえもっとも重要な哲学者の思想であっても文字通り比べものにならず、従って比較不可能なのである。ボフレの並外れて激しい返答はヴュイユマンの本の信用を落とす試みと見なしてよい。彼はこの本を、「明らかにドキュメント風」、「ハイデガーを主人公の一人とする小説」、「博識から来る幻想」に属すもの、というように特徴づける。そしてこの幻想の誤りは「テクストの単純な分析」を通して容易に克服されるというのである。[*65]

ボフレの見るところでは、フランスの重要な現象学者であるモーリス・メルロ＝ポンティも、同様の過ちを犯している。『存在と時間』は後期フッサールの生活世界の観念を推し進めたものにすぎないという彼の提唱は、[*66]二つの立場が連続的な関係を持っていることを含意している。「ヤスパースとハイデガー」という言い回しを拒否したハイデガーに従って、ボフレは「フッサールとハイデガー」という似通った言い回しに見て取れる「折衷主義」に抵抗する――ハイデガーがフッサールに対し「本質的な繋がり」を持っているにもかかわらず。[*67]例によって、ボフレの戦略はハイデガーと他のあらゆる思想家との不連続性を強調することであり、ここではその相手はフッサールなのである。一九三八年の講義[*68]でハイデガーがデカルト的主観性を退けていることをある程度引き合いに出しつつ、ボフレは、ハイデガーが『存在と時間』において、「より初期の問題、つまりギリシア的経験の基本的次元としての外―立（ek-sistence）のために、あらゆる主観性を[*69]」放棄したと主張している。

重要なフランスの現象学者であり、敬意を払われた同僚でもあるポール・リクールはもう一人の重要な論敵である。リクールの異論に対しては、単にボフレ自身の重要性を強調するとか、または単なる冷やかしによって応答するということはできない。ボフレの返答の中にわれわれは、ハイデガー理論への傾倒と反比例する彼自身の哲学的能力のいささか凡庸な限界を見て取ることができる。ハイデガーと神学の関係を扱ったある論文の中で[*70]、ボフレは、形而上学と哲学を単純に同等と見なそうとする後期ハイデガーの試みと[*71]、生起＝出来事（Ereignis）の概念によって存在の歴史に終わりをもたらすというハイデガーのいわゆる「思いあがった要求 prétention」とに対するリクールの批判に言及している[*72]。

リクールの批判は、後期ハイデガーの立場の核心に触れている。その核心とは、さまざまな仕方で表現される――『哲学への寄与 Beiträge zur Philosophie』で〝最初の始まりから他の始まりへの移行〟と呼ばれている彼の思考上の転回を通して、ひとことで言えば、目的語的属格の主語的属格による置き換えや、他のさまざまな仕掛けを利用することによって――哲学に終わりをもたらすこと、つまり哲学的伝統からその伝統を越えた思考なるものへと脱出することに向けられたハイデガーの意図である。

第一の点に対する回答でボフレは、ハイデガーの決定的な貢献は、ヘーゲルと同様、「哲学」という用語を、ギリシア的伝統から浮かび上がってきたもっとも深い意味における思考に限定したことだと主張している[*73]。しかし彼がおもねってハイデガーとヘーゲルを比較してみせたところで、異論に対する回答にはなっていない。この異論は言うなれば、形而上学と哲学一般を超越しようとするハイデガーの試みをぶち壊しにしているだけなのである。

リクールの指摘するもう一方の論点に対するボフレの返答は、さらに頼りないものである。事実、彼は話題を変更して、頼りない個人攻撃に訴え始める。ハイデガーは尊大な（pretentious）人物などではない。

にもかかわらず彼を気取っていると非難することこそ「気取っている」のであり、彼を愚かだと非難することこそが「愚かである」[*74]。ボフレはこう宣言することで、リクールが尊大であるとほのめかすのである。こうした戦略は、哲学的問題をハイデガーの個人的問題に変形し、更に個人的問題を問う人の側の問題に変形する、二重の変形を行なうことにある。しかしそれでは、ハイデガーが形而上学に終わりをもたらしたのかどうか、またそもそもそうした終わりに到達することが一般的に可能なのかどうかを問いかけるリクールの異論に対しては、字義的にも、またその精神においても、答えたことにはならないのである。

フランスでの同僚たちに対するボフレの態度は、マスターの著作の都合のいい解釈を擁護するという思惑と、フランスでのハイデガー論争の中で影響力を行使しようとする個人的闘争に左右されている。これに対して、ドイツの同僚たちに対する彼の態度は、レーヴィットやペゲラーに関する所見によく表れているように、おそらくはハイデガー正統派を維持しようとする思惑のみに左右されている。

ハイデガーが受け持った最初の大学院生であり、後に同僚になったカール・レーヴィットは、重要な哲学者である。フランスのハイデガー論議において、それに加えて、ドイツでのハイデガーの最も辛辣な批判者として、また、サルトルの雑誌『現代』紙上でのハイデガーのナチズムに関する論争の発端となった記事の著者として重要である[*75]。

ボフレのレーヴィットへの攻撃は、特定の批判的論点に動機づけられたものではない。この攻撃は、レーヴィットがハイデガー思想の最も初歩的な側面についてすら無知であることを示すために、特定の反論に答えることなく、それでいて実際に彼の批評家としての評価を貶めるためになされている。レーヴィットとサルトル――この同じサルトルをボフレは当初、ハイデガーの優秀な教え子と見なしていたわけだが――の現存在についての解釈をハイデガーの自己解釈に比較しつつ、ボフレは次のように書いている。

「別様に考えることは、出発点を取り違えること、つまりすべてを最初から取り違えるということであるが、これはサルトルが『存在と無』で極度に単純化したうえで犯している過ちと同じである。サルトルはここで、ハイデガーが現存在を通してコギトを、彼が言うところでは『拒絶した』として、あるいは少なくとも『回避した』として批判しているのである[*76]」。

オットー・ペゲラーは、ドイツでのハイデガー、ヘーゲル両方の理論の重要な研究者であり、マスターの丁寧な指導のもとで準備されたハイデガー理論に関する有名な研究を著している。ペゲラーのハイデガー思想への精通が浅かったなどと口にすることはまず無理であろう。しかしながら、暗黙にハイデガーの第一級の弟子には備わっているとされる特徴が彼には抜け落ちていると指摘することは無理ではないだろう。ヘルダリンの詩によってハイデガーは四方位の観念を導入するに至ったというペゲラーの観察――ボフレもこの観察の妥当性自体は受け入れている――に関連して、ボフレはそのことを示唆している。ボフレによれば、ペゲラーはハイデガーがヘルダリンを選択したことを説明できてはいないのである。ふたたびハイデガーの口頭でのコメントに依拠してボフレは、詩人たちの中でヘルダリンただ一人が「われわれの世界がもつギリシア的起源への特異な関係という問題[*77]」を提起しているからだ、と述べている。

ボフレがハイデガーへの批判や、ハイデガー思想の「権威ある」読解からの逸脱を、いかなる形であっても許容しないだろうことは明白である。ハイデガー理論を擁護しようとする者であれば、権威のない解釈、更には逸脱的な解釈からだけでなく、とりわけ戦後フランスの状況においては、ハイデガーのナチズムへの転向に起因する政治的に動機づけられた批判からも、彼を擁護する必要があることに気づかされる。ハイデガー思想の政治的次元についてのボフレの扱いは、後のフランスでの議論の典型である。悪の問題を否定する人々と同じように、ボフレは実際、ハイデガーの国民社会主義への関係に関して、取り組むべき政治的問題が存在するということ自体を否定するのである[*78]。

ボフレがハイデガーの政治的転向に言及することは稀であるが、それは常に弁解めいたものである。ハイデガーが意思の弱さから国民社会主義に加担したというサルトルの所見に対する初期の回答において、ボフレはそれが意識的に予定された行為であったことを強調して反論している。彼はハイデガーがナチズムに転向したのはそれが死を前にした決意性の本来的形態であるというナイーヴな見解のためではないかと推測し、その後でそうしたナイーヴさがブルジョワらしい社会的下部構造への注意の欠如に由来すると示唆している[*79]。この段階において、ボフレがもっとも進んで支持しているのは、政治的現実に気づかないか、少なくともきちんとは学んだことのない、存在の哲学者の側のある種のナイーヴさである。

後の著作になるとボフレは、ナイーヴに、しかし栄誉を感じながら国民社会主義に加担したであろうこの同じハイデガーを、断固としたナチズムへの抵抗者として描き出してみせる。ボフレによれば、一九三五年と一九三六年に数度にわたって行われたハイデガーの「芸術作品の起源」についての講演は、ゲッベルスのナチス的文化観に対する明白な挑戦行為であるという。ハイデガーの唯一の過ちは「ヒトラー主義が思想の力によって打ち負かされうると信じたこと[*80]」なのである。ここでもまたハイデガーは、すべての哲学者がそうであると考えられているようにいささかナイーヴであったという以外には、なんの罪もないのである。

しかしながら、哲学者である同僚に宛てた文章の中でハイデガーが政治的にナイーヴであったらしいと述べることで最小限の同意が得られたとしても、大衆に消費されることを目的としたインタヴューの中では、より厳しい反応に引き戻されることになる。ボフレはここでは、一点の傷もない完璧な網の目を張り巡らせる。彼は次のように主張する。ハイデガーは、彼に向けて湧き上がった非難がそれによって正当化されるような行為は何もしていない、そして彼の思想を政治的に疑問視することは誹謗者の哲学的凡庸さを映し出すだけだというのである。[*81] 彼は更にオリンポスの神々のような超然とした態度を取り続けて、ハイデガーのような思想家にとって批判に答えることは屈辱的であり、ハイデガー自身がはっきり望んでいるように、自分もそうした批判に応えることはない、と主張している。[*82] おそらくハイデガーの立場に関する批判と、ボフレの政治は、同じ平面上にあるのだろう。ボフレはさらに進んで、マルクス主義をあからさまに持ち出しながら、思想の重要な本体を非難することは、哲学をイデオロギーとして解釈することと同じであると述べている。[*83]

しかし、事実が明らかになるにつれて、ボフレの言葉を借りて言うなら、ハイデガーは彼に向けて湧き上がった非難がそれによって正当されるようなことを数多くおこなっていたことがはっきりしてきた。例えば彼は、同僚を国民社会主義に告発したりしているのである。[*84] ハイデガーの批判者の大部分は哲学的にさほど重要でない人物かもしれないが、だからといって彼らの批判が誤っていることにはならないし、政治的に動機づけられていることにもならない。もしも政治的な問題が問いかけられてはならないなら、知的な責任は消滅することになる――ハイデガーは決意性の概念においてそうした責任を主張しているというのに。そしてもしも重要な理論が批判されてはならないなら、そうした理論は文字通り比較不可能な、まったく独自なものになり、あらゆる種類の評価を超えて、単なる賞賛の対象になってしまうだろう。これこそがおそらく、あらゆる種類の批判に対するボフレの決然としたハイデガー擁護の、より深いところでのメッセージだろう。

フランスのハイデガー正統派

影響力の大きいボフレによるハイデガー理論の読解は、『ヒューマニズム書簡』の中心的テーマを選択的に肯定しており、これがフランスのハイデガー正統派の基礎となった。このテクストを書く公式な口実となったのは、自らの実存主義をハイデガーの基礎的存在論の上に基礎づけようとするサルトルの過度に熱狂的な主張である。しかしハイデガーは、当初は困窮の時期にあってサルトルにより救済がもたらされると信じていたものの[*85]、この賭けは危険すぎるということに確実に気づいたのである。

影響力のあるボフレのハイデガー読解においては、三つのテーマが支配的である。ハイデガー思想の後期の発展を経由した初期の思想へのアプローチ、ハイデガー理論が哲学を超えているという観念、そしてハイデガーの政治的参与に起因する批判から彼の立場を擁護しようとする努力である。これらのテーマは更に、厳密に哲学的で文脈を度外視した読解に終始するフランスの正統的ハイデガー論議においても優勢であり続ける。そこではボフレの導きに従って、ハイデガーの思想をその政治的参与から切り離す傾向が、そしてそれが不可能な場合には、ハイデガーの政治参加のもっとも好意的な見方を提示する傾向が存在する。

権威ある『カイエ・ド・レルヌ Cahier de l'Herne』誌のハイデガー特集号は、後者の戦略の好例である[*86]。ハイデガーの思想を全体として紹介するには、彼の国民社会主義への参与に言及しないで済ますことは明らかに不可能である。しかしこの明白な危険は二つの方法で回避される。ハイデガーの著作のうち、彼にとって有利な側面を提示しているものだけを選択的に繰り返し示すこと、そして「政治」のセクションに彼の国民社会主義への転向を取り上げない記事や[*87]、それを釈明しようとする記事を載せて出版することである。

ハイデガー自身の『シュピーゲル』インタヴューに従って、ジャン゠マリー・ヴェイスは有名な「学長就任演説」を、ドイツ大学の本質に関する省察として、それが持つハイデガーのナチズムへの関連を考慮することなく論じている[*88]。この演説のより正確な像は、講演を再構成することによって提示されてもよかったはずである。ハイデガーと政治を扱った本の著者であるジャン゠ミシェル・パルミエが寄稿しているハイデガーと国民社会主義についての論考では、きわめて短い時期に議論を制限するという単純な仕掛けによって、ハイデガーの思想と彼の政治的転向との関連性についての一切の主張が退けられている[*90]。

初期ハイデガーの著作を後期の思想を通して解釈し、ハイデガー思想をそれ自身を通して解釈しようとするフランスの正統派ハイデガー主義に広範に見られる傾向は、ハイデガーの著作群への極めて保守的なアプローチを生み出している。ハイデガーの著作の分析においては、フランス式のテクスト解釈はときに、ほとんど秘義解釈に似た性格を帯びてくる。つまりそこでは、真理の問いは括弧に入れられて、練り上げられ、拡大解釈され、よりいっそう技巧的になってゆくテクスト読解が優先されるのである。まるで、聖なる書物の場合にそうであるように、ハイデガーの考えは、ある特定の見方から見た場合にのみ真理として明かされ、そうした見方をどのように記述するかだけが有効な問いである、と言わんばかりである。

ボフレの死後、最も重要なフランスのハイデガー思想の主導者としての彼のマントは、しだいにジャック・デリダのものとなっていった。ボフレとは異なり、デリダはオリジナルな思想家であるが、彼もまたハイデガー思想への深い献身において際立っている。彼はハイデガー思想をほとんどタルムードのような仕方で、しばしばパラグラフごとに、さらには一行ごとに解釈するのである[*91]。デリダはハイデガーに深く影響されているとはいえ、デリダ自身の思想をハイデガーのそれと混同するのは誤りである。とはいえ以下で見るように、彼がハイデガーの著作の込み入った読解――それは、一つの解釈と見なすことができる――を終えたとき、結果はしばしば、ボフレが確立した正統派ハイデガー主義の形態と区別できないほどに似通ったものになる。[*92]

ハイデガーのヒューマニズム――正統的読解か？

われわれはボフレによって創立されたフランスのハイデガー正統派の諸側面について論じてきた。ここで示されたフランスのハイデガー正統派の像は、ハイデガーを研究する近年のフランスの学生たちにおいてさまざまな仕方で表れている一般的諸特徴を示しており、必然的にステレオタイプ的で理念的である。『ヒューマニズム書簡』のレンズを通して自らの思想を読解する後期ハイデガーの特徴のすべてが、ハイデガー思想を学ぶ学生の全てに認められるわけではないとしても、こうした一群の特徴がフランスのハイデガー論議において幅広く見られる典型だと主張することは十分可能だろう。

現代のフランスのハイデガー正統派の特徴は、ミシェル・アールの著作によく表れている。彼はハイデガー派の若きフランス人で、フランスおよび外国での正統派ハイデガー主義者のサークルと強固な繋がりを持っている。現代フランスにおけるハイデガー研究の最良の部分を代表するアールの仕事を際立たせているのは、ハイデガーのコーパスの全体的把握、ドイツ哲学に関する確固たる知識、ハイデガーの議論では珍しい比較的穏健で中立的な文体、ハイデガー論争ではめったに目にすることのない、ハイデガーの考え方を他の著述家と比較しうる能力、そしてしだいに強まっていく批判への意思である。しかしその他の点においては、アールは正統派的傾向の典型である。つまり、ハイデガー初期の理論に後期の著作を通して接近し、その理論を哲学を超えるものとみなし、そしてハイデガーの政治参加をその理論を判断するための要素としては過小評価、あるいは抹消しようとする傾向を持っているのである。

アールはハイデガーにおける人間の概念に焦点を当てた数少ないフランスのハイデガー派の一人である。彼はこのテーマを最近の二冊の本で取り上げている。このテーマは、人間が生きているその場所である大地の観念に関する研究書では、間接的にさほど批判的にではなく扱われ[*93]、ハイデガーにおける人間の概念に関する研究書ではより直接的で批判的に扱われている[*94]。アールが指摘するようにハイデガーの人間概念は奇妙なことに、歴史の中の個人の位置に関しては沈黙しているのである[*95]。

この内の一冊目は、ギリシア人がピュシスと呼んだものを後期ハイデガーの観点から展望する研究である。アールによれば、この概念は『存在と時間』にはまだ現われておらず、「芸術作品の起源」において初めて解明される。ハイデガーを援用するアールに従えば、ギリシアの神殿は文化的世界だけでなく自然のすべてをも指し示している。彼はハイデガー理論を、ギリシアのロゴスから近代技術に到る存在の歴史への非ヘーゲル的アプローチとして提示する。存在の歴史は、顕わにされないもの、留保されるものを含み、歴史が運命であるのはそうした事実のためである。この理論では、それぞれの時代はある一体性を形成するが、どの時代も存在との関係において制約を受けている。

Ereignis（生起）とはこうした歴史の限界の発見である。この考えを通して、我々は存在の歴史から脱出し、それによってこの歴史をすでに終焉した全体として把握し、ヘーゲル的な全体化に至ることなくそれを「想起する」ことができるのである。したがってEreignisは、世界の非形而上学的経験を受け入れるための条件であり、ハイデガーはそれを放下（letting be）として記述している。

Ereignisはしたがって、その歴史的由来を通して考えられた世界的機構の限界と土台とを、純粋に形而上学的な基盤として現れさせる。哲学の「第一原理」から遠く複雑な道を辿って派生してきたこの科学的・技術的基盤こそ、人間がその上を歩き、その上に立っている土壌（sol）なのだろうか。確実にそうではない。たとえ人間がこの惑星から広大な宇宙へ向けて離れ去り始めているとしても、人間はやはりこの大地［地球］に住んでいるのであり、大地は人間にとっては決して、他のものに並ぶひとつの「惑星」を意味することはない（「惑星」とは語源的に「さ迷える星」を意味している）。存在の歴史の最終段階において、大地は、すでに「惑星的」になってしまっているとはいえ、場所についての根源的経験を人間に与えるのである。[*96]

この本は三部に分かれており、それぞれ、存在と大地、歴史の限界、芸術と大地を主題にしている。第一部でアールは、動物性に関する若干のコメントに続いて、気分（Stimmung）の観念を通して人間の問題を取り上げている。第三部では現存在の身体的性格に対する気分の優位性が論じられる。フッサールの『イデーンII』や初期のメルロ＝ポンティがLeib（身体）やLeiblichkeit（身体性）、corps propre（固有の身体）、chair（肉）あるいはcorporeité（身体性）等々の名のもとに真理の根源的場所として記述しているものに関して、『存在と時間』がなんの分析も行なっていないことを、アールは認めている。[*97] しかし、ハイデガーが詳細に分析している気分と被投性（Geworfenheit）は身体に先行するのだから、これは欠陥ということにはならない。[*98] 実際、気分は被投性を開示し、あらゆる感情の基盤でもある。アールはハイデガーに従って気分と根本気分（Grundstimmung）を区別する。「Grundstimmungは世界内の状況を開示するが、それだけではなく、大地、神的なもの、歴史に関わる世界の状況も開示するのである」。[99]

一九八七年から八八年にかけてフランスで起こったハイデガーの政治参加にをめぐる激しい論争よりも以前に書かれたこの本では、アールは、その人間観も含めてハイデガーに敬意を払い、彼が読み取ったところのハイデガー自身の見解にできる限り密着しながら、批判するよりも、弁明し、擁護するよう努めている。ハイデガーの政治参加をめぐる論争の後で書かれたより新しい本では、ハイデガーの人間についての理論が真っ向から扱われているが、ここでの彼のアプローチはより進んだものになっている。

この新しい方の本では、アールはハイデガーの政治的転向を、単に「自発的意思」[100]の契機によるものとして簡単に片付けており、後期の理論に対するその影響を問題にしてはいない。議論のこの側面は無批判的になっている。アールはハイデガーが人種主義に傾いたのはその生物学主義のためであり、総統（指導者）原理（Führerprinzip）に傾いたのはそのエリート主義のためであると単純に主張している。しかし今となっては、反ユダヤ主義が人種主義だとすれば、ハイデガーは結局のところ人種主義者であったと信じる理由は存在するのであり、[101]また彼が総統原理を公に支持したというのは、記録に関する問題なのである。[102]

アールによるハイデガーの政治的転向の扱いは逸脱的（excentric）であり、彼の本の中で中心的（central）な位置を占めてはいない。こうした扱いが意味を持つのは、ハイデガーに対して批判的であると見せかける、つまりどこか一点だけで理論の基本的部分を問題にするような仕方で批判する以上のことをあえてしようとしない、アールの姿勢にとってだけである。彼はハイデガーの人間の概念については、それより多少は批判的である。とはいえこうした批判は、それがハイデガーの体系全体の基盤を問題視するのではなく、その基盤を前提にしているという事実のために無効化されてしまう。著述家の中には自分の批判の重要性を誇張する者もいるが、アールはその批判を縮小しているのである。彼はハイデガーの人間の本質の概念を問いかけたがっているようだが、実際に問うことはしていないように見える。

アールによれば、ハイデガーの現存在分析は、先行する議論とは独立した、人間に独特の本質という概念を通して革新を成し遂げている[*103]。マルクス主義は実存主義的人間概念を要求するというサルトルの見解をこだまさせているかのように、アールは、存在を現前性として考える伝統的な形而上学的存在観が、有限な存在としてのハイデガーの現存在の概念を必要としていると主張する[*104]。アールはハイデガーの三つのモチーフを同定している。理性的動物としての伝統的な哲学的人間観を——形而上学的本質と物として捉えられた動物との同一視も含めて——拒絶すること、単なる能力としての理性（ロゴス、ラティオ）は存在との関係を失ってしまうという考え、そして人間だけが主体性の形而上学における特例であるという考え方である。

ハイデガーの本質主義的人間概念に対するアールの批判は、とりわけ死への存在との関連において、精密に展開される。アールは、ハイデガーの反人間学主義の誤読によって生じた——彼はそう主張するのだが——反ヒューマニズムであるという告発からハイデガーを擁護しようとする。


時として軽率に（étourdiment）反ヒューマニズムと呼ばれているものは、原理的には、近代の始まり以来優勢である人間中心主義との根本的な断絶なのである。人間は自分自身を生産することはない。また、存在を創り出すこともない。人間は自らの能力の最終的な可能性を所持してはいない。人間は世界の構造の由来やその隠された必然性を支配してはいない。人間にできるのはそれらを運営することだけである。芸術を通して受け取られる大地の可能性を、人間はごく稀に、ぼんやりとしか知覚することがない[*105]。

この本の終わりのほうに現れるこの一節は、アールが基本的に現存在としてのハイデガーの人間概念を、つまり、存在への関係を通して定義され、存在に従属するものとしての人間の概念を受け入れていることを裏づけるものである。こうした人間観においては、近代のヒューマニストが強調していたような特性が失われている。それは、人間が自然の一部であるという考えに見られるように、自由や自然主義といった特性であり、人間は存在に従属し、存在へと向かいうるという考えによって、こうした特性が置き換えられたのである。

この本はハイデガーの「行き過ぎ」に関する二つの批判的所見によって締めくくられている。第一に、ハイデガーは形而上学的主体だけでなく、そうした主体の個別性も消滅させてしまった。[*106] 存在を重要視することでハイデガーは、異なった人間存在において個別的なもの、彼らを芸術家、詩人、等々であらしめているものを、維持しておけなかったのである。第二に、ハイデガーは「存在は自発的に、自らによって、自らを通して、自分自身を顕わにする力を持つことだろう」と主張している。[*107] アールにとっては、主体を周縁に追いやった後で存在に直接接近しようとする後期ハイデガーの試みは、存在がそれに向けて自らを露わにする主体なくしては理解不可能なのである。ハイデガーが森の空地＝明るみ (Lichtung) の観念について論じている後期のエッセイ『哲学の終焉と存在の使命』を参照しつつ、アールは次のように書いている。「『存在と時間』に従うならば、現存在それ自身こそが Lichtung なのである[*108]」。

アールは、ハイデガー思想の内部に位置するある角度から、ハイデガーの人間概念の限界に取り組もうとしている。このため、彼は決してハイデガー理論の後期の発展や、ハイデガー理論そのものに直接打撃を与えるような結論を、その考察から導き出すことはない。アールに従うなら、ハイデガー思想の後期の発展——主体の脱中心化と、自らを顕わにするものとしての存在の強調が、つまり有名な転回の内容が、そこには含まれる——は、実際には、彼の理論の真の核心からの逸脱なのである。存在を自己・露顕的なものとみなすことが行き過ぎであり、存在が人間に対してのみ自らを顕わにするのだとすれば、ハイデガーの後期における逸脱は認められるものではない。ハイデガーはむしろ、基礎的存在論の中心的洞察である現存在分析に固執するべきだったのである。

アールはこの点を受け入れることができた。なぜなら彼の目的はおそらく、ハイデガーの初期思想において彼が妥当であるとみなしているものに注意を引きつけることにあったからである。彼に受け入れることができなかったのは、自らの考察がもたらすさらなる帰結である。もしも大地が世界に先行し、人間が存在の問題を提起するのだとすれば、存在を通して人間を理解することは誤りである。それゆえ、アールの分析のさらなる帰結として、人間を存在への手がかりとして捉えたハイデガーの独創的な分析の基盤自体が、即座に問題にされることになる。アール自身がそれを意図しなかったにもかかわらず、人間の本質についてのハイデガーの見解をめぐる彼の議論は、そうしたハイデガーの見解だけでなく、その理論全体に息を吹き込んでいるより深いところでの存在の重視をも脅かすのである。

輸出されるハイデガー正統派

フランスのハイデガー主義は、無批判的な忠実さを示す——これは〝正統派〟なるものについて一般的に言えることだが——哲学的正統派の一形態である。こうした正統派は、前提とされ、たとえ試練にかけられるとしても、めったにそうした試練に曝されることのない真理の主張に対する批判的検討に取って代わってしまうのである。フランスの正統派的ハイデガー読解においては、ハイデガーのテクストをコンテクスト（文脈）に逆らって読むことによって、つまり時代や場所を考慮せず、テクストをその生成から切り離し、単にそれ自身の言葉において読むことによって、正統性が保証される。いかなる著者が対象であっても、著者をそのテクストを通してのみ解釈することに重点が置かれている場合、その結果得られた読解には、理論を評価するためにはかならず必要とされる比較という通常の基準が欠落する。ハイデガーの初期の著作に、後期の発展というレンズを通してアプローチすることは、初期の立場が形を変えた理由を明らかにするうえでは有用であるが、理論に対する一切の評価を前もって排除する点で、哲学的には保守的である。『ヒューマニズム書簡』のレンズを通したハイデガー理論の読解はそうしたアプローチの結果であるが、このような読解は、伝統を本来的に反復するというハイデガー自身の敬虔な態度を自らに適用して、ハイデガー思想についてのハイデガー自身の見解を敬虔に反復しようとする傾向を持っている。

ボフレに見られるようなフランスのハイデガーをめぐる議論の正統主義的傾向は、マスターの思想が批判を受けつけないようにするために役立っている。どこにおいてもハイデガー主義者たちは、価値を見定めようとする議論を妨害するとともに、思想のマスターを神聖化するためのテクニックを活用する。もっとも、哲学における正統派をハイデガーの生徒たちやフランス思想に限られたものと見なすことは誤りであろう。残念にもこうしたことはフランスにおいても他の地域においても哲学的議論において広く実践されており、その主張、とりわけ現実状況に逆らって社会的有用性を擁護しようとする執拗な主張の有効性を測定しようとする努力は、それがいかに決然としたものであっても常に回避されてしまう。

この章を終えるにあたって、フランスのハイデガー主義がアメリカのサークルに及ぼした影響について簡単に述べておくことは有用であろう。正統派のヴァリアントを含めて、フランスのハイデガー主義は、フランスのワインと同じように、よく移動する商品であり、他の国、とりわけ北アメリカに輸出されうる商品なのである。それを導入し、普及させ、拡散させたのは、ライナー・シュールマン[*109]のようにアメリカで活動しハイデガーに興味を持つ重要な学者たちであったが、何をおいてもまず、高まりゆくデリダのアメリカでの名声を通してであった。デリダはアメリカでその思想の支持者を、つまりフランス式ハイデガー主義の彼独自のブランドの支持者を獲得したわけだが、それは哲学的傾向をもつイェールの文学批評グループとの連帯を通してであった。このグループには、J・ヒリス・ミラー、ジェフリー・サモンズ、ハロルド・ブルーム、そしてなんといってもポール・ド・マンが属していた。ド・マンという例外を除いて、これらの著述家たちは特にハイデガー主義者というわけではなかったが、いくつかのハイデガー的テーマに関して、少なくとも受け入れる体勢はできており、ド・マンの場合には、積極的な関心を持っていた[*110]。このことはデリダへの関心を生じさせる一因となった。デリダへの関心は、彼の著作の翻訳を通して、また頻繁に行われたアメリカでの出張講義を通じて、急速に増大した。

フランスのハイデガー正統派のアメリカの文化的サークルへの浸透は増大している。文学部やフランス語学、比較文学や哲学がそこには含まれる。こうした傾向はフランスでは更に強く、その影響は国際哲学院と、ガリレ社の出版物において感じ取ることができる。デリダの影響は逆説的にもフランスではアメリカよりも弱いのだが、フランスでその影響を受けている人物には、ジャン゠リュック・ナンシー、フィリップ・ラクー゠ラバルト、フランソワーズ・ダスチュール、サラ・コフマン等々がいる。アメリカでは、デリダの影響——その影響は、ジョン・サーリスの主宰する雑誌『現象学研究 Research in Phenomenology』と、彼がインディアナ大学出版局から刊行している「大陸哲学研究 Studies in Continental Philosophy」シリーズを媒介に形成されている——を媒介にしてフランスの正統派ハイデガー主義に歩調を合わせている人物として、サリス、デイヴィッド・クレル、チャールズ・スコットが挙げられる。フランスの正統派ハイデガー主義と同様、これらの著述家全体を結び合わせる共通の糸は、三重になされた配慮である。つまり第一に、ハイデガーの政治参加から背を向けるか、少なくともそれを十分に過小評価すること、第二に初期のハイデガーを後期の著作を通して読解すること、そして第三に、ハイデガーの著作を、哲学的伝統を参照せずに考察するか、あるいはまた、ハイデガー自身による解釈を中心にして、さらにはまったくそれだけに基づいて考察することである。

現在のところ、フランスのハイデガー正統派の勃興はまだ途上にあり、将来を予測することは困難である。それはワインと同じように、十分な時間をかけて時代とともに向上していくものなのか、あるいはチーズと同じように、熟成したのちすぐにだめになってしまうのかを見極めるには、時期尚早である。しかし、ハイデガーの政治的過ちに関する詳細な議論の出現によって、フランスおよびアメリカの哲学サークルにおける、あまりに慈悲深く無批判的なハイデガー理論の正統派のフランス式読解が結局は見直されるであろうことは予測できる。実際、これは既に起こりつつあることかもしれない。最近、クレルによる批判的なハイデガー研究が出版されたことからも明らかなように、彼の最も信頼できる支持者でさえ、今ではハイデガーとハイデガー理論に対する見解を見直しつつあるのである。*111

第七章　ハイデガーと現代フランス哲学

思想のマスターが影響力を持つのは、その思想によって形成された地平の内部で一つの解釈に基づいて生み出される、後続の議論に対してである。このような地位はまさに、コイレによるハイデガーの最初のフランス語訳への序文で、ハイデガーのために要求されている。こうした要求が意味を持つためには、ハイデガー理論が現代のフランスでの哲学論争に支配的影響力を及ぼしていることが示されなければならない。以下の二章では、現代フランス哲学の内部でのハイデガー理論の支配的影響力を立証することにしたい。

影響があるという示唆を理解することは容易であるが、その影響を評価することは難しい。「影響」という言葉は本質的に曖昧である。潜在的には二人の思想家のあいだのいかなる関係も、両者の相互的な影響を示すものとして説明できるだろう。しかし影響形態の多くは取るに足らないものであり、哲学的には明らかに重要性を持たない。ヘーゲルがイエナの戦いで馬上のナポレオンを見たとしても、その馬の色を知ることは哲学的に重要ではない。しかし、ヘーゲルのナポレオン観察が、歴史における偉大な人物の役割についてのヘーゲル的概念にどのように関係しているかを理解することは哲学的に重要である。

現代フランス哲学へのハイデガーの影響を描き出すにあたって、哲学的議論の三つの型を区別しておくことは有用である。主として、あるいは完全に、ハイデガー理論に専心しているもの、ハイデガーの洞察を哲学的伝統を研究するうえでの手助けとして役立てているもの、ハイデガーの洞察をもとにして、ハイデガーの軌道の内側に留まるにせよ留まらないにせよ、一つの立場を発展させるような、いわゆる創造的な哲学的著作と呼ばれるもの。この三つの型である。

ハイデガー注釈学

ハイデガーの著作の新版の準備やその翻訳、その諸概念の解釈に仕事を捧げるハイデガーの専門家たちは、明らかにその理論の影響を受ける傾向にある。ここで関係のある要素は、フランスのハイデガー論争の規模それ自体である。ここ数年、マスターの思想に関する本が十五冊かそれ以上、毎年秋に出版されている。ハイデガー研究者を見つけ出すことは容易であり、少なくとも、例えばプラトン研究者を見つけ出すのに比べて困難ではない。できる限り細かくテクストを検討する作業に従事する人々は、進んでそれ以上のことをしようとはせず、とりわけ批判することに対しては後ろ向きである。いかなる哲学者についても——とりわけハイデガーの場合は——その思想についての緻密な専門的知識と、その立場に対して反論を惹起しようとする、あるいはせめて反論を受け入れようとする欲求や意欲とは、反比例の関係にある。

第一級とまではみなされない著述家の思想に関して、誰かが詳細な注釈に従事することは、極めて異例であるにちがいない。その理論がそうした学術的献身を受け取り、そうした献身に値するような人々とは、通常は、最高の哲学的重要性を持つ極めて数少ない思想家たちである。現代哲学におけるハイデガーの影響を推し量る一つの方法は、広い意味でのハイデガー注釈学に何らかのかたちで重点的に、あるいは全面的に従事する哲学者や、改訂版を準備したり、ハイデガーのメッセージを世に出すことを自分の主要な哲学的使命、あるいは哲学的使命のすべてと考えているような人たちについて、単純にその数字を見ることである。

フランスの哲学的サークルでは、ハイデガー注釈学に参与する人々の数は、他のどこよりも多い。われわれはすでに、ジャン・ボフレの教訓的な例を通じて、ハイデガー注釈学に関してある程度考察を済ませてある。ボフレは、ハイデガー理論に捧げられた数多い著作において、マスター自身の思想――そこには、哲学的伝統に属する思想家たちの内から、マスターによってピックアップされた人たちについてのマスター自身による誤解も含まれる――に関する、けっして超えてはならない正統派的見解を提示した。しかし、彼以外にも、ボフレが好むような完全な正統派的解釈は採用しないにしても、それに近い――しばしば非常に近い――人物が数多くいるのである。それは例えば、順不同で、フランソワ・フェディィエ、エマニュエル・マルティノー、アンリ・ビロー、ジャン・グレイシュ、アラン・ブート、フランソワ・ヴザンといった著述家であり、ジャック・デリダもある面から見ればここに含まれる。

ハイデガーの理論は明らかに理解が困難である。難解な理論には、批判を抜きにしてその中心的な線を説明しようとする忠実な努力の余地が確かに残されている。そうした注意深い説明は、哲学的聖人伝と呼んで差し支えないような、さらに進んだ、より正統派的な努力とは別のものである。明らかに極端な最近の例は、ブートによるハイデガー思想の短い紹介である。[*1] ブートはこれ以前にも、ハイデガーとプラトンに関する研究書を著している。[*2] この短い研究が主として幅広い大衆に向けられていることを考慮に入れたとしても、そこに示されているのは、哲学に対する端的なアンチテーゼとでも言うべき、正統派の極端な形態であり、ここでは一種の哲学的個人崇拝が哲学に取って代わっている。

この本でブートはもっぱら、正統派ハイデガー主義のいつもの常套句をなんの批判もなく繰り返しているだけである。例えば次のような考え方である。ハイデガーは疑いなく大思想家の一人であり、二〇世紀最大の思想家ですらある。ハイデガーの思想はそれが巻き起こしたすべての論争を通してなんのダメージも受けることなく、それらを通して運動し続けている。ギリシア初期以来の哲学史は存在忘却の歴史であり、われわれはそれを未だに思考し始めてはいない。そして、ハイデガーの思想はあらゆる人間的実存を変化させるに至る数少ない見解の一つである。こういった考え方がその例である。

ハイデガーとフランスの現象学解釈

ハイデガー注釈学の専門家を見つけ出すことは難しくはない。しかし、ハイデガーの洞察を他の思想家の見解を読解するために役立てている人々と、いわゆるオリジナルな哲学のためにその洞察を用いている人々を区別することはより難しい。実際、この区別は大抵困難に直面することになる。例えば、ヘーゲルや他の多くの思想家と同様、哲学的伝統から借り受けた洞察を、体系的議論に組み合わせているハイデガーの理論自体が、そうした困難を生み出していると言える。したがって、哲学史と体系的哲学のあいだにはおそらく確固とした区別は設けられないのであり、それはこの区別がせいぜいのところ相対的なもので、絶対的ではありえないからである。[*3] 事実、多くのフランスの哲学者は、興味深いオリジナルな理論の一部を、先行する哲学の新規な読解という装いのもとに提示している。ごく最近の例では、ドミニク・ジャニコーによるフランス現象学の神学的転回の議論が挙げられる。[*4]

ハイデガーがフランスの文化的生活に与えた影響は、哲学的議論の中だけにとどまらない。それは例えば、精神分析家であるジュリア・クリステヴァとジャック・ラカンの立場に影響を与えている。ラカンによる独特な形態のフロイト主義は、直接的には彼のハイデガー読解を通して、間接的にはハイデガーがコジェーヴのヘーゲル解釈に与えた影響を通して、ハイデガーの影響を受けている。ラカンの有名な「無意識は言語のように構造化されている」[*5]というテーゼは、後期ハイデガーの言語への転回から導き出されたものであり[*6]、ラカンによって反ヘーゲル主義の一形態として理解されている。[*7]

ハイデガーが現代フランスの哲学史研究に与えた衝撃は、いくら評価しても過大ではない。その一つの例は、実存主義の最初の重要な思想家と見なす著述家もいるキルケゴールの解釈である。レヴィナスはアンリ・ドラクロワとヴィクトール・バッシュが二〇世紀始めにすでにキルケゴールを研究していたと認めているが、そのレヴィナスによれば、我々はキルケゴールの哲学的読解をハイデガーに負っているのである。[*8]

フランスでは、ハイデガーはいまだ一般的に、現象学者と見なされている。ハイデガーはフランス現象学的伝統の発展にだけでなく、フランスでの現象学解釈にも深く影響を与えている。フランスのフッサール研究はハイデガーを扱わないこともあるが[*9]、フッサール理論についての最もオーソドックスな研究では、不可避的に、あるいはほぼ不可避的に、ハイデガーの仕事に関する諸論考が考慮に入れられる。[*10] 継続的なレヴィナスの影響もあって、フランスのフッサール研究は決して、ある種のハイデガー主義から自由になったことはない。

フッサール思想の研究者兼翻訳者であるだけでなく、フランス現象学への偉大な貢献者でもあるポール・リクールによれば、フランスのフッサール研究は事実上、レヴィナスの最初の本である一九三〇年の『フッサール現象学における直観の理論 Théorie de l'intuition dans la phénoménologie de Husserl』によって創始された。[*11] レヴィナスの学位論文であるこの著作は、表向きはフッサールに捧げられている。しかし、フッサールとハイデガーの両方のもとで学んだレヴィナスは、けっしてもっぱらフッサール学者であったわけではない。実際彼は常に、ハイデガー的要素を大いに含んだ、いくぶん暴力的なフッサール思想の読解を提示している。[*12]

フランスでのフッサール研究に見られるハイデガー的要素は、ボフレの生徒であったジャン＝フランソワ・クルティーヌとジャン＝リュック・マリオンを含めたハイデガーよりの人物の著作において、そして何をおいても、ジャック・デリダの著作においてより顕著になる。[*13][*14] ハイデガーによって鼓舞され、ボフレによって実践された、ハイデガー思想を他の哲学理論との比較を超越したものとみなすフランスの通常の哲学的傾向から見ると、クルティーヌとマリオンはともに例外である。ジャック・タミニオー[*15]やマリオンといった他の人々とともに、クルティーヌは何年にもわたって、ハイデガー――とりわけ初期のハイデガー――とフッサール両者の見解の相互関係についての入念な議論に携わってきた。[*16] マリオンは最近、後ほど詳しく述べるように、彼独自の立場を練り上げる過程において、初期ハイデガーとフッサールの関係についての集中的な研究に取り組んでいる。[*17]

ハイデガーがサルトル理論に与えたインパクトは間違いなくそれ以上に重大であった。サルトルの思想は他のところ、とりわけアメリカにおいて、注意を引き続けている。[*18] 現在のフランスでは彼は完全に失墜しているが、それは直接的に、哲学的議論への影響力をめぐるハイデガーとの哲学的闘争での敗北に遡ることができる。

サルトルは自分の思想をハイデガーの思想に同化させることに関して、また後期ハイデガーの立場における国民社会主義への転回の重要性を過小評価することに関して、寛容であるという特徴を持っていた。[*19] サルトルの有名な政治的コミットメントを考慮すれば、接触を持った相手なら事実上誰とでも係争を起し

た この思想家にしては異例とも言えるハイデガーのナチス加担に対する寛容さ——あまりに寛容すぎると言う人もいるだろう——は、サルトルの側の二重の失策に帰すると見ることができる。

一方には、明らかに他の誰かの著作を慎重に読解したことがほとんどない思想家に特有の、表層的なハイデガー思想の読解——これはまさにハイデガー主義者が指摘するところである——がある。他方には、ハイデガーがフライブルク大学の学長を務め最も政治的に活動的だった時期においてさえ見受けられた、大いに問題含みの彼のハイデガー思想への愛着がある。〝知識人の責任〟の伝道者であるサルトルが、ハイデガー理論とそのナチス加担との繋がりを注意深く検証するだけの責任すら引き受けようとはしなかったのである。

私がここで描き出したサルトルの二重の失策によって、第二次世界大戦後にサルトルがハイデガーを、自らと実質的に似通った、あるいはまったく同一の見解を持つ人物として引き合いに出すことが決定的に可能になった。もしも彼が、ハイデガーの政治的行動や、そうした行動とハイデガー哲学との関係に関しての自らの盲目性を問いに付すだけの意欲を持っていさえすれば、こうしたことは可能ではなかったろう。サルトルは、関心がなかったわけではないにもかかわらず、ハイデガーの立場の評価において寛容であった。しかしやはり関心がなかったわけではないハイデガーとハイデガー主義者たちは、サルトルに対して寛容ではなかった。サルトルの理論は、フランスの哲学論争、とりわけフランス現象学において支配的であった時期を過ぎると[*20]、急速に影響力を失っていった。この凋落は少なくとも三つの要因によって促進された。一つは一九八〇年のサルトルの死であり、これによって彼の驚異的な知的生産性は終わりに至った。もう一つは、ハイデガーの『ヒューマニズム書簡』によって開始され、後にボフレやデリダらによって継続された、彼の思想に対する攻撃である。そして最後に、実存主義と並び戦後フランスの二大哲学運動をなすフランス構造主義が、サルトルの知的ヘゲモニーに対抗して出現したことである。

ハイデガーとフランスの哲学史解釈

フランスにおける哲学史理解に対するハイデガーの影響は、フッサールやサルトルのような現象学者に関する理解に限定されることなく、ニーチェ、シェリング、デカルト、スアレス、アリストテレス、パルメニデスといった他の多くの人物にも及んでいる。フランスでのニーチェ論議は一九世紀末に始まった。ニーチェの著作は、早くも二〇世紀初頭にエリ・アレヴィとアンリ・アルベールによって、フランス語に翻訳された。[*21] 彼の思想はジッドやヴァレリーを含め、多くのフランスの著述家に影響を与えた。[*22]

フランスではニーチェの立場に立った著作群が恒常的に存在し、ニーチェ思想に関する時折の本さえも翻訳されていたにかかわらず、その理論は常に好意的に受け入れられたわけではない。例えば二〇世紀の初頭にエミール・ファゲは、ニーチェは特別にオリジナルな哲学者ではなく、その理由は彼の見解のすべてがラ・ロシュフーコーやゲーテ、ルナンの見解から再構成されうるからだという考えを示している。[*23] ニーチェに対するフランスでの初期の好意的評価はきわめて粗雑なもので、一九二七年になってもジュリアン・バンダは簡単ながらニーチェのプラグマティズムに言及することができ、[*24] さらに後になっても一九四六年にアンリ・ルフェーヴルは彼を実存主義者に分類することができたほどである。[*25]

ハイデガーとヤスパースはともにニーチェに関心を抱いていた。ヤスパースのニーチェ思想の研究は、フランスでの議論において注目を集めた。[*26] しかしまだ発展途上にあったフランスのニーチェ研究[*27]は、一九六一年にハイデガーの二巻にわたるニーチェ研究が出版されたことによって転換期を迎えることになる。

この研究書の登場はフランスでのニーチェへの関心を復活させた。この関心の復活には多くの要因が関与している。ハイデガーの膨大なニーチェ研究が比較的早く一九七一年には仏訳されたこと、ニーチェ理論が——特にハイデガーによって解釈されたものとして——ハイデガーによる研究書の翻訳者であるピエール・クロソフスキー[*28]やジル・ドゥルーズ[*29]、そしてとりわけミシェル・フーコーに衝撃を与えたことなどである。

ハイデガーによるニーチェ思想の研究を追いかけるように、フランスでのニーチェへの哲学的関心は、広く深く進行して行った。[*30] ヴァンサン・デコンブは、フランスの一九六〇年代の世代全体がニーチェの遠近法主義に支配されていると考えている。[*31] ごく最近になって、一群の著述家たちが、ニーチェについての論集という形を借りて、一九六〇年代のフランスの哲学における——ハイデガー、次いでデリダの影響下での——啓蒙の理念に対する攻撃からの脱却を目指している。[*32]

フランスでは誰もが、ニーチェが重要な人物だという点でハイデガーに同意したとはいえ、ハイデガーの傾向に従って、ニーチェ理論を例えばアリストテレス理論と同じくらいの真剣さで読もうとする者はほとんどいなかった。[*33] ニーチェのアフォリズム的文体は少なくとも、彼の思想に対して千差万別の意見が加えられる一因となっている。フィリップ・レイノーは最近のフランスのニーチェ主義を三つの形態に分けているが、その形態とはそれぞれ、ドゥルーズによるもの、フーコーによるもの、そしてフランス文化へのニーチェのより広範な影響によるものである。[*34] ジョルジュ・バタイユの著作においては、ニーチェは確実に中心的テーマの一つである。[*35] ニーチェに関する最近のフランスでの論争の例は、これだけでは不完全であるが次のようなものがある。個人主義という名目においてニーチェを復権させようとする右翼的な試み、[*36] コペルニクス的転回を完成するものとしてのニーチェ解釈、[*37] ニーチェとメタファーに関する研究、[*38]

等々である。全てではないにしてもニーチェを学ぶフランスの学生の多くは、多かれ少なかれ、肯定的であれ否定的であれ、ハイデガーのニーチェ解釈に影響を受けている。

予想されるように、例によってハイデガーのもっとも緊密な追随者はジャン・ボフレであった。ハイデガー理論を扱った彼の最初の本が出たのと同時期に、ボフレは次のように主張している。ニーチェについて書いているフランスの著述家のほとんどは彼がプラトン主義を超克した――ハイデガーによればニーチェはプラトン主義の一形態を打ち立て直しただけだというのに――と誤って考えており、そのためフランスのニーチェ研究者のほとんどは、ハイデガーのニーチェ読解もニーチェ思想自体も理解し損ねているのである。[*39] ボフレはハイデガーのニーチェ理論の読解を四巻に及ぶハイデガーとの対話を通して詳細に展開している。ボフレのニーチェ理論の読解は最近クルティーヌによって簡潔に言い換えられている。[*40] このほか、さまざまな仕方でハイデガーのニーチェ読解に異論を唱えている人物としては、ニーチェを反ファシズムの思想家と解釈すべく彼を帝国主義の思想家に還元してしまっているとしてハイデガーを批判しているフランソワ・ラリュエル[*41]と、ハイデガーの解釈からニーチェを「救い出す」ことを何度も試みているデリダらが挙げられる。[*42] 実際、デリダは、後期ハイデガーが形而上学に反対しているにもかかわらず形而上学的思想家にとどまっていると主張することで、ハイデガーのニーチェ解釈をハイデガーに対して向け返そうとしていると考えることもできる。

一六世紀スペインの哲学者フランシスコ・スアレスは、ハイデガーの哲学的伝統の読解において、重要な連係役となっている。『存在と時間』でハイデガーは、スアレスの『形而上学討論集 Disputationes metaphysicae』を通してギリシアの形而上学的なインパクトが近代哲学へと伝えられ、ヘーゲルの立場さえもを規定しているという所見を述べている。[*43] ハイデガーはこの命題を同じ時期のある講義においてさらに誇張して述べている。ハイデガーはスアレスをドゥンス・スコトゥスやさらにはトマス・アクィナスよりも重要であるとみなし、彼がアリストテレス形而上学に代わる一つの体系を打ち立て、それがヘーゲルに至るまでの後の議論全体をヘーゲルも含めて規定していると主張している。[*44] ハイデガーはスアレスの一般形而上学（metaphysica generalis）、つまり一般存在論と、世界、自然、心理学、そして神についての諸理論を含む特殊形而上学（metaphysica specialis）、つまり特殊存在論との区別を取り上げ、この区別が後の思想において幅広く何度も再現されていると指摘している。それは例えば、カントの『純粋理性批判』においてである。[*45]

　クルティーヌはこうしたハイデガーの図式を、最近の詳細なスアレス研究で応用している。彼が述べるところでは、この著作の目標は、スアレスを形而上学の歴史に位置づけることであり、よりハイデガー的な言い方をすれば、「転回の本性と意義」、スアレスの貢献の「歴史性 *historicality*」[*46] を規定することにある。スアレスがアリストテレスの『形而上学』に欠けている体系――この体系こそがアリストテレス形而上学が近代の哲学的伝統に影響を与えることを可能にしたのであり、ハイデガーの存在論の観念もまたこれに影響されている――を著したというハイデガーの見解を反映して、クルティーヌは「形而上学の存在論――神学的な構成の論理の練り上げの道筋――それは歴史的なものである――を辿りつつ、形而上学の体系、つまり形而上学の体系化の諸段階の一般的研究に……貢献する」という彼自身の願望を述べている。[*47] この五〇〇頁以上あと、本の結論において、クルティーヌは再びハイデガーに従いつつ、存在の類比（analogia entis）の問題は、ハイデガーがそう考えていたと思われるとおり、形而上学の内部では思考されていないという仮説を提示する。さらに彼はハイデガーが設けたさまざまな区別を混同しないことの重要性を強調している。[*48]

ハイデガーはその生涯の仕事を通じて、ギリシア哲学やギリシア詩についての省察から、その発想の主要な源泉を導き出していた。ある意味では『存在と時間』は、ハイデガーが当初に計画しながら書かれることのなかったアリストテレスに関する本が形をなしたものである。ハイデガーの基本的概念の多くはアリストテレスの諸概念の修正として理解することができる。[*49] 選ばれたギリシア哲学者についてのハイデガーの解釈は、彼の思想の他の側面と同様に論争の余地があり、何人かの読者から批判を受けている。[*50] その一方で、特にフランスの著述家の中には、そうしたハイデガーの解釈を古代ギリシア哲学に新たな光を当てるものと見なしている人たちもいる。

フランスでは、ハイデガー式のギリシア哲学解釈は、ボフレと、影響力を持ったアリストテレス学者であるピエール・オーバンクによって促進された。ハイデガーに関することなら何に対しても正統派的であるボフレは、『ハイデガーとの対話』の一巻をハイデガーのギリシア哲学観に割いている。[*51] オーバンクがギリシア哲学および哲学一般へのハイデガー的アプローチを支持するうえで、ギリシア思想に関する彼自身の重要な研究の数々と、ソルボンヌでの彼のギリシア哲学の教授職、並びに、極度に中央集権化されたフランスの教育制度の中で哲学教授職の任命に影響力を持ついくつかの重要な委員会に席を置いていたことが役に立った。

アリストテレスの存在観[*52]および賢慮（prudence）[*53]に関する見解を扱ったオーバンクの著作――彼の学術的な名声はこれらの仕事に基づいている――は、ハイデガー理論への単なる精通以上のものを映し出している。特定のテクストの特定の読解についてはハイデガーに批判的な部分も多くあるが、オーバンクは大筋ではハイデガーのギリシア思想へのアプローチを受け入れている。アリストテレスにおける存在の問題を扱った彼の研究は、意味深長に、哲学的苦境の名称としての形而上学について語っているハイデガーの引用から始まっている。[*54] 存在論の歴史を解体するというハイデガーの関心に従って、彼が目標にするのは「原始的なアリストテレス主義に伝統が付け加えたものすべてを忘れ去ること」[*55] にほかならない。彼の主張によれば、アリストテレスの思想が理解される仕方が存在の解釈に決定的に影響を与えてきたため、「生きたアリストテレスを再構成すること」が重要なのである。[*56]

ハイデガーのギリシア哲学理解は、オーバンクの後期の著作では一層重要になってくる。現代におけるアリストテレス思想の意義を扱った最近の記事の中で彼は、アリストテレス思想が後の西洋的世界観にとっての基本的諸命題に与えた多面的な影響について記述している。これらの命題は、ハイデガーに従って[*57]オーバンクが存在論＝神学的と呼ぶ構造を形成している。[*58] そしてオーバンクは、現代のメタ言語への関心はアリストテレス形而上学の帰結であるという、ハイデガーの見解に従うのである。[*59]

オーバンクはハイデガーの存在論＝神学の概念を、アリストテレス思想から導出される形而上学的枠組みに対する最もふさわしい呼称として認めている。現代フランスで若いアリストテレス研究者のうち最も重要なレミ・ブラーグは、アリストテレスの世界の観念を扱った議論の中で、ハイデガーの概念を前提としている。ハイデガーのギリシア哲学理解に関して、これら二人のアリストテレス研究者の違いは、オーバンクの方がハイデガーに出会う以前にほぼ成熟したアリストテレス理解に達していたのに対して、ブラーグ――彼はオーバンクの生徒であり、アリストテレスの存在観をめぐるオーバンクの研究以来最も重要なフランスでのアリストテレス研究を著している――は、その経歴の早い段階で、まだ彼自身の視点が定まる以前に、ハイデガーのギリシア哲学観に出会っていることである。

ブラーグはギリシア哲学を解釈するにあたって、存在論についてのハイデガーの研究から着想を引き出している。ハイデガーは、彼が事物存在性 (Vorhandenheit) と呼ぶものに基盤を置いてきた伝統的な存在論の見方を批判し、それに代わる彼独自の概念を優先させる。ブラーグにとってはハイデガー式の現象学はギリシア哲学に接近する一つの様式であり、ハイデガーのコーパスは歴史的にアリストテレスの名前に結びつけられてきた存在論の背後に横たわる根源的な存在論概念を練り上げる努力と見なされるのである。[*60]

アリストテレス思想における世界の問題に関するブラーグの研究は、世界についてのハイデガーの概念を、古代ギリシア的伝統の解釈に適用している。ハイデガーは、そのデカルト批判の一部で、世界の世界性について長々と分析を行っている。ハイデガーは世界を、テーブルや椅子のような世界内にある存在者(entities)としても、これら存在者の存在一般としても理解してはいない。[*61] ブラーグによれば、アリストテレスの立場は、前提とされながらも主題化はされない世界という概念の内部での、存在論、人間学、宇宙論という三つの概念の相互―包含関係を通して把握される。「世界」はハイデガー的現象学の意味において「われわれがその中に存在するもの」[*62]として理解されるのであり、これはギリシア哲学が前提としながらも探求してはこなかった概念なのである。[*63]

ハイデガーとの対話を絶えず維持しながら続けられていく長大な研究の中でブラーグは、アリストテレスによっては思考されず、アリストテレスのコーパスに光を当てるためにハイデガーによって説明されたこうした概念を使用している。ブラーグはハイデガーの存在論＝神学、つまり伝統的形而上学に与えられた名称と、彼が自らが考案した翻訳不可能な造語である katholou-prôtologique（一般―初源論理）と呼んでいるものとの間の、深いところでの平行性を見て取っている。[*64] 後者の概念は存在論＝神学よりも幅広く、アリストテレスの存在論＝神学のいろいろな領域の中に現れている。[*65] ブラーグによるアリストテレスのハイデガー的読解では、存在論、人間学、宇宙論の三つの領域は、「現前から現前者へ、存在から存在者(entity)へ」と向かいつつ、中心点の周りを回転している。[*66] 要するに、ブラーグのアリストテレス読解はハイデガーの存在論的差異を、つまり存在一般と存在者の基本的区別を前提にしている。ブラーグによれば、世界内存在、つまり現存在という概念は、アリストテレスにおいて主題化されることはないもののそこに潜在しており、アリストテレス主義の「一般論的―初源論的」な構造とともに全体を構成しているのである。*67

フランスの哲学史研究に対するハイデガーの影響を扱った本節を終えるにあたって、正統派ハイデガー主義に則ったボフレのパルメニデス読解に触れておいてもよいだろう。『存在と時間』でハイデガーは、彼に特徴的な暴露性としての真理論が、最終的にはパルメニデスの思想に由来することを示唆している。ハイデガーはパルメニデスの詩篇の統一性に関する難問は最終的にカール・ラインハルトによって解決されたと考えているが、*68ハイデガーによれば、思考と存在の同一性に関するパルメニデスの主張が、真理とは観照であるという西洋哲学を基礎づける命題を生み出したという。*69ハイデガーは後に、パルメニデス理論についての自らの見解を、一九四二―四三年の講義*70や一九五七年の講演*71など、多くの場所で展開している。

マスターに関する著作の中で、ボフレは頻繁にハイデガーによるパルメニデスの詩篇の読解に立ち入っている。もっとも明白なのは『対話』第一巻に収められた二つの記事である。*72ボフレは、ハイデガー思想を要約することも詳説することも不可能だと主張する。*73この主張は仮に真ならば、三十年以上にわたる彼のハイデガーとの「対話」の意図を、そしてその可能性さえもを損なうだろう。この「対話」の意図は、ハイデガーの自らの思想についての見解をフランス人の手の届くものにすることなのである。ボフレはパルメニデスの見解のハイデガー式の読解を、細部にわたって、パルメニデスの詩の翻訳とその注解を添えながら展開している。*74

ボフレの紹介は頻繁に、ハイデガーの解釈に直接言及している。あるいはむしろ、ありそうな誤読に対してハイデガーの解釈を擁護している。哲学的伝統を覆い尽くしているプラトン主義が、ハイデガーが記しているようにラインハルトによる打開がなされるまで、パルメニデスの詩篇を一体のものとして正しく理解することを妨げてきたのはなぜかを、彼は長々と論じている。[*76] ボフレによれば、ハイデガーの言う通り、パルメニデスの詩の中には思考と存在との根源的一体性が存在し、人為的な分離とそれに続く併置に先だっている。[*77] パルメニデスが提示しているのは、『ヒューマニズム書簡』で予告され他のところで展開されている暴露性としての真理観であり、[*78] また、存在者は我々に送り出されており、文字通り存在の媒体(mittance)であるという考え方である。[*79]

ハイデガーと現代フランス哲学

ハイデガーの影響は、現代のフランスの哲学者たちの立場の内に、強く感じ取ることができる。多くのフランスの哲学者はハイデガー理論に無関心であるが、ハイデガー理論に反対する者——あからさまに反対する者もあり、多くの場合その理由はハイデガーのナチス転向に関係している——もいる。反対派に含まれるのは、有名なルカーチの専門家であるニコラス・テルテュリアン、若い反体制的思想家であるリュック・フェリーとアラン・ルノーの二人、かつてのヌーヴォー・フィロゾーフ(新しい哲学者)であるクリスチャン・ジャンベなどである。また、最初に熱狂的な時期を経るなどした後、より微妙で、しばしば批判的な立場を取る者もいる。ここに含まれるのは、ジャニコー、リクール、アンリ、マリオンと、おそらくはクルティーヌであり、場合によってはデリダもそうである。もっとも戦後のフランスの哲学者の大部分は、ハイデガーとの出会いの跡をとどめていると言っても過言ではない。ここに含まれる有名な思想家たちを順不同に挙げていくと、レヴィナス、コジェーヴ、コイレ、イッポリット、リオタール、フーコー、ジャニコー、ブラーグ、クルティーヌ、オーバンク、ドゥルーズ、といった人たちが続々と出てくる。

現代フランスの哲学論争を眺めれば、ほとんどいたるところで、ハイデガー思想の「ポストモダン的」読解に何がしかを負っているような考え方を見出せるだろう。多くの場合それは多少にとどまらない。中にはその立場の本質までもそうした読解に負っている思想家もいる。ハイデガーの立場に影響を受けた他の思想家たちと同様、リオタールはオリジナルな思想家である。リオタールの立場は、ハイデガー思想の色褪せたコピーや単なる言い換えでもなければ、距離を置いているとはいえただのこだまにすぎないようなものでもなく、それ以上のものである。しかし、そうした彼の立場も存在についてのハイデガーの研究が形成する地平の中で輪郭を与えられているのである。

近代の認識論の中心的戦略である「基礎づけ主義」は次のように簡潔に特徴づけられる。それはつまり「デカルトの立場に最も顕著に示されている見解であり、それによれば知識は、確実性であることが知られており、そこから理論の残りの部分が演繹的に導出されるような、ある出発点の上に基礎づけられうる」。[*80]『存在と時間』でハイデガーは、了解の解釈学的循環の分析において、彼の反デカルト主義に整合する一つの反基礎づけ主義的な理論を明確にしている。解釈学的循環の中では、古典的・哲学的意味での知識は解釈に屈するのである。[*81] 後のニーチェ研究では、彼は首尾一貫して「神は死んだ」というスローガンを近代のニヒリズムの到来を意味するものとして解釈している。[*82] リオタールは真理が存在の暴露に存するというハイデガーの見解には無縁であるように見えるが、近代の条件に関する研究の中では、我々の時代において知識は別の形態――そこには、正当化についての別の形態ということも含まれる――を取らなければならない、というハイデガーの基本的着想を引き継いでいる。

リオタールによれば、科学は自分自身の正当化に関与するがゆえに近代的なのである。近代科学の歴史は、提唱されたさまざまな支配的正当性(grands récits＝大きな物語)をめぐる危機の連続である。哲学は、知識の主張の正当化(légitimation)をめざす科学的言説にほかならない。[*83] ポストモダンの時代――これは暗黙には哲学の彼方にある時代を意味しており、そこでは完全な認識論的正当化はもはや不可能であるか、少なくとも不可能であると考えられている――においては、知識もまた変化してしまっている。[*84] こうした新しい時代には、いかなる形の支配的正当性も、もはや信頼を失っている。[*85] しかし正当化されない科学とは、ある種の権力を表象するイデオロギーにほかならない。[*86] ポストモダンの時代においては科学的知識は内在的規則を通して自己認証するのであり、それゆえ哲学はもはや終焉していることになる。[*87] さまざまな言語ゲームから導かれたさまざまに異なった知識は何ら共通のものを持っていないのだから、共有された正当性という観念さえも放棄されねばならない。[*88]

フーコーは彼なりの仕方で同じ論点を問題にしている。彼は構造主義者に分類されることがあるが、構造主義は主体性なしで済ませるものとして一般に知られており、「人間の死の哲学[*89]」であるとさえ考えられている。しかし、デリダとの応酬から明らかになるように、フーコーは主体なしで済ませているというよりは、新しい種類の主体の分析を提供しているのである。デリダは、デカルト思想に言及した際のフーコーの所見に関する彼特有の冗長な議論の中で、[*90] 後にデリダ独自の見解へと発展するテクスト性(textualité)観を前もって示唆しながら、フーコーのデカルト読解には哲学的言説の領域の外部にある何か、あるいはそれに先行する何かが含まれてるのではないかと反論している。[*91] それに対する返答においてフーコーは、デリダが「言説的実践をテクスト的痕跡に[*92]」還元していると批判したうえで、分析を通してテクストを、つまり抽象的な哲学的議論を超え出ていく必然性を指摘する。ニーチェの影響を受けたフーコーにとっては、この反論は、その中で真理や主体性の概念が意味をなすような権力機構の分析へと繋がっている。真理は権力の領域に関係しており[*93]、権力構造の外部には何もないのだから、問題は人々の意識を変革することではなく、むしろ特定の権力関係の内部において真理を生産している体制を変革することである[*94]。

ハイデガーによる主体の脱中心化の試みは、デカルト以降の哲学は客体を犠牲にして主体を特権化し、その結果として客体性を主体性に従属させる傾向にあるという見解に由来している[*95]。フーコーによれば、権力機構は真理の分析に対してだけでなく、主体性に対しても先行する。例えばカントやマルクスのような意味での構成的なものとしての観念論的主体観と、とりわけ主体が時間的に発展するという歴史化された形態における現象学的主体観とを、フーコーは二者択一的に捉えている。構成的主体を放棄する必要があるという彼の主張は、もしも他の選択肢がないのであれば、主体性の死につながるだろう。系譜学的分析を主体性に結びつける重要な一節において彼は、「主体の構成を歴史的枠組みの内部で説明しうるような分析に到達する[*96]」必要性を主張している。その結果、主体性と客体性、あるいは歴史との関係を逆転させることによって、主体性は純粋に歴史的なものに変えられるのである。フーコーは次のように続けている。

私が系譜学と呼ぶのはこのようなものである。それは、諸々の出来事の領野に対して超越的であったり、歴史の流れを通して空虚な同一性を保ち続けていたりするような主体を参照することなく、知識や言説、対象領域などの構成を説明しうるような歴史学の一形態である[*97]。

フランス哲学を学ぶ学生は、哲学を含むフランス的生活全体を通しての宗教の重要性、とりわけカトリシズムの重要性に留意すべきである。おそらくは、『存在と時間』において存在者の存在の意味[*98]として具体化されるハイデガーの存在の観念と、存在者の存在は神であるというトマス主義のテーゼとの類似性のために、ハイデガーはローマ・カトリック教に強く傾いた哲学者の間で特別な注意を惹きつけている。こうした自然な吸引力はフランス現象学の神学的転回によってさらに強化された。この神学的転回に属するのはミシェル・アンリやジャン＝リュック・マリオンといった有名な現象学者であり、ジャニコーによればその起源はレヴィナスにまで遡ることができる[*99]。ジャニコーの主題は、クルティーヌによって企画され、アンリ、リクール、マリオン、そしてジャン＝ルイ・クレティアンが寄稿している現象学と神学についての共同論集によって間接的に支持されている[*100]。

リオタールやフーコー、デリダほどはまだ知られていないものの、アンリは確実に現代フランスの最もオリジナルな思想家の一人である[*101]。サルトルと同様、アンリは作家としても哲学者としても成功を収めている[*102]。著しく独創的な彼の物質的現象学（material phenomenology）の多くの要素は、最初の主要な著作である『顕現の本質[*103]』にすでに現れている。アンリの立場は、デカルト理論の徹底化から帰結するものとして説明することができる。こうしたデカルト理論の徹底化は、当初はハイデガーよりはフッサールの影響[*104]――ハイデガーよりはフッサールの影響が大きかったが――のもとになされ、後にはハイデガーとフッサールへの反動で断固としたフッサール的な方針で行なわれることになる。アンリの最近の思想について言うと、ハイデガーの影響は彼の理論の中でネガティヴなものとして、彼が越えようとしている一種のアンチテーゼとして描き出されている。

ハイデガーとアンリそれぞれの見解は、デカルトへの反動のうちで、平行しながらも別々に分かれた軌道を描き出している。デカルトの「コギト・エルゴ・スム（我思う、ゆえに我あり）」が「我あり」の方を軽視しているとして批判するハイデガーは、存在についての自らの理論の中で、現存在という考えを通してこの問題に取り組んでいる。アンリは主体性の意味を記述するためにコギトの存在に取り組んでいる。コギトの存在の問題は、アンリが普遍的存在論と同一視する第一の哲学に属する。デカルトの出発点は十分にラディカルではない。なぜならそれは、それ自身で説明できないより根本的（ラディカル）な基盤を前提にしているからである。[*105]

主体についてのアンリの理論は、表象から表象されるものへ、超越論的平面から内在的平面への移行をデカルトがなしえなかったことに由来する二元論を克服しようとする試みと見なすことができる。[*106] より一般的には、アンリは触発性＝情感性（affectivity）の理論を通じて現象学を深化させたのだといえる。存在者は「現実的な現象学的贈与 effective phenomenological offer」という形式においてのみ、自らをある地平の内部で顕現すると彼は主張する。存在者の顕現は一つの地平を、あるいはその地平が我々を触発することを前提にしているわけだから、実際のところ「あらゆる存在的触発は、ある存在論的触発を前提にし、その中にみずからの基盤を見出す[*107]」ということができる。しかしアンリはそれだけにとどまらず、絶望や苦悩といった実存のさまざまな「気分 tonalities」において、絶対者が構成され、開示されると主張するのである。[*108]

アンリはその多くの著作において、身体論、マルクス、精神分析、カンディンスキー、社会主義等々の研究を通して自らの理論を練り上げている。最近の著作で彼は、物質的現象学の課題を現象学の徹底化として規定している。この徹底化が意図するところは、「それ［純粋な現象性］が本来のかたちで

(originellement) その実質 (substance) を、その素材を、それがそこから作られている現象学的質料 (matter) を――つまりその純粋な現象学的物質性を――現象化する方法について問いかけること」である。[*109]

アンリによれば、純粋な現象性の基盤は生であり、この生は物として理解されるのではなく、ハイデガーがその存在論的カテゴリーによっては捉えることができなかったあらゆるものの原理として理解される。フッサールは『ヨーロッパ諸学の危機と超越論的現象学』の研究で、カントの理論は主題化されていない生活世界の概念を前提していると論じていた。[*110] これと似たようにして、アンリは彼独自の物質的現象学を、フッサール現象学に欠如していながら明らかにそれを基礎づけている「超越論的生の現象学」に取り組むものとして理解している。[*111]

より若いフランスの哲学者のうち、マリオンはもっとも多作であり、もっとも興味深い者の一人である。ブラーグやクルティーヌといった他の若い哲学者と同様、彼の著作は、適切になされたフランス的な哲学的学識の伝統への回帰の最良の例である。そうした伝統は終わってしまったのではなく、実存主義や構造主義、ポスト構造主義の運動が盛んなあいだ一時的に中断されていたにすぎない。

マリオンは、アンリ、ハイデガー、デリダ、フッサール、レヴィナスらの影響を受けている。彼はアンリの著作を特別に評価しているが、[*112] そのアンリと同じように彼もまた、大まかに言って「見えないものの現象学」として特徴づけられるような理論の構築に取り組んでいる。ただしマリオンの場合、その理論はハイデガー的、デカルト的、そして宗教的な構成要素から成り立っているのであるが。やはりアンリと同様に、マリオンもまたハイデガーから距離を置いているが、マリオンの場合それは、彼独自の存在理論を通してである。[*113]

マリオンの著作は、神、愛、そして専門的な哲学的研究の三つの主要なカテゴリーに分類されうると言われている。[*114] 哲学的研究の内には、彼自身の理論だけではなく、歴史的な探求も含まれる。学術的著作においては、マリオンはフランス哲学の伝統的主題であるデカルト研究に重要な貢献を果たしている。彼のデカルト研究は、現在のフランスでの最上級のもののなかでも、その質の高さとハイデガーへの頻繁な言及において際立っている。[*115]

より最近になって、マリオンは、『存在と時間』の出版に先立つ一九二六年以前のフッサールとハイデガーにおける現象学の問題に関して印象的な議論を公刊しており、ここには彼独自の考えが頻繁に現れている。マリオンはここで、デカルト、フッサール、ハイデガーの三者の理論の明白な繋がりを深く追求することによって、フッサールと初期ハイデガーの関係を——後期ハイデガーよりの視点に立ってではあるが——検証している。マリオンの関心は、この両者それぞれのデカルト[*116]や志向性[*117]に対する態度の性格と意義に置かれている。

マリオン自身の現象学的思考は贈与の問題に関わっている。[*118] 極度に単純化すれば、アンリが触発性(affectivity)と呼んだものをマリオンは贈与(donation)と呼んでいると言ってよいだろう。彼の視点から見た現象学とは、形而上学を完成させるために、所与(贈与されたもの)をそれが与えられたままに分析することにほかならない。[*119] マリオンはハイデガーのフッサールへの関係を、客観化(objectivation)に対するフッサールの批判のさらなる深化という点に求めている。そこでの問題は、事象への回帰、つまり事象そのものへの回帰が、それらの事象の客観性に行きつくのか、それともその存在に行きつくのかということであり、あるいはマリオンがこの問題を定式化しているように、超越論的主体に行きつくのか、現存在に行きつくのかということである。

マリオンのもっとも独創的な発想は、還元と贈与の関係である。マリオンによれば、現出(apparition)

が存在に合致するのは、現出することにおいて、それが自らを完全に与える場合のみである。しかしこのことは、還元と贈与との直接的関係を引き起こす。[*120] こうした基盤に立って、マリオンは三つの還元の形式を区別する。第一の還元は超越論的還元である。第二の還元は、存在者から導かれ存在に関与する実存論的還元であり、明らかにハイデガー的な含みを持っている。第三の還元はその「呼び声がしかし存在の（あるいは対象化［objectification］の）地平からではなく、呼び声の純粋な形式から到来する」[*121] ようなものである。存在に開かれることを望んだ後期ハイデガーのように、マリオンもまた、われわれに問いかける呼び声に対して開かれようとしているのである。

デリダとハイデガー

本章で論じた他の思想家に比べ、デリダにはより多くのページを割いて扱われるだけの正当な理由がある。なぜなら、彼は現在のところより広く知られており、とりわけアメリカ合衆国においては他の現代のフランスの思想家よりもよく知られているからである。彼の前にラカンがそうであったように、デリダはここ何年かにわたって、慎重に作り込まれ、多様な区別や他の言語には満足に翻訳できないような言葉遊びが散りばめられた難解なテクストを通して、彼独自のペルソナを作り続けている。デリダの見解について論じておくことは必要であるが、おそらくは彼の読者を、とりわけフランスよりもアメリカに常に多く見出される彼の弟子であるような読者を、満足させるような仕方で論じることはできないだろう。

デリダについて論じる際はいかなるときも、なんらかの但し書きをつけておくことが適当である。デリダのテクストに集中するため、デリダは哲学者であるのか、あるいは哲学者であるだけなのか[*122]という困難ではあるが本題から逸れた問いは、私はここで脇に置いておくことにする。彼のテクストで何がなされているかをどのように論じても、それは異論に対して開かれており、したがって試行的なものにとどまらざるをえない。なぜならデリダは自分の見解を曖昧さを残さず記述するよりは、むしろ応用することを好むからである。いかに明確に論じたとしても、とりわけデリダ派の人々にとっては、私がデリダの理論を把握しそこねており、さらには誤って記述しているとさえ思えるかもしれない。しかしながらそれはほとんど避けられないことである。というのも、デリダの実践の中心的テーマはまさに、いかなる定まった見解にも、また見解の集合にも、固定されることを避ける努力にあるからである。そのような反応は、デリダが参照の問題に否定的回答を与えることに特別な関心を抱いているだけに、容易に理解できる。参照の問題は分析哲学にとって極めて重要でありながらも、分析哲学はそれを論証的に解決しえなかった[*123]のであり、デリダはこれを明らかに不可能な探求と見なしている。

デリダのハイデガーへの関係については、デリダのコーパスの量——現在のところ四十冊以上に及んでいる——と、それが集めた注目、そしてその極端な複雑さから見て、特別に扱う必要があると言えば十分であろう。彼のハイデガーへの関係は明らかに、本章の最初に設けた人工的な分類には収まりきらない。というのも、まず彼は明白にハイデガー理論に身を捧げている。そして哲学史を読解するにあたってハイデガーの洞察を活用している。そしてさらに、彼は創造的な思想家でもあるからである。

このほとんど研究されることのない関係[*124]は大いに論争を呼びような性質のものである。こうした視角から、デリダの理論は、「ハイデガー＋デリダのスタイル[*125]」と呼ばれる独特のスタイルを有している点でハイデガーのそれから異なるだけの単なる模倣として、そしてまた、そのハイデガー理論への忠実さそれ自体のゆえに、逆説的にハイデガーとの深刻な対立——それは、デリダと他のいかなる哲学者との対立よりも深刻である——へと帰結する極めてオリジナルな見解につながるものとして特徴づけられてきた。[*126]

デリダ理論のハイデガー理論への関係が有している性格は論争を呼ぶものであるとはいえ、そうした関係があること自体を否定する者は誰もいない。われわれの課題は、この関係の理解へ向けて端緒を開き、それがより詳細にはどのように理解されうるかを示すことにある。その点に関しては、哲学史に目を向けるのが有用である。年代的に後の思想家が、先人を批判しながらも、その先人の企図のうちに拘束されたままであるということはしばしばあるが、このことには十分な注意が払われていない。ヘーゲルは優れた力を持つ独創的な思想家であるが、彼自身の立場はカントなくしては理解不可能である。若きヘーゲルが、哲学におけるカントのコペルニクス的転回をさらに発展させ、ついには完成に至らしめようと意図していたことには、証拠も挙げられているのである。[*127]

同じように、デリダがハイデガーを批判しているとはいっても、デリダを最終的にはハイデガーの軌道の内にとどまるものとして見ることは矛盾にはならない。ここで問題なのは、デリダ理論の独創性を否定することでもなければ、デリダを現代版のボフレのようにしてしまうことでもない。したがって、デリダが多くの根拠に基づいて——ハイデガーが、差異よりも統一性に、分散よりも集摂に、過去の暴力よりもノスタルジーに、表象＝再現前よりも現前性に、散種よりも意味に価値を認めたことなどがその根拠である——ハイデガーを批判したと認めながら、なおもデリダがハイデガーの基本的な企図にある意味で拘束されていると見なすことは、決して矛盾ではないのである。

デリダの理論は、ハイデガーへの関係だけで理解することはできない。それは、最近のフランス哲学で言う「3H」、つまりフッサール、ハイデガー、ヘーゲルの立場によって、三重に規定されていると言うのが適当であろう。デリダはハイデガー理論と、少なくとも四つのレベルで作用し合っている。まずは読者として、次いでハイデガーのテクストの擁護者として、ハイデガー的視点から他の者を批判する批判者として、そして彼自身の理論の中でハイデガー理論に助けを仰ぐ仕方においてである。

まず第一に、デリダはハイデガーを含む多くの著述家たちのテクストの並外れた読み手である。ボフレの死後も、デリダは彼と同じようにハイデガー思想に魅了されたままであり、それを極めて注意深いテクスト的分析にかけ続けている。[*128] 最近のデリダの論説における性的差異 (Geschlecht, différence sexuelle) の分析において示唆されているように、彼がハイデガーのテクストを読み終えたとき、多くの場合、いかなる挑戦もなく、何も変化しないのである。[*129]

ハイデガーが性についてほとんど語っていないと書きとめた後で、[*130] デリダは「現存在」という語を通した性的差異の研究を提案する。[*131] デリダの議論では、あたかもハイデガー理論が性的差異の理解に関して十分な基盤を提供していることが自明であるかのように、こうしたアプローチを採用することへの正当化や口実がただの一言もなされていない。しかし、この前提は、ハイデガーが直接にこの問題に取り組まなかったとデリダが最初に認めていることによって、暗に挑戦されているのである。この論説——ここでは男性も女性もその関係が問題にされているにもかかわらず言及されていないし、この問題に専門的に関わっている他の著者についても、哲学的理論を含めこのテーマに関係しそうな他の理論についても言及がされていない——全体が、典型的な仕方で、性的差異の問題をハイデガー的視点からハイデガーのテクストの分析を通して解明することに向けられている。

デリダの論説の結論は、それが解決した以上の問題を提起している。ハイデガーが人間の性に関係した問題をうまく考えられなかったことを暗黙に弁明しようとするデリダに従えば、ハイデガーにとっては性的差異は現存在の諸構造を通して思考されねばならないのだから、現存在は性を持たない存在者なのである。[132] ハイデガーのテクストが性的差異に関してきわめて曖昧な言及しかしていないのは、彼の思想が単なる実存論的な関心を超えたより深いレベルで進行しているからなのである。

こうした結論は正当派のハイデガー主義者には安心できるものだろうが、他の者にとっては恐らくそうではない。デリダは、彼をハイデガーのテクストに関わらせている問題に関連するコメントがまったく欠如しているからといって混乱することはない。しかし、思想のマスターはあらゆる話題について語らなければならないと考えているような者ならば、例えばハイデガーが、社会的世界や男性と女性に関してきわめて一般的な言葉以外で語ることに明らかに失敗していたり、性的差異に関するコメントに失敗していたりすれば困惑するであろう。

デリダの結論は、ハイデガーの思考は理論や実践に先行するという『ヒューマニズム書簡』でのハイデガーの所見と整合的である。[133]「思考」のための実践的動機といったような陳腐なものはすべて拒否するハイデガーの慎ましい主張を見る限り、「思考」はこのテクストにおいてデリダの関心を惹いている問題とは全く無関係である。ところで、もしもハイデガー的視座から捉えた性的差異を問題にするならば、ハイデガーの思索はそうした問題を持ち上がらせないほど深淵であるという認識は、ほとんど納得のいくものではない。これは、その中にわれわれが生きている世界についての問題を引き受ける方法を見出せない哲学的思考の無力さを示す更なる一例——もしも例証が必要ならば——である。哲学は、われわれが生きている世界についての問題よりも世界の世界性[134]といった話題を優先するものである。正当派のハイデガー主義者でなければ、この推論を、この問題について有用なことは何も言えない思想のマスターの無力さを示すものとして受け入れることだろう。驚くべきは、この思想のマスターの理論には性的差異の問題に関連したことが何もなく、そのために彼はこの議論の主題に関して何一つ貢献せず、問題を解明する手段も有していないことに、デリダ自身が全く気づいていないふりをしていることである。

二番目に、デリダはボフレとは違って、対抗者の見解を疑わせるために冷やかしを用いるのでなく、高度に哲学的な次元でハイデガーを擁護する能力を持っている。デリダはナチス転向に関係した行為に関してハイデガーを擁護しようとする特別な関心を持っている。後に『危機』へと発展する有名なウィーンでの講演で、フッサールは西洋哲学が基本的にヨーロッパ哲学であると示唆している。[135]こうした考えに対して、デリダはすでに、「幾何学の起源」[136]に関するフッサールの論文を彼自身の編集で出版した時期から関心を抱いていたが、後にはそれを、ハイデガーを不当に擁護するために使用することになる。ハイデガーは明らかにフッサールを放逐したために批判されたにもかかわらず、デリダの主張では、ヨーロッパ的人間の精神的パースペクティヴから見た場合、非があるのはハイデガーではなくフッサールなのである。[137]次章で見るように、デリダはさらに進んで、ハイデガー理論の精神を利用することで、ハイデガー理論をその字面の意味（文字）から擁護しようとしている。

第三に、デリダは他の諸理論に対して、概してハイデガー的な批判を展開している。ハイデガー理論の精神に鼓舞されたこうした批判は他の諸理論——その中にはハイデガー自身の理論も含まれる——に向けられる。例えば、「人間の終焉＝目的」[138]におけるデリダのサルトルに対する攻撃は、ハイデガーが『ヒューマニズム書簡』で前もって提起していた論点を生産的に反復しているが、それでもやはり反復であることに変わりはない。

ボフレは、明らかに彼が敬意を払っていたサルトルに言及するに際して、ハイデガーとフランスでのその崇拝者とのあいだに、より明確でより根本的な区別を設けるよう大いに配慮している。ボフレの比較的穏当な注意は、いかなる敬意も払わず容赦もしないデリダの暴力的な攻撃を前にすれば弱々しいものである。デリダは、ハイデガーがいなければサルトルの仕事は何一つ可能でなかっただろうが[*139]、サルトルの書くすべてのものにはハイデガー固有のテーマからの距離が存在する[*140]と言っている。しかしここで距離とされているものは、ハイデガー理論を理解し損ねたことに由来するとされるサルトルの過ちの本格的一覧表の中で、文字通り不可視になってしまう。

デリダのこの講演はハイデガーの試みの一つの応用と見なすことができる。この試みというのはつまり、彼自身の現存在の理論を人間の科学から引き離し、また戦後フランスにおける人間学的ヒューマニズムに対する哲学的関心から距離を置くことである。彼の論点は単純に、フランスでの人間学的ハイデガー読解に対抗して、ハイデガー自身が哲学と人間学との混同をいっさい拒否していることを想起させていることにある。

『ヒューマニズム書簡』でハイデガーは、サルトルのテクストのただ一つにさえ取り組んだことがないまま、サルトルに対して返答している。講演の中でデリダはハイデガーに倣って、やはりサルトルのテクストのただ一つにも取り組むことないまま、熾烈で明確にハイデガー的な返答をサルトルに差し出している[*141]。

この講演のタイトルはヒューマニズム的な人間概念への三重の参照を含んでおり、デリダはそれを、銘に置かれた三つの引用を通して明かしている。その三つとは、カントの自己目的としての人間観、存在論によって人間の諸目的(ends)を決定することが可能になるというサルトルの所見、そして人間とは近来の運動の帰結であって、それもおそらく近いうちに終焉するだろうというフーコーの人間理解である。デリダが記しているように、戦後フランスの哲学的議論はヒューマニズム的テーマによって支配されていた。ヒューマニズムが頂点に達するのは、現存在(Dasein)を「人間的現実」と訳す「奇怪な翻訳」に基盤を置いたサルトルの立場においてである。この翻訳は、サルトルの影響のもとで、ハイデガーを読む傾向にとっても読まない傾向にとっても根拠として採用された[*142]——デリダによればそういうことだが、彼はここでコジェーヴのことを忘れている。

ハイデガーのデカルトへの反論と同じように、デリダは、サルトルが人間の一体性を疑っておらず、さらに悪いことには、哲学的主体と人間的主体の区別を崩してしまっていると主張する。このような仕方で、実存主義のあらゆる流派やマルクス主義、精神主義や、さらには社会民主主義やキリスト教民主主義にも共通なテーマであるヒューマニズムと人間学とが、ヘーゲルやフッサールの人間学的読解、そしてハイデガーの「おそらく最も深刻な誤解 un contresens, peut-être le plus grave」と結びつけられる[*143]。

デリダはフッサール、ハイデガー、ヘーゲルの立場について幅広く書いてきた。ヘーゲルとフッサールの理論に関する彼の著作にはハイデガーの洞察が応用されており、これらの立場に対してはしばしば極めて批判的である。『存在と時間』[*145]は、超越論的・現象学真理（veritas transcendentalis）[*144]と、了解の循環に基盤を置く解釈学的把握についての互いに相容れない見解を提示している。もしも真理が解釈学的循環に基盤を置くなら、絶対的真理を求める哲学の伝統的な要求は維持しえなくなる。ヘーゲルに関するデリダの著作では、ハイデガー的洞察が応用される主要なテーマの一つは、ヘーゲルの絶対知という考えの疑問視である[*146]。

フッサールに関するすべての著作ではデリダは、極めてハイデガー的な姿勢で[*147]攻撃を行なっている。その一例は、彼自身の編集によるフッサールの「幾何学の起源」草稿への長大な序文であり、これは彼の最初の出版物でもある。ここでの主要なテーマは、フッサールが歴史を「問題化」することに失敗していることに対するデリダの不満である[*148]。もう一つの例は、フッサール思想における記号の問題へのデリダの

「ソシュール的」アプローチ[149]である。ここでの焦点は、フッサール現象学が形而上学的前提を免れているのかどうか、あるいは免れていると考えられるのかどうかという問い——この問いは、後期ハイデガー、とりわけ『ヒューマニズム書簡』に顕著に現れる——である。

『存在と時間』でハイデガーは、「現前性（Anwesenheit）」としての存在への伝統的アプローチについて記している[150]。後期の論文ではこの論点は、形而上学は存在者を現前性を通して表象的な仕方で思考する[151]という考えによって増幅される。フッサールについての分析の中にハイデガー的系譜がはっきりと表れている長々しい一節で、デリダは次のように書いている。

> われわれの問いの最も一般的な形式は次のように指示される。現象学的必然性、フッサール的分析の厳密さと緻密さ、その分析がそれに応え、われわれがそれを考慮しなければならないような諸々の要求は、それにもかかわらず、ある形而上学的前提を覆い隠しているのではないか。これらの要求は、ある独断論的ないしは思弁的な執着を隠していないのだろうか。その執着は確かに、現象学的批判の外に置かれているのでも、思考されないままになっているナイーヴさの名残りといったものでもなく、むしろ現象学をその内側において構成し、その批判的企図や、それに固有の諸前提を制定する価値において構成するようなものなのではないか。詳しく言えばつまり、現象学がやがてあらゆる価値の起源として、「諸原理の中の原理」として、つまり根源的に与えられた明証性として、充実した根源的直観への意味の現前あるいは現前性として、認識することになるものにおいて、構成するようなものなのではないか。言い換えるなら、われわれは、しかじかの形而上学的遺産が、しかじかの地点において、現象学者の警戒を制限していたのかどうかを問いかけようとしているのではない。そうではな

く、こうした警戒の現象学的形式が既に形而上学そのものによって支配されていたのではないかを問おうとしているのである。[*152]

デリダによる非人間学的ヒューマニズムとしてのハイデガー理論の読解は、フッサールが哲学と人間学との融合を心理学主義とみなして反論していることを前提にしている。この点で、ハイデガーとデリダの主な差異は、デリダの方はハイデガー理論をいかに読むかという問題を一般化して、ヘーゲルやフッサールの理論にも同じように応用していることにある。フッサールやヘーゲルの見解を人間学的に読むことはハイデガーを人間学的に読むことと同じように誤りであり、こうした誤読は、『存在と時間』を「超越論的現象学からの人間学的な偏向[*153]」と見なしたフッサールの誤解と同じ様なものである。結果として、フランスでの議論が進展したにもかかわらず、ヘーゲルやフッサール、ハイデガーの立場が、ヒューマニズム的形而上学の再来の一例として一緒くたにされてしまうのである。ハイデガーに代わってデリダは「人間に固有であるものについての思考は、存在の問いあるいは存在の真理と切り離せない[*154]」と主張する。というのも、ハイデガー的ヒューマニズムは、本来は存在との関連において理解されるべき人間に対して、人間学的にアプローチすることを拒絶するからである。

ヘーゲルとフッサールに対するデリダの多様な批判[*155]は、形而上学が終焉し、それゆえ哲学も終焉しているという後期ハイデガーの見解に依拠している。ハイデガーはこうした見解を多くの場所で、とりわけ『哲学の終焉と思索の使命』において展開しているが、ここでの主たる主張は次のようなものである。形而上学は全体としての存在者を思考する、形而上学は現前性を表象的思考を通して思考する、形而上学はプラトン主義である、そして形而上学は、したがって哲学は、終焉に達している。[*156]『声と現象 La Voix et le phénomène』でのデリダのフッサール批判の意図は、フッサール的現象学が現前性という形而上学的前提によって損なわれていることを示すことにある。[*157]

ヘーゲルは批判哲学を批判したが、それはカントのコペルニクス的転回を完成させるためであり、その精神には忠実であり続けた。デリダはハイデガーの理論に対してこれと類似の関係を持っている。ハイデガーの著作の批判において、デリダは常に、理論の字面をその理論の精神によって判断している。ハイデガーによる伝統的存在論の解体を検証する際にデリダは、ハイデガーはその意図にもかかわらず、伝統的形而上学に忠実なままでいると主張する。[*158] デリダの読解では、ハイデガーは彼自身の理論の内在的目標を実現することに失敗している。デリダは同じ主張を再び、今度は違うレベルにおいて行なっている。それは彼がハイデガー理論をナチスとの関係から擁護する中で、ハイデガーは形而上学を批判しているにもかかわらず、ハイデガーの初期の思想は形而上学的にとどまっていると容認する際である。こうした初期ハイデガーの理論に対する批判は、本質的には、それがハイデガー自身の意図と一貫しないものであったこと、ハイデガーは彼の中心的洞察に忠実ではなかったことを意味している。しかし、このことが、ハイデガーの中心的洞察自体が真実でないことを――たとえおぼろげにでも――示唆していると見るべきではないだろう。

四番目に、デリダは彼独自の立場を打ち出している。その立場はハイデガー理論の精神についての彼の理解と整合性のあるもので、確実にそこから着想を得ている。デリダはもちろん、いかなる通常の意味でも哲学者ではない。彼は決して、「私の立場はこうである」とか、「私がいかなる反論に抗しても擁護したいと思う見解はこうである」「私の見解を支える論拠はこうである」といったような直接的なことは何も言わない。事実、彼はそのようにできなかったのである。というのも、確定的なスタンスをとることを避けるのは彼の戦略の一部だからであり、議論が進行することによってそうした確定的な立場は相対化されうる。そのようなわけで、彼の思想についてのベニントンの最近の研究に沿って言うなら、デリダが提供するテクストは、彼の見解を研究する学者がそれを「捕らえる」ために使用する諸々の観念から溢れ出し、従ってそうした観念を「逃れ去る」ということを、示すようにと意図されているのである[*159]。

それでもやはり、デリダの著作は、他の誰でもない彼のものだと大まかに分類されるような観念や実践を含んでいる。われわれが非公式にデリダの立場と呼んでいるものを構成しているのは、ハイデガーの著作の入念な注釈と、彼が解釈したところのそれらの著作の精神に基づいた他の理論の批判、そして、常にハイデガーの学説から借りてきたか、それに合致するか、あるいはその拡張であるような、特徴的な多くのドクトリンである。

我々はこの点において明らかに、ヘーゲルのカントへの関係とデリダのハイデガーへの関係との類比の限界を見ることができる。ヘーゲルはカントの影響を受けながらも、最終的にはカントのはるか彼方にまで進んでおり、それは例えば彼が物自体を、批判哲学の字面だけでなく精神とも明らかに相容れないような仕方で再解釈していることに表れている。ガダマーはデリダに並ぶ現代の重要なハイデガー主義者であるが、彼についても同じことが言える。ある面ではガダマーはハイデガーに極めて近いとはいえ、他の面において彼は、ハイデガーの理論をその対極へと変化させている。解釈学的循環からの演繹を突き詰めることで、ガダマーは、ハイデガーが彼の言うところの存在論の歴史の解体によってまさに貶めた伝統を復権させるに至っている。しかしこれはデリダの場合には決して当てはまらない。デリダの考えは決して、ハイデガーの後期の思想と対立しはしないのである[*160]。

デリダの著作は数多いが、それらの著作の中心的テーマを特定することは簡単ではない。確かに、彼がハイデガーと同じようにして形而上学的伝統に結びつけている、いわゆるロゴス中心主義に対する攻撃は、一つの常に見られるテーマである。ロゴス中心主義という観念そのものに対して続けられるデリダの攻撃は、形而上学的・ロゴス中心主義的伝統の内部でのテクストの脱構築を通して遂行される。脱構築の実践は捉えどころのない概念に基づいている。なぜならそれは彼の多くのテクストの中で明確に陳述されたことがなく、そのかわりに明白な先行者を持っているからである。

デリダの諸著作における脱構築の観念については、論者の間で大きな意見が相違がある。ある著述家は、デリダがハイデガー的な脱構築の観念を引き継ぎ、更に発展させたと見なしている。[*161] 他の著述家は「Abbau（解体）」を「déconstruction[*162]（脱構築）」と訳していることに関連して、デリダの主張とその実践が矛盾していると指摘する。少なくとも一人の観察者は、脱構築を基本的にはカント的な企てと見なしている。[*163] その他には、脱構築が哲学と文学の区別を取り除く様子に感銘を受ける者もいる。[*164]

当面の文脈では、私は、デリダ思想においてもっとも際立った構成要素であるように思える現象学的な背景を強調しておきたい。脱構築（Abbau）[*165] の観念が、後期フッサールの著作[*166]にしっかりとした根を持っていることを指摘すれば十分であろう。[*167]『存在と時間』でハイデガーは存在論の歴史の解体の重要性を強調した。[*168] この主著が出版された同年の講義で、ハイデガーは、現象学的方法は三つの要素から構成されていると主張している。それは、還元、構成（construction）、解体（destruction）である。ハイデガーは自らが提唱する形而上学の脱構築を、脱—構築（de-construction ＝ Abbau）として記述している。彼は「解体」について、「当初は必然的に用いられねばならない伝統的概念が、その中において、それが引き出されてきた源泉にまで遡って脱—構築されるような批判のプロセス[*169]」として語っている。

脱構築についてのデリダ固有の見解は、ハイデガーによって提唱された形而上学の歴史の解体を、ハイデガー自身の試み——デリダから見ればそこに残存している形而上学的性格によって妥協的なものになっている——がはらむ問題を避けるようなかたちで遂行する試みとして理解することができる。もしもそれに成功しているならばデリダは、自己を基礎づけ自己を正当化する哲学というデカルト的夢想に対して、その哲学をそれの彼方にある地点から限界づけるという仕方でなされるハイデガーが意図したような批判を、遂行できているはずである[*170]。

懐疑主義というものを、これまで理解されてきた意味での、そして現在考えられるような形態での哲学的伝統の枠内では、知識についての理論も知識そのものも不可能であるという主張と理解するならば、デリダは哲学的な懐疑主義者である。しかし、哲学の彼方のどこかに設定された、ポスト形而上学的で後期ハイデガー的な立場から見れば、デリダは懐疑主義者ではない。テクスト性という彼に特徴的な学説は、ハイデガーのいささか伝統的な形態のテクスト的脱構築を、その内在的目標を実現するよう意図された新しい方法で拡張するものである。その方法とはつまり、フーコーのデカルト読解に対する反論の中で予描された、すべてはテクストである、あるいはテクスト的な用語で表象可能であるという主張を通してと、テクストは知識を生み出さないというそれに関連した主張においてということである。テクストの外には何もないという第一の主張を擁護するためにデリダが述べているのは、エクリチュールはパロールに対して優先権を持つこと、テクストは他のテクストしか参照しないということである。第二の主張を擁護するためにデリダは、脱構築を一つのテクスト内のいかなる言明よりも上位に位置づけようと試みる。

この第二の主張は指示性（referentiality）への攻撃に相当する。私の知る限りこうした攻撃は直接に言明されたことはないが、かなり典型的なものである。この攻撃は、とりわけヘーゲル、フッサール、ソシュールの見解によって多重に規定されている。この三人を始めとする思想家たちは、大陸哲学において指示に類似した問題に取り組んでいる。『精神現象学』の第一章でヘーゲルは知識としての感覚的確信に反論しており、その根拠は大まかに言えば、あなたは自分が何を意味しているかを言うことができず、自分が何を言っているかを意味することもできない、ということである。[*171] ソシュールの言語理論は、シニフィアン（意味するもの）とシニフィエ（意味されるもの）の区別に依拠している。フッサールは、分析哲学的形態においてこの問題を創始したフレーゲと同様、意味（Sinn）と意義（Bedeutung）を区別している。[*172] 彼の理論は、この両者がいかに相関しうるかに向けられている。

言語が指示を担うには不充分だという考えは、第一に、ヘーゲルの見解に着想を得ている。デリダもまた、彼の編集によるフッサールの「幾何学の起源」に関する論文の公刊以来、同じように、現実の対象を指示しようとするいかなる努力も、結局は知ることのできない絶対的起源を指示するだけに終わると論じている。[*173] デリダはハイデガー的視点に立ったフッサール理論の読解を通して、感覚的確信に関するヘーゲルの主張に極めて近づいている。デリダは次いでこの主張を一般化することで、ロゴス中心主義として解釈される形而上学の失敗の見解に基づいて、知ろうとするあらゆる努力を抑圧しているのである。

要するにデリダは、的確にも自分がハイデガーの考えを疑問視していると考えているにもかかわらず、また、マスターの学説に対する自らの読解をある種の異議申し立てであると述べ、自分の書くものすべてには「ハイデガーの問題系からの隔たり［écart］」[*174] があるとまで主張しているけれども、彼はほとんど——もしかすると完全に、とまで言えよう——ハイデガー派の群れに属しているのである。というのも、たとえ折にふれてハイデガーの立場の字面を否定しているとしても、デリダは常に、彼が理解したところのその精神を受け入れているからである。デリダの著作においては、フランスのハイデガー正統派の著作の多くにおいてそうであるように、あたかもハイデガーの思想が、そしてハイデガーの思想のみが、ハイデガー以後もハイデガーの思想によって境界を定められた空間の中でもなお可能だとされている「哲学的」な思考の企て全般の地平を形成しているかのようである。

第八章　ハイデガーの政治とフランス哲学

本章は、近年のフランス哲学におけるハイデガーの影響に関して二章に渡って試みる具体的な考察の後半部に相当する。[*1] 前章では、戦後フランスでの議論がハイデガーの思想から受け取った影響を、選択的に考察した。それによれば、ハイデガーの理論がフランス哲学に与えた影響は三つの水準に及んでいた。第一に、ごく少数であるが、彼の思考を解釈することにのみ専心する哲学者たち、第二に、ハイデガーの洞察をわがものとしつつ、哲学史の伝統における諸理論を読解するというより一般的な傾向、そして第三に、自らの主張を形成する際にハイデガー思想を洞察の源泉とした、フランスの哲学的指導者たちである。

本章では、ハイデガーの理論が戦後フランス哲学に与えた影響をさらに解説するために、彼の国民社会主義への転回（turn）によって提起された継続的な論争が、フランスにおいてどのように展開し、現在に至っているかを説明することとしたい。この問題をめぐる議論のフランス側の側面といっても、それは広い意味で理解されることになるだろう。そこには、フランス国内の論者だけでなく、フランス国外の論者もこの時とばかり参加しているからである。例えば、ドイツ人のカール・レーヴィット、ハンガリー人のジェルジ・ルカーチ、そしてとりわけ、チリ人のヴィクトル・ファリアスなどである。彼らの介入は、フランス側の論者たちのあいだに、興奮気味の反応を巻き起こすこととなった。

問題の概要

ハイデガーの政治的転回によって提起された問題は独特のものである。それは、哲学の伝統において例をみないものともいえる。そしてまた、彼のように国民社会主義へと転回した大物哲学者は、他には皆無なのである。ハイデガーによるドイツ・ファシズム礼賛は、ルカーチによるスターリン主義への支持[*2]と対比されることが多いが、それさえも、実際には、様々な理由から比較の対象にはなりえない‥

――たしかにルカーチは重要な思想家であり、異論があるにせよおそらく最も重要なマルクス主義の哲学者である。しかし彼はハイデガーよりも重要度の低い思想家である。

――どれほど長期にわたって正統派マルクス主義に加担したとしても、ルカーチとスターリン主義の関係はルカーチ自身による明確なスターリン批判によって終結した。これに対しハイデガーの場合、たしかに、彼自身と彼の支持者たちがナチズムとの関係断絶の事実を漠然と主張してはいるが、その関係は一度として明確に断ち切られていない。明らかに、少なくともナチズムの理想的形態への加担は持続していた。

――ルカーチは、自らがスターリン主義へと傾倒したという事実の特質と範囲とを、後になって組織的に隠蔽しようとはしなかった。これに対しハイデガーはナチズムへの継続的な傾倒を隠蔽しようとした。

――ルカーチのスターリン主義は、ごく当たり前のように事実認定され、彼に近しい支持者たちからも厳しく批判されてきた。[*3] これと異なり、ハイデガーの多くの追随者たち――最近ではノルテなど――は、ハイデガーのナチズムに関するあらゆる批判をかわそうと躍起になってきた。

国民社会主義との連携をハイデガーがいかにして決断したかという主題は、長年にわたって白熱した議論の主題であったし、その議論はいまもなお継続している。[*4] 新事実が明らかになりつつある以上、状況が変化するのは明白であり、そのようななかで現在知られている事実と、ハイデガー自身がそれらの事実に対して示した反応とを峻別することが有益であろう。すでに指摘したように、ニーチェ講義に関する覚書において、ハイデガーはこの講義が国民社会主義と対決するためのものであったと主張している。[*5] しかしながら、彼は公的な場では一度として、ナチズムとの距離を表明したことがなかった。一九四五年に作成され、死後はじめて刊行された文章において、ハイデガーは自らが学長職にあった時期は無意味であったと言い張っている。[*6] また、一九六六年には、死後に公表するとの条件で、ハイデガーはドイツの週刊誌『シュピーゲル』のインタヴューに応じ、[*7] そのなかで、一九三四年以降は、自らがもはや親ナチズム的な発言を行なっていないと主張している。しかし、それ以前の親ナチズム的な発言のなかには、指導者原理（*Führerprinzip*）への公的承認も含まれており、それはハイデガーの解釈によれば、次のことを認めるに等しいのである。すなわち「ドイツの現実とその掟の源泉は、現在と未来にわたって」[*8] ——すなわち一九三四年以降も——ただ総統（Führer）のみなのである。

このように政治的次元におけるハイデガーの思想と事実をめぐって乏しい情報しか存在しないにもかかわらず、次のような見解が広く認められている。すなわち、当初の熱狂から醒めたあとで、ハイデガーがナチズムへの批判へと転じたという見解である。ハイデガー自身に起因するこの疑わしい見解、公式見解とでも呼びうる見解は、彼の哲学と彼のナチズムに関する議論において広く流通するようになり、更に彼の直近の支持者たちによって様々なかたちで維持されてきた。しかしながら、この解釈は事実に基づくものではない。

ハイデガーはニーチェ講義が国民社会主義の批判を意図したものであったと指摘したが、この指摘は矛盾をはらんでいる。なぜならこの主張に反して、彼の熱狂が継続していたのは明白だからである。後期の講義が出版された際、そこから明らかに親ナチズム的な発言が削除されているのである。テクスト解釈は常に異論を伴うものであるが、ハイデガーが戦後もナチズムに加担し続けていたことを明確に示す文言が数多く存在するのも事実である。最も顕著で明確な例は、彼自身の協力によって一九五三年に出版された講義録に見出される次の発言である。「今日、ナチズムの哲学として大手を振ってそこここに提示されているものは、この運動の内的真理と偉大さとはいささかも関係をもたないものであって……」[*9]。

さらに、この時期全体に関するハイデガーの継続的沈黙もまた、観察者たちを困惑させ続けている。その沈黙にはホロコーストへの沈黙も含まれるのだが、直近の門弟たちでさえ、折にふれて、それをホロコーストの問題に関するハイデガーの無神経さによるものとみなしてきた。とりわけ、一九四九年に行われた講演の刊行版から削除された次の主張には、多くの論者たちが当惑させられてきた。「農業は現在、機械化された食料工業であって、本質において、ガス室や絶滅収容所での死骸の製造と同じもの、国々の経済封鎖や兵糧攻めと同じもの、水爆製造と同じものである」[*10]。ハイデガーは、ホロコーストに対して距離を取らず、あるいは明確な立場を表明しなかった。このことに関して言明しうる最も明白な事柄とは、彼の理論的パースペクティヴからすれば、それに対して距離を取ったり立場を表明したりすることは不可能だったのだ、ということである[*11]。

問題になっている事実そのものが、内在的に物議をかもす性質なのではない。ハイデガーの哲学的思考と政治的行動の連関を解釈することが、あまりに困難なのであり、それゆえきわめて物議をかもしやすいのである。この解釈は、解釈学における重要課題の一つであるのだが、ハイデガー文献群においては、当該の問題を含む関連諸問題を扱う一つの特殊な家内制手工業が形成されているほどである。ハイデガーの国民社会主義への転回は、少なくとも三つの異なるレベルにおける問題を引き起こしている。まずは彼の思考の解釈の問題、次に、すでに膨大な数に及び、なおも増大し続けている文献群における、彼の思考の受容の問題、そして、哲学そのものに関する伝統的で規範的な、哲学的見解をめぐる問題である。

第一の問題は、ハイデガーの哲学的思考と彼の政治的加担の連関をめぐる問題である。たしかにハイデガーがナチになったという事実は嘆かわしいことではあるが、それを知ることは哲学的にはそれほど興味深い事柄ではない。なぜなら、多くのドイツ人が、なかでも戦時下のドイツにとどまった哲学者の大部分が、ドイツ・ナチスに入党したからである。[12]しかしながら、ハイデガーは普通のドイツ人だったわけではない。哲学者だったのである。しかも、普通のドイツ人哲学者だったわけでもない。彼は明らかに、著しく重要な哲学理論の著者として、他のすべてのドイツ・ナチ党員とは別格である。彼の哲学的主張と政治的加担との関係を示すことができるならば、それは哲学的に有意義なものとなるだろう。知る必要があるのは次のことである。すなわち、ハイデガーの国民社会主義への転回は、彼の哲学的主張からもたらされたものなのか。あるいはその転回が、なんらかのかたちで、彼の哲学的主張によって動機づけられていたのか。あるいは反対に、彼の哲学的立場とは無関係な、あるいは少なくともそれに依存することのない、偶然的な事実にすぎないのか。

第二の問題群は、ハイデガーのナチズムへの転回をどのように受け止めるかという問題に関わっている。そこには、フランスの哲学的議論における受容も含まれる。ハイデガーは、国民社会主義を支持した理由とその範囲に関して事実を偽らねばならなかった。そうしなければならない理由が、彼にはいくつも存在した。たとえばナチズムを個人的に解釈し、現実のナチズムの崩壊後もそれを支持し続けたという事実を、個人的に困難な状況にあって隠蔽することへの欲望は、理解に難くない。まず間違いなく、そこには彼個人における道徳的脆弱さと称されているもの、彼の人生の「非本来性」として想定されるようなもの、あるいは様々な性格的欠陥、等々の諸要素も見出されるだろう。

ハイデガーを擁護するために、彼の人生は彼が生きた困難な歴史的時代と不可分なのだと主張する者もいるだろう。このような議論は、必ずしも説得的とは言えないが、ハイデガー支持者の側からは可能な議論だとされている。しかしハイデガーの後期の学生たち、戦後になってハイデガーの思想に接近した学生たちからすれば、このような議論は説得的でもなければ可能でもない。ハイデガーの政治参加について多くが知られるようになり、彼が同僚たちに対して行った弾劾のあさましい詳細が明らかになった後でさえ、[*13]彼の思想に興味をもった論者たちのあまりに多くが、率先して問題の核心を取り上げようとせず、彼の思想と政治的加担との連関を研究するという考えに対して警戒を示そうとさえした。[*14]

ジャン・ヴァールのような学識ある論者さえも、ハイデガーの政治的過誤には注意を払う必要があるとしながら、彼の思考はナチズムへの加担から切り離すことができると信じていた。[*15]しかしながら、ハイデガーのナチズムは、彼の哲学的理論を評定する際に無関係どころか、極めて強く関係している。新奇な思考の領域に取り組むことは、常に困難な事柄である。新奇な理論は、それが吸収され評価されるようになるまでに、受容のプロセスを必要とする。時には、このプロセスは数世紀にまたがることもある。たとえばカントの『純粋理性批判』、ヘーゲルの『精神現象学』、そしてもちろん間違いなくドイツ観念論の中で最も難解な後者の『論理学』などを理解するために現在も継続中の努力を見れば、分かるだろう。重要な新理論を理解することは、十分に困難な作業なのである。しかしその理論の根本的な要素、さらには意義深い要素が視界から隠されるとき、理解は不可能になってしまう。ハイデガーの哲学的思考と政治的加担の関係という問題をめぐって、完全否認や単なる沈黙といった戦略をとったり、あるいは問題をまったく提起しないように勧告したりする限りは、それらの議論を真面目に受け止めることは困難なのである。

第三の問題群は、哲学の規範的な自己イメージに関わっている。哲学の社会適合性をめぐっては、哲学内部において長期間にわたって論争が展開されてきた。[*16] その論争においては、哲学が社会的に有意味であると主張する側と、そうではないと主張する側が対立してきた。一方の観点からすると、哲学は絶対的な意味において真理と知識の源泉であり、善く生きるためには哲学が絶対に不可欠だということになる。しかしながら、ルカーチのような強靭な思考の持ち主によるスターリン主義への政治参加を顧慮すれば、そしてとりわけハイデガーのナチへの政治参加を顧慮すれば、哲学を実際以上に良いものとみなすこのような主張は脆くも崩れ去る。ハイデガーのような、明らかに哲学的才能に恵まれた人物がナチズムを支持したという事実に、哲学者は無関心を貫くことはできないのである。この明白なパラドクスは、哲学が社会にとって有意味であるという耳心地のよい見解に打撃を与える。なぜなら、ハイデガーは偉大な哲学者であるとか、哲学は社会にとって不可欠であり、少なくとも社会的に有益であるとか、国民社会主義は悪であり、現代の絶対的な悪の最も明確な事例であるといったごく普通の言明は、個別には正しいように見えるが、互いに並べると明らかに相容れないものとなるからである。

ハイデガーのナチズムに関するフランスの議論

ワイマール共和国の末期に、知識人を含む多くのドイツ人は、自由主義とボルシェヴィズムという二重の悪にはさまれ、第三の道を称する国民社会主義へと身を転じた。ハイデガーの国民社会主義への転回も例外的なものではなかった。それが例外的なのは、異例なまでの重要性をもった哲学理論の著者として、彼が並外れた哲学的地位を保持していたからである。悪の陳腐さ一般と同様に、ハイデガーのナチズムは変り映えのしないものであり、また、そのようなものとみなされていた。戦後になって彼が自らの行動を説明するように求められ、彼が自己弁護しようとしたときに初めて、そこに注目が集まったのである。その時点で、ハイデガーのナチズムに関する哲学的議論が始まったのだが、当初の議論は主として、盲目と明察を兼ね備えた大物たちからなる限定的な団体としての、言うなれば哲学株式会社のメンバー主導によるものであった。最近になってようやく、ヴィクトル・ファリアスによる研究書『ハイデガーとナチズム』(一九八七年)[*17]の刊行に前後して、議論がより広い知的公衆の注意を引くようになった。

問題を述べることは容易である——大まかに言えば、問題は、ハイデガーの哲学的主張と国民社会主義への忠誠をどのように理解するかということにある。しかしながらその分析は、最も哲学的な諸問題と同様、無限に入り組み、個々の側面がそれぞれ反論を惹起するといった性質のものとなる。精神分析にはいわゆる終わりなき分析があるが、哲学的懸案の解決も終わりなきものとなることがある。

このように錯綜した論争を理解する手がかりとして、二つの陣営を区別しておくこともできる。すなわち一方で、この問題を真に意義深いものと考えるハイデガーの批判者たちと、他方で、この問題を見かけだおしのものとみなす彼の擁護者たちである。批判者はハイデガーの哲学的思考と政治的加担のあいだに偶然的関係以上のものを見てとり、それゆえ、その政治的帰結と思われるものをもって、ハイデガーの思考を批判する。反対に、擁護者たちの主張によれば、ハイデガーの哲学と政治の間に存在するのは偶然的関係以上のものではなく、それゆえ、政治的不運は彼の哲学的主張に打撃を与えない。彼らによれば、これは幸運なことではないが、しかしまた、間違っても不幸なことではないのである。

ここに見られる見解の不一致が照らし出しているのは、理論と実践の関係をめぐる古くからの懸案であり、これをめぐっては哲学の伝統を通じて広範な議論が巻き起こされてきたが、いかなる合意も得られていないのである。この対立項に従えば、ハイデガーのナチズムをめぐる議論において提示された様々な主張のバリエーションは、二つの主要な主張に整理することができる。一方の主張は、ハイデガーの思考と政治的加担との関係、より正確には基礎的存在論と国民社会主義の関係が純粋に偶発的なものであり、そこには何ら実質的な問題はなく、間違っても哲学特有の問題などありえない、というものである。また、他方の主張は、ハイデガーの思考と政治的加担の関係が彼の哲学から派生したものであり、その場合、様々なレベルにおいて深刻な哲学的問題が存在する、というものである。たとえばまずもって、ナチズムが悪であるとの前提に基づいたとして、ナチズムへの加担の仕方が、どのようなかたちで彼の哲学を反映しているのか、という問題がある。ハイデガーは一度として倫理を論じたことがなく、実際に、諸価値の哲学的分析という考えそのものを拒絶したのだが[*18]、彼の理論における哲学的関心がいかなるものであれ、その哲学理論が何らかの根本的なかたちでファシズムの政治と結びついていることが示されうるのであれば、そこには明らかに倫理的な問題があることになるだろう。

ところで、実をいえば、現在に至るまでハイデガーのナチズムに関して生じている論争は、主としてフランスにおけるものである。遡及的に見た場合、ハイデガーと政治をめぐってフランスで生じた論争には、三つの主要な局面、あるいは波動が見出される[*19]。誰が、いかなる点において、どのように論争に介入したかという事実的な情報と、一貫して継続された議論の弁証法とでも呼びうるもの――適当な用語がないのでこのように呼んでおきたい――とを、私たちは区別することができる。

論争の第一波が生じたのは一九四六年と一九四七年の『現代』誌においてである。この雑誌は、サルトルとその仲間たちによって創始され刊行された、フランスの知識人界の主導的役割を担う雑誌である。議論に参加したのはカール・レーヴィット、モーリス・ド・ガンディヤックとフレデリック・ド・トヴァルニツキであった。レーヴィットはハイデガーの初期の学生であり、ハイデガーの随伴者だった時期もあったが、その哲学的著作によってフランスでも随分と認知されていた。ガンディヤックは戦後すぐにハイデガーと接触をもったフランス側の初期の随伴者の一人であり、後にソルボンヌの哲学教授となった。トヴァルニツキは、ジャーナリストで、後にボフレに接近することになる。彼らの議論を受けてエリック・ヴェイユが介入した。彼はエルンスト・カッシーラーとアルフォンス・ド・ヴァーレンスの助手だった人物である。ヴァイルは、ナチス・ドイツからフランスへ移住した経緯を持ち、その後、フランス哲学において著しい経歴を築いた。ド・ヴァーレンスはベルギーの現象学者で、一九四二年にフランス語で初めてのハイデガー研究書を刊行している。[20]議論はレーヴィットとド・ヴァーレンスの応酬の内に暫定的な終結を見る。

継続する議論の流れから言えば、この第一波の重要性は、論争のその後の局面においても再確認される主要論点と戦略とを、萌芽的なかたちで識別できるという点にある。たとえば、そこには偶発主義的分析と必然主義的分析との区別を見てとることができる。すなわち大雑把に言えば、ハイデガーの基礎的存在論とナチズムとの関係が偶発的なものにすぎないと主張するか、あるいは偶発的ではなく、ある種、必然的だったと主張するかの違いである。

論争の第一段階において、ハイデガーの思考と政治の関係を偶発主義的に読解する立場を代表していたのは、ガンディヤックとトヴァルニツキであった。彼らは、ハイデガーが政治的にナイーヴだったのであって、内実を知らずに国民社会主義に魅せられたにすぎないと主張した。彼らの主張が含意するところによれば、ハイデガーがナチズムに引き寄せられた原因は、外的世界に対する彼の素朴な注意不足にあったことになる。この種の議論が前提としているのは、哲学者が社会的現実に対して無関心である、少なくとも不注意であるというありがちな見解である。すでにアリストテレスが、星を観察していたときに井戸に落ちたというタレスの逸話を引いてこのような見解を提示していた。すべてが水であると主張した思索者にふさわしい逸話である。このような見解からすると、哲学者は図書館においてのみ能力を発揮しうることになる。最近でもなお、ガダマーが同様の見解を提示した。彼の主張によれば、哲学者は政治を理解する際に相対的な優位を保持しないどころか、実際には不利な立場にあるというのである。[*21]

論争の第一局面において、反対の立場、必然主義的読解を代表していたのはレーヴィットである。彼はハイデガーの国民社会主義への転回を、その主張の主要原理、すなわち自己自身へと還元された実存が、無を前にして自己自身にのみ依拠するという主要原理からのみ説明可能とした。これは、まさにコイレがハイデガーの最初のフランス語訳に付した序論において、ハイデガーの基本的貢献とみなした見解と同じことを述べている。[*22]

一方、ド・ヴァーレンスによるレーヴィットへの応答からは、ハイデガーを擁護する側の基本戦略が明らかになる。すなわち彼は、ハイデガーを貶そうとする者たちがその理論を十分に熟知していないと主張しているのである。このような視点からすると、最終的にはハイデガー解釈の専門家のみが、正確に言えば、その師の思想を判断するのではなく単に説明することに従事する者たちのみが、その思想を評定する能力をもつことになる。

実際に、ハイデガー学者たちは、彼の政治信念と哲学とを結びつける努力をことごとく、それも頑強に拒絶する。ハイデガー教団からの明白な離脱者たち、たとえばトーマス・セーハン[*23]、ライナー・マルテン[*24]、ミハエル・ツィンマーマン[*25]、また程度は下がるがオットー・ペゲラー[*26]とディーター・トーメ[*27]らが批判的視点を提起しているのに対し、彼らと同じくらいに識別可能なハイデガー弁護者たちは、この批判に反論を加えている。ドイツではフリードリヒ＝ヴィルヘルム・フォン・ヘルマン、合衆国ではウィリアム・リチャードソン、そしてとりわけフランスでは、ボフレとその他諸々、たとえばフランソワ・フェディエやピエール・オーバンク、さらに限定的な意味ではジャック・デリダやフィリップ・ラクー＝ラバルトらがいる。フランスにおいては、現時点で私の知る限り、ドミニク・ジャニコーが、ハイデガーの思考と強力に提携しつつ[*28]開かれた批判的スタンスを取ってきた唯一の哲学者である[*29]。

一年のあいだにわたって展開したこの第一波は、レーヴィットの論文を除けば、フランスにおけるハイデガーの随伴者たちによる穏和な論争であった。遡って見れば、ハイデガーがはっきりと自己同一化していたナチス・ドイツに第二次世界大戦で打ち負かされた国であるにもかかわらず、フランスにおける議論の最初の局面がこれほど平穏であったのは、驚くべきことである。フランスにおける議論の第二波は、第一波の議論が稠密で、国内規模で、明確に特徴づけられていたのと比べると、不定形で、稠密さを欠き、国際規模で、なおかつ極めて耳障りなものであった。第二波の境界を恣意的に区切るならば、一九四八年と一九六八年の間ということになるだろう。一九四八年は、フランスに出現した実存主義にルカーチが脅威を感じ取り、それに対抗して喧嘩腰で、さらには好戦的にマルクス主義を擁護した著作が公刊された年である。また一九六八年は、ジャン＝ミシェル・パルミエが、ハイデガーの政治的発言を検討したフランスで最初の著作を刊行した年である[*30]。ルカーチはその著作の最初の版で『存在と時間』をプレ・ファシストであるとして批判した[*31]。後になって、『ヒューマニズム書簡』に関する議論もそれに付加し、ハイデガーに対する批判をかなりの長さにわたって展開している。[32]

フランスでの論争の第一波においては、その哲学的議論が概して抽象的であったということ、関連するハイデガーの著作への参照が乏しかったということ、そしてフランス語訳が完全に接近不可能な状態にとどまっていたという事情が混ざり合っていた。十数年を経過した後の第二波においては、ジャン＝ピエール・ファーユがこの欠陥を修正した。後にボフレに単なる社会学者として一笑に付されたファーユは、[33]ハイデガーの政治的転回の哲学的重要性をめぐる論争のために、いくつかのハイデガーのテクストを刊行した。そのなかには、学長就任演説や、アルベルト＝レオ・シュラゲーター（テロ行為により処刑されたが、後にナチスのある種の聖人に列せられたドイツ人）への公的讃辞、[34]さらには、おそらく本来的なものとみなされていた国民社会主義に関する悪名高い言及などが含まれていた。[35]

一人のメジャーな哲学者の理論へと身を投じることで、アカデミズム内での経歴が危険にさらされるのは明らかだった。個人的な賭け金が高くつくようになったため、当然のことながら、ハイデガーのナチズムをめぐるフランスでの論争の第二局面は、関連文献の入手が容易になる以前から既にタフなものとなり、さらには断固として妥協のない性質のものとなった。ハイデガーの関連著作が翻訳において読みうるものとなってからは、議論はたちまち個人攻撃の（*ad hominem*）様相を呈しはじめた。そして論争はファーユとフェディエによって激しさを増すこととなる。彼らは対極にある二つの見解を代表していた。ファーユは翻訳された資料におけるハイデガーの言葉づかいとナチの語彙の間に、ドイツ語のナチス化作用なるものに起因する密接な関連があることを指摘した。フランソワ・フェディエは、ハイデガーへの攻撃と見なされるものに対して反論を加えた。

一九六〇年代半ばの時点で既に、ハイデガーは事実上「フランスの」思想家として帰化させられていた。

フェディエによる防衛は、三人の外国人論者による著作に向けられたものであった。すなわち、グイード・シュネーベルガー、テオドール・W・アドルノ、そしてパウル・ヒュナーフェルトである。[36]ボフレの死後、最近に至るまで、ピエール・オーバンクを例外とすれば、フェディエは、主要な——もしかすると唯一の——重要な弁護者であり続けている。彼が擁護しているのは、ハイデガーの政治に対して提起されたいかなる反論も、適切なパースペクティヴからすれば、取るに足らないものとして一掃しうるとの考えである。

振り返ってみると、この第二波の議論は、ド・ヴァーレンスが最初に提示した専門家の立場からの防衛を拡張したものといえる。すなわちそれは、ハイデガーの専門家のみがハイデガーを批判する資格をもつという見解である。フランスでは、ドイツ語テクストへの習熟が明らかに比較上の優位をもたらした。従って、この見解に従うかぎり、ハイデガーの国民社会主義への転回を批判する者たちは、ドイツ語に、少なくともハイデガーによるドイツ語の明らかに独特な使用法に、十分に通暁していないということになる。この戦略に訴えるとき、ハイデガーの擁護者たちは次のような確信に導かれているのである。すなわち、テクストが検討されれば、ハイデガーの批判者たちが問題だとみなしてきたものは、単に見かけ上でしか問題でなかったことが判明するだろうという確信である。[37]たとえばフェディエは、自らが適切な仕方でドイツ語を知っているかのように振舞いつづけた。おそらく、レーヴィット、後のペゲラー、マルテンやトーメといった母語としてドイツ語を使用する批判者たち以上にドイツ語を知っているかのように（そのようなことはありえないのだが）。フェディエは、学長就任演説が「真に」翻訳されるとき、そこに注入されたナチズムの痕跡は一掃されるだろう、と示唆している。[38]

ハイデガーの影響を深くこうむったフランス哲学は、ついに、自らをハイデガー思想と同一視するまでに到っている。この明白な傾向は、当然のことながら、ハイデガー主義者たちのあいだで最も顕著に見受けられる。フェディエは、現在のところボフレなき後のフランスにおける最も非批判的な代理人として、他のハイデガー主義者たちを代弁しつつ次のように述べている。「今日、哲学への関心はハイデガーへの関心と不可分である[39]」。

フランスにおける論争の、一番最近の第三波は、一九八七年秋にヴィクトル・ファリアスの『ハイデガーとナチズム』がフランス語で刊行されたときから始まった。数多くのフランスの哲学者たちは、この著作をフランス哲学への攻撃に等しいものとみなした。ハイデガーの批判的伝記の著者であるフーゴ・オットは、このときの反応を観察し、それを次のように表現している。「フランスでは天空が崩れ落ちた——すなわち哲学者たちの天空が」[40]。この反応は二つの理由から理解しうるものである。第一にフランス哲学は、戦争終結以来、過剰なまでにハイデガー思想を自らと同一視し続けてきた。第二に、周知のように、戦争で負った傷口が再び開くことへの抵抗がフランス人には見受けられる。フランスでは一般に知られていることだが、一九四〇年のフランスの敗北と、ヴィシー政府の対独協力という道徳的過誤に関しては口をつぐむという点において、すべての政治的党派が終戦の時点で暗黙の合意を形成していた[41]。このような欲望ゆえに、フランスには、歴史のこうした側面を直視することができないという状況が作り出されてしまった。数ある事例の一つとして、最近フランスの司法当局が裁決し、後にくつがえされた事例がある。それはポール・トゥヴィエによる「人道に対する犯罪」に対する起訴がいったん却下された問題である。トゥヴィエは逃亡中に二度にわたって死刑を宣告され、のちに恩赦を受けた戦争犯罪者として知られている[42]。

フランスにおける論争の第三波は現時点でも継続中であり、それゆえ記述は暫定的なものにとどまらざるをえない。新たな資料や研究が刊行されれば、記述も変更を迫られるだろう。明らかなのは、この第三波が二つの局面に分けられるということである。第一局面は数カ月の間継続した。この段階においては数々の論者が、ファリアスの研究に対して直接的で直情的な、時には騒がしく耳障りな反応を展開した。論者たちはこの著作を、ハイデガーを、そして互いのことを、時には攻撃し、時には擁護した。これに対し現在進行中の第二局面においては、刷新された論争への応答として、数々の学術的研究書が刊行されつつある。ファリアスの研究は、ハイデガーの思考と政治加担の連関をめぐる論争に明白な変化をもたらした。ハイデガーをめぐる論争は、もともと、主として哲学者たちによる沈着にして厳粛な議論であり、そのテーマが異例なまでに重要だという理由で他の同類の議論から区別されていたにすぎなかった。しかしファリアスの研究書の刊行によって、論争は、アカデミーの仲間内の基準からすると、さらにはフランスのアカデミーの基準からしても、極めて過激な論争と映るようなものへと変化した。

第三波の第一局面は、主として日刊紙や週刊誌において演じられた。その契機となった、あるいはそれを煽動したのは、かつてのヌーヴォー・フィロゾフであるクリスチャン・ジャンベが鮮烈な言葉で記したファリアスの著作への序文であった。映画『夜と霧 *Nuit et brouillard*』に言及しながら、彼はハイデガーの思考とナチ強制収容所の結びつきを次のように描写した。「ハイデガーは、存在論を現代の問題にしたという点にその真価がある。哲学は善き生を送ろうとしたソクラテスの試練から生まれ、薄明の内に終焉しようとしている。ハイデガーはその薄明に神々の終焉を見出そうとしているが、それは、夜と霧の時に他ならない。私たちはこのような哲学を、いかにして受け止めることができるだろうか[*43]」。

第三波の第二局面は、ハイデガーの思考と政治を主題とした驚くべきほど多くの著作から成り立っている。遡ってみれば、この第二局面は一九七五年に始まっていたと言うこともできる。この年は、ブルデューが、歴史的コンテクストに照らし合わせてハイデガーのいわゆる政治的存在論を究明する堅牢な研究書を刊行した年である。そして、一九八七年十月にファリアスの著作が出版された。たちまちファリアス事件なるものと化したこの出来事の衝撃の後、ブルデューは自らの著作をすぐさま書き改めている。[*44] 一九八七年十月から一九八八年五月までという短期間に、フランス哲学は異常なほどの創造性を炸裂させる。哲学の標準からすると異例なまでの短期間に、[*45] ハイデガーと政治という広汎な主題を扱った著作が、少なくとも五冊は刊行された。それぞれリオタール、[*46] フェリーおよびルノー、[*47] フェディエ、[*48] デリダ、[*49] そしてラクー＝ラバルトによる著作である。それまでも折に触れて雑誌の記事などが発表され、論争はぐつぐつと煮えたぎっていたが、この主題を扱った著作としては、ジャニコーの著作が刊行されていただけであった。[*50]

第三波の主要側面

物議をかもすこととなったファリアスの研究書は、ハイデガーのナチズムをめぐってフランスで継続していた論争の内に重要な結節点を形成した。すなわち彼の著作は、フランスのハイデガー論争において、レーヴィットをはじめとする論者たちが以前に提示していた、より一般的な必然主義的テーゼを、別の形態で提示した。レーヴィットと同じくファリアスも、ハイデガーの生とその時代、思考、そして政治加担の間に連続的な関係を見出しているのである。

しかしながら、ファリアスの議論は、いくつもの重要な点において、レーヴィットの議論と相違している。第一の相違点は、ファリアスが、ハイデガーの哲学的思考と政治との連続性を主張したものの、そこに注意を引きつけることに決定的に失敗し、おそらくはそれを分析する能力を欠いていたという点である。また別の相違点としては、広範囲にわたる史料調査によって、彼は論争に関連する数多くの細部を発見することができたという点がある。

オットの重要な伝記的研究と併置したとき、ファリアスの研究の成果として次の点が認められる。すなわち両者の研究が、極めて充実した形で、巧みに——そしてオットの著作に顕著に見出されるような細部をめぐる記述の相対的豊富さゆえに、より混乱を招く仕方で——描き出しているのは、ハイデガーの政治加担と哲学的理論が、いかにして一九世紀末から二〇世紀初頭にかけてドイツ西南部の小さな町に生まれ育った彼の社会的・文化的背景に結びついているかということである。加えて、レーヴィットとファリアスのあいだには語調の差異も見出される。レーヴィットはハイデガーの存在の理論とナチズムへの加担を関連付けることを意図しつつも、哲学的抽象化の慣例に従い、高度を保ったまま落ち着いた議論を展開している。他方でファリアスは、これまでなら犯罪調書の文体と見なされたであろう様式で、同様のことを試みている。その結果ファリアスは、ハイデガー擁護者たちの一種の公式敵対者となってしまった。そのためハイデガーの哲学と政治との関連に由来する多くの論点をより慎重に考察するのではなく、ファリアスの著作に対する攻撃に終始する傾向が生じてきた。[*51]

論争の新たな局面は、これまでのところ哲学的に最も濃密にして最も肥沃な様相を呈しているが、それはかなりの程度において、ファリアスの著作に対する一連の反応から成り立っている。この論争において、一方でリオタールの著作が、他方でフェリーとルノーの著作が、他の周辺的な問題を扱っている。リオタールの妙に漠然とした著作は、フランス特有の問題であると彼が奇妙にも主張する問題に関して、論争の他の当事者たちを論難している。[*52] この問題が、なかんずくフランスで注目されてきた主題であるということを彼が暗に主張したいとすれば、その指摘は正しいといえる。しかしながら、ハイデガーにおける哲学とナチズムの結びつきに対して、フランスが、あるいはフランス哲学が個別的にであれ、集団的にであれ責任を負うと指摘することがこの著作の趣旨であるとすれば、それを理解するのは困難である。フェリーとルノーの著書は、自分たちの以前からの研究と同様に[*53]、最近のフランス哲学およびフランス思想一般における反ヒューマニズム的傾向に注意を促している。彼らは構造主義をある種の反ヒューマニズムとして読解し、それにもとづき、最近のフランス哲学とフランス思想一般に反ヒューマニズムを見出しているのである。しかしながら、このような方向性の議論は厄介な問題をはらんでいる。たとえばフェリーとルノーは、彼らが構造主義的と呼ぶところの主体観が様々な変異を含み、それらの間に差異があることを分析しえず、あるいは認識すらできていない。その結果、たとえば、フーコーを構造主義者に分類する――フーコー自身がこの呼称に対して明確な異議を唱えているにもかかわらず――だけでなく、彼を反ヒューマニズムという分類にも押し込んでいるのである[*54]。

これ以外の五冊の著作は、大きく三つのグループに区分することができる。それらのあいだで、ハイデガーの哲学的思考とその政治の関係を偶発的なものと見なすか必然的なものとみなすかをめぐって、分析に変異が生じているからである。大まかに言えば、フェディエがこの関係を偶発的なものにすぎないと主張しているのに対し、ブルデューと最近のジャニコーは、それぞれ、この関係が必然的なものであったと論じている。そしてラクー＝ラバルトとデリダは、互いに似通った仕方で、限定版の必然主義的分析というかたちでの折衷案を素描している。

正統派ハイデガー主義者たちによるファリアスの研究に対する嫌悪は、彼らがサルトルの理論に対して抱いていたアレルギーに匹敵する、あるいはそれ以上のものでさえある。フェディエの議論は二つの部分からなっている。まず、ファリアスがハイデガーに対して提起した有意義な反論をことごとく論駁するという意図のもと、長大な攻撃が展開される。それに続き、代替案として提示された分析において、フェディエは、ハイデガーにナチズムへの支持があったとしても、彼の哲学理論が有罪だということにはならないと説明している。サルトルの用語を借りて言えば、フェディエは、ファリアスの批判を、単純に自己欺瞞（bad faith）に起因するものと見なしている。彼自身が代替案として提示している説明は、ハイデガーがナチスに入党した一九三三年の時点での無力さとされるものの理由を説明するために一種の懐疑主義を導入している点で、目新しいと言える。その時点で、ナチズムのその後を予見することは不可能だったのである。[*55] 十分な説得力をもつとは言いがたいが、フェディエは、ナチズムのその後の展開は一九三九年九月一日に初めて明らかになったと強調している。[*56] しかしながら、この方向性の議論は疑わしい限りである。というのも、ナチズムが実際の歴史において辿った経緯は、例えば「明日海戦が勃発するか」というアリストテレスの名高い問いに比べれば、はるかに明瞭に予見できたはずである。[*57] ナチズムの基本的趣旨は、すでに一九二〇年の党綱領において表明されており、それはヒトラーの『我が闘争』、あるいはその他の随所において繰り返し述べられていた。また、ハイデガーが後にはっきりと認めているように、ユダヤ人と「自由主義」の政治家たちは、その趣旨を理解していた。[*58] 道徳的責任のスタンダードが神的先見のようなものであると主張するならば、誰も、もしかすると隠レタル神（*deus absconditus*）でさえ、何に対しても責任を負わなくなってしまう。

ブルデューとジャニコーは、ハイデガーの社会的・文化的背景と哲学的主張を照らし合わせることで彼のナチスへの転回を理解するための、コンテクスト主義的な試みを推進した。数多くの詳細な論点に関してブルデューは、早い段階から重要な修正を加えようとした——その論点の中には、ハイデガーの反ユダヤ主義に関するものも含まれており、今日もはや、それを否定することは不可能になっている。[*59] 彼の議論は、現在から見れば、二重の意味で際立っていたことになる。第一に、ハイデガーのテクストを二重に読解する（*double lecture*）ために、ブルデューは哲学と政治の区別を拒否するという方法論的決定を下した。ブルデューによれば、ハイデガーのテクストは入念に仕上げられており、それゆえ「不可分な仕方で政治的かつ哲学的な」ものとして、「二つの精神的空間が対応する二つの社会的空間を参照しながら」読解せねばならないのである。[*60] ハイデガーのコーパスを構成する哲学的要素と政治的要素とを切り離さずに読むことによって、彼の思考を社会的・文化的背景のうえで解釈することが可能となる――これが第二の点である。この点に関してブルデューは、レーヴィットとファリアス、オットをはじめとする論者たちが企図したが、フランスの議論においてほとんど遂行されなかった作業を遂行したことになる。その作業とは、ハイデガーの生と思考の統一的解釈を提示するという作業である。

ブルデューはハイデガーのコーパスにおける政治的側面と哲学的側面を結びつけたが、どちらかといえば政治的側面の分析において力量を発揮した。これに対し、ハイデガーの思考をそのコンテクストにおいて把握することを同時に試みたジャニコーは、テクストそれ自体の分析において力量を発揮した。ジャニコーによれば、ハイデガーは政治的学説を仕上げることに失敗した――フランスでの論争における他の多くの論者たち、たとえばオーバンクらと同様に、彼も『存在と時間』を政治的な著作ではなく、非政治的な著作とみなしている[*61]――のだが、この失敗は、彼を本来的政治の創設[*62]へと導いたという点において、哲学的にも政治的にも意味深い。本来的政治を創設する努力は学長演説において追求されることとなり、それをジャニコーは仔細に分析している。そして彼は、後期ハイデガーによる初期の思考のラディカル化、あるいは乱暴に言えば、『ヒューマニズム書簡』や他の後期著作において表明された存在 - 歴運理論（the destinal theory of being)が、ナチズムへの転回から帰結する諸々の教訓を理解する妨げとなっているとしている。[*63]

最も深いレベルにおいては、フィヒテも認めていたように、哲学は合理的正当化である以前に個人的コミットメントに属する事柄である。このような理由から、哲学は、合理的推論だけでなく、宗教的信念によっても、変化をこうむりやすいものなのである。今や、あまりに多くのことが知られているのであって、最も熱烈なハイデガー主義者にとってさえ、ハイデガーは彼に対して提起されている異議申し立てを正当化してしまうようなことは何もしなかったとか、ハイデガーを批判するのは凡庸な思想家たちだけだなどと主張することは、あまりに時代遅れなものになっている[*64]――もちろん少数の哲学的恐竜たち、たとえばフランスにおけるボフレ、フェディエ、オーバンク、アメリカにおけるリチャードソン、ドイツにおけるフォン・ヘルマンといった真の信者たち、また別の観点からいえばガダマーやイタリアのヴァッティモなどはその例外である。対照的に、デリダとラクー゠ラバルトらの著作は、ハイデガーの主張から強烈な影響を受けた哲学者たちの新たな努力を代表している。彼らは、ハイデガー個人や彼の理論全体ではないにせよ、少なくともフランスの哲学的議論において長期にわたって影響を与えてきたハイデガーの後期思想を「救済する」ために、その方途を模索しているのである。[*65]

ハイデガーの思考と政治との関連をめぐっては、ハイデガー主義の側においても、さまざまなレベルの解釈がありうるとされている。そのうちの第一のものは、ハイデガー自身も示唆しているように、政治的エピソードは端的に無意味だとする解釈である。デリダとラクー゠ラバルトは、ハイデガーを近くから研究しつつも、政治的エピソードを重視する点ではハイデガーと意見を異にする。彼らは、ハイデガーが自らの思考のうちに生じた「転回」に関して与えている示唆を逆手に取り、彼の後期思想を「救済」するのである。[*66]

ハイデガーは、自らが存在への関心をラディカル化したことによって、哲学と同一物であるところの形而上学の彼方へと導かれた、すなわち哲学の彼方へと導かれたと示唆している。このような示唆は、明らかに、時期に応じて展開し続けたハイデガーの主張の連続性と非連続性に関する彼自身の解釈に依拠している。ハイデガーは、自らの根源的始源を別の始源として洗練する後期の試みを通じて、自らの主張の変化の内に差異をはらんだ連続性を見出す。これに対しデリダとラクー゠ラバルトは、連続性なき差異を、別の言い方をすればある種の概念的断絶を見てとる。彼らの分析は、国民社会主義が形而上学である――ラクー゠ラバルトはそれを形而上学的ヒューマニズムとみなしている――とする読解を前提としており、またハイデガーの初期思想は形而上学的であったが後期思想は形而上学的ではない、との想定に基づいている。このような視角から両者は、ハイデガーのナチへの転回の背後に彼の初期思想を見てとり、とりわけそれが初期思想の形而上学的性格に由来するものだとしている。[*67]彼らにしてみれば、ハイデガーが形而上学から転回するとき、彼は国民社会主義からも転回するのである。

デリダとラクー゠ラバルトは、同じ方向で議論を展開している。彼らはともに、ハイデガー自身の自己理解に抗してハイデガーの後期思想を読解することで、そこに根本的な非連続性を映し出し、それによって彼の後期思想を「救済」しようとしているのである。彼らがハイデガーの後期理論を擁護する際に前提とするのは、第一のハイデガーと第二のハイデガーとの断絶、すなわち、初期の形而上学的理論と、後期の非形而上学的、あるいはポスト形而上学的理論との断絶である。

分析の筋道を最初に表明したのはラクー゠ラバルトであって、デリダがそれを仕上げ、彼が分析を引き受けた後で、ラクー゠ラバルトはさらにそれを再加工している。最近の論文集において、[*68]ラクー゠ラバルトは、学長就任演説をナチの政治的保守革命を哲学において基礎付けようとした試みであるとしている。ハイデガーの基礎的存在論の崩壊をもたらすこととなった政治参加は形而上学的なものであり、国民社会主義を指導しようとした彼の努力は、基本的に精神的なものであった。

ラディカルさにおいては劣るがデリダと基本戦略をともにするラクー゠ラバルトは、すべての責任をハイデガーに負わせる。なぜなら、基礎的存在論とナチズムの連関は、政治的なものに対して精神的なものと哲学的なものがヘゲモニーを保持するとの発想に基づいており[*69]、この発想はハイデガーの初期思想に根差しているからである[*70]。ハイデガーの初期と後期のテクストの間に、ラクー゠ラバルトはデリダよりも截然と区別を設け、そのうちにハイデガーのナチズムとの断絶の契機を見出している[*71]。

ラクー゠ラバルトによれば、ナチズムとヒューマニズムと初期ハイデガーの理論とは区別することが困難である。彼は、ナチズムとヒューマニズムとを大胆に単純化して同一視するという、端的には信じがたい主張さえ展開している。哲学者たちは、二千五百年にわたってあらゆる種類の暴言を繰り返してきたが、ラクー゠ラバルトはそれに負けじと、単刀直入に次のように訴えている。「ナチズムは、それが、他のいかなるものよりも力強い、つまりより効果的と見なすフマニタス（人間性）の規定に基づいている限りにおいて、ヒューマニズムなのである」[*72]。もしそうだとすれば、フマニタスに関する初期のハイデガーの決定的な見解、つまり彼が伝統的かつ形而上学的なヒューマニズムの見解と呼ぶところのものに基づく限り、当然のことながらハイデガーとナチズムは手を携えることになる。しかしながら、いかにしてナチズムがヒューマニズムであるということを納得できるというのか。それを理解することは、スターリニズムがヒューマニズムであることを理解するのと同じく、極めて困難である。そのうえナチスを限定なしでヒューマニストと呼び、実際にヒューマニズムとナチズムを同一視する場合、別種のヒューマニズム、より伝統的な形態のヒューマニズムに関心を示したサルトルのような人物もナチである、あるいは少なくとも潜在的にはナチであることになる。これは明らかに誤りである。さらに言えば、このようにヒューマニズム概念を過度に一般化して用いることで、ハイデガーがいかにして、なぜナチズムに転回したのかを説明しえなくなり、またナチズムに典型的に見出されるものも認定しえなくなる。

デリダは思想家ハイデガーと熱狂的ナチであるハイデガーを切り離すという一般的傾向にしたがっている。デリダの場合は、ラクー＝ラバルトよりもこの切り離しの度合いが強い。長いあいだ左翼知識人の一員を演じてきたデリダは、先頃のポール・ド・マンとハイデガーの政治関与をめぐる議論において、議論を限定するために自らの知識人としての重要な地位を利用した。最近の著作において彼は、ポール・ド・マンの反ユダヤ主義的傾向を取るに足らないものとして過小評価している。[*73] また彼は、ハイデガーのナチズムに関するインタビューの再掲載を妨げるために法的行動に出ようとしたこともある。[*74] さらに、『ニューヨーク・レヴュー・オヴ・ブックス（ニューヨーク書評）』で最近展開された論争において、彼は関連資料の公表に対して一連の妨害を行った。たとえば法的措置を取るといって脅かしたことを否認し、あるいは翻訳の問題点への注意を喚起した。これらはともに、ハイデガーのナチズムという、より深遠で重要な論点への注目を逸らす効果をもたらしている。[*75]

デリダは初期ハイデガーの理論と国民社会主義との限定的結合——それは初期の段階におけるハイデガーの理論にのみ関わる限定的結合である——を想定し、それに関する議論を練り上げる。その際にデリダは、初期ハイデガーの形而上学への関心と後期のポスト形而上学的思考への関心とを隔てる基本的な差異を想定し、それを強調する。

デリダによれば、ハイデガーに厳密に従うとき、初期において形而上学的だったハイデガーの主張と、後期においてもはや哲学的ではなくなるハイデガーの主張との間には、質的差が見出される。デリダ風に変奏されたこの方向性の議論は、ハイデガーにおける精神の概念の読解に基づいて行われる。「精神 Geist」、「精神的 geistig」もしくは「聖霊的 geistlich」といった語彙のハイデガーにおける用例を独創的な仕方で省察することで[*76]、デリダはナチズムに対するハイデガーの精神的加担が、後になって、例えばトラークル論において[*77]、形而上学を超越することで克服されたと主張する[*78]。

デリダによって翻案されたこのような議論は、ハイデガーがナチズムへの支持を表明した一九三三年においてさえ、彼がこの政治運動を精神的な意味で理解していたと主張している点で、極めてラディカルなものといえる。この主張は、少なくとも部分的には正しいものと思われる。というのも、悪評高い学長就任演説をはじめとするハイデガーの著述の研究によって、デリダはハイデガーが自らの理論、哲学、国民社会主義、そしてドイツ国民の本質の実現の間の関係を頻繁に強調していることを、明らかにしているからである。ドイツ国民の本質の実現という考えは、民族（Volk）の概念から派生したものであり、この概念はナチのイデオローグが一九世紀のドイツ右翼の民族イデオロギーから借用したものである。しかしながら、ハイデガーのナチへの転回には明らかに政治的な側面も存在する。たとえば、彼は名高い総統（指導者）原理（*Führerprinzip*）を公的に受け入れており、このことは、彼がヒトラー崇拝を支持したということでもある。また、ナチスが実現させることに失敗し、認識さえもしていなかったナチズムの本来的な本質のようなものがあると、ハイデガーが信じていたということでもある、等々。

デリダにとって問題なのは、端的に、後になって克服されるところのハイデガーのナチズムに対する精神的関心なのである。しかしながらこのような傾倒は、彼の初期著作、あるいは転回に先立つ彼の思考の内に限定されるものではない。というのも、それは彼の後期思想にもはっきりと見てとることができるからである。デリダは、例えば『哲学への寄与』にも同様の言及が豊富に見出されるということを単純に認識していない。ハイデガーがナチズムと断絶したと称する時期の後、すなわち彼がフライブルク大学の学長を辞任し、最初のニーチェ講義を開始した後においても、[*79]同様の言及が見出される。さらに言えば、精神に関心を持ち、したがってヒューマニズムの問題にも関心を持っていた初期ハイデガーというデリダが描き出すイメージには一貫性がない。というのも、ハイデガーによるサルトル批判の根拠は、先にも述べたように、サルトルによるヒューマニズム的なハイデガー読解を批判するという点にあるからである。

フランスでの議論に関するいくつかの注記

ハイデガーにおける哲学と政治の連関をめぐるフランスでの論争は、ハイデガーの哲学がフランス哲学に及ぼした影響を、あるいは魅惑をも十分なまでに証示している。このことは二重に明らかである。まずもって、ナチへの転回が広く知られていたにもかかわらず、ハイデガーはあまりに易々と戦後フランスの指導的哲学者となった。そして彼と政治との関係をめぐる反論を迎え撃つだけの容量が、彼の理論には存在した。

すでに指摘したように、『ヒューマニズム書簡』は、いかにしてハイデガーが現代のフランスの重要思想家となり、その座を守り続けたかを理解するための鍵を与えてくれるテクストである。ハイデガーが自らの思考に関して用いた転回という概念が、通常は反コンテクスト主義的な視角から考慮されているということは、先に述べたとおりである。しかしハイデガーがこのテクストを著した時点における彼の困難な個人的状況を想起するとき、転回という語は別の光のもとに照らし出される。すなわち転回という運動は、哲学的命法とともに政治的命法にも対応する運動であって、詰まるところ、彼の当時の困難な政治的状況によって規定されるとともに、ある種のナチズムのへの支持によって規定された、主として戦略的な運動なのである。ハイデガーはこのテクストにおいて、自分がいかなる政治的加担からも転回したと示唆している。このような示唆は、実際のところ、明らかに継続していた彼のナチズムへの加担という事実に直面した読者を安心させるための、単純な、しかし端的に誤解を招く気休めに過ぎない。とはいえ、このような示唆はフランスにおいては有効であった。なぜならフランスの大多数の知識人は、この国の他の住民たちと同様、最近の過去に関する議論を蒸し返すことを怠り、またおそらく、次のような説明を、あまりに快く鵜呑みにしたからである。すなわち、ハイデガーは他の哲学者たちと同じく、世才にたけていなかったという説明を。

哲学的に興味深いのは、すでに述べたとおり、ハイデガーがナイーヴであった――その可能性もありうる――のか、ナチであったのかという問題ではない。なぜなら、通常の基準からすれば、もはやどのようにしても理にかなった仕方でこの点を否定することは不可能だからである。むしろ、彼のナチズムがその哲学に由来する、あるいはそれに基づいていると言うことができるかという問いこそが、哲学的には興味深いのである。マールバッハのハイデガー文庫は一般には非公開で、彼の遺稿（*Nachlass*）も家族によって管理されている。ハイデガーの擁護者たちは、その場所に居座って資料文献の公表を妨害し、あるいは公表すべき文献を「検閲」して、とりわけ学長辞任後の著述からハイデガーの罪を立証する箇所を政治的に削除し、そうすることでハイデガーが後にナチズムとの関係を断絶したという虚構を持続させている。そして全般的に言えば、十全かつ公正に関連資料を閲覧し、それにもとづいて偏りのない判断を導き出そうとする数々の努力を、彼らは妨害しているのである。

現在までのフランスでの論争においては、主として二系統の擁護が行われている。それらの主張は互いに関連しており、一方はハイデガーの誹謗者が彼の思想に通暁していないと主張し、他方はハイデガーの誹謗者がドイツ語に通暁していないと主張している。後者の主張から判明するのは、ハイデガー理論における重要語彙の適切な翻訳をめぐって、明らかに政治的な含意を伴いながら、ほかでは考えられない闘争が熱烈に繰り広げられているということである。だがこの種の言語学的防衛は、フランスや合衆国では可能であっても、ドイツにおいては不可能である。また、ハイデガーの批判者の中にはハイデガーを完全に、あるいは部分的に誤解している者もいると主張することは可能であるが、そのためには、どこが間違っているのかが詳細に提示されねばならない。テクスト解釈はどうしても困難を伴うものであり、ハイデガーのテクストは異例なほど解釈上の難点に満ち溢れている。しかしながら、信じられないことではあるが、擁護者たちは、ハイデガー思想の数々の権威——合衆国ではセーハン、ツィンマーマン、キシール、ドイツではレーヴィット、ペゲラー、マルテン、フランスではジャニコー——が単純な誤解にもとづいて批判を展開していると主張するのである。

ハイデガーの思考と政治のあいだに単なる偶発的な関連しかないことを証明するなどという試みは、疑わしいかぎりである。現時点においてなおも、ハイデガーの思考と彼の政治加担との間に実質的な関連がないと主張することは、地球が平面であると主張することと同じほどの説得力しかもちえない。このような見解を主張する擁護者たちは、二重に困難な作業を強いられることになる。第一に、関連を証拠づける箇所がテクストの分析によって指摘されているのだから、それを取り除く必要がある。第二に、このような関連を同定したジャニコーやブルデュー、テルテュリアンおよび他の論者たちの反論に対する適切な答弁を見出すことができたとしても、いかなる議論も、ハイデガーの哲学理論と政治加担のあいだに関係がないことを証明することはできないのである。

ナチ哲学者のハイデガーが完全に無罪放免にされるべきだとの主張が通る可能性は低いにもかかわらず、現在も一部の頑強な擁護者たちは、そのような主張を繰り返している。フランスの議論におけるボフレやフェディエ、オーバンクらのような、無条件な擁護者たち、すなわち実際に、ハイデガーが悪事を働くはずはないと考えている者たちは、自分たちの手には負えないことを試みているのである。彼らは、思想家としてのハイデガーと人間としてのハイデガーを完全に切り離し、しかもそれぞれを完全に罪のないものとして読解することで、その全思想と全人生を奪還したいと望んでいるのである。ハイデガーの思考が彼の政治の源泉でないとすれば、彼の政治から合理的に遡って彼の思考を論難することができなくなる。そしてもし彼の最大の過ちがナイーヴだったことであるなら、すなわち、すべての哲学者がナイーヴであると想定されるのと同様に彼もナイーヴであり、さながら概念の国の田舎者が都市のダンディーたちの集う活気あふれるカーニバルに参加したようなものだったとするならば、人間としてのハイデガーは、同様の思い違いをした他の誰もが責を負わないのと同じく、ナチズム支持の責を負わずに済まされるのである。

フランスの論争においてラクー゠ラバルトとデリダは、比較的謙虚な仕方でその試みを推し進めたが、彼らはハイデガーの初期の思想がナチズムに通じていることを率直に認めている。これらの、最も独創的なハイデガー擁護者による控えめで一時しのぎの主張は、譲歩を伴っているという点と、防衛すべき領土を自発的に縮小したという点において、見るべきものをもっているかもしれない。しかしながら、そこにはいくつもの重要な反論の余地が残されている。

第一に、ハイデガーの理論の初期の形態と後期の形態（それぞれ形而上学的形態と非形而上学的あるいはポスト形而上学的形態）の間に程度の差のみならず質の差をも認めるという想定——たとえばデリダとラクー＝ラバルトが提示した想定——が問題である。ハイデガーの主張の二つの段階は、初期の主張の表明、つまり基礎的存在論が彼自身によって後期の理論あるいは思考へと転換される展開の時期によって切断されている。この後期の思考においては、来るべき思考はもはや哲学ではなく、存在とみなされる。第一の始まりと他の始まりを区別することで、ハイデガーは自らの主張がラディカルに変化したことを強調した。しかし、まさにこうした理論の二つの局面の区別こそが、理論転換の背後にあるより奥深い連続性のレベルを想定しているのである。

そもそも著者は自らの著述に対して解釈学的な特権を有するわけではないのだから、ハイデガーが自らのテクストを誤解したのだと考えることもできる。数々の実存的な要因によって、ハイデガーが、自らの思考の後期の進展およびその初期の主張との関連を誤って表現したということもありうる。しかしながら、哲学的伝統におけるいかなる重要な思想家をみても、その主張が概念的断絶をこうむったという事例は一つも見当たらない。したがって、ハイデガーの初期局面と後期局面の間に、ラクー＝ラバルトやデリダが考えているような概念的断絶、すなわちラディカルな非連続性があるとは考えられない。

もう一つの問題は、テクスト解釈をめぐる前提に関わっている。ラクー＝ラバルトとデリダは、デリダをはじめとする論者たちが定式化したテクスト解釈の理論を、実践的に例証しているのである。デリダによれば、テクストの外部は存在せず、またテクストは、さらに他の数々のテクストを呼び求めるのである。[*80] 解釈学的な視角からすれば、これはある種の反コンテクスト主義的見解、すなわち、哲学理論を、それが背景としているところのコンテクストから切り離して、コンテクストを参照せずに理解することができるとの見解である。このようなテーゼを許容することは、ある主張の理解を、あるいは、いかなる主張の理解をも、単なるテクスト研究へと限定することに等しい。なぜなら、文字通りに、それ以外のものが何もないことになってしまうからである。しかしながら、このような挙措を許してしまえば、数多くの要素を考察から取りこぼしてしまうことになる。もしかすると、あらゆる主張の研究に関連する諸要素が取りこぼされるのかもしれないが、確実に言えるのは、ハイデガーの思考とナチズムに関連する諸要素が取りこぼされるということである。

いかなる主張――そこにはハイデガーの主張も含まれるのだが――も、それが出現してきたところの情況に還元しえないとしても、逆にまた、いかなる主張も、その社会的・文化的コンテクストから切り離しては十全に理解しえないとも言える。ハイデガーが属している世代とは、その全人生と全思想が、第二次世界大戦に前後する一連の出来事によって輪郭づけられた思想家たちの世代なのである。この点に関しては、オットやノルテといった歴史家たちのほうが、哲学者たちよりも明確な認識をもっている。哲学者たちは、哲学が超歴史的な真理の源泉であるというフィクションを維持せんがために、哲学がコンテクスト的要因に依存しているということをしばしば否定する。これに対しオットは、そのハイデガー研究においてコンテクスト的アプローチの重要性を披露してみせる。[*81] オットに続いて、しかしオットとは異なり、強力なハイデガー擁護者であるノルテは、テクスト的パースペクティヴとコンテクスト的パースペクティヴの双方からハイデガーの主張――そこには彼の国民社会主義への転回も含まれる――を解釈する必要性を端的に認めている。なぜなら、その両者は互いを照らし出すからである。[*82] さらに言えば、コンテクスト的アプローチによってハイデガーの思考を理解するという仕方は、まさしくハイデガー的なのである。ハイデガー的なパースペクティヴからすれば、抽象的理論は人間的実存に従属するのである。抽象的理論は人間的実存の一側面を構成するのだが、その人間的実存に抗して、抽象的理論は理解されねばならない。この視点からすると、ハイデガーによる存在についての思考が彼自身の存在を考慮し損ねていると解釈しようとする考え方自体が、深い意味で誤っているということになる。

ハイデガーは、レーヴィットの適切な表現を借りれば、「乏しき時代の思想家 Denker in dürftiger Zeit」[*83]であって、彼の理論は、ワイマール共和国という特定の歴史的情況の中から現れ出たのである。第一次世界大戦でこうむった敗北の後、復興を期した産業発展と勢いを増す耳障りなナショナリズムの時期、そして多くのドイツ人たちがドイツ民族の新たな覚醒によって敗北から立ち直ろうとしていた、その歴史的瞬間にハイデガーは居合わせた。それからワイマール共和国の浸水沈没にともない、彼はナチズムへと転回する。世界規模の経済的破局のもとでドイツ経済が激震するなか、ボルシェヴィズムと信用を失った自由主義のはざまに立たされた多くのドイツ人たちには、国民社会主義こそが存立可能な第三の道を提供するものであると思われたのである。このような事情を認めず、ハイデガーの思考および行動と彼の時代精神とを関連付けず、彼の思考をその歴史的コンテクストから切り離して把握し、ボフレやその他の門弟たちがそうしたように、ハイデガーを彼の時代とも他のいかなる時代とも無関係な思想家とみなすとき、これらの態度は、哲学的思考が時代の中にあることは認めるが、その時代の思考であるということを認めない一部の思想家たちの見解と確実に符合するのである。しかしながら、このようなアプローチは、かなりの部分神話的な性質のものである。というのも、そのアプローチは、実存としての現存在という概念に含まれたハイデガー自身の見解を看過していると同時に、ドイツの敗戦後の彼の数少ない発言を看過しており、最終的にはハイデガー自身の状況の現実性を看過しているからである。

ハイデガーのナチズムをめぐるフランスでの議論に固有の、深刻な問題として、ハイデガーのナチズムに特有の本性を考察できずにいるという——他の地域での議論にも広汎に見られる——問題がある。ハイデガーのナチズムへの加担が瞠目に価するようなものではなく、また一過的なものであったのだという考えが広く見受けられるが、これは正しくはない。フェディエやオーバンクといった正統派ハイデガー主義者たち、ラクー゠ラバルトとデリダといった、より微妙なニュアンスを含んだ見解をもつ論者、そしてジャニコーのような公然と批判的立場を表明している論者までも含む様々な論者たちが、次の仮説を無批判的に共有しているのである。すなわちそれは、ハイデガーのナチズムは、彼がフライブルク・イム・ブライスガウの大学学長を辞任した一九三四年に終結しているという仮説である。このようなアプローチは、彼の後期思想をいかなる政治的汚点からも免罪するという利点をもっている。しかし、このようなアプローチでは、端的に、周知の事実が説明できない。とりわけ、ハイデガーが一九四五年までドイツ・ナチスの党員であり続けたという事実が説明できない。また、彼が辞任後もなお、『形而上学入門』において、ナチズムへの信念を再確認していたという事実、あるいは彼が自身の著作において、技術とのナチ的対決を更に試み続けたという事実、そして『哲学への寄与』における民族（Volk）概念をめぐる困惑させる記述の数々[*84]などを説明することができないのである。さらに、このようなアプローチによっては、彼がナチズムに関して沈黙を続けたこと、彼の後期思想の展開とを説明することができない。彼の後期思想は、彼自身が保持していた国民社会主義の理想形態への、恒常的で頑強な加担を認めない限りは、文字通り理解不可能だ。

フランス的議論とフランスにおけるハイデガー

本書の主要な関心は、ハイデガーのナチズムを独自の仕方で分析することではなく、また彼の哲学的思考と国民社会主義への加担を関係づけることでもなく、彼の思考が戦後のフランス哲学においてどのように受容されたかを確認することにある。状況が通常のものであれば、戦後のフランス哲学におけるハイデガーの影響もありきたりのものであっただろう。しかしながら、例外的なまでに強力な哲学者と国民社会主義との先例をみない提携ゆえに、状況は異常なものとなった。

フランス哲学におけるハイデガーの理論の並外れた影響の大きさは、現代フランス哲学へのインパクトという点においてのみならず、ハイデガーが戦後フランス哲学の重要思想家として出現し、その地位を保つことができたという点からも明らかである。その影響は次の点でも明らかである。すなわち、まだなお強くハイデガーの理論の影響をこうむっているフランスの哲学的議論の枠内では、大抵の思想家が、彼の理論とナチズムの関連を、ハイデガー的な語彙に頼らずには把握できずにいるのである。

デリダは当初、ハイデガーが何一つとして語っていない性的差異の問題を論じようとしたが、そこでの彼のアプローチと、ハイデガー理論とナチズムの関連という論点に対するフランス的分析との間には、並行関係が見出される。ハイデガー主義者であるデリダが性的差異の問題を把握しようとするとき、少なくとも最初の段階において、彼の努力は、ハイデガー理論の枠内にとどまろうとする彼自身の決定によって掘り崩される。同様に、驚くべきことに、ハイデガー理論とナチズムの関連を理解しようとする試みの大部分が、フランスでの議論においては、ハイデガー自身の理論の枠内にとどまるのである。最も顕著な例は、デリダとラクー＝ラバルトの相互に密接に関連した二つの試みの例である。彼らは、ハイデガー自身の転回概念を用いてハイデガー理論とナチズムの関連を把握しようとしているが、ハイデガー自身の実存的な背景の中にこの概念を位置づけようとはしない。

私たちはハイデガーの哲学的主張と、そのフランス哲学における受容を区別する必要があるだろう。また、国民社会主義を支持する以前と、それ以降のハイデガーの主張とのあいだに、区別を設けなければならない。さらに、より複雑な一連の区別、次の三段階の区別を設けなければならない。まずはフランス哲学におけるハイデガーの受容の初期段階、すなわち彼が国民社会主義を支持する以前の一九三〇年代初頭、次に彼が戦後フランス哲学の重要思想家として登場する段階、すなわち彼のナチズムへの転回が知られるようになり、その政治的転回の重要性に関する議論がフランスにおいて進展しつつあった時期、そして最後に、最近の局面、すなわち概ねファリアスの著作が出版された後、ハイデガーの政治をめぐって広範囲の論争が巻き起こされてからの時期である。

ハイデガーは、一九三一年にはナチズムへと転回していたことが知られているが、国民社会主義ドイツ労働者党（NSDAP）の党員になったのは一九三三年であった。ハイデガー理論がフランスで最初に受容されたのは、彼が国民社会主義運動に公式に参加する以前だったのである。したがって、初期の受容は彼の政治的転回とは関係がない。この時点において、彼の理論は広く誤解されていた。たとえばサルトル、ボーヴォワールおよびその仲間たちは、奇妙にも、自由に基づく責任をめぐる自分たちの関心を、ハイデガーの読解に由来するものだとした。[*85] たしかに『存在と時間』において責任が論じられているが、私たちが相互に、各人に対して責任をもっているというサルトル理論と類似することをハイデガーが考えたという証拠はどこにもない。『存在と時間』においては、他者への関係に関する理解はまだほとんど未展開の状態であり、むしろたとえば本来性の理論においては、自己自身への責任が強調されている。

戦争直後の時期には、その思考がコンテクストから切り離されて理解されたため、ハイデガーの思考と政治は広く誤解されることとなった。戦後フランスにおいては、ハイデガーのナチズムが提起する潜在的な危険は、次に挙げる三つの主要な理由から、恒久的に除去されたわけではないものの一時的に中和されることになった。まずハイデガーが、自らの政治に関して読者を安心させる気休めを述べ、それが支持者たち、とりわけボフレによって再説され、無批判的に受け入れられた。次にハイデガーのナチズムへのコミットメントの性質と規模に関する知識が欠如していた。しかもそのコミットメントはけっして明確であったわけではなく、また、終戦時において終結したというわけでもないのは確かである。そして第三に、フランス人は、自らの過去と関係をもつことを避けようとしたため、ハイデガーの国民社会主義とも直面しようとしなかった。間違いなくハイデガーの支持者たちは、ハイデガーがナチズムからの、あるいはそれに抗しての転回というかたちで提示したものを説得力ある議論に仕立てあげた。その結果、彼の思考がコンテクスから切り離され、字面において読まれるようになったのである。

もしこの分析が正しければ、ハイデガーがフランスでの議論において卓越した地位を獲得した理由を、次の点に帰することができる。すなわち、彼の哲学的思考の重要性が認められたという点と、ハイデガー理論をその時代と場所へと関連づけずに断ち切って読解するという、伝統的な反コンテクスト的アプローチが広く要請されたという点である。もちろんその他、一連の偶発的な要因も認められる。これらの要因が重なり合って、ハイデガーとナチズムの関連を無視する、あるいは少なくとも括弧に入れることがまかり通ってしまった。それゆえ、単に読者を安心させるだけのための諸々の言明が、綿密な吟味を経ずに、妥当なものとして受け入れられてしまった。たとえばジルソンは、ハイデガーの政治への関心が単に偶然発生的なものだったと指摘しているが、この指摘は根拠を欠き、不分明で、明らかに間違った指摘である。[*86]このような状況は、ハイデガーには好都合であり、彼の読者を安心させる言葉はそのまま受け入れられもすれば、直近の支持者たちによって改めて定式化されて受け入れられもした。ところが、ハイデガーのナチズムが次第に綿密な吟味を受けるようになり、ナチズムと彼の哲学の関連があったのではないかという問いが提起されるようになり、この状況はもはや通用しなくなった。

フランスでの論争は極めて活発なものであったが、公正を期して言うならば、ハイデガーの思想が果たした独特な役割はこれまでのところなんら深刻な「損傷」をこうむらず、その役割は、彼のナチズムが新たに注目を集めたにもかかわらず、問いに付されることがなかった。哲学者たちは、これまで久しく、善き生のために自分たちがやっていることの社会的重要性、さらに言えば、不可欠性を強調してきた。しかしながら、他の場所でもそうだが、フランスには、外的世界に対して、その場かぎりの関心以上のものを示す哲学者はほとんどいない。外的世界は、脱構築主義者の言葉を信じるならば、テクストの外には存在しないのである。したがって、驚くまでもないが、多くの者が、過去においても現在においても、ハイデガーの気休めの言葉を、あるいは直近の門弟たちによる二番煎じの再説を、より綿密な吟味もせずに喜んで受け入れているのである。しかしながら、驚くべきことに、様々な歴史的出来事が遠ざかり、過去の内に次第に後退しつつあり、また今やハイデガーのナチズムに関する情報も増大し、検討に付されつつあり、さらには、ナチズムと彼の哲学的思考の関連の可能性も調査されているにもかかわらず、フランス哲学におけるハイデガーの卓越した地位が相殺され、揺るがされ、あるいは脅かされる徴候さえ、これまでのところ少しも見られないのである。ハイデガーの思想は、彼のナチズムに関する論争の再燃によって状況が大きく変化しているにもかかわらず、これまでのところ、フランス哲学における卓越した地位を維持しえている。このことは、彼の思想が現代フランス哲学に及ぼした甚大なる影響、実に深く持続的な影響を、驚くべき仕方で証拠づけている。それはハイデガーが戦後フランスにおける中心的哲学者として出現したことよりも、はるかに驚異的な事実である。

第九章　ハイデガー、フランス哲学、そして哲学的伝統

本書はフランスにおけるハイデガーの哲学的立場の受容、とりわけ彼が思想のマスターになった戦後期における受容を論じてきた。近代においては、数多くの重要な立場が哲学的討論に影響を――場合によってはかなり強く――与えてきた。そうした影響は時として数十年にわたって続くこともあったが、それ以上の影響を与えるのは稀である。その例には、アメリカ哲学におけるC・S・パース、ウィリアム・ジェイムズ、ジョン・デューイ、分析哲学におけるG・E・ムーア、バートランド・ラッセル、ゴットロープ・フレーゲ、ルートヴィッヒ・ヴィットゲンシュタイン、マルクス主義におけるジェルジ・ルカーチ、現象学におけるエドムント・フッサールとマルティン・ハイデガーが含まれる。しかし近代哲学において、数十年間だけではなく、近代全体に及ぶ討論を形成し続けているほどの特別な影響を発揮した哲学的理論は四つしかない。デカルト、カント、ヘーゲル、そしてヒュームの理論である。

様々な思想家たちが、さまざまな仕方で自らの影響を発揮する。カール＝レオンハルト・ラインハルトは、極めて短い瞬間だけポスト・カント主義的論議を支配した後、すぐに退き、生きているあいだに世に埋もれてしまった。パースは、生きているあいだは、ジェイムズを除けばごくわずかの人の関心しか引きつけることができなかった。彼の死後、彼の名声は次第に高まっていったわけだが。ニーチェの哲学的名声のほとんどすべては、彼が亡くなった後に獲得されたものである。ハイデガーの生前にほとんど神話的

ともいうべきディメンションを獲得した彼の理論は、最近の彼の死後、より一層重要になっている。彼の理論について、他の人々、例えばフィヒテやベルグソンの場合のように、まるで超新星のように、強烈に、さらに言えば白熱光を発するものの、相対的に短期間だけ輝いて、ごくわずかの瞬間の後にほとんど消え去ってしまうのか、それとも、彼が自らの生涯をかけての存在との関わりにおいて追求すると主張していた単独の星のように、彼の思想が哲学の天空の中に固定した位置に留まり、哲学的論議が続く限り他の人々にとっての標識として役立つことになるのか、決めるのはまだ早すぎる。つまり、ハイデガーの理論は討論における重要な新たなステップであるだけでなく、討論の新たな段階の始まりであるというコイレの主張が正しいかどうか分かるには早すぎるのである。

哲学的伝統を理解する

ハイデガーのそれを含めていかなる哲学理論であれ、それが哲学的伝統の中に取り込まれる仕方についての理解は、「哲学的伝統」という概念の理解を前提として必要とする。そうした伝統の中での著述及びその伝統それ自体が固定化されている、あるいは安定した実在物であるように見えるかもしれない。というのも、それらはある意味で、後の討論のための必要な前提条件として常に、そして必然的にそこにあるからである。批判哲学について討議するためには、その中でこの理論が言明されている一連のテクストがすでに存在していなければならないはずである。そして哲学におけるカント主義の伝統は、カント理論を前提にしているのである。

哲学的伝統を構成する著述と、哲学的伝統の双方が変数である。テクストが変異するのは、例えば、特定のテクストが真正なものとして受け入れられたり、見せかけとして拒絶されたりする時、あるいは、より良い、文献学的により適切で、批判的でさえある版が現われて、それが哲学的諸理論の理解に影響を与えるかもしれないような場合である。

ハイデガーの立場についての私たちの理解は、テクストが変化すれば、それに伴って変化するかもしれない。ハイデガーの著作の完全版の編集が現在進行中であるが、これは、批判的編集とは何かについての現行の見方に従って編集されているわけではないので、後にやり直されることになるだろう。この版では、政治的に要注意のコメントも含めて、既に刊行されている版から省略されているくだりも復元されている。かつてはドゥンス・スコトゥスのものとされていた「意味作用の様態について De modis significandi」というテクストについてのハイデガーの博士論文、もしくは教授資格論文 (Habilitationsschrift) に関して、予期せぬ変化が起こった。今日では、ハイデガーがコメントしているテクストの著者は、ドゥンス・スコトゥスではなく、エアフルトのトマスであることが知られている。[*1]

こうした変化は、これらの著作が属する過去、及び著作それ自体が、凝固し、凍り漬けになっているわけではないことを示唆している。哲学的伝統の内容それ自体がけっして固定化されておらず、常に可変的であるとすれば、それは明らかに極端な一つの例から見て取れるように、奇妙な不定形な質を取ることになる。「技術に関する問い」を参照する場合、このテクストのどちらの形態が念頭に置かれているのか、特定する必要がある。つまり、ハイデガーが素朴に、「農業は今や機械化された食糧産業だ」[*2]と言明している、検閲を受けて刊行されたヴァージョンのことなのか、それともこれらの単語がすでに引用した、もっと長い、スキャンダラスだとさえ言えるくだりの始まりになっている未公刊の、検閲を受けていないヴァージョンなのか、ということである。というのは、近代テクノロジーを存在の視座から分析しているテクストと、そうした分析の過程において、農業を絶滅収容所と単純にイコールで結ぶテクストは、同じではないからである。

このテクストについての私たちの理解は、検閲されたくだりが復元されれば、明らかに変化する。現代の農業をモーター化されたもの、より適切に言えば、機械化されたものと見做す、明らかに無味乾燥で、特に面白いわけでもない観察を提供するテクストは、洞察に富んでいるわけでも論争的でもない。農業について自らの視点から言うべきことがハイデガーにはあまりない、ということを示唆する材料と取ることもできよう。機械化された農業を絶滅収容所に譬えるという視点を付け加えている、これと非常に異なったテクストがやはり、洞察に富んだものでないのは明らかだ。しかしこのテクストは、この有罪性を示すくだりがほぼ十年間にわたって公的領域に展示されていたにもかかわらず、その講義の元になった草稿が一度も刊行されたことがなく、依然として学者たちの手に入らないという意味で、問題をはらんでいる。このくだりの後者のヴァージョンは、尋常ならざる人間の苦しみ、そしてホロコースト一般に対するハイデガーのスキャンダラスなまでの無神経さをめぐる問題を提起する。そしてこれはさらに、その存在分析を通して、世紀の悲劇的出来事に、さらに敷衍すれば、近代性に知的にコミットする彼の能力に対する疑問をも浮上させる。

テクストそれ自体よりも尚一層明らかに、それらについての理解は、常に更なる修正を受けることになる歴史的変数である。哲学理論についての私たちの理解が変化するのに伴って、いわば哲学のカノンを構成しているごく少数の重要な哲学テクストの短いリストも、変化する。私たちが二〇世紀の終焉に近づくにつれて、この時期、あるいはより広範な哲学的伝統に属する主要な思想家あるいはもっとも重要な著作に関する合意が減少してきたということは決してない。

二〇世紀における三つの最も重要な哲学的著作は、ハイデガーの『存在と時間』、ヴィットゲンシュタインの『論理学哲学論考』、ルカーチの『歴史と階級意識』[*3]であるとされてきた。ただフッサール学者であれば、これに、『論理学研究』もしくは『イデーンI』、『デカルト的省察』、さらには『ヨーロッパ諸学の危機と超越論的現象学』などを含めようとするだろう。ヴィットゲンシュタインの初期の著作にしばしば批判的であるヴィットゲンシュタイン学者であれば、彼の後期の思想の方を好むだろう。マルクス主義の内部においてさえ論争を呼んだルカーチの思想は、公式的マルクス主義が崩壊した今となっては、それほど関心を引きそうにない。ライルによる早い時期の『存在と時間』の書評以来、[*4]ハイデガーは長いあいだ、アングロ・アメリカの分析哲学の内部で異常なまでに闇に包まれたドイツの思想家と見なされてきた。カルナップにとっては、言語の無意味な使用を古典的に例示した著作家であった。[*5]しかし哲学の流行は変化する。今ではハイデガーの方を向く分析思想家の数は増加している（例えば、ヒューバート・ドレイファス、ジョン・ホージェランド、マーク・オークレント、ロバート・ブランドン、その他）。

哲学的伝統の中身だけでなく、そうした観念自体が歴史的変数である。現在理解されている意味でのこの観念は、相対的に最近のものであるが、ヘーゲルによって発明されたように見える。彼は明らかに、哲学史を、時間を越えて拡張する一種のプラトン的対話――この対話の中では、後の思想家たちが、それ以前の理論を土台にして構築したり、それを改善しようと試みたりする――と見做した最初の著作家である。ヘーゲルは、哲学は常に知の問題と関わってきた、と主張した。彼は全てのパースペクティヴを好むことで、特定のパースペクティヴだけを好んでいるという外観を回避しようとした。彼は、哲学的伝統についての自らの見方には、パースペクティヴがない、あるいは非パースペクティヴ的（aperspectival）だと暗示していた。彼は、自分は先行する思想に対して非パースペクティヴ的態度を取っており、何らかの価値のある思想は自らの思想の内へと取り込むと主張したが、実際には、自らの考えと両立可能なものしか所有化できなかった。[*6] 後期フィヒテ[*7]及び後期シェリング[*8]の見方を考察から除外したのは典型的である。

知の問題をめぐる単一的な哲学の伝統というヘーゲルの根底にある前提は洞察に富み、興味深いが、最終的には誤りである。私たちは、知の問題を通して先行する哲学的伝統を読むことができるが、他のパースペクティヴも可能である。哲学史の中には、例えばハイデガーの存在分析のように、知の理論に第一次的には統合されない、場合によっては、遠回しにも統合されないような理論も数多くある。さらに言えば、知についての多様な見解は、哲学史についての極めて多様な読解に繋がり、哲学的伝統についての極めて多様な考え方を指し示すことになる。

単一の哲学的伝統というヘーゲルの前提は、明らかにハイデガーにも共有されている。彼の提案した存在論の歴史の破壊は、彼が回帰しようとしている、存在に関わる根源的な洞察を自由にすることを企図したものである。このように提案された、哲学的伝統の始まりへの回帰は、哲学史についての空間的理解を前提にしているように思われる。今日において初期ギリシア思想に回帰することが可能だとすれば、それはもっぱら、森の中で、方向転換すべくこれまで歩んできた道を後に戻っていくように、哲学的伝統を後戻りしていくことが可能だというえでの話である。ただし、後世の有利な立場から、約二千五百年もの討議によって構成されてきたヴェールを取り去って、根源的な洞察をその原初的形態において把握することができると想定するのは誤りである。そうしようとする衝動自体が、後の討議の経験に基礎付けられたパースペクティヴから派生するものである。さらに言えば、哲学の伝統の本性が一筋の道に似ているという、根底にある合理主義的前提が、誤っている。というのは、哲学の伝統はむしろ、不規則な間隔、角度で交差する一群の道筋だからである。

フランスにおけるハイデガー理論の受容

重要な哲学の諸理論の受容——大雑把に言えば、それらが哲学的伝統に参入して、哲学的伝統の一部になった仕方——が、正しい解釈のような単純なもの、あるいは、さらに言えば、厳密に哲学的判断基準に依拠しているということがあったとしても、それは稀である。ハイデガーの理論の場合が、その典型的だとすれば、重要な立場の受容は、一定の誤解を引き寄せ、恐らくはそれを前提とするものであり、そして恐らくはそれは不可避であるということになるだろう。

哲学的伝統を組み立てているテクスト、哲学的討議の中で取り上げられる諸理論の受容のプロセス、そして哲学を構成する複雑な討論の中での一定の期間におけるその読解と再読解を区別すべきだろう。ヴィットゲンシュタインの学徒たちを、実際に彼の書かれざる教理について討論するよう仕向けた彼の講義は、特別なケースである。哲学上の理論は、主に、より広範な哲学的討論の中で取り上げられるに先立って、そしてそうされるための条件として、主として活字の形で叙述される。このプロセスは明らかに解釈を必要とするものであり、そしてもしそのテクストが十分に重要であると見えるとすれば、一定の期間の間に連続的な再解釈を必要とする。

そもそも「正確な」読解が可能だとすればの話だが、そうした読解が行なわれるのは、一つ二つの観念を付け加えるだけで、それ以外はそのまま「全てを適切な位置」に残しておこうとする、どちらか言えば〝普通〟の立場においてであろう。しかし、討議の中で根本的な変化を作り出す、より新奇な立場のための「正確な」読解という考え方を理解するのは困難である。なんらかの深い仕方で革新を起こして進行中の討論からラディカルに決別しており、それゆえ、それを理解するには――その中で新しい考え方が同化され、そしてしばしばそれらを表現する新しい語彙さえもが開発されることになる――反復のプロセスが必要になるような種類の理論のような〃特殊ケース〃にとって、いわゆる「正確な」解釈が何を意味するのか理解するのは一層困難だ。

さらに言えば、最も陳腐な哲学的エクリチュールにおいても、単一の一義的で正しい読解という考え方自体が、たとえば「哲学的伝統」に対する読解がまさにそうであるように、精密な吟味の下では解体してしまう。提案されている解釈を、私たちが知っているテクストによって十分に支持されていない、それらと両立不可能であるという理由から排除することも時には可能である。しかしながら通常は、漠然と「適切な」支持と呼び得るものをテクストの内に見出だせるという点で許容可能であり、それゆえ「正確な」と言うことのできる複数の可能な読解がある。同じ理論あるいはテクストに対する異なった解釈は、明らかに異なった側面を強調し、異なった見方、異なった評価、云々を反映している。

一般的に言って、重要な哲学のテクストというのは、解釈しづらいことで悪名高く、単一の「正確な」仕方で読むことは恐らく不可能、とされている。典型的な例を挙げれば、プラトンの理論あるいはプラトンの『国家』には、単一の一義的に正しい読解はないし、明らかにありえないだろう。プラトン研究の歴史は、異なった視座からの、彼の思想の一連の読解からなる。それに対する〃一義的に正しい読解〃が特定できるような、重要な哲学的立場あるいは哲学的テクストの例は、恐らくないだろう。重要な哲学的理論あるいは哲学的テクストの「正確な」読解という考え方そのものが、疑わしい。他の全てを排除する「正しい」解答がある数学問題の場合のように、テクストについて「保守的」な見方をするのではなく、子供の養育あるいは政治の場合のように、複数の、さらに言えば多数の「正確な」可能性があるとする解釈についてのよりリベラルな見方を採用するしかないと思われる。

最もオリジナルな思想家でさえ、全く始めから再スタートすることはできない。精々、先行する議論からの離脱を示せるだけである。そこから、最も新奇の哲学的立場でさえ、哲学的伝統という背景に関連づけて読まれねばならない、ということが導き出されてくる。進行している論議を継続していく新しいやり方を再発明することしかできないわけだから、新しい哲学的考え方は、必然的に先行する論議への応答として、それからの離脱を表明する形で浮上することになる。デカルト、カント、フッサールという近代における三人の最もラディカルな思想家は、先行する哲学的伝統全体に対する基本的不満を共有している。三人とも極めてオリジナルな思想家であるが、彼らはどのつまり、新しい道を提供する哲学を再発明しているが、発明しているわけではない。

ところで、哲学的討議を構築し、それによって、哲学的伝統それ自体をも構築しているのは、哲学上〝重要でない立場〟ではなく、〝重要な立場〟である。〝重要な立場〟というのはその定義からして、討議における革新を行なうものである以上、解釈するのが困難であり、しょっちゅう誤って理解される。そうだとすれば、哲学的伝統は、少なくともその出発点においては、主として実体的誤解あるいは誤読に基づいている、ということが導き出されてくる。

この考え方は明らかに、到底没利害的だとは言えない哲学者たち自身によって広範に流布されてきた、伝統的な哲学観の本質に反している。プラトン以来ずっと、哲学者たちは、哲学は単に絶対的真理と知識の唯一の源であるだけではなく、厳密に合理的な企てであり、実際理性それ自体の唯一の例である、と論じてきた。本質的に合理的なもの、合理性の主要な形態としての哲学という見方が、近代の哲学的伝統を貫いている。それは、非歴史的理性についてのデカルト的見方の中で定式化され、後に啓蒙期を支配することになる。それは、全ての実践的関心から全く抽象化されて遂行される、全面的に理論的分析である、カントの純粋理性――カントが本質的に実践的なものと見なすいかなる混ぜ物にも汚染されていない理性の形態――の理論において頂点に達する。

恐らく哲学の合理的自己像を擁護する最も説得力のある議論は、ギリシアの伝統にまで遡る科学への熱狂に依拠するものであろう。科学、とりわけても数学が理性を具現したものであり、哲学がある意味で、言わば個別の諸科学より深い科学であるとすれば、哲学は理性を具現したものであるということになる。哲学は科学的あるいは厳格であるだけではなく、実際に科学であるという確信は、近代思想のいたるところに見られる。それは、体系的科学としての哲学というカントの考えから、意識の経験の科学としての現象学というヘーゲルの構想、厳密な科学としての哲学というフッサールの概念、そして存在の科学としての哲学という初期ハイデガーの見解にまで広がる。

フッサールと初期ハイデガーは例外である。というのも今日では、哲学は厳密でなければならないが、科学ではありえない、という広範に成立している合意があるからである。哲学は厳格以上のものであるという主張のいかなるヴァージョンによっても、純粋理性としての哲学という伝統的見方がもはや擁護できない以上、哲学と世界観（Weltanschauung）の――根拠の不確かな――区別の重要性が増しているわけである。

カントは哲学を、人間の諸目的と本質的に関連する世界観あるいは世界概念（conceptus cosmicus = Weltbegriff）として理解していた。[*9] しかしシェリングは、世界観の場合と同様に、意識的に生産的な知性と無意識的に生産的な知性を区別している点で、世界観についての現代的な見方に近い。[*10] より最近では、世界観という概念は、ヤスパース、ディルタイ、フッサール、そしてハイデガーの間で展開された議論のテーマになっている。ヤスパースは世界観を、生活経験等についての主観的な考え方、及び世界の形についての客観的考え方から構成されるものとして同定している。[*11] ある解釈によれば、ディルタイが、例えば「存在、根拠、価値、目的、そして世界観の中でのそれらの相互結合についての最終的省察への絶え間なき必要性を受け入れるという課題」を喚起している時、彼は哲学を世界観と同一視しているように見える。[*12] この考えにフッサールは強く反対した。彼に従って、ハイデガーも強く反対した。ディルタイに答える形でフッサールは、真理の源としての哲学は世界観とも自然主義とも両立しない、と主張する。[*13] 彼の見方は、哲学は世界観の構築ではなく、せいぜいその基礎であるというハイデガーの主張の内に反響している。[*14]

明らかにヤスパースに従う形で、ハイデガーは世界観を、特定の個人において生じる首尾一貫した確信であり、いかなる歴史的人物からも独立の普遍的科学とは区別されるものとして理解している。[*15] 彼は、もし哲学の使命が世界観を構築することだとすれば、両者の間に区別はない、と正しく指摘している。[*16] しかしフランスにおけるハイデガー理論の受容は、哲学は社会史的な文脈から独立でないことを示唆している。ハイデガーの立場の展開と受容は、それが生じてきた文脈に還元することはできないが、かといって、そうした文脈から隔離して理解することも不可能なのである。

実存としての現存在（Dasein）という概念を通して、ハイデガーは彼自身のそれも含めて全ての思想の文脈性を強調している。しかし、ハイデガー関係の文献には、部分的に、偉大な哲学者ハイデガーと平凡なナチス・ハイデガーという——虚構的だが有用な——区別を維持すべく、彼の理論が生じ、発展してきた背景を無視してしまうはっきりした傾向がある。[*17] 他の哲学的理論と同様に、ハイデガーのそれも、それに影響を与えた、あるいはそれが応答しようとした、あるいはそれが生じてきた背景となった他の理論を参照することなしに理解することはできない。彼の初期の立場を、それが定式化されたワイマール共和国期を参照することなく理解することはできないのである。そして、第二次大戦末期における彼自身の実存的状況、彼自身の個人的な形でのナチズムへの傾倒、云々を意識することなく、後の彼の思想の展開を理解することは更に困難だ。

哲学者たちは、哲学的論議というものは、もっぱら哲学的至上命題にのみ、つまり他の哲学的考え方にのみ対応するものだと見なしたがる。しかし他のあらゆる人と同様に、哲学者もまた時代の子だ。彼らは時代に対して、独特の抽象的な仕方で呼応しているのである。哲学と世界観の区別は絶対的なものではない。というのは、真と見なされる見方と、それらが定式化された実存的条件をきれいに、かつ最終的に区別することは不可能だからである。ハイデガーの理論の定式化、発展、そしてフランスでの受容は、〝世界観とは全く異なるものとしての哲学〟という伝統的な、理論的には望ましいが、実践的に擁護しえない見方を彼が復権させたこととひどく矛盾している。哲学自身は、自らを全面的に自由で、全く合理的な活動の産物と見なしたがるが、哲学はあらゆる段階において社会的実存に根差しているのである。

フランスにおける主体性とハイデガー

重要な哲学の諸理論の唯一の正確な読解を与えることは——通常、そして恐らくは常に——不可能なので、それらは不正確には読まれえない、という結論を導き出すことはできない。実際、これはしばしば起こることである。以前には、ハイデガーの主体観はフランスの議論で不正確に読解されていた。フランスにおけるハイデガー理論の受容は、新しい哲学的立場を、断片的な仕方を越えて理解するのがいかに困難か例示している。基礎的存在論を哲学的人間学として読解するという形での、フランスにおける初期ハイデガーの我有化は、彼自身による彼の立場の読解、そして立場それ自体に反するものになった。基礎的存在論の人間学的な解釈にテクスト的な根拠があるとしても、そうした解釈が端的に誤っているのは明らかである。〝精神〟と〝文字化された理論〟というカント的区別に即して言えば、基礎的存在論の人間学的読解は、〝文字化された理論〟に疑いの余地なく忠実であったとしても、その〝精神に〟は忠実でない。

ハイデガーの理論を哲学的人間学として、したがって人間学的ヒューマニズムとして読む初期の誤読は、彼の首尾一貫して反人間学的スタンスと矛盾している。しかしそれは、ハイデガーが現存在という標題の下に呈示している実存としての主体性についての理論の人間学的要因を正確に同定している。そこから、フランスでの初期の受容においてハイデガーの立場が誤読されたのは、彼の主体概念自体の基本的なちぐはぐさを指し示している、ということが帰結してくる。

ハイデガーはけっして人間存在それ自体には関心を持たなかった。ハイデガーの言うことを文字通りに取れば、彼の立場全体が、彼の直向きな――人によっては憑かれたようなと言うであろう――存在への関心に支配されていたことになる。たとえ、ナチズムがドイツ民族の真の集結をもたらす――それは疑いの余地なく学長就任演説の中心的テーマである――という彼の時折の示唆にも見られるように、彼が人間に最も関心を持っているように見えるとしても、彼の主要な関心は存在である。『存在と時間』における彼の長々しい現存在分析は、人間存在の解明を企図したものではない。むしろ、存在の理解への決定的な糸口として、存在を通して理解される人間存在を解明することを企図している、と言うべきだろう。

人間存在についてのハイデガーの最初の見方は『存在と時間』の第一〇節で早くも臨界点＝危機(crisis)に到達しているので、このくだりを詳細に論じる価値はあるだろう。ここでは、彼の思想のフランスにおける初期の受容に一般的に認められる人間学的誤読は、人間存在についての明らかに二元的な概念の一側面を反映しているのではないかと思えてくる。「現存在 Dasein」を「人間的現実 réalité humaine」と訳すこと――明らかに、彼の立場におけるキー・タームの単純な誤訳である――に対するフランスの反応は、どうみてもそのように二元的なものではない。この訳は「ぞっとする」というデリダの先鋭な反論は、単に、興奮しやすいフランス的反応であるわけではない――そういう面があることもたしかだが。しかしそうしたものを越えて、このことは、後の展開においても克服されることがないハイデガーの立場の中の根源的な不適切さが偶然に同定されていることを指し示している。

『存在と時間』の中の、現存在分析（Daseinsanalytik）においてハイデガーは、全ての人が非特殊的な、分析されていない存在概念を持っているという主張を、存在一般を暴露するための自らの糸口にしている。「現存在」は、人間存在及び、存在と関わっている人間存在について何が問題なのかを指し示す。ハイデガーにとっての問題とは、存在に対する彼の関心に対応し、かつ、主体性についての他の見方の内に彼が認めている問題を回避できる、主体の理論を提示するということだ。一〇節の、現存在についての自らの分析と、人間という概念に依拠する諸科学の区別をめぐる議論の中で、ハイデガーは、主体についての自らの見方と、哲学的人間学あるいはデカルト的見解に依拠しているライバルの諸理論の本質的な違いを論じている。

この点でのハイデガーの立場の理解のカギになるのが、彼が自らの理解に従ってフッサールの一般的アプローチを密着して後追いすると同時に批判しているということである。人間存在に関わる同時代の思想家たちについてのここでのコメントの中で、彼はシェーラーとフッサールの間の同意、さらには、フッサールのディルタイ批判に言及している。ハイデガーにとって、人格性（Personalität）についてのフッサールの基本的見方は、彼の有名な『ロゴス』論文「厳密な学としての哲学」にはっきり現れており、『イデーンⅠ』でさらに展開されている。ハイデガーは、フッサールが人格は存在者ではなく単一性であることを正確に見抜いていた、と主張する。彼はフッサール的アプローチ、別の言い方をすれば、今や日常性（Alltäglichkeit）の分析に応用されるべき、「全ての科学的哲学の方法」である「アプリオリズム[*18]」をさらに洗練すべきことを主張する。

ハイデガーは明示的にフッサールのアプリオリ・アプローチを受け入れている以上、端的に経験的なアプローチ、例えば近似的に与えられる〝主体〟から出発する哲学的人間学のような経験的アプローチを同時に受け入れることはできない。フッサールは経験的心理学と超越論的現象学を区別している。同様にハイデガーは、具体的な人間学、テーマ的に完結した現存在の存在論[*19]などの自らが拒絶している他の見解と、自らが実存的にアプリオリな人間学と呼んでいるもの[*20]を区別している。

ハイデガーは、諸科学は哲学によってのみ提供される反省的次元を欠いている、というフッサール的な考え[*21]を応用して、科学は主体性についての分析されていない概念を前提にしている、と主張している。デカルトの理論は「（我）有り sum」の吟味を欠いている、という彼の異議申し立ては、経験から抽象された超越論的主体という観念、及びカントとフッサールの見解におけるその再任に対して向けられている。デカルト及び彼に影響された人々に抗して、ハイデガーは、現存在は文字通り実存なので、この基盤においてのみ私たちは存在というテーマを吟味できる、と主張している。しかし彼は、近似的に与えられているものとしての〝主体 subject〟についてのいかなる見方も、subjectum あるいは hypokeimenon（主体＝基体）という吟味されていない概念を依然として前提にしている、として拒絶している。ハイデガーに言わせれば、シェーラーとディルタイは、主体は存在者であると理解している。そして彼は、人間存在の問題は、古代ギリシアあるいは後のキリスト教の人間観のような哲学的人間学によって覆い隠されてきた、と指摘する。

　これがハイデガーの見方の正確な要約だとすれば、四つのポイントが導き出されてくる。第一に、初期のフランスにおける彼の理論の読者たちがそれを人間学的に、哲学的人間学として解釈したのは明らか（obvious）である。というのは、それが素朴で分かりやすい（obvious）読解だからである。哲学的人間学は、人間学的パースペクティヴから見て重要な著作『自然における人間の位置』[*22]の著者であるマックス・シェーラーを含めて多くの哲学者を引き付けてきた。「哲学的人間学」は、「自己自身を理解し、解放しようとする人間の伝統的な試みから科学的ディシプリンを構築しようとする試み[*23]」として理解されてきた。

　『存在と時間』の第一〇節において、ハイデガーの立場の人間学的読解の可能性が、主体に対する理論的アプローチと実践的アプローチの区別、人間存在としての現存在概念、実存としての現存在解釈、等などの要因によって暗示されている。この読解は、彼の主体性概念を、たとえ存在についての問いを提起する新しい種類のものであったとしても、一種の人間学あるいは哲学的人間学として解釈することに繋がる。ハイデガーによる、平均的日常性に即しての現存在分析には、哲学的人間学ではないかとの疑いを受けそうな響きがある[*24]。ハイデガーはとりわけ、人間学というよりも彼が伝統的人間学として言及しているものへのコメントを通して、まさに人間学読解を、より正確に言えば、彼の見解の人間学的誤読を自ら招き寄せているのである。第一〇節では、短い間隔で連続的に、三回以上伝統的人間学に異議申し立てしているが、意味深なことに、決して人間学それ自体には異議申し立てしているわけではない。始めに、彼は古代世界及びキリスト教神学における伝統的人間学を通しての人間存在理解に異議を申し立てている[*25]。それから彼は、存在の問いを忘却している伝統的人間学に異議申し立てしている[*26]。最終的に、伝統的人間学とデカルト的見方の明らかな合流——彼は後に、デカルトのコギト概念が近代の人間学に通じているとの主張の中で、このポイントを発展させている——の中で、人間学の存在論的基礎について反省されていないことに異議を申し立てている。[*27]

ハイデガーが自らの理論を、人間学的読解から守ることを意図していたのであれば、彼はその可能性を十分には排除できなかったことになる。第一〇節においてハイデガーが伝統的な人間学に対して異議申し立てしながら、人間学それ自体には異議申し立てしていないという事実が、彼自身の見方の人間学的読解への扉を開いたままにしているのである——彼自身の見方を人間学の非伝統的な形態として読むことは不当ではなかろう。

『存在と時間』のその後の後半部でばらばらに出てくるいくつかのくだりで、ハイデガーは自らの見解を、哲学的人間学として読まれてしまうような分かりやすい読解から距離を取ろうとする努力をもっぱら複雑化していく。哲学的人間学には、現存在の完全な存在論が必要であるという彼のコメントから見れば、この側面での彼自身の努力は精々部分的なものであることが分かる。[*28] 既に言及したくだりで彼は、自分の目標は存在の研究であるが、自分がそれまでやってきたことは、実存的にアプリオリな哲学的人間学として拡張しうる、とコメントしている。[*29] その後の箇所で、実存的にアプリオリな人間学を越えて行こうとする自らの欲望を言明するに際して、これは自分のこれまでの現存在分析の帰結である、と暗示している。[*30] 現存在分析は人間学の存在論的基礎を敷くことを目指すものではないというコメントは、彼の分析とこの課題の両立不可能性を排除するものではない。[*31] 私たちは現存在概念に依拠した、意識についての人間学的、心理学的、神学的諸理論を越えて行く必要がある、というコメントによってこの印象が強められる。[*32]

彼の立場の人間学的誤読は、他の要因によっても助長された。そのことは、全面的に「現存在の基本的状態としての世界内存在一般」に割り当てられている、彼の本の第一三―一四節を含む次の章でも示唆されている。この反デカルト的、反フッサール的でさえある見解は、世界を超越するものではなく、世界内にあるものとしての人間存在の概念を含意している。しかし、フッサールの現象学的見方を基本的に正確なものとして受け入れている点で、ハイデガーは、世界に対して超越しているものとしての超越論的主体の概念にコミットしていると言える。

ハイデガー理論の人間学的解釈は、第一〇節におけるデカルトへの言及――それは本の後の部分で、デカルト理論に対する詳細な批判へと展開している――で間接的に示唆されている。デカルトがコギトの「有り」の本性を考慮していないという異議申し立ては、主体を厳密に理論的な存在者として捉えることに対する拒絶だと誤解されている。というのも、ハイデガーは主体性に対する厳密に理論的なアプローチを拒絶しているのではなく、実際には歓迎しているからである。彼はただ、理論的なものであろうとなかろうと、主体性の存在が吟味されていない主体性観を拒絶しているだけなのである。

ハイデガーの理論の人間学的読解がまたもや、ハイデガーのフランスの読者に慣れ親しまれているデカルト的な視角から示唆される。デカルト主義者にとっては、主体性へのアプローチは二つしかない。理論的か実践的か、受動的か能動的か、傍観者（spectator）としてか行為主体（actor）としてかのいずれかである。厳密な理論的存在者としての主体についてのデカルト的概念、デカルト主義の用語で言えば、主体性についての傍観者的見方をハイデガーが拒絶しているということは、彼が行為主体としての、基本的に実践的なものとしての主体観を取ることに繋がっているように見える。

第二に、この分かりやすい（obvious）人間学的なハイデガー理論の読解は、まさに明白に（obvious）誤っている。というのも、この読解は、主体の存在を吟味するのを怠っている、主体性についての吟味されていない概念に対するハイデガーの異議申し立てを、主体性についての理論的概念への異議申し立て——それは、誤ってハイデガーに帰せられている——と混同しているからである。ハイデガーはとりわけ、彼が全体的人間の存在と呼んでいるものの分析を発展させていく必要性を示唆している。[*33] 彼自身の見方は、人間存在についてのより一般的な理論の中で実践的要素と理論的要素を結合させる必要性を示唆するものである。実存として理解される人間存在は、哲学的人間学のテーマである。存在の分析との関係で理解すれば、人間存在は、存在の超越論的現象学的分析のテーマである。しかし、この二つのパースペクティヴを、主体性についての単一的な概念の内で結合する方法はない。

振り返ってみると、ハイデガーの理論の人間学的読解は、ハイデガーとフッサールの不一致を誇張している。カギになる問題は、フッサールの『論理学研究』第一巻を貫いている心理学主義というテーマである。心理学主義、あるいは大雑把に言えば、経験の哲学的次元と心理学的次元の混同を回避しようとするフッサールの関心、そしてフッサールは心理学主義に後退しているというハイデガーの異議申し立てを想起しよう。

人間学的意味における単なる人間としての主体あるいは主体性観を受け入れることは、心理主義であると認めることである。フッサールは、心理学主義と現象学は両立不可能であると考えていた。ハイデガーはこの点ではフッサールに同意する。したがって、心理学主義が主体性についての人間学的見方を提案するのを許容することは、現象学の可能性自体を抑圧することと等価であるということになる。というのは、これは、ハイデガーが依然として受け入れており、そして存在を理解するために必要であると主張している——拡張されたフッサール主義的意味での——日常性世界の現象学的分析を抑圧することになるからである。

第三に、ハイデガーの主体性観はラディカルなまでに首尾一貫性がない、ということが導き出されてくる。というのも彼は現存在を、内在的であり、したがって実存していると同時に、超越的なものとして考えているからである。後者の視角から見れば、現存在は、例えば平均的日常性の分析を含めた現存在の分析など、超越論的主体の通常の仕事全てを行うことができる、簡単に言えば、現象学的知を通して、超越しているものとしての存在を暴露することができるわけである。

しかしながら現存在を実存、そして超越論的真理（veritas transcendentalis）の主体として解釈するのは首尾一貫していない。ハイデガーは人間存在を内在的でありかつ超越的、アポステリオリでありかつアプリオリ、実践的でありかつ理論的であるものとして統一することに失敗している。というのも、彼は本質的に実存として定義された存在が現象学的真理に耐え得ることを示せなかったのである。フッサールは、現象学的真理に到達すること、つまり事物それ自体に行くことがいかにして可能になるか説明すべく現象学的還元という考え方を導入した。ハイデガーはこのフッサールのゴールを保持し、それを存在分析へと置き換えている。しかしハイデガーは、方法論上の中心的なポイント、大雑把に言えば、現象学真理を導き出すことがいかに可能かという問いと取り組んではいない。

第四に、ハイデガーが、存在の理論に対する自らの現象学的アプローチを擁護するために、自分自身の主体概念の内在的側面をあまり強調しないように迫られているのはまさに明白である。というのは、真理の現象学的暴露のようなものを提供しようとする主張には、超越的なものとしての主体観が必要になってくるからである。フッサールは、現象学的還元を通して超越的平面に上昇することとしての現象学的真理が最小限必要であることを見抜いていた。このようにハイデガーは、プラトンからデカルト、カント、その他多くの人を経てフッサールにまで至る伝統的見方を再開したのである。

この点でのハイデガーの遠隔的にフッサール的パースペクティヴから見れば、現象学的真理は二重の条件に依拠している。①通常の人間にはほとんどアクセス不可能な古代ギリシアの定式の下での〝存在〟の問題の忠実な再加工、そして、②フッサールに従ってハイデガーが、真に哲学的に「経験的なものEmpirie」の意味と見なすアプリオリを暴露する主体概念――の二つである。別の言い方をすれば、フッサール現象学にとってそうであるように、ハイデガーにとっても――ハイデガーの場合、存在への現象学的アプローチにとって、ということだが――超越論的主体は必要なのである。

ハイデガーの立場が発展するにつれて、彼は自らの主体性概念を――存在に対する自らのアプローチにおける必要性と一致させながら、同時に、有名な主体の脱中心化を通して人間学残滓を除去するような仕方で――再考するようになる。しかし、基本的問題を解消するための、こうした、彼のオリジナルな理論の修正は、単にもう一つの根本的問題を創り出すだけである。ハイデガーは、能動的なものとしての存在との関係において主体が受動的であると示唆することで、自らの初期の思想と断絶するよりも、それを洗練する、あるいはその要素の一つを更に洗練して「純化」していくことになった。彼はすでに、『存在と時間』で「現象学」を「自己を示すもの」に関わる営みとして理解していた。[*34]

後のハイデガーによる主体の脱中心化は、彼の主体性観の明白で全面的な解体というとてつもない犠牲によって、存在の現象学的分析を守ることを企図したものである。主体がもっぱら超越的で、内在的でないとすれば、それに対して存在が暴露される、あるいは暴露されうる〝主体性〟についての統一的見方が成立することになる。ただし、存在の分析の前提条件が人格についての統一的見方、あるいは全体的人間についての統一的見方だとすれば、ハイデガーは主体を脱中心化することによって、自らが人間の主体性を把握し損なっていることを暗に認めたことになる。まさに後期の思想における主体の脱中心化、人間存在の実存的次元からの方向転換を通して、ハイデガーは事実上、存在についての後期の理論を、人間の死の上に基礎づけることになったのである。

フランスにおけるヒューマニズム、反ヒューマニズム、そしてハイデガー

ハイデガーがヒューマニストではなく、彼の理論が伝統的な人間学的意味でのヒューマニズムでないのは明らかである。彼の理論を人間学的ヒューマニズム――それは、ハイデガーとマルクスの見方の影響を受けており、後にサルトルに採用されることになるコジェーヴのヘーゲル読解の構成要因である――として、つまり哲学的人間学と見なすフランスにおける初期の読解は、明らかに誤読である。ただしハイデガーは、彼自身が主張しているように、なんらかの別の――例えばポスト・モダン的な――意味でヒューマニストであるのか、言い換えれば、彼の理論をヒューマニズムと呼ぶのが正当か、あるいは他の人々が言っているように、反ヒューマニズムであるのかは、さらに検討する必要がある。私としては、ヒューマニズムについてのハイデガーのコメントは首尾一貫しておらず、自らの理論をヒューマニズムとして叙述する彼自身の記述は、ヒューマニズムという観念それ自体と両立しえない、と論ずるつもりである。

フランスの文脈では、少なくとも三つの要因が、ハイデガーの理論がヒューマニズム的であることを示唆している。①フランス哲学の基礎的存在論への、つまり哲学的人間学あるいは人間学的ヒューマニズムと解されたハイデガーの初期の思想への最初の転換、②サルトルのそれのような伝統的な形而上学的形態のヒューマニズムと、人間存在が現存在を通して理解されるハイデガー自身のヒューマニズムが区別されている後者の著書である『ヒューマニズム書簡』。そして、③ハイデガーの初期の思想は一種の形而上学

的人間主義であると単純に認めてしまって、彼の後期の思想を擁護しようとする、デリダやラクー＝ラバルトといった彼の信奉者たちによる最近の努力。

ハイデガーのヒューマニズム観を理解するには、彼の著作におけるその発展をスケッチしておく必要がある。ヒューマニズムは、『存在と時間』では論じられていない。私の知る限りでは、このタームはこの本の中に現れてこない。ハイデガーがこのテーマを論じている主要なテクストは、彼の有名な講義『世界像の時代』と、『ヒューマニズム書簡』である。『世界像の時代』でハイデガーは、ヒューマニズムを単なる世界観（Weltanschauung）と結び付けて批判している。ここでハイデガーは、人間学及び、〝ヒューマニズムと結び付いている世界観〟という観念を批判している。

「世界像の時代」では、ヒューマニズムに対するハイデガーの異議申し立ては、『存在と時間』における彼の伝統的な人間学への異議申し立てとは整合性がある。ハイデガーは自らの最初の著作における現存在をめぐる議論において、現存在の人間学的ステータスについての問いをオープンなままにしているが、「世界像の時代」ではその曖昧さが解消されている。今やハイデガーは、ギリシア思想をモデルとしながら、主体概念の非人間学的ステータスを主張する。彼は、ソクラテスの問いかけに含意される明らかにヒューマニズム的な意味合いは忘れて、ヒューマニズムは決してギリシア思想の中で優位に立ったはずはない、と首尾一貫しない仕方で主張する。ヒューマニズムは、人間と、人間を通しての世界の理解によって開示される、哲学的人間学と本質的に繋がっている。「それ（ヒューマニズム）は、何であれ有るものをその全体性において、人間の視点から、そして人間との関係で説明し、評価するあの哲学的人間解釈を指している」[*35] 彼はヒューマニズムは人間学であると主張しているが、その場合の「人間学」とは、人間の本性に関わる非反省的、ドグマ的前提に依拠したものである。[*36]

『世界像の時代』でハイデガーは、いわゆる伝統的ヒューマニズムを、ポスト形而上学的思考とは区別される、世界観あるいは世界観の哲学とリンクさせている。彼は論証抜きで、伝統的あるいは形而上学的な形態のヒューマニズムは、形而上学あるいは哲学――それは実際のところ世界観以上のものではなく、哲学ではないのだが――の内で立ち上がってくると主張している。ポスト形而上学的思考は、形而上学を越えるものであるが、もはや世界観ではない。世界観と哲学の間で二者択一しなければならないとすれば、哲学を越えていると称するポスト形而上学的思考は、〝単なる世界観を越えることができないでいる、その名に値しないような種類の哲学〟のみを越えているということになる。というのは、存在によって定義された、ポスト形而上学的ヒューマニズムは、単なる世界観ではない思考あるいは哲学と本質的に結びついているのである。

『ヒューマニズム書簡』でハイデガーは、哲学から思想への退却の一環として、哲学は彼の理論において頂点に達するという見方から後退している。ここでは、つまりハイデガーが哲学へのあらゆる主張を放棄した時点では、彼は、〝自分の理論は人間学を拒絶することで、単なる世界観としてのステータスを回避し、哲学を実現しようとしている〟という暗示的な主張を展開してはいない。しかし彼がここで提案しているヒューマニズム観は、彼のかつてのヒューマニズム批判と整合性がない。

首尾一貫性のなさは、彼自身がかつてヒューマニズムを拒絶していたにもかかわらず、後になって、自らの理論のヒューマニズム性を主張するようになったことにある。彼は『世界像の時代』で、ヒューマニズムを人間存在の本質を捉え損なっている人間学として批判している。『存在と時間』での見解と整合性のあるこの批判は、〝人間存在の把握〟と人間学は明らかに両立不可能であることを暗示している。人間存在は、人間学的には理解され得ず、より深いレベルから、基礎的存在論のパースペクティヴからのみ理解されうるというのである。

〝新しい、ポスト形而上学的形態のヒューマニズム〟としての自らの理論についてのハイデガーの記述は、彼の人間学観とは整合性がない。ハイデガーは、〝人間存在についての表面的な見方しか〟提供していない人間学を拒絶しながら、同時にヒューマニズムをも拒絶している。ハイデガーは『ヒューマニズム書簡』において、自らの理論はヒューマニズムであると暗示することで、『世界像の時代』における自らの議論と整合性のない路線を取っているわけである。この路線が、『存在と時間』において輪郭を描き出されている当初の立場と整合性があるかないかは、これから検討していく必要がある。

『ヒューマニズム書簡』でハイデガーは、ヒューマニズムは必然的に形而上学を含意しているが、形而上学には人間を、人間の本質的にヒューマンな要素、つまり人間性（humanitas）を通して思考することができない、と主張している。[*37] 伝統的ヒューマニズムがこれまで人間を正確に捉え損なってきたとすれば、解決策はヒューマニズムを放棄することではなく、基礎的存在論の内で既に入手可能な新しいヒューマニズム、つまり形而上学的に思考しないタイプのヒューマニズムを喚起することである。[*38] ここでハイデガーは、『存在と時間』における現存在観に立ち戻って、〝人間は人間的である〟ということが「合理的」であることを意味するのであれば、現存在は〝単に人間的〟であるわけではないと示唆している。人間は、存在との関係において定義されているので、人間的である以上のものである。[*39] ハイデガーは、古い、形而上学的とされるタイプのヒューマニズムに代わるものとしての、ヒューマニズムについての新しい非形而上学的見方を以下のように要約している：

あなたは、すでにだいぶまえから、「しかし」、と言って私を遮り、反論したいと思っているだろう。

つまり、そうした思考は、まさしく、人間らしい人間（homo humanus）の人間性（humanitas）を、思考しているのではないか、と反論したいのではなかろうか。そうした思考は、この人間性を、いかなる形而上学もこれまで思考したことがなく、また思考することのできないほどの決定的な意味において思考しているのではないか、と。たしかに、そのとおりだ。それは、人間の人間性を、存在への近さに即して思考するヒューマニズムである。けれども、それは同時に、そこに賭けられているのが、人間ではなく、むしろ存在の真理に由来する人間の歴史的本質であるようなヒューマニズムなのである。しかし、だとすれば、ここで賭けられているものの中に、同時に、人間に備わる脱－存（ek-sistence）の存亡も掛かっているのではないのか。その通りである。[*40]

ハイデガーはこのくだりで、新しい立場、あるいは自らの立場の新しいヴァージョンというよりも、『存在と時間』の中で陳述されている自らの当初の立場に対する再解釈を呈示している。〝かつて基礎的存在論として記述された彼の当初の立場は、ヒューマニズムであった〟というハイデガーの今度の主張は、彼の以前の理論と後の理論、形而上学と非形而上学、ヒューマニズムと非ヒューマニズム、ナチズムと非ナチズム、云々の一連の二項対立あるいは相互背反的な二者択一に依拠している。

ハイデガーがヒューマニズムそれ自体を拒絶しながら、その後になって、彼自身の理論が一種のヒューマニズムであると主張しているのは、明らかに首尾一貫していない。『ヒューマニズム書簡』においてハイデガーが自らの理論をヒューマニズムとして記述しているのは日和見主義的であり、『世界像の時代』における彼のヒューマニズム記述と整合性がないと認めるのであれば、以下の問いがより興味深い問いとして浮上してくる。それは、ハイデガーがおそらく日和見主義だとしても、彼が自らの理論をヒューマニズムとして描写したことは正しかったのか、という問いである。

〝『存在と時間』におけるハイデガーの当初の立場についての、後の『ヒューマニズム書簡』の中での彼自身による再解釈〟と、〝この当初の立場をヒューマニズムとして再記述すること〟は異なる。『ヒューマニズム書簡』の中でハイデガーが、ヒューマニズムについての非形而上学的見方と呼んでいるものは、『存在と時間』における、〝存在を通して理解された人間存在としての現存在〟という彼の当初の見方と整合性がある。しかし、それをヒューマニズムとして記述し直すのは誤りである。

ハイデガーの当初の立場についての彼自身による再解釈を認めるとすれば、彼の思想は決して形而上学的ではなかったことになる。常にポスト形而上学的だからである。別の言い方をすれば、彼の再解釈が正しいとすれば、彼の思想と形而上学の間の断絶は、彼の立場の進化の過程、あるいは、彼の思想の進化の中で生じたのではない、ということになる。むしろ、この断絶は、常に形而上学の範囲の彼方にあった彼の立場の当初の定式化の中で生じたことになる。

ハイデガーが提案した、基礎的存在論の再解釈は、それによって解決される問題よりも多くの問題を作り出している。『存在と時間』でハイデガーは、存在論もしくは形而上学の問題の初期ギリシアにおける起源にまで遡ったうえで、この問題がギリシアの伝統の中で最終的に放置されるに至った地点を越えて進んでいこうとした。こうした関心が、自らの理論が形而上学的であったことはない、と示唆しようとするその後の努力と整合性がないのは明らかである。存在論に対する彼の関心が、彼をして――その中で彼が自らの理論を批判哲学を継続するものであるとの見解を示している『カントと形而上学の問題』において彼自身が暗示しているように――形而上学にコミットさせているのか、それとも、彼の理論はあくまでもポスト形而上学的であって、彼自身は決して初期ギリシア哲学の伝統を更新することに関心を持たなかったのか、いずれかである。その両方ではありえない。

『ヒューマニズム書簡』においてその輪郭が描き出されているハイデガーの立場についての〝彼自身の見方〟を受け入れるとすれば、ハイデガーの初期の見解の形而上学的ステータスを認めることによって彼の後期の理論を擁護しようとしている、デリダやラクー＝ラバルトのようなフランスのハイデガー主義者の試みは、『存在と時間』の基本的誤読に起因する、ということになる。しかしながら、自らの理論を、いわゆる主体の脱中心化の〝後〟のヒューマニズムと見なそうした後期ハイデガーの見解を認めることは、彼の初期の立場と整合性はあるものの、彼の思想における〝断絶〟とされるものが解決するはずだった〝問題〟を解決することなく、一層深めることになってしまう。

問題は、有名なナチズムへの転回である。『存在と時間』は非政治的書物であり、その点については全ての観察者が合意している以上、この本を彼がナチズムに引き付けられた基盤であると主張するのはもはや不可能である。主張できるのはもっぱら、初期の理論が形而上学的で、後期の理論が非形而上学的であり、かつそのあいだに断絶があるとすれば、彼の後期思想は彼の初期の思想とは無関係である、ということだけである。しかしハイデガーが国民社会主義に引き付けられており、この引き付けが彼の理論に基礎付けられていたことはもはや否定できない。ハイデガーの発展は、初期の立場、ハイデガーⅠのそれと、後期の立場、ハイデガーⅡのそれへときれいに分離できるということを示そうとするデリダとラクー＝ラバルトの試みの根底にある内在的な主張とは、いかにして彼がその理論ゆえにナチスになりえたか——ハイデガーの後期の理論はその影響を受けなかったものの——示そうとするものだった。

自らの初期の立場は形而上学を越え、真にヒューマニズム的なものであるとするハイデガー自身の再解釈は、内在的には首尾一貫している。しかしハイデガーの理論のこうした読解は、彼がナチズムに引き付けられた理由を説明できない。形而上学は自ずから、「生物学主義」に通じている。それはまさに、デリダとラクー＝ラバルトが示唆している点である。しかしながら、このような種類の、ハイデガー理論のポスト形而上学的読解は、満足がいくものではない。というのも、もしハイデガーの現存在概念がポスト形而上学的だとすれば、彼の存在を介した現存在観は、彼なりの特殊な意味でヒューマニズム的なものとして首尾一貫性をもって描写できるが、彼のナチズムへの転回は、彼の思想によって説明することはできないことになり、説明不可能であり続けるだろう。

自らの理論をポスト形而上学的なヒューマニズムと見なす、後のハイデガー自身による記述は、首尾一貫していないわけではないが、彼がナチズムに引き付けられたわけを説明できない。ハイデガーが『ヒューマニズム書簡』で前面に押し出している自らの立場の解釈は自己自身の内では首尾一貫していないわけではなく、首尾一貫しているが、受け入れがたい。なぜなら、これだけ時間が経過してくると、ハイデガーの立場をいかに解釈にする場合でも、彼の思想の国民社会主義との関係を何らかの形で把握しておかざるをえないからである。

ハイデガーのナチズムへの転回は、彼の政治的ナイーヴさ、あるいは、哲学者一般の政治的無能力によるものにすぎないという——ガダマーなら受け入れたであろう——オーバンクあるいはフェディエの示唆は、哲学者、とりわけ独特な仕方で重要な哲学者の特別なステータスを認識し損なっているので、不適切である。ハイデガーの政治的転回を、彼の思想を基礎に説明する必要があるとすれば、彼の自己解釈は、明らかに失敗である。私はデリダとラクー＝ラバルトよる努力を誤りだと見なしているが、彼らは少なくとも、ハイデガー——彼の自己解釈では彼のナチスへの転回が説明できないままになってしまう——を越えて、彼自身が提示できない説明を提起していると言える。

後期のハイデガー自身による自らの理論をヒューマニズムと見なす記述は問題である。彼の用語は全くもって規範的であるので、彼に、自分が望むように「ヒューマニズム」を定義する自由があるのは明らかだ。しかし、他の誰かに対しては開かれているかもしれないように見えるこのアプローチは、ハイデガー自身に対しては開かれていない。というのも、彼は一貫して、本質を、つまりこの場合は――人間存在の人間性を存在との関係で考えようとする努力を通して――人間の存在の本質を把握すべきだと主張しているからである。次のように問うのは正当だろう。ハイデガーは人間の歴史的本質を捉えているのか？　彼は人間存在の本質を理解しているのか？

ハイデガーの理論は表面的にはヒューマニズム的であるが、より深いレベルでは全くヒューマニズム的ではない。ハイデガーの理論のヒューマニズム性というのは、古典研究、とりわけギリシア文学とギリシア哲学の重要性の強調、人間存在についての理論、そして哲学の社会的不可欠性に対する伝統的主張の一つのヴァージョンを呈示していることにある。これら全ての特性が、『ヒューマニズム書簡』で強調されている。

すでに一八世紀半ばから進行し始めた、例えばヨハン＝ヨアヒム・ヴィンケルマンの有名なギリシア芸術研究に見られるような、ドイツ哲学におけるギリシアの古代性の信奉は、すでに一九世紀の初頭にヘーゲルの思想の内で、頂点に達した。[*41] ハイデガーは、ドイツ哲学に見られる典型的なギリシア愛好（graecophilia）の極端な形態を示している。もともとギリシア哲学において提起された存在の問題は、後に隠蔽されることになったというハイデガーのお馴染みの主張は、他の一連の主張に繋がる。それらの中にはギリシアの科学・技術概念の重要さについての彼の確信、ギリシア哲学用語のラテン語への欠陥ある翻訳のせいで、後の哲学的議論からギリシア哲学の根源的な洞察が失われることになってしまったという彼の主張、云々が含まれる。「存在忘却の中で形而上学が持続している」状況への異議申し立ての後に出てくる、典型的な一節の中で、彼は以下のように付け加えている：

ヒューマニズムが有する、問われるに値する本質へと突き入っていくこの洞察に至り着くような思考は、同時に、人間の本質を、もっと原初的に思考する地点にまで行くよう、私たちを仕向ける。人間らしい人間のこの一層本質的な人間性に着目すれば、ヒューマニズムという語に、その語の歴史学的に計算された最古の意味よりもいっそう古い一つの歴史的意味を与え返す可能性が、生じてくる。（……）「ヒューマニズム」とは、私たちが今こそこの語を堅持しようと決意する場合、次のことを意味する。すなわち、人間の本質は、存在の真理にとって――とりわけ、単に人間としての人間には見合わないような仕方で――本質的であるということだ。[*42]

ハイデガーの理論は、字義から見ればヒューマニズム的であるが、精神から見ればそうではない。ヒューマニズムと、反ヒューマニズム、そして非ヒューマニズムを区別することは可能である。ヒューマニズムが基本的に人間存在に関わるものだとすれば、反ヒューマニズムはそれに反対し、非ヒューマニズムは人間存在を支持するのでも、反対するのでもなく、単に無関心である。ここでほんの少し、偉大なるフランスの歴史家フェルナン・ブローデルの論文から取った、ヒューマニズムについての以下の件について考えてみよう。ブローデルは以下のように書いている

ヒューマニズムとは人間たちがお互いに兄弟になることを希望する、あるいは願う、そして、諸文明

が自ずから、そして皆一緒になって自らを救い、私たちを救ってくれるようになることを願う一つのやり方である。それは、現在の扉が、奇妙な預言者たち（暗黒の文献から生れてくる預言者たち）によって予言されるあらゆる失敗、衰退、破局を越えて未来に向かって開かれていることを認知し、希望することを意味する。現在は、永遠なる悲劇の重荷を背負ったこれまでの全ての世紀が、自らの前に立ちはだかる障害物と見なしてきた境界線ではなく、人間が存在するようになって以来、人間の希望が克服することに成功してきた境界線である。[*43]

ブローデルのヒューマニズム観は典型的である。つまり、人間学的なパースペクティヴからの世界と私たち自身に対するアプローチを指し示す用語の用法として、典型的である。多くのタイプのヒューマニズムがあるが、あらゆる種類のヒューマニズムは、この用語自体が示唆しているように、人間存在を志向している。全ての「ヒューマニズム」理解は、基本的に人間存在を中心にしている。この用語のその他の理解の仕方は、全ての主要な西洋言語におけるこの語の伝統的な理解のされ方とは異なっており、非標準的であり、最終的に、それと無関係である。

「ヒューマニズム」が本質的に人間存在に焦点を当てるものだとしたら、ハイデガーはこの用語に依拠しているにもかかわらず、ヒューマニストではない。というのも彼は、この言葉をその本質的な用法と断絶する仕方で用いており、それを恣意的に自分なりの意味で置き換えているのである。ハイデガーの理論は、彼自身が繰り返し主張しているように、明けても暮れても存在の問題に向けられていたのである。約六十年にもわたる長いキャリアのいかなる時点においても、彼は存在への糸口としてしか人間存在に関心を持たなかった。一九二三年の事実性の解釈学についての講義以来、彼は、哲学それ自体には普遍的人間性や文化に関わるべきいかなる正当な理由もないと論じ、[*44] 誤解されてきたギリシアの存在観の再吟味を呼びかけてきた。[*45] 彼の主要著作である『存在と時間』で彼は、存在と関わるものとしての現存在についての理論を提供する。彼はナチス入党と同時に行なった学長就任演説及びこの時期のその他の記録文書の中で、ゲルマン的なものとしてのドイツ人の実現、「我が人民がその歴史的使命を成就しようとする意志」[*46] を強調する。こうした国民社会主義のレトリックを反映している愛国主義的な主張は、人間存在一般に対する関心として誤解されてきた。ハイデガーの主要な関心は、依然として存在だからである。後に、有名な「世界像の時代」についての講義の中で、存在は自らを暴露するので暴露される必要はないと信じるに至り、主体を脱中心化している。さらに後には、『ヒューマニズム書簡』の中で、自らの理論の中で「人間の人間性を、存在への近さに即して」[*47] 思考するつもりであることを確認し、かつ、自らの理論は全くもって実践に関係していないと主張することによって、事実性の解釈学についての講義に含まれていたメッセージを再確認している。[*48]

ハイデガーによれば、暴露と隠蔽のあいだには相互関係がある。『存在と時間』で彼は、被覆性——文字通りに取れば隠蔽性である——は、現象の逆であると主張している。『真理の本質について』では、隠蔽性とは非開示性であり、従って非真理は真理という概念自体に内在している、と主張している。

この見方は、ハイデガーの理論及びそのフランスでの解釈に応用できる。提案されているハイデガーとヒューマニズムの間のリンクは、それが暴露している以上のものを隠蔽している。ハイデガーは特別に重要な思想家であるという事実から、フランスの哲学者たちの間での関心も含めて、彼の思想に対する広範な関心を説明できる。彼がヒューマニストの思想家であるという認識は、フランスにおいて他のいかなる場所にも例を見ないような仕方、程度において広まっており、とりわけても、彼の思想のマスターとしての登場を説明するところまで進んでいく。

フランスの議論において極めて重要になっている、ハイデガーのヒューマニズム的読解は、明らかに誤っている。「ヒューマニズム」が西洋的なヒューマニズムの伝統とのリンクを保持しているとしたら、この言葉は「人間存在を中心にすえた人間存在の理解の仕方」を指示していることになる。ハイデガーはヒューマニズムという用語を好きなように使うことができるが、彼のこの語の使い方は、西洋的な知の伝統の中での通常の使われ方と名前以外には何も共通点がない。また、ハイデガーが国民社会主義の一形態に継続的にコミットしたことを無罪にすることを意図した、〝伝統的なヒューマニズムはナチズムである〟という乱暴な主張によって、彼の初期あるいは後期の理論を、この言葉の明確な意味において〝ヒューマニズム〟として読むことが正当化されるわけではない。というのはハイデガーが主にコミットしているのは、彼自身が示唆しているように、存在に対してであって、人間存在に対してではないし、もっぱら存在に関わるものとしての人間存在に対してでもないからである。こうした理由から、ハイデガーはヒューマニズム的思想家ではないし、そのように理解されるべきではないのである。

サルトルや他のフランスのハイデガー読者たちは、ヒューマニズムというテーマの下にハイデガーの理論と自らの関心のあいだの収斂——そのような繋がりなどないにもかかわらず——を見つけようとした点で、長い間過度に寛大であったと言える。この〝収斂〟とされているものは、ハイデガーの理論を、最初は哲学的人間学、あるいは人間学的ヒューマニズム、そして後にポスト形而上学的ヒューマニズムと見なした誤読に基づいている。しかし最終的分析としては、ハイデガーは人間学的あるいは形而上学的、さらにはポスト形而上学的ヒューマニストではなく、実際、全くヒューマニストではない。そして理論の〝精神〟ではなく、〝字義〟を基礎にしていたフランスの読解は、自らとハイデガーの非ヒューマニズム的思想の間の類似性を誤って認知していた。

現存在への回帰？

『存在と時間』後の著述でハイデガーは、初期のフランスでの受容における、哲学的人間学としての読解を拒絶する。ハイデガーをポスト形而上学的ヒューマニストと見做すフランスでの後期の受容におけるハイデガー読解は、重大なことに彼の中心的洞察を看過し、実際には、それへのアクセスを遮断してしまっている。その洞察とは、現存在あるいは実存としての人間存在理解である。ハイデガーの著述においては、彼の公式的テーマである存在は、彼が私たちに多くを語っていないせいで、露骨なまでに漠然としたままに留まっている。しかし初期の著述では、彼は人間存在について私たちに多くを語ってくれている。その多くは依然として有用である。

ポスト形而上学的ヒューマニズムは、哲学的人間学、つまり世界及び私たち自身についての理解の正当な基礎としての、〝世界に根ざした人間存在〟としての〝主体〟へのアプローチとは両立不可能である。ハイデガーの存在への関心の中で前面に出されてきたこの洞察は、私たちが存在の問題と関わっているか否かに関わらず重要である。しかしこの洞察は、ハイデガーをポスト形而上学的ヒューマニストと見なすフランスでの後期の受容における読解の中で失われてしまった。ハイデガーが後にヒューマニズムと形而上学を等号で結んだので、ポスト形而上学的ヒューマニズムは、実存を越えて行く、つまり人間存在と人間理解に対する彼の洞察の人間学的次元を越えて行くことになる。

後期の理論でハイデガーは、自己自身を端的に暴露する存在に焦点を当てるべく、主体を脱中心化した。

しかしデカルトとカントがすでに知っていたように、現象学的知識を含む全ての種類の知識は、もっぱら主体に対してのみ暴露されうる。これが正しいとすれば、後期のハイデガーは、より最近のポスト構造主義的な――ヒューマニストとしてハイデガーを理解する――読解で端的に見落とされていた中心的な洞察から手を引いてしまったことになる。

私が示唆したいのは、必要とあらばハイデガーを彼自身に抗する形で読解することによって、人間学的な視角から――初期のフランスのハイデガー読者が読んでいたような仕方で――ハイデガーの初期の現存在観へと限定的に戻ってみるのは有用だ、ということである。この見方は、近代哲学に浸透している主体論の実質的な核である人間的主体性という観念を前面に出すものである。ハイデガーは、基本的に人間存在に関心を持っていなかったから、ヒューマニストではない。そして、彼の初期の思想、彼のナチスへの転回、そして後期の思想は分離不可能なまでに相互に結びついているとしても、それが、彼の理論を全体として拒絶する理由にはならない。しかし、彼の理論は全体として、非批判的な仕方で受け入れられるべきでもない。むしろ、人間存在に対する彼自身の文脈的アプローチが示唆しているように、彼の生涯と時代の背景に抗する形で解釈されるべきである。そうすれば、ハイデガーの理論には依然として私たちに力強く語りかける側面があることが分かってくるだろう。その一つの例は、彼の初期の、実存というレンズを通しての人間の主体性に対する洞察に富んだ考え方である。ヒューマニズムについての伝統的で、人間学的な考え方を発展させるための有用な道筋を指し示している。ハイデガー自身の理論に即してそうした概念を発展させていくことは、現在、これまでにないほど必要になっている。

訳者あとがき

本書は、Tom Rockmore, *Heidegger and French Philosophy*, Routledge, 1995の全訳である。原著者のトム・ロックモアは一九四二年生まれで、現在アメリカ合衆国ピッツバークのデュケイン大学で教えている。アメリカにおけるドイツ思想史研究の第一人者であり、その分野ではヘーゲル論やフィヒテ論がある。ハイデガー研究に関しては、一九九二年に *On Heidegger's Nazism and Philosophy*（奥谷・小野・鈴木・横田訳『ハイデガー哲学とナチズム』北海道大学出版会、一九九九年）を刊行して以来、歴史的・政治的文脈からハイデガー哲学の内実を読み解く作業を続けている。

分析哲学が圧倒的な主流であるアメリカの哲学研究では、ドイツ哲学をはじめとしたヨーロッパ系の現代思想は、長いあいだ、いわゆる「大陸哲学研究」という限定されたかたちで研究されてきた。実存哲学や現象学について、文献研究や概念史を中心とした比較的に地味な研究が多かった。ハイデガー研究も例外ではなく、フレッド・ダルマイヤーやジョン・カプートといった人々の研究が代表的であった。しかし、一九九〇年代になって、ローティ（*Essays on Heidegger and others*, 1991）やドレイファス（*Being-in-the-world: a commentary on Heidegger's Being and time*, division I, 1990）による画期的なハイデガー論が生み出された。ハイデガーとともに現代の問題について哲学的に語るスタイルのハイデガー論である。これにより、アメリカ合衆国におけるハイデガー研究の景観が一変したとともに、ハイデガー研究の中心がヨーロッパからアメリカに移ったような観がある。今や、二十一世紀のハイデガー研究をリードする新たな解釈を生み出しているのはアメリカの議論だと言って過言ではない。

そうした華やかな北米のハイデガー研究の中で、ロックモアの研究はむしろオーソドックスな思想史研究だと言えるかもしれない。しかし、文化横断的な視座から見据えたハイデガー哲学であり、やはりアメリカという土壌でのみ可能な研究のように思われる。本書に先立つハイデガー研究『ハイデガー哲学とナチズム』は、このタイトルが明確にするように、ハイデガーの思想全体におけるナチズム的な要素を綿密に跡づける手法をとっている。文献研究に基づくことで、思想的文脈のみならず、政治的な文脈や文化的な文脈との関連で「ハイデガー現象」に迫るのである。そして、本書においては、ハイデガー哲学の文化横断的な影響力をフランス現代哲学という文脈の中で確認しようとする。

本書のテーマである「フランス哲学に対するハイデガーの影響」に関しては、ロックモアはすでに『ハイデガー哲学とナチズム』第七章において、フランスにおけるハイデガー受容のありようを「ハイデガーとナチズム」論争に関連させて論じている。本書は、この考察の延長版であり、ハイデガー哲学がなぜフランス現代哲学において決定的な役割を果たしえたかを、フランスの知的状況や哲学界の事情もまじえて論じている。言うまでもないが、ハイデガーはフランスにおいて、サルトルをはじめとしてフーコーやレヴィナス、デリダにまで決定的な思想的方向性を与えた。つまり、ヨーロッパにおけるハイデガー後の哲学は、「フランスにおけるハイデガー」とともに始まったのである。

ところで、フランスにおけるハイデガーの影響は通常の影響作用史的な出来事ではない。ハイデガーがフランス哲学を主導するほどの力を得たのは第二次世界大戦後であり、ナチズムとの関係は既知の事実であった。それにもかかわらず、ロックモアのことばを借りて言えば、「現代フランス哲学とハイデガーの立場とが持続的にかつ不健康なほどに一体化している」（『ハイデガー哲学とナチズム』三六八頁）と言える事態が生じたのはなぜだろうか。しかも、ハイデガーは、ナチスによるフランス占領に賛成した一人でもあった。それには、ハイデガー自身の尽力も含めて、さまざまな要因が働いていたことが指摘されているが、「フランスにおけるハイデガー」という現象の多彩さがあらためて実感できる。特に、フランス知識界の構造を明確にすることで、ハイデガーがフランスにおける「思想のマイスター」にまで登りつめた状況が浮き彫りにされている。

「フランスにおけるハイデガー」とは、思想の謎めいた影響力に迫るケース・スタディであり、経済と政治のグローバル化にあって、思想のグローバル化がどのような問題を提示するかを考えるのに絶好の参考書となりうると思われる。

本書の翻訳は、主として、若いハイデガー研究者たちによって行われた。全体の監修と訳語の統一は、仲正による。遅々として進まない作業を忍耐強く見守ってくださった法政大学出版局の伊藤祐二さんには心から感謝したい。

訳者を代表して　北川東子

著　者

トム・ロックモア（Tom Rockmore）
1942年生まれのアメリカの哲学者．デュケイン大学教授．ドイツ観念論，マルクス主義，フランクフルト学派，ハイデガーとナチズムなど広範な領域にわたって研究活動を続ける．フランス市民権を持ち，フランスの哲学事情に詳しい．主な著書に『フィヒテ，マルクス，ドイツの哲学的伝統』（1980）『ヘーゲルの循環的認識論』（1986）『ハイデガー哲学とナチズム』（1992，邦訳：北海道大学図書刊行会）『認識：ヘーゲルの精神現象学への導入』（1997）『ヘーゲル，観念論，分析哲学』（2005）他．

監訳者

北川東子（きたがわ　さきこ）
1952年生まれ．東京大学総合文化研究科教授．哲学・ドイツ思想史．主な著書に『ジンメル』（1997, 講談社）『ハイデガー』（2002, NHK出版会），編訳書に『ジンメル・コレクション』（1999，筑摩書房）他．

仲正昌樹（なかまさ　まさき）
1963年生まれ．金沢大学法学部教授．社会哲学・政治思想史．主な著書に『隠れたる神の痕跡』（2000，世界書院）『モデルネの葛藤』（2001，御茶の水書房）『「不自由」論』（2003, 筑摩書房）『お金に正しさはあるのか』（2004, 筑摩書房）『日本とドイツ：二つの戦後思想』（2005，光文社）他．

訳　者

塚本明子（つかもと　あきこ）
江戸川大学社会学部教授（哲学・美学）

西山達也（にしやま　たつや）
日本学術振興会特別研究員（東京大学総合文化研究科）（フランス・ドイツ近現代思想）

池田　透（いけだ　とおる）
東京大学総合文化研究科越域文化科学専攻博士課程在籍（表象文化論）

久保田淳（くぼた　じゅん）
東京大学総合文化研究科地域文化研究専攻博士課程退学（フランス思想）

清家竜介（せいけ　りゅうすけ）
早稲田大学社会科学研究科助手（社会学・社会哲学）

《叢書・ウニベルシタス　823》
ハイデガーとフランス哲学

2005年10月20日　初版第1刷発行

トム・ロックモア
北川東子／仲正昌樹 監訳
発行所　財団法人　法政大学出版局
〒102-0073 東京都千代田区九段北3-2-7
電話03(5214)5540／振替00160-6-95814
製版，印刷　平文社／鈴木製本所

Printed in Japan

ISBN4-588-00823-4

索　引

＊　原則として原著索引の項目をそのまま翻訳し，五十音順に配列した.
＊　「▷」によって示された枝項目は，親項目についての言及の内容を説明するものであり，必ずしも項目語そのままのかたちで本文中に登場するとは限らない.

ア　行

アインシュタイン　Albert Einstein　27
アウグスティヌス（聖アウグスティヌス）　St. Augustine　60, 87, 89-90, 92-3, 124, 139
アクィナス（聖トマス）　St. Thomas Aquinas　60, 139, 164, 249
アドルノ　Theodor Adorno　292
アナクシマンドロス　Anaximander　180
『アナール』　*Les Annales*　163
アリストテレス　Aristotle　20, 60, 89, 129, 153, 180, 209, 246-7, 249-53, 289, 298
アール　Michel Haar　228-34
アルキエ　Ferdinand Alquié　37
アルチュセール　Louis Althusser　11, 28, 62, 69, 80, 116-8, 168, 182-3, 200
アルベール　Henri Albert　246
アルノー　Antoine Arnauld　34,
「有るものについての洞察」　“Insight Into What Is”　195
アレヴィ　Eli Halévy　246
アーレント　Hannah Arendt　194
アロン　Raymond Aron　75, 77, 80-1, 163
アンドラー　Charles Andler　73
アンリ　Michel Henry　20, 77, 80, 254, 258-61
『家の馬鹿息子』　*The Family Idiot*　154
イッポリット　Jean Hyppolite　20, 40, 68-9, 71-2, 77-8, 80, 83, 111-2, 130, 255
『イデーンI』　*Ideas I*　40, 104, 321, 331
『イデーンII』　*Ideas II*　230
「意味作用の様態について」　“De modis significandi”　319
イリガライ　Luce Irigaray　20
ヴァッティモ　Gianni Vattimo　300
ヴァール　Jean Wahl　11, 40, 67, 71, 111, 143, 149-150, 160, 164, 167, 171-2, 179, 284
ヴァレリー　Paul Valéy　246

ヴァロー　Marcus Terentius Varro　124
ヴィヴェス　Ludovicus Vives　125
ヴィエッタ　Silvio Vietta　195
ヴィーコ　Giambattista Vico　95
ヴィットゲンシュタイン　Ludwig Wittgenstein　22, 35, 37, 60, 129, 141
ウィルソン　Edmund Wilson　27
ヴィンケルマン　Johann Joachim Winckelmann　346
ヴェイス　Jean-Marie Veysse　227
ヴェイユ　Eric Weil　43, 75, 81-2, 288
ヴェイユマン　Jules Vuillemin　27, 37, 113, 218-220
ヴェト　Miklos Vetö　20, 36
ヴォルテール　François Marie Arouet de Voltaire　24, 42, 135
ヴォルフ　Christian Wolff　128
ヴザン　François Vezin　210, 241
ウナムーノ　Miguel de Unamuno　112
ヴラストス　Gregory Vlastos　37
エアフルトのトマス　Thomas of Erfurt　319
『エスプリ』 *Esprit*　163
エリボン　Didier Eribon　162
エル　Lucien Herr　67
エルヴェシウス　Claude Adrien Helvétius　135
エンゲルス　Friedrich Engels　84, 117, 200
オーウェン　G. E. L. Owen　37
オークレント　Mark Okrent　321
オースティン　J. L. Austin　51
オット　Hugo Ott　293, 296, 299, 310
オーバンク　Pierre Aubenque　20, 37, 194, 250-1, 255, 290, 292, 299-300, 308, 345
『オレスティア』 *Oresteia*　89

カ 行

懐疑主義　scepticism　90, 133-4, 139, 275
カヴァイエ　Jean Cavaillès　163
「学長就任演説」　"Rectorial Address"（"Rektoratsrede"）　122, 157, 172-3, 179, 181, 227, 291, 302, 304
ガダマー　Hans-Georg Gadamer　38, 81, 138, 273, 289, 300, 345
ガッサンディ　Pierre Gassendi　132
カッシーラー　Ernst Cassirer　30, 55, 126, 288
カフカ　Franz Kafka　71
カナパ　Jean Kanapa　165

カミュ　Albert Camus　71, 113, 163
カルナップ　Rudolf Carnap　321
ガローディ　Roger Garaudy　72, 130, 163
ガンディヤック　Maurice de Gandillac　288
カンディンスキー　Vassili Kandinsky　259
カント　Immanuel Kant　2-4, 13, 21, 24, 32, 36-7, 43, 47, 51, 63, 67, 54-61, 70, 81, 84, 90, 93-105, 107, 109, 113, 116-7, 124, 127-8, 130, 134, 136, 146, 150, 157, 165, 192, 200, 208, 211, 219, 249, 257, 260, 264, 268, 272-4, 284, 317-8, 325-6, 331, 336, 351
『カントと形而上学の問題』 *Kant and the Problem of Metaphysics*　343
「幾何学の起源」 "Origin of Geometry"　267, 269, 276
キケロ　Cicero　124
「技術に関する問い」 "Question Concerning Technology"　319
キシール　Theodore Kisiel　307
基礎づけ主義　foundationalism　91, 255
基礎的存在論　fundamental ontology　9, 14-5, 39, 114, 123, 142, 157, 167, 172, 185, 225, 287
ギュルヴィッチ（アロン） Aron Gurwitsch　75
ギュルヴィッチ（ジョルジュ） Georges Gurvitch　11, 143, 172
『狂気の歴史』 *Historie de la foile*　29
キルケゴール　Søren Kierkegaard　68, 71, 112, 127, 136, 143, 149, 243
グウイエ　Henri Gouhier　37
クザン　Victor Cousin　66
『具体的なものへ』 *Vers le Concret*　143
クリステヴァ　Julia Kristeva　242
クリプキ　Saul Kripke　51
クルティーヌ　Jean-François Courtine　20, 36-7, 210, 244, 248-9, 254-5, 260
グレイシュ　Jean Greisch　241
クレティアン　Jean-Louis Chrétien　258
クレル　David Farrell Krell　21, 237
クロソフスキー　Pierre Klossowski　75, 247
クローチェ　Benedetto Croce　16, 181
グロンダン　Jean Grondin　23, 191-2
クワイン　Willem van Orman Quine　50-1
ゲイ　Peter Gay　126
『経済学・哲学草稿』 *Economic and Philosophical Manuscripts*　103
形而上学　metaphysics　15, 31, 85, 88, 109-110, 186-8, 190-3, 203-4, 209, 220-1, 232, 248-252, 261, 269-274, 276, 301-4, 309, 339-346, 350-1
『形而上学』 *Metaphysics*　209, 249
『形而上学討論集』 *Disputationes metaphysicae*　248
「形而上学とは何か」 "What Is Metaphysics ?"　141, 178
『形而上学入門』 *Introduction to Metaphysics*　312

『形而上学倫理学雑誌』 *Revue de métaphysique et de morale* 169
「芸術作品の起源」 "Origin of the Work of Art" 224, 229
系譜学 genealogy 257
啓蒙 Enlightenment 126-8, 132, 134-5, 139, 247
ゲッベルス Joseph Goebbels 224
ゲーテ Johann Wolfgang Goethe 124, 246
ケノー Raymond Queneau 69, 75
ゲーリング Hermann Goering 173
『顕現の本質』 *Essence of Manifestation* 258
現象学 phenomenology 9, 21, 37-8, 40, 68-71, 104-5, 113-6, 130, 160, 170, 184, 206-7, 209, 242-3, 251-2, 258-61, 269-71, 331, 335, 337,
現象学的真理 phenomenological truth 106, 269, 336
現 存 在 Dasein 10, 87, 90, 106-10, 114-5, 144-8, 170, 177, 179, 183, 196, 208-9, 217, 222, 230-4, 253, 259, 261, 265, 268, 311, 327, 329-333, 335-6, 338, 341, 343, 345, 348, 351-2
『現代』 *Les Temps Modernes* 161-2, 181, 222, 288
「厳密な学としての哲学」 "Philosophy as Rigorous Seience" 25, 330
コイレ Alexandre Koyré 3, 11, 43, 74-6, 81, 111, 141-3, 239, 255, 289, 318
構造主義 structuralism 10-1, 115-8, 130, 161
『声と現象』 *La Voix et la phénomène* 271
コーエン Hermann Cohen 219
コギト cogito 29, 33, 70, 87, 90-4, 109-10, 134, 117, 170, 222, 259, 332
国際哲学院 Collège International de Philosophie 63, 125
国民社会主義 National Socialism 5, 13, 85, 157, 171-3, 180, 188, 194-7, 223-5, 226, 244, 279-316, 344, 349-350
コジェーヴ Alexandre Kojéve 10-1, 20, 34, 40-1, 43, 62, 64-6, 69-85, 111-4, 118, 140, 145-6, 159, 207, 242-3, 255, 269, 338
コジェヴニコフ Alexandre Kojevnikov 74
『国家』 *Republic* 89, 324
ゴビノー Joseph-Arthur Gobineau 42
コフマン Sarah Kofman 236
コペルニクス的転回 Copernican Revolution 3, 95, 97-99, 128, 192, 200, 219, 247, 264, 272
ゴルドマン Lucien Goldmann 116
コルバン Henri Corbin 11, 75, 141-2, 146-8, 179
コレージュ・ド・フランス Collége de France 27, 28, 63, 66
コンテクスト主義 contextualism 4-5, 7-8
コンドルセ Jean Antonie Condorcet 11, 136

サ 行

「差異論文」 "Difference between Fichte's and Schelling's System of Philosophy" 59

サモンズ　Geoffrey Sammons　236
サーリス　John Sallis　21, 236
サルトル　Jean-Paul Sartre　10-12, 20, 26, 28, 30, 35, 38, 44, 53, 56-65, 71, 81, 113-6, 121-58, 159, 177, 179, 181-6, 188, 206, 209, 214, 222-3, 225, 231, 244-6, 267-9, 288, 297, 303, 305, 314, 338
▷――ハイデガーとヒューマニズム　Heidegger and humanism　156-71, 184-8
サン・テグジュペリ　Antoine de Saint-Exupéry　153
ジェイムス　William James　5, 111, 317
シェーラー　Max Scheler　330-2
ジェラッシ　John Gerassi　160
シェリング　F. W. J. Schelling　20, 36, 53, 55, 103, 128-9, 193, 246, 322, 326
「自我の超越」　"Transcendance of the Ego"　153
『自我の超越性について』　"Essai sur la transcendance de l'égo"　65
「時間と存在」　"Time and Being"　190
思考　thinking (*Denken*)　185, 204, 221, 309
ジスカール＝デスタン　Valéry Giscard d'Estaing　46
『自然における人間の位置』　*Man's Place in Nature*　332
思想のマスター　master thinker
▷――の概念　concept of　49-85, 87, 200-1, 217, 219, 235, 266
▷――デカルト，ラカン，サルトル　Descartes, Lacan, and Sartre　61-5
▷フランスの――としてのヘーゲル　Heagel as French　65-72
▷フランスの――としてのコジェーヴ　Kojève as　72-85
▷――についてのホワイトヘッド，カント，サルトルの見解　Whitehead, Kant, and Sartre on　53-61
『実践的見地における人間学』　*Anthropologie in pragmatischer Hinsicht*　95
実存主義　existentialism　68-71, 112, 113-5, 130, 133, 140, 142, 147-8, 151, 154, 157, 159, 161-8, 170, 172, 177-8, 181, 183-6, 188, 214, 225
「実存主義について」　"A propos de l'existentialisme"　177
『実存主義はヒューマニズムである』　*Existentialism is a Humanism*　11, 151, 153, 157, 164, 185
実存哲学　*Existenzphilosophie*　147
ジッド　Andr Gide　246
『資本論』　*Capital*　77, 103
シモン　Juliette Simont　153
ジャニコー　Dominique Janicaud　20, 210, 242, 254-5, 258, 290, 295, 297-9, 307
シャール　René Char　20
ジャンベ　Christian Jambet　254, 294,
主観性（主観）／主体性（主体）　subjectivity (subject)　84, 87-119, 351-2
▷デカルト主義的な――と知識　Cartesian and Kantian　86-93
▷デカルトとカントの――の見解　Cartesian and knowledge　93-7

▷フランスにおける――とハイデガー　Heidegger in France　329-37
▷ハイデガーの――　Heideggerian　105-10
▷フッサールに関する補論　Husserlian　104-5
▷カント後の――　after Kant　98-104
▷――にまつわるフランスにおける近年の諸見解　recent French views of　111-9
シュネーベルガー　Guido Schneeberger　292
『シュピーゲル』紙のインタヴュー　*Spiegel* interview　180, 194, 212, 216, 226, 281
シュラゲーター　Albert Leo Schlageter　291
シュールマン　Reiner Shürmann　21, 236
『純粋理性批判』　*Critique of Pure Reason*　2, 21, 56, 95-7, 116, 249, 284
性起　Ereignis　110, 195-6, 210, 217, 221, 229
『省察』　"Meditations on First Philosophy"　29, 34, 93, 110, 132, 134, 138
『情緒論素描』　Esquisse d'une théorie des émotions　148
『情念論』　"Passions of the Soul"　93, 134-135
ジルソン　Etienne Gilson　35, 37, 167-8, 315
『人性論』　*Treatise of Human Nature*　126
『新批評』　*La Nouvelle Critique*　165
人民戦線　*front populaire*　85, 206
心理学主義　psychologism　96, 335
『真理の本質について』　"On the Essence of Truth"　190, 193, 196, 217, 349
スアレス　Francisco Suarez　20, 246, 248-9
『随想録』　*Essays*　133
『数学的原理』　*Principia Mathematica*　42
スコット　Charles Scott　237
スコラ哲学　scholasticism　214
スターリン　Joseph Stalin　80, 280, 285
スピヴァック　Gayatri Spivak　21
スピノザ　Baruch de Spinoza　53
スミス　Adam Smith　72
『精神現象学』*Phenomenology of Spirit*　11, 40, 64, 66, 69, 71-3, 75-7, 80-5, 99, 103, 111-2, 145, 152, 275, 284
『精神指導の規則』　"Rules for the Direction of the Mind"　91
『青年ヘーゲル』　*The Young Hegel*　72
青年ヘーゲル派　Young Hegelians　59, 66, 71
世界観　*Weltanschauung*　326-8, 339-40
「世界像の時代」　"Age of the World Picture"　31, 339-342, 349
セーハン　Thomas Sheehan　290, 307
セラーズ　Wilfrid Sellers　50
『全知識学の基礎』　*Foundations of the Science of Knowledge* (*Grundlage der gesamten Wissenschaftslehre*)　102, 202

総統（指導者）原理　*Führerprinzip*　231, 281, 304
疎外　alienation　99, 117, 186
ソクラテス　Socrates　129, 294
ソシュール　Ferdinand de Saussure　115, 275-6
ソロヴィヨフ　Vladimir Soloviev　74
存　在 being 30-1, 35, 85, 106-7, 111, 114-5, 122, 139, 143-4, 157, 185-7, 190-7, 201-4, 206, 208, 210, 212, 214, 216-7, 221, 224, 229-34, 242, 250-4, 258-62, 270-1, 299, 301, 309-10, 322, 326-7, 332-7, 340, 342-3, 345-51
『存在と時間』　*Being and Time*　3, 7, 9, 11, 15, 30, 36-7, 39, 41, 47, 106-9, 122, 140-1, 145-6, 148, 159, 164, 178, 183, 185-6, 190-3, 196, 202-6, 212, 216-7, 220, 229, 230, 233, 248, 250, 253, 255, 258, 261, 269-71, 274, 290, 299, 314, 321, 329-332, 333, 337, 339-344, 348-9, 351
『存在と無』　*Being and Nothingness*　64-5, 113-5, 150-3, 155, 157, 160, 162, 164, 167, 185, 190, 222

タ　行

第二次世界大戦 Second World War 2, 9, 12, 22, 28, 83, 85, 123, 147, 162-4, 173, 176, 179-80, 203, 245, 290, 310, 328
『対話への道』　"Way to Disscussion" ("Wege zur Aussprache")　173, 177
ダスチュール　Françoise Dastur　21, 236
脱構築　deconstruction　116, 274-5
タミニオー　Jacques Taminiaux　21, 244
ダメット　Michael Dummett　50
タレス　Thales　289
ダント　Arthur Danto　156
『力への意志』　*Will to Power*　194
超越論的真理　*veritas transcendentalis*　106, 269, 336
ツィンマーマン　Michael Zimmerman　290, 307
ディドロ　Denis Diderot　24, 132, 135
ティリエット　Xavier Tilliette　36
ティリッヒ　Paul Tillich　113
ディルタイ　Wilhelm Diltey　327, 330-1
デヴィッドソン　Donald Davidson　50
デカルト　René　Descartes　4, 9, 10-1, 20, 22, 24, 28-34, 50, 53, 58-64, 66, 69-70, 84, 87-8, 90-4, 96-8, 100, 104-5, 108-10, 132-5, 138, 153-6, 173, 246, 255-7, 259, 261, 269, 275, 317, 325, 331, 334, 336, 351
デカルト主義　Cartesianism　9
『デカルト的省察』　*Cartesian Meditations*　105, 321
『デカルトの自由』　"Cartesian Freedom"　156
出来事　Ereignis　110, 195, 196, 210, 217, 221, 229

デコンブ　Vincent Descombes　77, 247
デサンティ　Jean Desanti　75
『哲学探究』 *Recherches philosophiques*　74
哲学的伝統　philosophical tradition　318-22
哲学的人間学　philosophical anthropology　2, 11, 15, 69-70, 76, 84, 89, 108, 113, 160, 328-337, 338-9, 351
『哲学の終焉と思想の使命』 "End of Philosophy and Task of Thinking"　178, 233, 271
『哲学への寄与』 *Beiträge zur Philosophie*　195-6, 203, 221, 303, 305, 312
デューイ　John Dewey　317
テーヌ　Hippolyte Taine　42
デュフレンヌ　Mikel Dufrenne　130
デリダ　Jacques Derrida　5, 10, 14, 19, 21, 28-9, 38, 40, 43, 62-3, 69, 80, 84, 116, 168, 199, 235-6, 244-5, 247, 254, 256, 260, 290, 295, 297, 300, 330, 338,
▷——とハイデガー　and Heidegger　262-277, 301-5, 308-10, 313, 343-5
テルテュリアン　Nicolas Tertulian　254, 307
デルボ　Victor Delbos　67
転回　turning（Kehre）　12, 15, 106, 109, 184, 203, 212
▷——と『ヒューマニズム書簡』 and "Letter on Humanism"　189-97
『ドイツ・イデオロギー』 *German Ideology*　103
ドイツ観念論　German idealism　29, 36, 55, 98-101, 104, 128, 131, 284
トヴァルニツキ　Frédéric de Towarnicki　208, 288
ド・ヴァーレンス　Alphonse de Waehlens　23, 288-9, 292
同一性の哲学　philosophy of identity（*Identitätsphilosophie*）　99
トゥヴィエ　Paul Touvier　293
ドゥルーズ　Gilles Deleuze　80, 116, 247, 255
ドゥンス・スコトゥス　Duns Scotus　249, 319
ド・ゴール　Charles de Gaulle　42, 75
ドストエフスキー　Fyodor Dostoyevsky　71
ド・マン　Paul de Man　236, 303
トーメ　Dieter Thomä　290, 292
トラークル　Georg Trakl　304
ドラクロワ　Henri Delacroix　243
ドレイファス　Hubert Dreyfus　321
ドント　Jacques D' Hondt　72

ナ 行

『名指しと必然性』 *Naming and Necessity*　51
ナチス・ドイツ　Nazi Germany　22, 181
ナチズム　Nazism　1-6, 14, 16, 47, 122, 157, 171-2, 175-6, 181-4, 194-5, 197, 199, 222-4,

226, 244-5, 279-316, 327-9, 342, 344-5, 350
ナポレオン　Bonaparte Napoleon　45, 79-81, 137, 239
ナンシー　Jean-Luc Nancy　21, 236
ニコル　Pierre Nicole　34
ニザン　Paul Nizan　163
ニーチェ　Friedrich Nietzsche　43, 68-9, 71, 112, 118, 170, 194-6, 211, 246-8, 255-6, 281, 305, 317
ニートハンマー　Friedrich Immenuel Niethammer　125
ニュートン　Isaac Newton　42
『ニューヨーク・レヴュー・オブ・ブックス』　*New York Review of Books*　303
『人間知性論』　*Essay Concerning Human Understanding*　42
人間的＝現実　réalité-humaine　146-9, 170, 179, 268, 330
「人間の終焉＝目的」　“Les Fins de l'homme”　267
『人間の条件』　*La Condition humaine*　162
「人間論」　“Treatise on the Man”　134
ノルテ　Ernst Nolte　280, 310

ハ　行

ハイデガー　Martin Heidegger
▷——サルトル，そしてヒューマニズム　Sartre and humanism　156-8
▷サルトルとフランスのヒューマニズム　Sartre and French humanism　121-58
▷——の政治とフランス哲学　Heidegger's politics and French philosophy　279-316
▷——のヒューマニズム　on humanism　228-237
▷——の『ヒューマニズム書簡』　and “Letter on Humanism” 182-9
▷——のボフレへの手紙　and letter to Beaufret　177-182
▷——と現代フランス哲学　and contemporary French philosophy　239-77
▷——とデリダ　and Derrida　263-277
▷——とフランスの現象学解釈　and French interpretation of phenomenology　242-5
▷——とフランス哲学　and French philosophy　8-9, 279-316
▷——とフランスの哲学史解釈　and French interpretation of the history of philosophy 246-254
▷〈フランス的＞哲学者としての〉——　as “French philosopher”　19-48, 167, 182, 305, 316-8
▷——フランス哲学と国民社会主義　French philosophy and national socialism　6-7, 279-316
▷——フランス哲学と哲学的伝統　French philosophy and the philosophical tradition 317-352
『ハイデガーと思索の体験』　*Heidegger* et l'　expérience de la pensée　169
『ハイデガーとナチズム』　*Heidegger and Nazism* (*Heidegger et le nazisme*)　286, 293-6, 314

『ハイデガーとの対話』 *Dialogue avec Heidegger* 208, 250, 253
パウロ（聖パウロ） St.Paul 54
バーク Edmund Burke 137
バークレー George Berkeley 53
パース Charles Sanders Peirce 27, 317
パスカル Blaise Pascal 24, 34, 138-9
バタイユ Georges Bataille 75, 77, 247
バッシュ Victor Basch 67, 243
パットナム Hilary Putnam 50
ハーマン Johann Georg Hamann 21
バルト Roland Barthes 28, 116
ボフレ Jean Beaufret 3, 12-3, 20, 64, 148, 152, 167, 188, 190, 199, 226-8, 241, 244, 248, 250, 264-5, 267, 290, 292-3, 300, 308, 311, 315
▷——と反抗 and French counteroffensive 205-11
▷——と『ヒューマニズム書簡』 "Letter on Humanism" 159-197
▷——とフランスのハイデガー正統派 and Fernch Heideggerian orthodoxy 225-27
▷——とフランスのハイデガー正統派の台頭 and rise of French Heideggerian orthodoxy 211-25
パルミエ Jean-Michel Palmier 177, 206, 227, 290
パルメニデス Parmenides 88, 180, 208, 214, 246, 253-4
反基礎づけ主義 antifoundationalism 91, 255
反コンテクスト主義 anticontextualism 4-5, 309
バンダ Julien Benda 124, 246
『パンタグリュエル物語』 *Pantagruel* 132
反ヒューマニズム antihumanism 117, 118, 297, 338, 347
ピアジェ Jean Piaget 11, 116
ピウス十二世 Pisu XII 161
ピコ・デラ・ミランドラ Pico della Mirandola 87, 125
ヒトラー Adolf Hitler 13, 85, 166, 171-3, 224, 298, 304
『ビフェール』 *Bifur* 141
批判哲学 critical philosophy 21, 55-6, 61, 97, 99, 100, 113, 128, 134, 272-3, 318, 343
『百科全書』 *Encyclopedia* 135
ヒュナーフェルト Paul Hühnerfeld 292
ヒューマニズム humanism 12, 14-5, 115, 117, 121-237, 268, 271
▷フランスにおける——，反ヒューマニズム，そしてハイデガー antihumanism and Heidegger in France 338-52
▷サルトル、ハイデガー，—— Sartre, Heidegger and 160-6
▷——とハイデガーのヒューマニズム and Heideggerian humanism 228-37, 302-3
▷——の概念 concept of 123-30
▷ハイデガーの——とフランス哲学 Heideggerian and French philosophy 139-49,

187
▷フランス哲学における——　in French philosophy　130-9
ヒューマニタリアニズム（人道主義）　humanitarianism　124
ヒューム　David Hume　53-4, 60, 126-8, 317
『ヒューマニズム書簡』　“Letter on Humanism”　12-3, 15, 112, 121, 123, 148, 245, 254, 266-8, 270, 290, 299, 305, 338-43, 345-6, 349
▷——とジャン・ボフレ　and Jean Beaufret　159-97
▷——とハイデガー思想の転回　and turning in Heidegger's thought　189-97
▷——とフランスのハイデガー主義　and French Heideggerianism　199-237, 305-6
▷——とフランスの反抗　and French counteroffensive　205-211, 245, 290-1, 299-300
▷——フランスのハイデガー正統派　and French Heideggerian orthodoxy　200-5
ビロー　Henri Birault　167, 169, 189, 241
ファゲ　Emile Fraguet　246
ファーユ　Jean-Pierre Faye　291
ファリアス　Victor Farías　4, 279, 286, 293-9, 314
フィッシャー　Alois Fischer　143
フィヒテ　Johann Gottlieb Fichte　36, 53, 55-6, 63, 84, 99, 101-3, 128-9, 200, 202, 300, 318, 322
フィロネンコ　Alexis Philonenko　37
フェサール　Gaston Fessard　75
フェディエ　François Fédier　3-4, 168, 210, 241, 290-3, 295, 297-8, 300, 308, 345
フェリー　Luc Ferry　254, 295-7
フォイエルバッハ　Ludwig Feuerbach　136, 192
フォントネル　Bernard Fontenelle　135
フォン・ヘルマン　Friedrich-Wilhelm von Hermann　212-3, 290, 300
フーコー　Michel Foucault　10, 20, 27, 41, 30, 62-3, 69, 80, 84, 116, 118-9, 126, 161, 247, 255-8, 268, 275, 297
フッサール　Edmund Husserl　4, 9, 11, 21, 25, 37-40, 43, 51, 53, 65, 67, 70-1, 75-6, 90, 96, 98, 104-6, 108-9, 114, 130, 141, 143, 151-4, 166, 186, 206-7, 211, 215, 220, 243-4, 246, 258, 260-1, 264, 267, 269-71, 274-6, 317, 321, 325-7, 330-1, 334-7
『フッサール現象学における直観の理論』　*Téorie de l' instuition dans la phénoménology de Husserl*　243
ブート　Alain Boutot　241
フライ　Christopher Fry　15
ブラーグ　Rémi Brague　20, 37, 251-2, 260
プラトニズム　Platonism　194, 201, 248
プラトン　Plato　13, 50-2, 56, 60-1, 85, 89, 108, 129, 180, 191, 201, 240-1, 324-5, 336
プラトン的哲学の伝統　Platonic philosophical tradition　194, 196
フランス革命　French Revolution　41-2, 136-7
フランス共産党　French Communist Party　62, 71-2, 140, 161-3, 165, 167, 188

フランスのヘーゲル主義　French Hegelianism　40-1, 78-9
フランスのハイデガー主義　French Heideggerianism　13-4, 167-9, 206-15, 227, 234-7, 276, 323-25
▷――と『ヒューマニズム書簡』 and "Letters on Humanism"　199-237
フランス哲学　French philosophy　19-49
▷――とハイデガー注釈学　and Heideggerian exegesis　240-2, 279
▷――と宗教　and religion　31-5, 258
▷――とローマ・カトリシズム　and Roman Catholicism　9, 43, 132, 258
▷政治的保守主義としての――　as politically conservative　43-8
ブランシュヴィック　Léon Brunschvicg　67
ブランドン　Brandom Robert　321
ブリンクマン　Albert Erich Brinkmann　173, 177
ブルーム　Harold Bloom　236
ブルーム　Léon Blum　162
ブルデュー　Pierre Bourdieu　27, 46, 162, 207, 294-5, 297-9, 307
ブルトマン　Rudolf Blutmann　113
ブルトン　André Breton　75
フレーゲ　Gottlob Frege　22, 37, 60, 141, 276, 317
ブレンターノ　Franz Brentano　215
フロイト　Sigmund Freud　42, 49, 69
ブロック　Marc Bloch　163
プロテスタントの原理　Protestant principle　61
ブローデル　Fernand Braudel　347-8
『プロレゴメナ』 *Prolegomena to Any Future Metaphysics*　96
ペゲラー　Otto Pöggeler　3, 39, 150, 195, 213, 218, 222-3, 290, 292, 307
ヘーゲル　G. W. F. Hegel　4, 9, 10, 11, 13, 16, 20, 24, 32, 34-8, 40-3, 47, 51-3, 55, 58-85, 90, 99, 101, 103, 111-4, 125, 128-30, 136, 140-1, 144-6, 151-3, 175, 207, 214, 221-2, 239, 242-3, 248, 264, 269, 271-3, 275-6.317, 321-2, 326, 338, 346
ヘーゲル学派　Hegelian School　66, 71
ベニントン　Geoffrey Bennington　272
ヘフディング　Harald Höffding　124
ヘラクレイトス　Heracltius　180, 209
ベルグソン　Henri Bergson　10, 29, 60, 318
ヘルダー　Johann Gottfried von Herder　21
ヘルダリン　Friedrich Hölderlin　185, 196, 223
『弁証法的理性批判』 *Critique of Dialectical Reason*　153, 161
ボーヴォワール　Simone de Beauvoir　28, 113, 153, 155, 314
『法の哲学』 philosophy of Right　73, 80
『方法序説』 "Discourse on Method"　91-2, 94, 134
『方法の問題』 *Search for a Method*　153

ホージェランド　John Hoageland　321
ポスト形而上学的ヒューマニズム　postmetaphysical humanism　2
ポリッツァー　Georges Polizer　163
ボルク＝ヤコブセン　Mikkel Borch-Jacobsen　179
「ポール・ロワイヤル論理学」　*Logique de Port Royal*　4, 34
ホロコースト　Holocaust　282, 320
ホワイトヘッド　Alfred North Whitehead　13, 53-4, 56, 60-1, 111
ポンス　Alain Pons　138
ポンピドー　Georges Pompidou　46

マ　行

マイモン　Salomon Maimon　55
マシュレー　Pierre Macherey　77
マテ　Jean-François Mattéi　191-2
マラルメ　Stéphane Mallarmé　69
マリオン　Jean-Luc Marion　20, 37, 210, 244, 254, 258, 260-1, 262
マルクス　Karl Marx　4, 13, 40, 42, 49, 56, 58, 62, 68, 71-2, 81, 84, 99, 101-4, 112, 114, 117, 126, 128-9, 152, 176, 186-8, 192, 200, 214, 257, 259, 338
マルクス主義　Marxism　41, 56-7, 59, 62-3, 66, 69, 71-2, 74, 81, 85, 102, 117-8, 129-130, 152, 162-3, 165-6, 168, 170, 178, 187-8, 206, 214, 224, 231, 269, 280, 290
マルクス主義者　Marxists　47, 49, 72, 84, 104, 117, 129, 161, 166, 200, 208, 214
マルケー　Jean-François Marquet　36
マルセル　Gabriel Marcel　38, 111, 113, 164-5
マルタン　Jacques Maritain　37
マルティノー　Emmanuel Martineau　210, 241
マルテン　Rainer Marten　290, 292, 307
マルロー　André Malraux　28, 161-2
ミッテラン　François Mitterand　62
ミラー　J. Hillis Miller　236
ムーア　George Edward Moore　35, 49, 317
ムーニエ　Emmanuel Mounier　140, 162
メアソン　Emile Myerson　67
メストル　Joseph de Maistre　42
メルロ＝ポンティ　Maurice Merleau-Ponty　4, 27, 30, 35, 38-9, 53, 62-3, 68, 75, 113-5, 152, 163, 167, 218-20, 230
モーリス　François Mauriac　161
モレ　Guy Mollet　162
モンテーニュ　Michel de Montaigne　10-1, 87, 133-4

ヤ 行

ヤコービ　Freidrich Heinrich Jacobi　21
ヤスパース　Karl Jaspers　38, 71, 74, 113, 149, 164, 167, 180-1, 184, 215, 220, 246, 326-7
『野生の思考』　La Pensée sauvage　162
唯物論　materialism　101-2, 187-8
『ヨーロッパ諸学の危機と超越論的現象学』　*Crisis of the European Sciences and Transcendental Phenomenology*　260, 267, 321

ラ 行

ライナッハ　Adolf Reinach　76
ライプニッツ　Gottfried Wilhelm Leibniz　53, 128
ライル　Gilbert Ryle　321
ラインハルト　Karl Reinhardt　253
ラインホルト　Karl Leonhard Reinhold　55-6, 61, 200, 317
ラヴジョイ　Arthur Oncken Lovejoy　5
ラカン　Jacques Lacan　10, 20, 62, 64, 69, 75, 116, 242-3, 262
ラクー＝ラバルト　Philippe Lacoue-Labarthe　2, 14, 21, 290, 295, 297, 300-3, 308-9, 312-3, 338, 344-5,
ラクロワ　Jean Lacroix　77
ラッセル　Bertrand Russell　35, 49, 317
ラッソン　Gutave Lanson　30
ラブレー　François Rabelais　11, 132
ラ・メトリ　Julien Offray de La Mettrie　134
ラリュエル　François Laruelle　248
ラ・ロシュフーコー　François de La Rochefoucauld　246
リオタール　Jean-François Lyotard　19, 255-6, 295-6
リクール　Paul Ricoeur　38, 218-21, 243, 258
リシール　Marc Richir　23
理性　reason　31-3, 68-9, 83, 85, 127-8, 130, 132-5, 138, 232, 325-6
リチャードソン　William Richardson　189-1, 213, 290, 300
リチャードソンへの手紙　"Letter to Richardson"　189-1, 212, 216
リュバック　Henri de Lubac　131
リルケ　Rainer Maria Rilke　71
リレー　Patrick Riley　77
ルカーチ　Georg Lukács　72, 78-9, 80-1, 117, 200, 279-80, 285, 290, 317, 321
ルター　Martin Luther　130
ルソー　Jean-Jacques Rousseau　95, 136

ルディネスコ　Elizabeth Roudinesco　77
ルナン　Ernest Renan　246
ルノー　Alain Renaut　210, 218-9, 254, 295-7
ルフェーブル　Henri Lefebvre　165-6, 246
レイノー　Philippe Raynaud　247
『レイモン・スボンの弁護』“Apologie de Raymond Sebonde”　133
レヴィ＝ストロース　Claude Lévi-Strauss　11, 28, 62-3, 116-8, 162
レーヴィット　Karl Löwith　171, 218, 222, 279, 288-90, 292, 295-6, 299, 307, 311
レヴィナス　Emmanuel Lévinas　11, 19, 38, 43, 65, 113, 143-5, 167, 169, 243, 255, 258, 260
レオン　Xavier Léon　37
歴史　history　70, 79, 83-5, 116, 128, 186-8, 229-30, 269
『歴史と階級意識』*History and Class Consciousness*　117, 321
レーム　Ernst Röhm　173
レリス　Michel Leiris　149
ロエル　Claude Roél　219
ロサレス　Alberto Rosales　192
ロス　Michael Roth　1
ロック（ジョン）　John Locke　42, 53, 58-9
ロック（ポール）　Paul Roques　67
ローティ　Richard Rorty　6, 50
『論理学』*Science of Logic*　73, 284
『論理学研究』*Logical Investigations*　39, 321, 335
『論理学序説』*Introduction to Logic*　95
『論理学哲学論考』*Tractatus Logico-Philosophicus*　321

ワ　行

ワイマール共和国　Weimarl Republic　5, 47, 60, 85, 122, 173, 285, 311, 327

原　注

序　論

1　Martin Heidegger, *Aus der Erfahrung des Denkens* (Frankfurt/M.: Vittorio Klostermann, 1983), p. 76.

2　Stephen W. Hawking, *A Brief History of Time: From the Big Bang to Black Holes* (Toronto:Bantam, 1988), pp. 91-92 を参照。

3　Michael S. Roth, *Knowing and History: Appropriations of Hegel in Twentieth-Century France* (Ithaca: Cornell University Press, 1988), p. 60.

4　Tom Rockmore, *On Heidegger's Nazism and Philosophy* (Berkeley: University of California Press, 1992).

5　Philippe Lacoue-Labarthe, *La Fiction du politique* (Paris: Bourgois, 1987), p. 138.

6　Immanuel Kant, *Critique of pure Reason*, trans.Norman Kemp Smith(New York: Macmillan, 1961), B xiii, p. 20.

7　Otto Pöggeler, *Neue Wege mit Heidegger* (Freiburg: Alber,1992), p. 11. を参照。

8　Alexandre　Koyré, "Qu'est-ce que la métaphysique?," *Bifur*, no. 8 (1931), p. 5.

9　François Fédier, *Heidegger:Anatomie d'un scandale* (Paris: Robert Laffont, 1988).

10　Frédéric de Towarnicki, "Traduire Heidegger," *Magazine Littéraire*, no. 222 (September 1985), p. 75 に引用。

11　Victor Farías, *Heidegger et le nazisme* (Paris: Verdier, 1987) を参照。また，Victor Farías, *Heidegger and Nazism*, ed. Joseph Margolis and Tom Rockmore (Philadelphia:Temple University Press, 1989) を参照。

12　"William James as Philosopher," in Arthur O. Lovejoy, *The Thirteen Pragmatisms and Other Essays* (Baltimore: Johns Hopkins University Press, 1963), pp. 88-89.

13　ハイデガーの政治問題に関する最近の議論として，*The Heidegger Case: On Philosophy and Politics*, ed.Tom Rockmore and Joseph Margolis (Philadelphia: Temple University Press, 1992) を参照。

14　Thomas Sheehan, "A Normal Nazi," *The New York Review of Books*, vol.11,no. 1-2(January 14, 1993), pp. 30-35 を参照。

15　Richard Rorty, *Contingency, Irony, and Solidarity*. (New York: Cambrige Universuty Press, 1989).

16　この点は，サリスによって示されている。John Sallis, *Echoes: After Heidegger* (Bloomington: Indiana University Press, 1990), p. 11 を参照。

17　この論議に関しては，*Being and Time*, tr. John Macquarrie and Edaward Robinson (New York: Harper & Row, 1962), §§31-33, pp. 182-195 を参照。

18　Mikkel Borch-Jacobsen, *Lacan: Le maître absolu* (Paris: Flammarion, 1990) を参照。

19　Michel Foucault, *Les Mots et les choses: Une archéologie des sciences humaines* (Paris: Gallimard, 1966) を参照。

20　Jacques Derrida, *L'Ecriture et la différence* (Paris: Seuil, 1967), p. 95 を参照。

21　Alexandre Kojève, *Introduction à la lecture de Hegel:Leçons sur la "Phénoménologie de l'Esprit" professées de 1933 à 1939 à l' Ecole des Hautes-Etudes,ed.Raymond Queneau* (Paris: Gallimard,1947) を参照。

22　Jean-Paul Sartre, *L'Existentialisme est un humanisme* (Paris: Nagel, 1964)

23　Jean Grondin, *Le Tournant dans la pensée de Martin Heidegger* (Paris: Vrin, 1987) を参照。

24　この点を指摘したハイデガーの擁護者として，Ernst Nolte, *Heidegger: Politik und Geschichte im Leben und Denken* (Bellin: Propyläen, 1992), pp. 147, 153-169 を参照。

25　Martin Heidegger, *An Introduction to Metaphysics*, trans.Ralph Manheim (New Haven: Yale University Press, 1977), p. 199.

26　Alfred North Whitehead, *Prosess and Reality: An Essay in Cosmology* (New York: Harper & Row, 1960), p. 63 を参照。

27　Benedetto Croce, *What Is Living and What Is Dead in Hegel?*, trans. Douglas Ainslie (New York: Russell& Russell, 1969) を参照。

第一章　〈フランス的〉哲学者としてのハイデガー

1　この発言は，言語の哲学に対する適合性に言及する文脈で出てくる：

> 「私はとりわけ，ドイツ語と，ギリシア人たちの言語，及び彼らの思想との内的関連を念頭に置いています。このことを私は今日，今一度フランス人たちのおかげで確信しています。彼ら［フランス人のこと］は思考する時，自分たちの言語ではそうすることができないという確信のもと，ドイツ語を話しているのです」

"Only a God Can save Us: Der Spiegel's Interview with Martin Heidegger," *Philosophy Today*, vol. 20 (Winter 1976), p. 282.

2　ハイデガーのフランス哲学に対する和平交渉については，"Wege zur Aussprache,", in Martin Heidegger, *Aus der Erfahrung des Denkens*, ed. Hermann Heidegger (Frankfurt/M.: Vittorio Klostermann, 1983) pp. 135-139

を参照。

3　主な例として，『存在と時間』における彼の議論がある。Martin Heidegger, *Being and Time*, tr. J. Macquarie and E. Robinson (New York: Harper & Row, 1962) §§14-15 を参照。また，“The Age of the World Picture, ” in Martin Heidegger, *The Question Concerning Technology and Other Essays*, tr. William Lovitt (New York: Harper & Row, 1977), pp. 115-154 も参照。

4　“The Letter on Humanism,” in Martin Heidegger, Basic Writings, ed. David Farrell Krell (New York: Harper & Row, 1977), pp. 189-242 を参照

5　例えば，最近のフッサールの死後50周年記念論文集に収められた16の論文の内，まるまる4本がハイデガーとフッサールの関係を直接的に考察しており，この関係は他の論文でも付随的に議論されている。*Phänomenologie im Widerstreit: Zum 50. Todestag Edemund Husserls*, ed. Christoph Jamme and Otto Pöggeler (Frankfurt/M.: Suhrkamp, 1989) を参照。

6　この著作の中でパスカルはカノン的な扱いを受けている。この本におけるパスカルの扱いについては，Antoine Arnauld and Pierre Nicole, *La Logique ou l'art de penser*, intr. Lous Marin (Paris Flammarion, 1970), pp. 17-18 を参照。また，この本の1664年版の第四部第一章に挿入された無限についての議論も参照。アルノーやニコルがそうであったように，パスカルもジャンセニストだった。パスカルの思想をジャンセニズムに関係付ける議論としては，Nannerl O. Keohane, *Philosophy and the State in France: The Renaissance to the Enlightenment* (Princeton: Princeton Universtiy Press, 1980), ch. 9: “Authority and Community in the Two Cities,” pp. 262-282 を参照。パスカルの思想の哲学的ステータスを吟味する最近の議論としては，Vincent Carraud, *Pascal et la philosophie* (Paris: Presses universitaires de France, 1992) を参照。

7　“Philosophy as Rigorous Science,” in Edmund Husserl, *Phenomenology and the Crisis of Philosophy*, tr. Quentin Lauer (New York: Harper, 1965) を参照。

8　これとパラレルな関係にあるのが，ドイツにおける哲学の精神科学（Geisteswissenschaft）への分類である。このタームはしばしば，「人間科学」あるいは「社会科学」と訳される。

9　ドレフュス事件当時から現在に至るまでのフランスの知識人概念をめぐる議論については，Pascal Ory and Jean-François Sirinelli, *Les Intellectuels en France de L'Affaire Dreyfus à nos jours* (Paris: Armand Collin, 1986) を参照。文脈の中でのフランス哲学の歴史については，Jean-Louis Fabiani, Les Philosophes de la république (Paris: Minuit, 1998) を参照。

10　V. Descombe, *Le Même et l'autre*: Quarante-cinq ans de philosophie française (1933-1978) (Paris: Editions de Minuit, 1979), p. 17

11　リセの最後の数学年及び大学の最初の学年において哲学に捧げられる努力は，全てのフランスの学生を教化しようとする試みであると見なすのは，有

益なことであると論じられてきた。François Châtelet, *La Philosophie des professeurs* (Paris: Grasset, 1970) を参照。

12 Stanley Hoffmann, cited in Deidre Bair, Simone de Beauvoir: A Biography (New York: Simon & Schuster, 1990), p. 548 を参照。

13 この関心は外国人の目には見えやすい。リチャード・ライトは，ラルフ・エリソン宛の手紙（1945 年 8 月 15 日付）の中で，以下のように報告している。「フランスは興奮状態にある。芸術家の責任をめぐる彼らの議論は，私がこれまで目撃したあらゆるものを凌駕している」Bair, *Simone de Beauvoir*, p. 412 に引用。

14 Jean-Paul Sartre, *Being and Nothingness: A Phenomenological Essay in Ontology*, tr. Hazel E. Barnes (New York: Washington Square Press, 1973)，特に "Freedom and Responsibility," pp. 707-711 を参照。

15 Henri Bergson, *La Philosophie* (Paris: Larouse, 1915), pp. 5ff, cited in Franz Böhm, *Anti-Cartesianismus: Deutsche Philosophie im Widerstand* (Leipzig: Felix Meiner, 1938), p. 25 n5.

16 René Descartes, *The Philosophical Works of Descartes*, vol. I ed. and tr. Elizabeth S. Haldane and G.R.T. Ross (Cambridge: Cambridge University Press, 1970), p. 145 を参照。

17 Michel Foucault, *Histoire de la folie* (Paris: Gallimard, 1972), pp. 56-59 を参照。

18 "Cogito and Histoire de la folie," in Jacques Derrida, *L'Ecriture et la différence* (Paris: Editions du Seuil, 1967), p. 95 を参照。

19 フランスの哲学に対するデカルトの影響の研究としては，Gustav Lanson, "L'influence de la philosophie cartésienne dans la littérature française," *Revue de métaphysique et de morale*, vol. 4 (1896) を参照。

20 Ernst Cassirer, *The Philosophy of the Enlightenment*, tr. Fritz C. A. Koelln and James Pettegrove (Princeton: Princeton University Press, 1968), p. 28.

21 最近の例を提供してくれているのは，ジャン＝リュック・マリオンのキャリアである。他の多くの仕事もやったマリオンであるが，彼はフランス哲学における印象的な地位を，主としてデカルトについての重要な研究を強みとして獲得した。以下を参照。Jean-Luc Marion, *Sur L'ontologie grise des Descartes* (Paris: Vrin, 1981); *Sur la théologie blanche des Descartes* (Paris: Presses Universitaires de France, 1981); *Sur le prisme métaphysique de Descartes* (Paris: Presses Universitaires de France, 1986); René Descartes: *Régles utiles et claires pour la direction de l'esprit en la recherche de la vérité* (The Hague: Nijhoff, 1977); *Index des "Regulae ad directionem Ingenii" de René Descartes*, in collaboration with J.-R. Armogathe (Rome: Edizione dell'Ateneo, 1976); *Questions cartésinnes* (Paris:Presses Universitaires de France, 1991).

22　Heidegger, *Being and Time*, pp. 122-134 を参照。
23　"The Age of the World Picture," pp. 115-154 を参照。
24　例えば，G.W.F.Hegel, Faith and Knowledge, tr. Walter Cerf and H. S. Harris (Albany: State University of New York Press, 1977) を参照。
25　Jules Vuillemin, *L'Héritage kantien et la révolution copernicienne* (Paris: Paris:Presses Universitaires de France, 1954), p. 301 を参照。「ところでコペルニクス的転回以来，我々が営み始めた近代哲学にできるのは，無神論的な世界の神学的思考に特徴的なこの位置ずらしを記述することだけである」
26　Cassirer, *Philosophy of the Enlightenment*, p. 134 を参照。
27　フランス哲学における宗教と哲学の関係については，Etienne Gilson, "La notion de la philosophie chrétienne," paper presented to the Société française de philosophie on March 21, 1931 を参照。信仰の光に照らしての哲学という考え方は，フランスでは全く普通である。例えば，Etienne Gilson, *Introduction à la philosophie chrétienne* (Paris: Vrin, 1960)
28　こうした右翼的なヘーゲルへのアプローチの最近の例としては，Quentin Lauer, *Hegel's Concept of God* (Albany: SUNY Press, 1982) を参照。
29　ヘーゲルの見解については，G. W. F. Hegel, *Werke in zwanzig Bänden*, vol. XX : *Vorlesungen über die Geschichte der Philosophie* 3, ed. Eva Moldenhauer and Karl Markus Michel (Frankfurt/M.: Suhrkamp, 1971), pp. 49-50 を参照。
30　Ibid., p. 120 を参照。
31　Ibid., p. 123
32　*Phenomenology of Spirit*, tr. A.V. Miller (Oxford: Oxford University Press, 1977) の「絶対知」の章における彼の宗教の扱いを参照。
33　Tom Rockmore, *Hegel's Circular Epistemology* (Bloomington: Indiana University Press, 1986) を参照。
34　フランスにおけるローマ・カトリックについての対照的見解としては，Antoine Arnauld, *Apologie pour les cathologiques* (Paris, 1651) 及び Pierre Bayle, *Ce que c'est que la France toute catholique*, (Paris, 1686, rpt. Paris: Vrin, 1973) を参照。
35　現象学は現在，フランス哲学の主要な傾向である。1951 年のメルロ＝ポンティの死以来のフランス現象学における宗教的要素の分析としては，Dominique Janicaud, *Le Tournant théologieque de la phénoménologie française* (Combas: Editions de L'eclat, 1991) を参照。
36　Rémi Brague, *La Voie romaine* (Paris: Editions Criterion, 1992)
37　例えば，存在論的証明についてのマリオンの分析として以下を参照："L'argument relève-t-il de l'ontologie ?," in Marion, *Questions cartésiennes*, pp. 221-258.
38　『原理』の十三番で彼は，いかなる意味において，他の全ての知識が神の

知識に依拠しているのかという問いに，精神は「自らの創造主と知り合うまでいかなる確実な知識も得ることはできない」という言明で答えている。Descartes, *Philosophical Works, I*, p. 224.

39 Martial Gueroult, *Descartes selon l'ordre des raisons*, vol. II (Paris: Aubier-Monatigne, 1968), p. 272 を参照：

「まず最初に疑いの夜の中心点まで追いやられたところで，コギトの光はいわば自己自身の上で大きくなっていき，最終的に，自己自身とは異なる，無限の神と遭遇する。神は普遍的な欺瞞という暗黒の虚構を破壊しながら，絶対的な真実性の至高の輝きによって，一つの地平から他の地平まで，空全体を照らし出す」

40 『方法序説』の四部を参照。ここで彼は次のように書いている：

最初に言っておくと，私が今しがた規則として採用したこと，つまり，我々が非常に判明かつ明晰に知覚していることが真であるというのは，もっぱら神が存在するがゆえに確実である。つまり彼は完全な存在であり，我々の内にある全ては彼から派生したのである。(Descartes, *Philosophical Works I*, p. 105)

彼は『反論への応答II』の中で，例えば，無神論者が真に知り得ることを否定する文脈で同じ様なポイントを挙げている：

無神論者が三角形の三つの角の和が二つの直角に等しいことをはっきりと知ることができるということを，私は否定しない。ただその一方で私は，そのような知識はそれ自体で真の科学を構成できないと断言しているだけである。なぜなら，疑問の余地があるいかなる知識も科学とは呼ばれ得ないからである。(Descartes, Philosophical Works II, p. 39：強調はデカルト)

41 Arnauld and Nicole, *La Logique ou l'art de penser*, p. 33 を参照。

42 Alexandre Kojève, *Introduction à la lecture de Hegel: Leçons sur la Etudes*, ed. Raymond Queneau (Paris: Gallimard, 1947) を参照。

43 彼の宗教観をめぐる議論については，Georges Kovacs, *The Question of God in Heidegger's Phenomenology* (Evanston: Northwestrern University Press, 1990) を参照。また，Richard Schaeffler, "Heidegger und die Theologie", in *Heidegger und die praktische Philosophie*, ed. Annemarie Gethmann-Siefert and Otto Pöggeler (Frankfurt/M.: Suhrkamp, 1988), pp. 286-309 も参照。

44 Etienne Gilson, *L'Etre et L'essence* (Paris: Vrin, 1987), pp. 372, 376 を参照。

45 このテーゼはスルガによって展開された。Hans D. Sluga, *Gottlob Frege* (London: Routledge & Kegan Paul, 1980) を参照。

46 Richard Rorty, *Essays on Heidegger and Others* (Cambridge: Cambridge University Press, 1991), p. 21 を参照。

47 例えば，Jacques Rivelaygue, *Leçons de métaphysique allemande*, vol. I: *De*

Leibniz à Hegel (Paris: Grasset, 1990) と，vol. II :Kant, *Heidegger, Habermas* (Paris: Grasset, 1992) を参照。

48　この点については，V. デコンブの以下の有益な研究を参照。V. Descombe, *Le Même et l'autre: Quarantecinq ans de philosoohie française* (1933-1978) (Paris: Editions de Minuit, 1979).

49　Michel Henry, *Phénomenologie matérielle* (Paris: Presse universitaires de France, 1990) を参照。

50　これはマリオンの見解である。彼は以下のように書いている。「明らかに，形而上学がその目的を見出して以来，ヘーゲルによる達成としてであれ，ニーチェのもとでの衰退としてであれ，哲学は現象学という形象のもとでしか，真に継続することはできなかった」Marion, *Phénoménologie et métaphysique*, ed. Jean-Luc Marion and Guy Planty-Bonjour (Paris: Presse universitaires de France, 1984), p. 7.

51　簡単な要約としては，Jean Hering, "Phenomenology in France," in *Philosophic Thought in France and the United States*, ed. Marvin Farber (Buffalo: University of Buffallo Publications in Philosophy, 1950), pp. 67-86 を参照。より詳しい説明としては，H. Spiegelberg, *The Phenomenological Movement: A Historical Introduction* (The Hague: Martinus Nijhoff, 1982), pp. 425-452 を参照。

52　1976 年までは，フッサールの『デカルト的省察』だけしか考慮に入れていない現象学入門を刊行することが可能だった。Jean T. Desanti, *Introduction à la phénoménologie* (Paris: Gallimard, 1976) を参照。

53　フランス語でのフッサール論議はかなり早い時期に始まった。心理学主義に対するフッサールの反対をめぐる議論については，L. Noël, "Les frontières de la logique", Revue néoscolastique, no.17 (1910), pp. 211-233 を参照。しばらく後で，ギュルヴィッチによって，フッサール理論についてのより充実した議論が提供された。Georges Gurvitch, *Les Tendances actuelles de la philosophie allemande:* E. Husserl, M. Scheler, E. Lask, N.Hartmann, M. Heidegger (Paris: Vrin, 1930) を参照。ギュルヴィッチはフッサールを「現象学的哲学の創始者」として記述し，ハイデガーの哲学を非合理主義的であると共に弁証法的なものと見なしている (ibid., pp. 11-66, 228)。

54　Emmanuel Lévinas, *Théorie de l'intution dans la phénoménologie de Husserl* (Paris: Vrin, 1977) を参照。デリダは，フッサールの著作を編集したうえで，彼の思想について広範に書いている。Edmund Husserl. *L'Origine de la géométrie*, tr. and intr. Jacques Derrida (Paris: Presse Universitaires de France, 1962, 1974); Jacques Derrida, *La Voix et le phénomène* (Paris: Presse Universitaires de France, 1967); Jacques Derrida, *Le Problème de la génèse dans la philosophie de Husserl* (Paris: Presse Universitaires de France, 1990) を

参照。レヴィナスは，フッサールの『デカルト的省察』のフランス語への共訳者でもある。

55 例えば，“Husserl et Heidegger,” in Jean-François Courtine, *Heidegger et la phénoménologie* (Paris: Vrin, 1990), pp. 161-282; Jean-Luc Marion, *Réduction et donation: Recherches sur Husserl, Heidegger et la phénoménologie* (Paris: Presses universitaires de France, 1989); Emmanuel Lévinas, *En découvrant l'existence avec Husserl er Heidegger* (Paris: Vrin, 1988) を参照。

56 フッサールとハイデガーの関係についての最近の議論としては，Jamme and Pöggeler, *Phänomenologie im Widerstreit* に収められたマンフレート・リーデル，アルド・マスッロ，オットー・ペゲラー，ピエル・アルド・ロヴァッティなどの論説を参照。

57 Otto Pöggeler, *Martin Heidegger's Path of Thinking*, tr. Daniel Magurshak and Sigmund Barber (Atlantic Highlands: Humanities Press, 1989), p. 61 を参照。

58 フッサールとハイデガーの関係について，メルロ＝ポンティは以下のように書いている：

> フッサールの現象学とハイデガーのそれとを区別することで矛盾を除去しようというのだろうか？ しかし『存在と時間』全体が，フッサールへの参照を起点としており，全体として，フッサールがその生涯の終わりに現象学の第一のテーマとして与えた「自然な世界概念」あるいは「生活世界」の解明以外の何ものでもないのである。（*Phéneménoloie de la perception*, Paris: Gallimard, 1945, p. 1）

59 “My way to Phenomenology,” in Martin Heidegger, *On Time and Being*, tr. Joan Stambaugh (New York: Harper & Row, 1972), pp. 74-82 を参照。

60 ハイデガーの後期思想が現象学であり続けたという議論としては，“Réduction phénoménoligieque-transcendentale et différence ontico-ontologique, “in Courtine, *Heidegger et la phénoménologie* (Paris: Centre de documentation universitaires, 1969) を参照。

61 ヘーゲルの論理学が現象学的であるというヴァールの主張については，Jean Wahl, *La Logique de Hegel comme phénoménologie* (Paris: Centre de documentation universitaires, 1969) を参照。

62 デリダの主張については，Husserl, *L'Origine de la géométrie*, p. 158 を参照。

63 ヘーゲルとハイデガーを一緒に考えるフランスの傾向の例としては，Denise Souche-Dagues, *Hégelianisme er dualisme: Réflexion sur le phénomène* (Paris: Vrin, 1990) を参照。

64 ハイデガーの著作の中のこれについての最も顕著な例は，カントとの対話である。Martin Heidegger, *Kant and the Problem of Metaphysics*, tr. Richard Taft (Bloomington: Indiana University Press, 1990) を参照。

65 Heidegger, *Being and Time*, §82, pp. 480-486 を参照。

66　Micheke Foucault, *Histoire de la folie* (Paris: 10/18, n.d.)
67　"Joseph de Maistre and the Origins of Fascism," in Isaiah Berlin, *The Crooked Timber of Humanity*, ed. Henry Hardy (London: John Murray), 1990, pp. 91-174 を参照。
68　Joseph-Arthur Gobineau, *Essai sur l'inégalité des races humaines* (Paris, 1853-1855) を参照。
69　ドイツ哲学のフランスの思想家に対するアピールを強調するのはスタンダードになっている。最近ストークルはこの傾向に抗する形で，現代のフランスの哲学と文学を理解するうえでのエミール・デュルケイムの重要性を強調している。*Allan Stoekl, Agonies of the Intellectual: Commitment, Subjectivity and the Performative in the Twentieth-Century French Tradition* (Lincoln: University of Nebraska Press, 1992), esp. ch. 1: "Dukheim and the Totem Act." Pp. 25-56 を参照。
70　François Marie Arouet de Voltaire, *Lettres philosophiques* (Paris: Flammarion, 1964), esp. letters 13-17, pp. 81-117 を参照。
71　Hippolyte Taine, *Histoire de la littérature anglaise*, vol. V (Paris: Hachette, 1863-1864, 12th edn., 1911) p. 243, cuted in Léon Brunschvicg, *Le Progrès de la conscience dans la philosophie occidentale* (2 vols., Paris: Félix Alcan, 1927), vol. II, p. 395.
72　Luc Ferry and Alain Renaut, *La Pensée 68: Essai sur l'anti-humanisme contemporaine* (Paris: Gallimard, 1988), p. 125 を参照。
73　Eric Weil, *Logique de la philosophie* (Paris: Vrin, 1974) を参照。
74　Fabiani, *Les Philosophes de république*, p. 9 を参照。
75　例えば，Paul Nizan, Les Chiens de garde (Paris: Rieder, 1932) を参照。
76　フランスのエリート学校のシステムについては膨大な文献がある。R.J. Smith, *The Ecole normale supérieure and the Third Republic* (Albany: State University of New York Press, 1982) を参照。更なる文献としては，Pierre Bourdieu, *La Noblesse d'état: Grandes écoles et esprit de corps* (Paris: Editions de Minuit, 1989), pp. 329-330 を参照。
77　エコール・ノルマルは将来の哲学者の主要なソースである。1920 年前後のノルマリアンについての詳しい研究としては，Jean-François Sirinelli, *Génération intellectuelle: Khagneux et normaliens dans l'entre-deux-guerres* (Paris: Fayard, 1988) を参照。かつての学生たちの一連の論文として，Alain Peyrefitte (ed.), *Rue d'Ulm, Chronique de la vie normalienne* (Paris: Flammarion, 1963) を参照。
78　比較のデータとしては，Gustave Lanson, *L'Ecole normale supérieure* (Paris: Hachette, 1926), pp. 48-49 を参照。
79 これはジョルジュ・ポンピドーの意見である：

ノルマリアンであるというのは，王族の血統であるようなものだ。外的なものによってそれが表示されるわけではない。しかしながら，他の人にそれを感じさせないことは礼儀であり，人間的なことでさえあるというのは，自ずから知られており，見て取れることである……こうした特質は，ノルマリアンの本性と不可分である。人が騎士に生まれつくのと同様に，人はノルマリアンになるのではなく，生まれつくのである。競争は騎士叙任式にすぎない。セレモニーには儀礼がある。騎士の徹宵は，我々の王，聖王ルイ，アンリ四世，ルイ大王等の庇護を受けるのに好都合な，引きこもった場所で行われる。その集いが時として審査員会という名を名乗る，聖杯の守護者たちが，自分たちの若き仲間を認識し，彼らを自分たちのもとに呼び寄せる。（G. Pompidou, cited in Pierre Bourdieu, *La Noblesse d'état*, p. 534n）

80　Pierre Bourdieu, "Epreuve scolaire et consécration sociale," *Actes de la recherche en sciences sociales*, no.39 (September 1981), p. 30 を参照：

以下のことを把握しない限り，「エリート学校」（とりわけ，グラン・ゼコールへの準備学級，及びグラン・ゼコール自体の場合）の最も重要な性格を理解できない。それは，これらの学校がもたらす変革は単に技術的なものではなく，社会的なものでもあり，言ってみれば，魔術的なものだということである。教育プロセスの全ての技術的な作用は，象徴的に重層的に規定されているからである。というのはそれらは常に付加的に，聖別（あるいは社会正義論（sociodicée））の機能をも満たしており，そのため，聖別の儀礼の諸契機と同じ様に叙述され得るからである。選別，「選ばれし者」の「選抜」，試験は「試練」でもある。「禁欲的」要請，技術的能力，社会的能力，そしてカリスマ的資質。

81　自らがその産物であるシステムに対する無条件の忠誠については，Pierre Bourdieu, *Homo Academicus* (Paris: Editions de Minuit, 1984), p. 134 を参照：

かなりの部分が教員，とりわけ中下層の教員の家庭の出身である。ほとんど全員が受験準備学級あるいはエコール・ノルマル・シュペリエールを経由している。彼らはまた多くの場合，これらの学校で教鞭を取ってもおり，しばしば教員同士で結婚している。そこでは標準的なディシプリンの標準的な教授が，学校制度——彼らはその制度に選ばれたがゆえに制度を自ら選んだのであり，また，その逆も真である——に同意している。この同意は，全面的に条件付けられているがゆえに，全面的，絶対的，無条件的なものである。

82　この理由のため，リクールとイッポリットはほぼ同等の哲学的レベルにあったにもかかわらず，ノルマリアンであったイッポリットが，このディスタンクシオン（優越的な区別）を持っていなかったリクールよりも多くの博士課程の学生を引きつけた，とブルデューは指摘している。Cf. Bourdieu,

Homo Academicus, pp. 124-127, 201-203.

83　この批判は不当である。"Hegel and the Social Function of Reason," in Tom Rockmore, *Hegel's epistemology and Contemporary Philosophy* (Atlantic Highlands, NJ: Humanities Press, 1996) を参照。

84　本来的な選択と宿命については，Heidegger, *Being and Time*, §74, pp. 434-439. を参照。ハイデガーの哲学的思考とナチズムの関係については，Tom Rockmore, *On Heidegger's Nazism and Philosophy* (Berkeley: University of California Press, 1992) を参照。

第二章　ハイデガーとフランス哲学における思想のマスター

1　パスモアは，デヴィッドソンとダメットの見解――だけ――を特別に考察する形で，彼らが支配的役割を演じているとの認識を示している。John Passmore, *Recent Philosophers* (La Salle: Open Court, 1990) を参照。.

2　ハイデガーは，聞かれるべきであって，解釈されたり，試されたりすべきではない"口頭の言明"への選好の一環として，エクリチュールよりもパロールを選好していたと伝えられている。Rainer Marten, *Heidegger Lesen* (Munich: Wilhelm Fink, 1991), p. 7 を参照。これはデリダの全著作を執拗なまでに貫いているテーマでもある。例えば，Jacques Derrida, *L'Ecriture et la différence* (Paris: Seuil, 1967) を参照。

3　クリプキは以下のように書いている：

> 1970 年 1 月私は，プリンストン大学で三つの講義を行った。ここにそれを掘り起こしたものが収録されている。掘り起こしの文体からも分かるように，私は書かれたテクストなしで，つまり実際，ノートなしでこれらの講義行った。現在のテクストは，逐語的に起こした原稿を，若干編集したものである。(Saul A. Kripke, *Naming and Necessity*, Cambridge: Harvard University Press, 1980, p. 22; クリプキによる強調)

もう一つの例として，ノートなしで口頭で行われた講義の速記録として再構成された，コジェーヴのヘーゲルに関する有名な仕事を挙げることができる。Alexandre Kojève. *Introduction à la lecture de Hegel, Leçons sur Ia "Phénoménologie de l'Esprit" professées* de 1933 à 1939 à l'Ecole des Hautes-Etudes, ed. Raymond Queneau (Paris: Gallimard 1947) を参照。

4　Martin Heidegger, *Nietzsche*, vol. I (Pfullingen: Neske, 1961), p. 450. を参照。

5　この問題はデリダの仕事における主要な関心である。Jacques Derrida, *De la grammatologie* (Paris: Minuit, 1967) を参照。

6　ポジティヴな響きがする「思想のマスター maître de pensée」というタームと，ネガティヴな含意のある「思想するマスター maître penseur」というタームを区別すべきである。後者の議論としては，André Glucksmann, *Les*

maîtres penseurs (Paris: Grasset, 1977) を参照。

7　デコンブは，ヘーゲルは哲学ゲームのマスターであると主張する。Vincent Descombes, *Le même et l'autre: Quarante-cinq ans de philosophie française* (1933-1978) (Paris: Editions de Minuit, 1979) を参照。

8　このモデルとしては，Nicholas Rescher, *Strife of Systems* (Pittsburgh: University of Pittsburgh Press, 1979) を参照。

9　Alfred North Whitehead, *Process and Reality: An Essay in Cosmology* (New York: Harper & Brothers, 1960), p. 6.

10　Immanuel Kant, *Critique of Pure Reason*, tr. Norman Kemp Smith (New York: Macmillan, 1961), B 860, p. 653 を参照。

11　David Hume, *An Inquiry Concerning Human Understanding*, ed. Charles W. Hendel (Indianapolis: LLA, 1955), pp. 29-30 を参照。

12　Kant, *Critique of Pure Reason*, B 802, pp. 654-655.

13　Ibid., B xliv, p. 37.

14　この討論に対するフィヒテの見方については，"Ueber Geist und Buchstabe in der Philosophie." in *Fichtes Werke*. vol. VIII., ed. Immanuel Hermann Fichte (Berlin: Walter de Gruyter. 1971), pp. 270-300 を参照。

15　後期ドイツ観念論の伝統を，哲学におけるカント的革命を完成する試みと見る読解としては，Tom Rockmore, *Hegel's Circular Epistemology* (Bloomington: Indiana University Press, 1986), chs. 2-3, pp. 16-77 を参照。

16　Martin Heidegger, *Kant and the Problem of Metaphysics*, tr. Richard Taft (Bloomington: Indiana University Press, 1990), p. xviii を参照。

17　これは有名な彼のカント研究のテーマである。カントの批判哲学を参照しながら，彼は以下のように書いている。「従って，形而上学の基礎を敷くという課題は，よりオリジナルな仕方で把握すれば，存在の理解の内的可能性の解明へと変換される」Heidegger, *Kant and the Problem of Metaphysics*, p. 154.

18　Kant. *Critique of Pure Reason*, B 370, p. 310 を参照。

19　Jean-Paul Sartre, *Search For a Method*, tr. Hazel E. Barnes (New York: Vintage, 1988), pp. 5-6.

20　*Sartre, Search For a Method*, p. 7.

21　この主張はしばしばなされてきたが，ハイネほど鋭い洞察力をもってなされたことはなかった。「私たちの哲学的革命には決着が付いている。ヘーゲルがこの大いなる円環を閉じたのだ」Heinrich Heine, *Religion and Philosophy in Germany*, tr. John Snodgrass (Albany: State University of New York Press, 1986), p. 156.

22　Sartre, *Search For a Method*, p. 7 を参照。

23　最近行われたジャン＝フランソワ・リオタールへのインタヴューでは，へ

ーゲルは「近代における争う余地のない主」として性格付けられている。*Le Figaro Littéraire*, (September 30, 1991), p. 6.

24 レヴィナスによれば，『存在と時間』と並ぶ最も重要な哲学的著作には，プラトンの『パイドロス』，カントの『純粋理性批判』，ヘーゲルの『精神現象学』，及びベルグソンの『時間と自由意志』が含まれる。Emmanuel Lévinas, *Ethique et infini: Dialogues avec Philippe Nemo* (Paris: Fayard, 1982). 27-28 を参照。

25 ケンブリッジ大学の哲学者たちに対するヴィットゲンシュタインのメスメリズム的影響を強調する最近の議論として，Ray Monk, Ludwig Wittgenstein: *The Duty of Genius* (New York: Free Press, 1990) を参照。

26 ブラック・ホール概念については，Stephen W. Hawking, *A Brief History of Time: From the Big Bang to Black Holes* (Toronto: Bantam, 1988), pp. 81-82. を参照。

27 Whitehead, *Process and Reality*, p. 63 を参照。

28 最近の議論としては，*Antifoundationalism Old and New*, ed. Tom Rockmore and Beth Singer (Philadelphia: Temple University Press, 1991) を参照。

29 ヘーゲルに対する一連の反応としてのポスト・ヘーゲル主義哲学については，Richard J. Bernstein, *Praxis and Action: Contemporary Philosophies of Human Activity* (Philadelphia: University of Pennsylvania Press, 197 l) を参照。

30 私見では，フーコーをサルトルのマントを身につけ，フランスの思想界を牛耳るものと見なそうとするミラーの傾向は，大げさである。James Miller, *The Passion of Michel Foucault* (New York: Simon & Schuster, 1992) を参照。

31 彼の見方に対する批判的議論としては，“Le Marx d'Althusser,” in Leszek Kolakowski *L'Esprit révolutionnaire* (Brussels Ousra 1978), pp. 158-185 を参照。

32 サルトルの弁証法的理性批判に対する彼の議論としては，“Histoire et dialectique,” in Claude Lévi-Strauss, *La Pensée sauvage* (Paris: Plon, 1962), pp. 324-357 を参照。

33 フーコーの早過ぎた死の後，尊敬される知識人であり，彼の親しい友人であったポール・ヴェインは，「フーコーの作品は，私たちの世紀における最も重要な出来事であるように，私には思われる」と書いている。Didier Eribon, *Michel Foucault* (Paris: Flammarion, 1991), p. 352 からの引用。

34 フーコーの死後における重要な現代の哲学者による彼の著作に対する極めて好意的な読解としては，Gilles Deleuze, *Foucault* (Paris: Editions de Minuit, 1986) を参照。

35 この主張については，Elisabeth Roudinesco, *Jacques Lacan and Co.: A History of Psychoanalysis in France, 1925-1985*, tr. Jeffrey Mehlman (Chicago:

University of Chicago Press, 1990), p. 117. ボルシュ・ジャコブセンによれば，ラカンはまるで絶対的主のように，フランスの精神分析に君臨した。Mikkel Borch-Jacobsen, *Lacan: Le Maître absolu* (Paris: Flammarion. 1990) を参照。彼はフランスの精神分析運動において，専制君主としての思想家という見方を具現していた。哲学者と専制君主の間には本質的差異はないというコジェーヴの有名な主張については，Alexandre Kojève, *Tyrannie et sagesse* (Paris: Gallimard, 1954), p. 252 を参照。このコメントに対する最近のフランス哲学における反響については，Descombes, *Le Même et l'autre*, pp. 27-28 を参照。

36 Edward S. Casey and Melvin Woody, "Hegel, Heidegger, Lacan: The Dialectic of Desire," in *Psychiatry and the Humanities* (New Haven: Yale University Press, 1983), vol. 6, pp. 75-111 を参照。

37 ラカンの思想と生涯についての最近の最も充実した論議としては，Elisabeth Roudinesco, *Jacques Lacan: Esquisse d'une vie, histoire d' un système de pensée* (Paris: Fayard, 1993) を参照。

38 この点については，Roudinesco, *Jacques Lacan and Co.*, pp. 298-299 を参照。

39 P. van Haute, "Lacan en Kojève: het imaginaire en die dialecktiek van de meester en de slaaf" In *Tijdschlrift voor Philosophie* 48 (1986), pp. 391-415 を参照。

40 Jacques Lacan "L'Etourdi " *Scilicet*, vol. I (Paris: Seuil, 1986), p. 33 を参照。

41 一つの分析として，Borch-Jacobsen. Lacan: *Le maître absolu*, p. 110 を参照。

42 Dominique Auffret, *Alexandre Kojève: La Philosophie, l'état, la fin de l'histoire* (Paris: Grasset, 1990)., pp: 274-278 を参照。

43 最近の評価としては，"Paris: I'existentialisme est arrivé," in Annie Cohen-Solal. *Sartre*, 1905-1980 (Paris: Gallimard, 1985), pp. 325-353 を参照。

44 サルトルが学び始めた時，フッサールの思想は既にフランスで知られていた。1920 年代の半ばグレトゥイゼンは，現代ドイツ哲学についての著述の内の一章をフッサールに当てている。"Husserl" in Bernard Groethuysen, *lntroduction à la pensée philosophique allemande depuis Nietzsche* (Paris: Librairie Stock, 1926), pp. 88-103 を参照。

45 Jean-Paul Sartre, *La Transcendance de l'ego: Esquisse d'une description phénoménologique*, ed. Sylvie LeBon (Paris: Vrin. 1966) を参照。

46 Jean-Paul Sartre. *Les Carnets de la drôle de guerre*, Novembre 1939 — Mars 1940 (Paris: Gallimard. 1983). pp. 225-227 を参照。

47 Christopher M. Fry, *Sartre and Hegel: The Variations of an Enigma* in "L'Etre et le Néant" (Bonn: Bouvier, 1988) を参照。また，Klaus Hartmann, *Sartre's Ontology: A Study of Being and Nothingness in the Light of Hegel's Logic* (Evanston: Northwestern University Press, 1966) も参照。

48　サルトルはコジェーヴの講義には出席していなかったと主張するオフレは，彼が，*Mesures* に掲載されたコジェーヴの論文に影響を受けたと報告している。Auffret, *Alexandre Kojève*, p. 238n

49　Emmanuel Lévinas "Un langage qui nous est familier" in *Les Cahiers de la nutit surveillée*, no. 3 (1984), p. 327. Cited.in Emmanuel Levinas, *La Mort et le temps* (Paris: L'Herne, 1991), p. 139.

50　大筋において右派的な視座からの主なアプローチの素描として，Emil L. Fackenheim. *The Religious Dimension in Hegel's Thought* (Boston: Beacon Press, 1970), pp. 75-105 を参照。

51　Victor Cousin, *Cours de philosophie: lntroduction à l'histoire de la philosophie* (1825, 1841 , rpt.) (Paris: Fayard, 1991) を参照。クザンによる弁証法概念抜きの合理主義的なヘーゲル読解に対する評価としては，Roudinesco, *Jacques Lacan and Co.*. pp. 136-137 を参照。

52　クザンのヘーゲルとの関係をめぐる議論としては，Jacques d'Hondt, *Hegel in His Time*, tr. John Burbidge with Nelson Roland and Judith Levasseur (Peterborough, Ontario: Broadview, 1988), pp. 132-161 and passim を参照。

53　Lucien Herr, "Hegel," in *La Grande Encyclopédie Larousse* (Paris: Larousse, 1890-1893) rpt. in Lucien Herr, *Choix d'écrits* II: Philosophie, Histoire, Philologie (Paris: Editions Rieder, 1932). pp. 107-140 を参照。ケノーにとって，エアの議論は当時利用可能な唯一の穏当なものだった。Raymond Queneau, "Premières confrontations avec Hegel," *Critique*, nos. 195-196 (1963), p. 694 を参照。

54　Victor Basch, *Les Doctrines politiques des philosophies classiques de l'Allemagne* (Paris: F. Alcan, 1904, 1927) を参照。

55　Paul Roques, *Hegel, sa vie et ses œuvres* (Paris: F. Alcan, 1912) を参照。

56　Victor Delbos. "Les Facteurs kantiens de la philosophie allemande de la fin du XVIIle siècle et du commencement du XIXe siècle, in *Revue de Métaphysique et de Morale*, nos. 26 (1919), pp. 569-593, 27 (1920), pp. 1-25, 28 (1921), pp. 27-47, 29 (1922), pp. 157-176, 32 (1925), pp. 271-281, and 35 (1928), pp. 529-551 を参照。この内，nos. 28 と 32 での議論が，ヘーゲルの思想と最も密に取り組んだものになっている。

57　Emile Meyerson, *De l'explication dans les sciences* (Paris: Payot, 1921) を参照。メイアソンのヘーゲル読解の要約としては，Koyré, *Etudes d'histoire de la pensée philosophique*, pp. 215-220 を参照。

58　Léon Brunschvicg, *Le Progrès de la conscience dans la philosophie occidentale* (2 vols., Paris: Alcan, 1927). Vol. II, pp. 382-401 を参照。

59　Brunschvicg, *Le Progès de la conscience*, II, p. 396 を参照。

60　Ibid., II, p. 398 を参照。

61　Ibid., II, p. 395 を参照。

62　Jean Wahl, *Le Malheur de la conscience dans la philosophie de Hegel* (Paris: Rieder, 1929) を参照。

63　Jean Hyppolite, "Discours d'introduction," in *Hegel-Studien*, supplement 3 (1964), p. 11 を参照。「私は，最初の本当のショックはM・ジャン・ヴァールからやって来た，そして，ヘーゲルの不幸な意識の哲学は一種の啓示である，と言うべきだろう」

64　例えば，主にフッサールから，それより低い度合いでハイデガーから影響を受けているミシェル・アンリは，現れ＝仮象（appearance）についての重要な研究の中で，ヘーゲルの現れ＝仮象概念を詳細に論じている。Michel Henry, "Appendice: Mise en lumière de l'essence originaire de la révélation par opposition au concept hégélien de manifestation (Erscheinung)," in *L'Essence de la manifestation* (Paris: Presses universitaires de France, 1990), pp. 863-906 を参照。

65　英国におけるヘーゲル研究の重要な伝統にもかかわらず，フィンドレーはヘーゲル思想への相対的関心の欠如に焦点を当てるコメントで自らのヘーゲル研究を開始している。「エイヤー教授のおかげで私は，哲学的精神の内で最も偉大であるが，最も理解されていない一人に常に密着して寄り添いながら二年以上を費やすことになった」J. N. Findlay, Hegel: *A Re-examination* (New York: Collier, 1962), p. 6.

66　"Hegel's Existentialism," in Maurice Merleau-Ponty, *Sense and Non-Sense*, tr. Hubert L. Dreyfus and Patricia Allen Dreyfus (Evanston: Northwestern University Press, 1964), p. 63. この考え方は後に他の人々の間で反響するようになる。フィリップ・ソレルスによれば，ニーチェ，バタイユ，ラカン及びマルクス＝レーニン主義は，「ヘーゲル的体系の爆発」からの帰結である。Philippe Sollers, *Bataille* (Paris: 10/18, 1973), p. 36, cited in Descombes, *Le Même et l'autre*, p. 23 n5.

67　ラカンのヘーゲルに対する関係についての議論として，Catherine Clément, "Lacan et l'obsession hégélienne," *Magazine littéraire*, no. 293 (November 1991), pp. 57-59 を参照。

68　Jacques Derrida. *Glas* (2 vols., Paris: Denoel/Gonthier, 1981) を参照。デリダは，ヘーゲルを読解し終わるのは不可能であり，それこそが，ある意味で自分自身がやっていることの全てである，と明言しさえしている。Jacques Derrida, *Positions* (Paris: Editions de Minuit, 1972), p. 103 を参照。

69　フランスにおけるヘーゲル再発見についての半ばポピュラーなっている要約として，Mark Poster, *Existential Marxism in Postwar France: From Sartre to Althusser* (Princeton: Princeton University Press, 1975), pp. 3-35 を参照。

70　例えば，Claude Bruaire, *Logique et religion chrétienne dans la philosophie de*

Hegel (Paris: Seuil, 1964) を参照。

71 “The Age of the World Picture,” in Martin Heidegger, *The Question Concerning Technology and Other Essays*, tr. William Lovitt (New York: Harper & Row, 1977), p. 140:「sujectum（主体＝基体）としての人間解釈によってデカルトは，将来におけるあらゆる種類，傾向の人間学の基礎になるような種類の形而上学的前提を創造したのである」

72 こうした含意は，明確に看取されてきた。主―僕関係についてのヘーゲル的な見方の批判的分析として，Gwendoline Jarczyk and Pierre-Jean Labarrière, *Les Premiers Combats de la reconnaissance: Maîtrise et servitude dans la “Phénoménologie de l’Esprit” de Hegel* (Paris: Aubier-Montaigne. 1987) を参照。この分析は，著者たちが率直に指摘しているように，コジェーヴに反駁することを企図したものである。Ibid., pp. 9-12 を参照。

73 Edmund Husserl, *Cartesian Meditations: An Introduction to Phenomenology*, tr. Dorion Cairns (The Hague: Martinus Nijhoff, 1960) を参照。

74 例えば，Jean Wahl, *La Logique de Hegel comme phénoménologie* (Paris, 1965) を参照。

75 フランスの議論においては，このアナロジーは，コジェーヴ，イッポリット，デリダによって展開されてきた。デリダの見方については，フッサールの以下の著作に対する彼の長い序文を参照。Edmund Husserl, *L’Origine de la géométrie*, tr. and intr. J. Derrida (Paris: Presses universitaires de France, 1962: 1974), p. 58n.

76 コジェーヴは，ヘーゲルの現象学観についての非常に「フッサール主義的」に記述的解釈を提供しているが，それは彼がヘーゲルの現象学的方法を，現実的なものについての単に受動的な観想にすぎないと誤解しているからである。コジェーヴによれば，思考は，それ自体として弁証法的なものしか反映しない。Kojève, *lntroduction à la lecture de Hegel*, p. 38 を参照。彼は，ヘーゲルにおける方法についての諸概念を同定することさえしている。Ibid.,p. 470 も参照。

77 ハイデガーのヘーゲルに対する関係についての彼の解釈は興味深く，決して非批判的ではないが，彼はハイデガーを，マルクスに見られるような闘争や労働といったテーマを無視していると批判している。Kojève, *lntroduction à la lecture de Hegel*, 566n and 575n を参照。オフレは，コジェーヴを，ハイデガー主義的なヘーゲル読解者と見なすことはできない，と結論付けている。Auffret, *Alexandre Kojève*, p. 382. を参照。

78 イッポリットは，自らがヘーゲルとフッサール (例えば，Jean Hyppolite, *Genèse et structure de la Phénoménologie de l’Ésprit de Hegel* (2 vols., Paris: Aubier Montaigne, 1946), vol. I, p. 15 を参照) 及び，ヘーゲルと実存主義の間に (ibid., I, p. 16 を参照) 設定しているアナロジーを限界付けている。コジ

ェーヴと同様に彼も，ヘーゲルの現象学の記述的側面を強調し，ヘーゲル理論の弁証法的側面を小さく扱っている。

79　ヘーゲルの現象学の構造に関する言明の中で，コジェーヴは以下のように宣言している：

『精神現象学』は，人間的実存の現象学的記述である。つまり，ここでは人間的実存が，まさにそれを生きるものに対して「現れる erscheint」仕方で記述される，ということである。別の言い方をすれば，その実存において，常に至る所で見出されるようなタイプの実存主義的態度（第一部），あるいは，重要な歴史的時代を特徴付ける態度（第二部）に支配されている人間の自己意識を，ヘーゲルは記述したのである」(Kojève, *Introduction à la lecture de Hegel*, p. 576)

コジェーヴの解釈によれば，公式的には「理性」というタイトルの付いた現象学の第五章は実際には，「具体的な実存的態度」の記述に関するものである。Ibid., p. 583.

80　ヘーゲルに対するコジェーヴの実存主義的アプローチとイッポリットのそれの間には直接的なラインが繋がっている。イッポリットは，サルトルの『存在と無』の中での人間の定義を，ヘーゲルの人間概念に応用している。Poster, *Existential Marxism in Postwar France*, p. 33-34 を参照。コジェーヴはサルトルに強い影響を与えた。Descombes, *Le Même et l'autre*, pp. 50, 64-70 を参照。

81　「実存主義」についてのこうした種類の全面包括的な見方としては，Walter Kaufmann, *Existentialism From Dostoyevsky to Sartre* (New York: Meridian, 1956) を参照。

82　Roger Garaudy, *Dieu est mort: Étude sur Hegel* (Paris: Presses universitaires de France, 1962) を参照。

83　ドントは，ヘーゲルについての見方とマルクスに対するそれが異常なまでに密接に相互連関していることを強調している。「ヘーゲルはその死後の名声をかなりの部分，マルクスに負うている。何故なら，マルクス自身がヘーゲルに負っているものを否定しなかったからである。ヘーゲルがマルクスに多くを与えたとすれば，マルクスは今や，それをヘーゲルに百倍にして返していることになる」Jacques D'Hondt, *Hegel et l'hégélianisme* (Paris: Presses universitaires de France, 1982), p. 54.

84　Jean Hyppolite, *Studies on Marx and Hegel*, tr. John O'Neill (New York: Harper, 1969) を参照。

85　議論として，Tom Rockmore, *Irrationalism: Lukács and the Marxist View of Reason* (Philadelphia: Temple University Press, 1992), chs. 5 and 7 を参照。

86　"Alienation and Objectification: Commentary on G. Lukács's The Young Hegel" in *Hyppolite Studies on Marx and Hegel*, pp. 79-80 を参照。

87　Alexandre Koyré, "Hegel à Iéna," *Revue d'histoire et de philosophie religieuses* (1934), rpt. in *Etudes d'histoire de la pensée philosophique* (Paris: Armand Colin 1961), pp. 247-289 を参照。また，Jean Hyppolite "Les Travaux de jeunesse de Hegel d'après des ouvrages récents," *Revue de métaphysique et de morale*. vol. 42, nos. 3-4 (1935), 及び Jean Hyppolite, "Vie et prise de conscience de la vie dans la philosophie hégélienne d'léna," *Revue de métaphysique et de morale*, vol. 45, no. I (1938) を参照。

88　フランス語でのヘーゲルの現象学の主要な研究は，コジェーヴとイッポリットによるものである。より最近の読解としては，Pierre-Jean Labarrière, *Structures et mouvement dans la Phénoménologie de l'Esprit de Hegel* (Paris: Aubier-Montaigne, 1968) を参照。

89　アンドラーは，コレージュ・ド・フランスで，1928 年から 29 年にかけてヘーゲルについての二つの講座を担当した。一つはヘーゲルの宗教哲学に関するもので，もう一つは，ヘーゲルの現象学のドイツ語テクストを分析するものだったようである。アンドラーの講座についての短い叙述として，Koyré, *Etudes d'histoire de la pensée philosophique*, pp. 226-227 を参照。

90　コジェーヴの仕事を別にすれば，最も重要なマルクス主義的ヘーゲル研究は，ジョルジュ・ルカーチの以下の著作である。*The Young Hegel: Studies in the Relations between Dialectics and Economics*, tr. Rodney Livingstone (Cambridge: MIT Press, 1976). ルカーチのヘーゲル研究についての議論として，Tom Rockmore, *Irrationalism*, pp. 153-174 を参照。

91　"フランスにおけるヘーゲル" についての短いが，客観的な評価としては，lring Fetscher. "Hegel in Frankreich," *Antares*, no. 3 (February 1953) pp. 3-15 を参照。

92　1930 年までの，言ってみれば，コジェーヴの有名な講義以前のフランスにおけるヘーゲルへの関心についての詳細な要約としては，Alexandre Koyré, "Rapport sur l'état des études hégéliennes en France," in *Verhandlungen des ersten Hegel-Kongresses* (The Hague, 1930, Tübingen, 193 l), rpt. in Alexandre Koyré, *Etudes d'histoire de la pensée philosophique* (Paris: Armand Colin, 1961), pp. 205-230 を参照。

93　G. W. F. Hegel, *Phenomenology of Spirit*, tr. A. V. Miller (Oxford: Oxford University Press, 1977), pp. 111-118 を参照。

94　コイレもまたヘーゲルに関心を持っていた。フランスのヘーゲル研究における彼の役割の評価としては，Jean Wahl, ".Le rôle de A. Koyré dans le développement des études hégéliennes en France" in *Hegel-Studien* supplement 3 (1964) pp. 15-26 を参照。

95　教師としてのコジェーヴについての議論としては，Jean Desanti, "Hegel est-il le père de l'existentialisme?," in *La Nouvelle Critique*. vol. 6, no. 56

(June 1954), pp. 91-109 を参照。デサンティによれば，コジェーヴの目を通してのヘーゲル読解は，彼自身の知的発展の妨げになったという。Ibid., p. 93 を参照。

96　バタイユのヘーゲルに対する複雑な関係については，Bruno Karsenti, “Bataille anti-hégélien ?” *Magazine littéraire* no 293 (November 1991) pp 54-57 を参照。ヘーゲル読者としてのバタイユについての最近の議論としては，Allan Stoekl, *Agonies of the Intellectual* (Lincoln: University of Nebraska Press, 1992), pp. 283-301 を参照。

97　異なった著者が異なった見解を呈示している。この複合リストは，ボルシュ・ジャコブセンから引かれている。Lacan: *Le Maître absolu*, p. 285 n3. セミナー参加者の毎年ごとの完全なリストとしては，Michael S. Roth, *Knowing and History: Appropriations of Hegel in Twentieth Century France* (Ithaca: Cornell University Press, 1988). pp. 225-227 を参照。やや異なったリストが，サルトルがコジェーヴの講義に出席していたことを否定するオフレによって示されており，この中にはイッポリットが含まれている。Auffret, *Alexandre Kojève*. p. 238. を参照。

98　このテーマは最近，コミュニケーションの崩壊は歴史の終焉を意味するというフクヤマのテーゼの内で復活を遂げている。Francis Fukuyama, *The End of History and the Last Man* (New York: Free Press, 1992) を参照。

99　ケノーのコジェーヴに対する関係についての議論としては，Pierre Macherey, “Queneau scribe et lecteur de Kojève,” *Europe*, nos. 650-651 (June-July I 983), pp. 82-91 を参照。

100　このテーマについては，Auffret *Alexandre Kojève*. pp. 232-241 に見られる “La Dette envers Koyré” に対するオフレのコメントを参照。

101　H. Spiegelberg, *The Phenomenological Movement: A Historical lntroduction* (The Hague: Martinus Nijhoff, 1982), p. 167 を参照。

102　Ibid., p. 193 を参照。

103　Ibid., pp. 191-192 を参照。

104　コイレは正統フッサール主義者であるというヘリングの指摘は明らかに誤りである。Jean Hering, “Phenomenology in France,” in *Philosophic Thought in France and the United States*, ed. Marvin Farber (Buffalo : University of Buffalo Publications in Philosophy. 1950), p. 70 を参照。

105　Kojève, *Introduction à la lecture de Hegel*, p. 527.

106　Ibid., pp. 75-76, 114, 1 19, 162f, 197f., 527 を参照。

107　Ibid., pp. 485f., 490 を参照。

108　Ibid., p. 470 を参照。

109　Ibid., p. 57 を参照。

110　最近の論文でボーグは，コイレのヘーゲル解釈はコジェーヴのそれを予

期させるものである，と論じている。Bruce Baugh, “Subjectivity and the Begriff in Modern French Philosophy,” *The Owl of Minerva*, vol. 23, no. 1 (Fall 1991), p. 75 を参照。

111　オフレによれば，両者のヘーゲルに対する見方は類似しているものの，コイレの読解からコジェーヴのそれを導き出すことは不可能である。Auffret, *Alexandre Kojève*, p. 234 を参照。

112　Stanley Rosen, “Review of A. Kojève, Essai d'une histoire raisonnée de la philosophie paienne” *Man and World* vol 3 no I (February 1970), p. 120.

113　客観的な，距離を取った議論としては，Jean Wahl, “A Propos de l'Introduction à la lecture de la Phénoménologie de Hegel par A. Kojève”, *Deucalion* 5 (1955), pp. 77-99 を参照。

114　Jules Vuillemm “Compte rendu de Kojève” *Revue philosophique de la France et de l'étranger* vol 40 (1950). pp. 198-200 を参照。

115　Georges Bataille, “Hegel, la mort et le sacrifice,” *Deucalion* 5 (1955), p. 21n を参照。

116　Auffret, *Alexandre Kojève*, p. 9 を参照。

117　Henry, *L'Essence de la manifestation*, p. 871 を参照。

118　Roudinesco, *Jacques Lacan and Co.*, p. 134 を参照。

119　Raymond Aron, *Mémoires* (Paris: Juillard, 1984), p. 94 を参照。

120　Patrick Riley, “Introduction to the Reading of Alexandre Kojève,” *Political Theory*, vol. 9, no. I (1985), pp. 5-48 を参照。

121　Descombes, *Le Même et l'autre*, p. 41 を参照。

122　1948 年に出された最初の批判的論考については，Georges Canguilhem, “Hegel en France” reprinted in *Magazine littéraire*, no. 293, (November 1991) pp. 36-39 を参照。

123　Pierre Macherey, “Queneau scri,be et lecteur de Kojève, p. 90 を参照。

124　Pierre Macherey, “Kojève Inniateur” (November 1991), *Magazine littéraire*. no. 293.,p. 52.

125　「ヘーゲル以上にヘーゲル的になる試み」としてのマルクス主義へのルカーチの有名な飛躍についての彼自身による記述として，Georg Lukács, *History and Class Consciousness*, tr. Rodney Livingstone (Cambridge: MIT Press, 1971) の新版に対する彼自身の序文（p. xxiii）を参照。

126　この議論については，*Auffret, Alexandre Kojève*, p, 244 を参照。

127　デコンブは，他の意味ではすぐれた議論の中で，ヘーゲルとコジェーヴの差異，あるいはヘーゲル自身とコジェーヴによって読まれたヘーゲルの差異，更に言えば，ヘーゲル自身の見方と，コジェーヴによってヘーゲルの読解にすぎないものとして呈示されたコジェーヴの見方の間の差異の問題を解決していないし，関心を払ってさえいないようにも見える。Descombes,

Le Même et l'autre. を参照。

128　フランスの論議の中で依然として影響を発揮し続けている彼による重要なヘーゲル読解としては，Hyppolite, *Genèse et structure de la Phénoménologie de l'Esprit de Hegel* を参照。

129　二つの例は，この点を例証している。ヘーゲル専門家として著名なドントは，ヘーゲル研究の著作リストの中に，コジェーヴの本を入れることさえしていない。Jacques D'Hondt, *Hegel et le hégélianisme*, p. 126 を参照。同様に，やはり著名なヘーゲル専門家であるブルジョワは，『エンツィクロペディー』のフランス語訳への長々しい，権威ある序文の中でコジェーヴに言及することさえしていない。G. W. F. Hegel, *Encyclopédie des sciences phlilosophiques: La Science de la logique*, tr. Bernard Bourgeois (Paris: Vrin, 1979) を参照。

130　書簡は1948年にトラン・デュク・タオに宛てられたものである。Auffret, *Alexandre Kojève*, p. 249 を参照。

131　この概念をめぐる議論としては，Besnier, *La Politique de l'impossible*, pp. 59-70 を参照。Barry Cooper, *The End of History; An Essay on Modern Hegelianism* (Toronto: University of Toronto Press, 1984) も参照。

132　Alexandre Kojève, "Le Concept et le temps," in *Deucalion 5* (1955), p. 18.

133　Jacques Derrida, *La Voix et le phénomène* (Paris: Presses universitaires de France, 1967), p. 115 を参照。

134　例えば，G. W. F. Hegel, *Werke in zwanzig Bänden, vol. XX: Vor1esungen über die Geschichte der Philosophie*, 3, ed. E. Moldenhauer and K. M. Michel (Frankfurt/M: Suhrkamp, 197 l), pp. 460, 476 を参照。

135　このテーマの研究としては，Reinhart Klemens Maurer, *Hegel und das Ende der Geschichte* (Freiburg i. B.: Karl Alber, 1980) を参照。コジェーヴの見方についての研究としては，ibid., "Auseinandersetzung mit Kojève," pp. 139-156 を参照。

136　Hegel's letter to Niethammer dated October 13, 1806, in Hegel: *The Letters*, tr. Clark Butler and Christiane Seiler (Bloomington: indiana University Press. 1984), pp. 114-115 を参照。

137　Aron, Mémoires, p. 96 を参照。

138　Hegel, *Phenomenology of Spirit*, §11 , p. 6 を参照。

139　G. W. F. Hegel, *Philosophy of Right*, tr. T. M. Knox (London: Oxford University Press, 1967), p. 13 を参照。

140　コジェーヴとイッポリットによるヘーゲルの『現象学』読解についての議論としては，Mikel Dufrenne, "Actualité de Hegel," in *Esprit*,(September 1948), pp. 396-408 を参照。

141　比較のため，Gaston Fessard, "Deux Interprètes de la Phénoménologie de

Hegel, Jean Hyppolite et Alexandre Kojéve," in *Etudes*. no. 255 (1947), pp. 368-373 を参照。

142　Findlay, *Hegel: A Re-Examination*, p. 5 を参照。

143　Poster, *Existential Marxism in Postwar France*, p. 19 を参照。

144　ルカーチは，1918 年から 1971 年の死に至るまでの長きにわたるマルクス主義の期間を通して，ヘーゲルの思想と取り組み続けた。『歴史と階級意識』で彼は，マルクスの思想のヘーゲル主義的ルーツを強調している。『青年ヘーゲル』では，ヘーゲルの思想の経済的要素と共に人間学的要素を強調している。彼の最後の未完の著作『社会的存在の存在論に向けて Zur Ontologie des gesellschaftlichen Seins』では，哲学的人間学と論理学に基礎付けられた歴史的分析の相互に対立し合う諸形態にコミットしているがゆえにヘーゲルの思想に生じている緊張関係を見抜いている。ルカーチのヘーゲル観についての議論として，Tom Rockmore, *lrrationalism*, chs. 6, 7, and 9 を参照。

145　エンゲルスの最後の，未完成の著作は，自然の弁証法を論じたものである：Friedrich Engels, *Dialeklik der Natur*, in Karl Marx and Friedrich Engels, Werke. vol. XX, ed. Institut für Marxismus-Leninismus beim ZK der SED (Berlin: Dietz Verlag, 1975) を参照。

146　Aimé Patri, "Dialectique du maître et de l'esclave," *Le Contrat social*. vol. 5, no. 4 (July-August 196 l), p. 234, cited in Alexandre Kojève. *lntroduction to the Reading of Hegel: Lectures on the "Phenomenology of Spirit"*, ed. Allan Bloom, tr. James H. Nichols, Jr. (New York: Basic Books, 1969), p. vii. を参照。オフレは，コジェーヴをヘーゲル主義的なハイデガー学徒であると見なすのは正しくない，と主張している。Auffret, *Alexandre Kojève*, p. 178 を参照。実際には，コジェーヴは，ハイデガー主義的かつマルクス主義的なヘーゲル学徒であった。

147　Aron, *Mémoires*, p. 94.

148　Ibid., p. 731.

149　Auffret, *Alexandre Kojève*, p. 9, オフレは，アーロンのブロシエとのインタビューに基づいて発言している：Jean-Jacques Brochier, "Le regard froid de l'analyste," *Le Magazine littéraire*, no. 198 (September 1983), p. 26 を参照。

150　Aron, *Mémoires*, 100 を参照。

151　lbid., p. 94.

152　G. W. F. Hegel, *The Phenomenology of Mind*, tr. J. B. Baillie (New York: Macmillan, 1961) を参照。

153　カール・ヤスパースの指導の下で書かれた彼の博士論文のタイトルは，『ヴラディミール・ソロヴィヨフの宗教哲学 Die Religionsphilosophie Wladimir Solowjews』だった。この博士論文の一つのヴァージョンが後にフ

ランス語で刊行されている。Alexandre Kojève, "La métaphysique religieuse de Vladimir Soloviev," *Revue d'histoire et de philosophie religieuses* vol. 14, no. 6 (1934), pp. 534-544, and vol. 15, nos. 1-2 (1935), pp. 110-152 を参照。ロートは，一人の宗教思想家が，自らの歴史への関心を永遠なるものへのコミットメントといかに和解させようとしているかを明らかにした博士論文に見られるコジェーブの関心が，後の彼のヘーゲル研究を形作るうえで決定的役割を果たしていると主張している。Roth, *Knowing and History*, pp. 85-88 を参照。こうしたコジェーヴ読解は，自分の現象学読解は，イエーナ期のヘーゲルの著作における自然哲学的論議に見られる時間概念についてのアレクサンドル・コイレの論文に鼓舞されており，かつそれに由来するというコジェーヴ自身の断言と明らかに矛盾する。Kojève, *Introduction à la lecture de Hegel*, p. 367 を参照。

154　Frederick Engels, *Ludwig Feuerbach and the Outcome of Classical German Philosophy*, tr. C. P. Dutt (New York: International Publishers, 1941) を参照。エンゲルスは，ストレートに，ヘーゲルの哲学を全ての歴史の終焉と同定している。Ibid., p. 13 を参照。

155　Jacques Derrida, *Marges de la philosophie* (Paris: Editions de Minuit, 1972), p. 144. を参照。

156　Kojève, *Introduction à la lecture de Hegel*, p. 434 を参照。

157　Ibid., pp. 434-437 を参照。

158　Ibid., p. 39 を参照。

159　Ibid., p. 454 を参照。

160　Ibid., pp. 95ff, 145, 157 を参照。

161　Ibid., p. 562 を参照。

162　Ibid., pp. 535-536n を参照。

163　Hegel, *Phenomenology of Spirit*, §11, p. 6 を参照。「それに加えて，私たちの時代が誕生の時間であり，新しい時代への移行期間であることを読み取るのは，困難ではない」

164　ハイデガーは，ユンガーのニーチェ読解に対する自らの関心と関連付ける形でこの主張を行っている。Martin Heidegger, "The Rectorate 1933/34: Facts and Thoughts" In *Martin Heidegger and National Socialism: Questions and Answers*, ed. Günther Neske and Emil Kettering (New York: Paragon House, 1990), p. 17 を参照。

165　Alexandre Kojève, *Critique*, no 2-3 (1946), p. 366, quoted in Descombes, *Le Même* et l'autre, p. 21 .

第三章　ドイツ現象学，フランス哲学，そして主観性

1　初期における主観性についての見解と，後期におけるその拒絶という観点からハイデガーの立場を解釈する試みに関しては，以下を参照。Dieter Thoma, *Die Zeit des Selbst und die Zeit danach: Zur Kritik der Textgeschichte Martin Heideggers 1910-1976* (Frankfurt/M.: Suhrkamp, 1990).

2　たとえばデカルトは以下のように書いている。「事実の認識に関して，二つのことがとりわけ考察されねばならない，すなわち認識する我々と認識されるべき客体それ自体である。」René Descartes, *The Philosophical Works of Descartes*, vol. Ⅰ, ed. and tr. Elizabeth S. Haldane and G. R. T. Ross (Cambridge: Cambridge University Press, 1970), p. 35.

3　Ernest Barker, *Greek Political Theory* (New York: Barnes and Noble, 1961), p. 7 を参照：

> しばしば言われてきたように，ギリシア人は自らを共同体において価値を有するものと見なしていた――彼は自らを，共同体の行為を規定する一契機と見なしていた――にも関わらず，実際は，ギリシア政治思想において，個人の観念は目立たず，権利の概念はほとんど獲得されていなかったように思われる。

4　Saint Augsutine, *On Free Choice of the Will*, tr. Anna S. Benjamin and L. H. Hackstaff(Indianapolice: LLA, 1964) を参照。

5　例えば，Etienne Gilson, *La Liberté chez Descarte et la théologie* (Paris: Alcan, 1913) を参照。

6　Rechard H. Popkin, *The History of Scepticism from Erasmus to Spinoza* (Berkeley: The University of California Press, 1979), p. 87 を参照：

> 「新ピュロン主義」の広範な普及と応用は，宗教にとっても科学にとってもその含意をより先鋭に明らかにするようになった。それが今度は，懐疑主義を破壊することにより人間の知識を救おうとする一連の試み――結果的にルネ・デカルトの英雄的な失敗に帰結する――を生み出した。

7　Edmund Husserl, *Cartesian Medeitations: An Introduction to Phenomenology*, tr. Dorion Cairns(The Hague: Matinus Nijhoff, 1960), p. 157 を参照。

8　Augsutine, *On Free Choice of the Will*, p. 40 を参照。

9　Ibid.; 強調はアウグスティヌス。

10　デカルトの *Philosophical Works*, Ⅰ, pp. 1-9 その他に所収の『精神指導の規則』の最初の四つの規則を参照。

11　Ibid., pp. 14-22.

12　この問題についての諸論考を集めたものとして，*Antifoundationalism Old and New*, ed. T. Rockmore and B. Singer (Philadelphia: Temple University

Press, 1991) を参照。基礎づけ主義の異なる諸形式の間の区別とそれらの反基礎づけ主義に対する関係については，*Antifoundationalism Old and New* の序論，pp. 1-12 を参照。

13 Descartes, *Philosophical Works*, I , p. 10 を参照。

14 Ibid., p. 45 を参照。

15 Ibid., p. 101; デカルトの強調。

16 Ibid., p. 144.

17 Ibid., p. 331.

18）Ibid., pp. 101-102.

19 彼はこの点を『第一哲学についての省察』の第四省察において明示している。Descartes, *Philosophical Works*, I , p. 172 を参照。

20 Ibid., pp. 151-152 を参照。

21 Ibid., p. 155 を参照。

22 Ibid., p. 107 を参照。

23 Giambattista Vico, *The New Science of Giambattista Vico*, tr. Thomas Goddard Bergin and Max Fisch(Ithaca: Cornell University Press, 1970), § 331, pp. 52-53 を参照。

24 "Discours sur les sciences et les arts", in Jean-Jacques Rousseau, *Du Contrat social ou Principes du droit politique* (Paris: Garnier, 1962), p. 3 を参照。

25 1971 年 10 月 27 日付の，カントのベック宛書簡を参照。*Immanuel Kants Werke*, ed. Ernst Cassirer(11 vols., Berlin: Bruno Cassirer, 1912-1922), vol. X , p. 98:「このことのために，しかも全生涯を通じて役立ちうるのは，人間の使命全体に関係するものでもってなされる楽しみ以上のものはありません。特に……この研究がたとえ数学に新たな光を投げかけることができないにせよ……希望がもたれる場合にはなおさらです。」

26 Immanuel Kant, *Critique of Pure Reason*, tr. N. Kemp Smith(New York: Macmillan, 1961), B833, p. 635 を参照。

27 Immanuel Kant, *Introduction to Logic*, tr. Thomas Kingsmill Abbott(New York: Philosophical Library, 1963), p. 15 を参照。

28 『論理学研究』の第一巻全体がこの問題を取り上げている。Edumund Husserl, *Logishce Untersuchungen, vol. I: Prolegomena zur reinen Logik* (Tübingen: Max Niemeyer, 1980). フッサールは後に心理学主義へと後退したと難詰されることになる。Martin Heidegger, On Time and Being, tr. Joan Stambaugh(New Youk:Harper & Row, 1977), p. 76.

29 Kant, *Critique of Pure Reason*, B77-78, pp. 94-95 を参照。

30 カント自身の明示的な意図に反して，カントの批判哲学を存在論と見る解釈としては，以下を参照。Martin Heidegger, *Kant and the Problem of Metaphysics*, tr. Richard M. Taft(Bloomington:Indiana University Press, 1990).

31　Kant, Critique of Pure Reason, & 16, B131-135, pp. 152-157 を参照。
32　Ibid., B x vii, p. 22 を参照。
33　Ibid., B x vi, p. 22 を参照。
34　Ibid., B x iii, p. 20 を参照。
35　G. W. F. Hegel, *The Difference Between Fichte's and Schelling's System of Philosophy*, tr. H. S. Harris and Walter Cerf(Albany: State University of New York Press, 1977), p. 80 を参照。
36　Ibid., p. 79 を参照。
37　J. G. Fichte, *Science of Knowledge (Wissenschaftslehre) with First and Second Introduction*, tr. Peter Heath and John Lachs, (New York: Appleton-Center-Crofts, 1970), p. 226. あるいは，Hegel, *The Difference Between Fichte's and Schelling's System of Philosophy*, p. 81 を参照。
38　Kant, *Critique of Pure Reason*, B 181, p. 183 を参照。
39　マルクス理論は非唯物論であるという議論として，以下を参照。George L. Kline, "The Myth of Marx's Materialism" in *Philosophical Sovietology: The Pursuit of a Science*, ed Helmut Dahm, Thomas J. Balkeley, and George L. Kline(Dordrecht: Reidel, 1988), pp. 158-203.
40　Tom Rockmore, *Fichte, Marx and the German Philosophical Tradition* (Carbondale: Southern Illinois University Press, 1980) を参照。
41　Fichte, *Science of Knowledge*, p. 97 を参照。
42　Ibid., §§1-3, pp. 97-119 を参照。
43　Kant, *Critique of Pure Reason*, B 380, p. 317 を参照。
44　G. W. F. Hegel, *Phenomenology of Spirit*, tr. A. V. Miller(Oxford: Oxford University Press, 1977), p. 9 を参照。
45　Ibid., p. 11 を参照。
46　George Lukács, *History and Class Consciousness: Studies in Marxist Dialectics*, tr Rodney Livingstone (Cambridge:MIT Press, 1973), pp. 149-209 を参照。
47　Iso Kern, *Husserl und Kant* (The Hague: Martinus Nijhoff, 1964) を参照。
48　フッサールの考えでは，現象学的還元によって，現象学の独立性を得るために諸科学を判断停止することができる。現象学的還元の方法論的な重要性に関する彼の見解については以下を参照。Edmund Husserl, *Ideas: General Introduction to Pure Phenomenology*, tr. W. R. Boyce Gibson(New York: Collier Books, 1962), §61, pp. 163-165.
49　フッサールの主観性の見解については，『デカルト的省察』の第四§§30-41, pp. 65-88 を参照。
50　構成の概念は様々な文献で注目されてきた。客体が自らを構成するという初期の見解から，主観が客体を構成するという後期の見解への移行が存在す

る，とフッサール研究者は考えている。この論議については，Herbert Spiegelberg, *The Phenomenological Movement: A Historical Introduction* (The Hague: Martinus Nijhoff, 1982), pp. 130-131. また，Maurice Natanson, Edmund Husserl: *Philosopher of Infinite Tasks* (Evanston: Northwestern University Press, 1973), pp. 93-94 を参照。

51 Husserl, *Cartesian Meditations*, §41, pp. 83-88 を参照。

52 たとえば，エーベリングの以下の言明を参照。「『存在と時間』におけるハイデガー哲学について，私は以下の結論を下したい。ハイデガー哲学は，近代的な主観性を否定する最も輝かしい試みであると同時に自己破壊的な激怒でもあり，その結末には，政治の破壊と共に哲学の破壊がある。」(Hans Ebeling, "Philosophie auf Leben und Tod: Zum Verhältnis von Selbstbehauptung und Sterblichsein in Heideggers 'Sein und Zeit', in *Martin Heidegger—Faszination und Erschrecken: Die politische Dimension einer Philosophie*, ed. P. Kemper" (Frankfurt/M.: Campus, 1990), pp. 149-150)

53 Martin Heidegger, Being and Time, tr. J. Macquarie and E. Robinson (New York: Harper & Row, 1962), p. 62 を参照。

54 Ibid., p. 490n1 を参照。

55 「思考とは，世界の蒼穹にひろがる星辰のごとく将来にわたって静止し続ける思想に対する制限である。」Martin Heidegger, *Aus der Erfahrung des Denkens* (Frankfurt/M.: Vittorio Klostermann, 1983), p. 76.

56 Heidegger, *Being and Time*, p. 1 を参照。

57 Heidegger, *Being and Time*, p. 62. 強調はハイデガー。ハイデガーはこの一節を同書の最後に再び引用することで，その重要性を強調している。*Being and Time*, p. 437 を参照。

58 Knat, *Critique of Pure Reason*, B611-670, pp. 495-531 を参照。

59 *Being and Time*, p. 32 を参照。

60 Ibid., p. 32 を参照。

61 Ibid., p. 33 を参照。

62 Ibid., p. 83 を参照。

63 Ibid., p. 71 を参照。

64 これはフッサールのテクストに頻出するテーマである。もっぱらこの問題に充てられた短いテクストとして，Edmund Husserl, "Phenomenology and Anthoropology," in *Husserl: Short Works*, ed Peter McCormick and Frederick Elliston (Notre Dame: University of Notre Dame Press, 1981), pp. 315-323 を参照。

65 「哲学とはその理念にしたがえば普遍的で，根底的な意味において厳密な学であると私には思われる。そうしたものとして，哲学は窮極の基礎付けから，あるいは同じことだが，極限の自己責任から存在するのであり，そこに

おいては，いかなる述定的あるいは前述定的な自己了解も問われることのない認識の根底として作用することはないのである。」Edmund Husserl, "Nachwort zu meinen Ideen," *Husserliana*, vol. V (The Hague: Martinus Nijhoff, 1950), p. 139.

66　Heidegger, *Being and Time*, § 10, pp. 71-75 を参照。

67　例えば，出版された版のニーチェ講義では，人間学的アプローチは現代形而上学に対してきわめて広範で深層に至る影響を及ぼしているので，そうした視点の内部からは形而上学について考えることさえできない，と主張している。Martin Heidegger, *Nietzsche*, vol. II (Pfullingen: Neske, 1961). p. 291 を参照。

68　Heidegger, *Being and Time*, §44, pp. 256-273 を参照。

69　Ibid., p. 265 を参照。

70　Ibid., pp. 56-57.

71　この差異は広範に着目されている。例えば，レヴィナスは，フッサールとハイデガーにおける主観性の概念の対立は，ハイデガー的主観が実存の内で包み隠されていることに起因していると主張した。"L'Œuvre d' Edmond Husserl," in Emmanuel Lévinas, *En Decovrant l'exisitence avec Husserl et Heidegger* (Paris: Vrin, 1988), p. 25 を参照。

72　レヴィナスは実存としての主観と意識としての主観という見解の間の対立の背後にある連続性を強調している。というのは前者は後者の基礎上に構築されるからである。*En Decovrant l'exisitence avec Husserl et Heidegger*, p. 52 を参照。

73　Immanuel Kant, *Prolegomena to Any Future Metaphysics*, intr. Lewis White Beck(Indianapolis: LA, 1950) を参照。

74　"The Age of the World Picture," in Martin Heidegger, *The Question Concerning Technology and Other Essays*, tr. William Lovitt (Nes York: Harper & Row, 1977), p. 140 を参照。

75　Ibid., p. 153.

76　Jean Wahl, "Heidegger et Kierkegaard: Recherche des élément originaux de la philosophie de Heidegger," *Recherche philosophiques*, vol. 2(1932-1933), pp. 347-370 を参照。

77　Alexandre Koyré, "L'Evolution philosophieque de Martin Heidegger," Critique (1946), rpt, in *Etude d'histoire de la pensée philosophique* (Paris, 1961) を参照。

78　Jean Wahl, *Vers le Concret: Etudes d'histoire de la philosophie contemporaine* (Paris: Vrin, 1932). ヴァールは，ハイデガーを，自らの言葉へと他者の諸々の思想を融合的に我有化する点に着目しながら，かつ，原実存主義者の一タイプとして解釈している。彼はハイデガーを，キルケゴール，プラグマティ

ズム，ディルタイそしてシュペングラーに関する抽象的な言明を提供する者として，かつ「実存の問題が現代哲学において浮上した時に，諸物のただ中にある我々の実存をめぐる感情を，例えばキルケゴールが経験したような個体の実存という感情に結合しようとしている」者として理解している。Ibid., pp. 3-4.

79　1953年から60年の期間にわたって刊行された三論文は，以下に再録されている。Jean Hyppolite, *Figure de la pensée philosophique*, vol. II (Paris: Presses universitaires de France, 1971). "Note en manière d'introduction à Que signifier penser?", ibid., pp. 607-614; "Ontologie et phénoménologie chez Martin Heidegger," ibid., 615-624; "Etude du commentaire de l'introduction à la Phénoménologie par Heidegger," ibid., pp. 625-642.

80　Jean Hyppolite, *Logique et existence: Essai sur la logique de Hegel* (Paris: Presses universitaires de France, 1953) を参照。

81　Michael S. Roth, *Knowing and History: Appropriations of Hegel in Twentieth-Century France*, ch. 3: "From Humanism to Being," pp. 66-80 を参照。

82　例えば，Hyppolite, *Logique et existence*, p. 246 を参照。「存在は自己自身の内に根拠付けられる。存在があるのはそれが可能だからであるが，しかし存在が可能であるのは存在があるからだ。」もしここにハイデガーの影響があるならば，その影響はおそらく，直接にはサルトルの『存在と無』を通じて伝わったのだろう。

83　Jean Hyppolite, *Etudes sur Marx et Hegel* (Paris: Marcel Riviere, 1955); tr. Studies on Marx and Hegel, ed. and tr. John O'Neill(New York: Harper & Row, 1973) を参照。

84　Heidegger, *Being and Time*, pp. 279-311 を参照。

85　A. Kojève, *Introduction à la lecture de Hegel*, ed. R. Queuneau (Paris: Gallimard, 1947), pp. 529-575 を参照。

86　Ibid., p. 539 を参照。

87　Ibid., pp. 572-573 を参照。

88　Ibid., 575n を参照。

89　フランスにおける現象学的実存主義を，メルロ＝ポンティをもって嚆矢と見なすデコンブの主張は，不正確である。というのはサルトルが常に実存主義者と目されてきたからである。Vincent Descombes, *Le Même et l'autre* (Paris: Editions de Minuit, 1979), p. 72 を参照。

90　ホリエは，フランス実存主義はジャン・ヴァールの1938年の著作『キルケゴール研究 Études kierkegardiennes』の出版とともに本領を発揮するようになった，と言っている。*The College of Sociology* (1937-39), ed. Denis Hollier, tr. Besty Wing (Minneapolis: University of Minnesota Press, 1988), p. viii を参照。

91　Jules Vuillemin, *L'Heritage kantien et la révolution copernicienne* (Paris: Presses universitaires de France, 1954), pp. 227, 231 を参照。

92　第二次大戦後のフランスにおける議論への言及において，彼は以下のように書いている：

> そしてフランス実存主義は——ガブリエル・マルセルは別格だが——現象学に大きく依存している。もっともそれは，ハイデガー思想の人間学的な部分によって，つまりハイデガー自身が認めていない実存哲学によってのみ育まれているのだが。(Lévinas, En *Découvrant L'existence*, p. 5.)

93　彼による重要な批判として，以下を参照。"The Battle over Existentialism," in Maurice Merleau-Ponty, *Sense and Non-Sense*, tr. Hubert L. Dreyfus and Patricia Allen Dreyfus (Evanston: Northwestern University Press, 1964), pp. 71-82.

94　サルトルがフッサールやハイデガーの諸著作から学んでいた時期についての彼自身による説明として，以下を参照。Jean-Paul Sartre, *Les Carnets d'une drôle de guerre* (Paris: Gallimard, 1983), pp. 225-230. サルトルがヘーゲルの諸々の諸作について知るようになった仕方については，私が知るかぎり，同じ様な関係はない。この問題を解明する試みとしては，以下を参照。Chiristopher M. Fry, Sartre and Hegel: The Variations of an Enigma in "*L'Etre et Néant*" (Boon: Bouvier, 1988), pp. 3-9.

95　*Carnets d'une drole de guerre*, p. 224 を参照。

96　Ibid., p. 228.

97　Ibid., p. 229 を参照。

98　『存在と無』における，サルトルの無に関する見解と，コジェーヴとハイデガーの間の更なる関連については語っていないコジェーヴのヘーゲル読解との間の明白な関連については，以下を参照。Descombes, *Le Même et l'autre*, pp. 64-70.

99　Jean-Paul Sartre, *L'Existentialisme est un humanisme* (Paris: Nagel, 1964).

100　これについては，Maurice Merleau-Ponty, *La Phénoménologie de la perception* (Paris: Gallimard, 1945) を参照。また，Maurice Merleau-Ponty, "Le Primat de la perception et ses consequences philosophiques," in *Bulletin de la Societe française de philosophie*, vol. 41 (1947), pp. 119-153 も参照。

101　Maurice Merleau-Ponty, *Les Aventure de la dialectique* (Paris: Gallimard, 1955), "Sartre et l'ultra-bolchevisme," pp. 131-271 を参照。

102　構造主義運動の異質性によって，少なくとも一人の著作家は，いわゆる構造主義者の間に共通するものの存在を否定するに至った。François Châtelet, "Où est le structuralisme?," in *Quinzaine littéraire*, no. 31 (July 1-15, 1967), pp. 18-19.

103　構造主義の広範囲にわたる分析に関しては，Jean Piage, *Le Structuralisme* (Paris: Presses universitaires de France, 1968) を参照。

104　Peter Caws, *Structuralism: The Art of the Intelligible* (Atlantic Highlands, NJ: Humanities Press International, 1988), p. 1 を参照。

105　Jean Piage, *Le Structuralisme*, p. 6.

106　Michel Foucault, *Les Mots et les choses: Une Archéologie des sciences humaines* (Paris: Gallimard, 1966), pp. 220-221 を参照。

107　Descombes, *Le Même et l'autre*, p. 89.

108　コーズによれば，脱構築とは構造主義の諸形態の一つである。Caws, *Structuralism*, p. 162 を参照。

109　ピアジェは，有意味ではないものとしての人間個体という概念と「認識論的主観」あるいは「認識論的核」という観念とを区別している。Piaget, *Le Structuralisme*, p. 120 を参照。

110　あらゆる構造主義者のリストは恣意的なものである，というのは「構造主義」の本性に関する合意が存在しないからである。ゴルドマンが構造主義者と見なされ得るのは，彼が自らの方法を「発生的構造主義」と名付けたからである。

111　Piaget, *Le Structuralisme*, p. 58 を参照。

112　Roland Barthes, "Death of the Author," in *Image, Music, Text*, ed. and tr. Stephen Heath (New York: Hill & Wang, 1977), p. 145 を参照：

> 言語学的にいえば，作者がエクリチュールの審級でしかないのは，ちょうど「私」がまさに「私」と言明する審級以外のものではないことと同じである。言語は「主体＝主語」を知っているが，「人格＝人称」を知らない。そして主語を定義する発語の外部では空虚である主語さえあれば，言語の「統一を保つ」には事足りる，すなわち言語を使い尽くすには事足りるわけである。

113　Claude Lévi-Strauss, *La Pensée sauvage* (Paris: Plon, 1964), pp. 347-348 を参照。

114　有名な一節で，カントはこの活動を「人間の魂の深奥に隠された技術」と描写した。Kant, *Critique of Pure Reason*, B181, p. 183.

115　Claude Lévi-Strauss, *Anthropologie structurale* (Paris: Plon, 1962), p. 28 を参照。

116　Paul de Man, *Blindness and Insight: Essays in the Rhetoric of Contemporary Criticism* (Minnesota: University of Minnesota Press, 1983), p 11 を参照。

117　構造主義とマルクス主義との関係については，Lucien Sebag, *Marxisme et structuralisme* (Paris: Payot, 1964) を参照。

118　フランスにおけるマルクスのヒューマニスト的読解に関しては，Jean-Yves Calvez, *La Pensée de Karl Marx* (Paris: Editions de Seuil, 1956, 1970) を参

照。

119　この見解は彼の著作の中の多くの箇所で定式化されている。たとえば，Friedrich Engels, *Ludwig Feuerbach and the Outcome of Classical German Philosophy*, ed. C. P. Dutt(New Youk: International Publishers, 1941).

120　アルチュセールの反ヒューマニスト的な構造主義の批判に関しては，以下を参照。"Le Marx d'Althusser," in Leszek Kolakowski, *L'Esprit révolutionnaire* (Brussels: Editions Complexe, 1978), pp. 158-185.

121　Louis Althusser, *For Marx*, tr. Ben Brewster (New York: Vintage, 1970), pp. 228-229.

122　Michel Foucault, *Les Nouvelles Littéraire*, June 28-July 5, 1984, cited in Luc Ferry and Alain Renaut, *La Pensée 68* (Paris: Gallimard, 1988), p. 129.

123　フーコーの親密な仲間であるドゥルーズはこの論点を強調している。Gilles Deleuze, "L'homme, une existence douteuse," in *Le Nouvel Observateur*, June 1, 1966, p. 33 を参照。この論文の直後のインタビューにおいて，『言葉と物』では自分は単に人間の概念が 18 世紀末と 19 世紀初頭において構成された方途を指摘したかっただけだと，フーコーは指摘している。"L'Homme est-il mort? Un entretien avec Michel Foucault," *Arts et Loisirs*, no. 38 (June 15-21, 1966), p. 15.

124　この読解に関しては，George Canguilhem, "Mort de l'homme ou l'épuisement du cogito," *Critique*, no. 242 (July 1967), pp. 599-618 を参照。

125　フーコーの主観性概念に関する近年の研究については，Stoekl, *Agonies of the Intelectual* (Lincoln: University of Nebraska Press, 1992), ch. 7: "Foucault and the Intellectual Subject," pp. 174-198 を参照。ストークルは，フーコーはハイデガーとニーチェの双方に二重に依拠しており，フーコーによる人間の死のニーチェ的な肯定は，ニーチェとヘーゲルの間の分離できない結びつきに依存していると論じている。

126　de Man, *Blindness and Insight*, p. 5 を参照。

127　Michel Foucault, *Les Mots et les choses*, p. 378 を参照。

128　コジェーヴによってもハイデガーによっても個別に広められた人間の終焉という「ロマンティック」な見解は，その時代のフランス思想の至る所に反響している。シモーヌ・ド・ボーヴォワールは人類は発生し，そして未来において消滅すると考えている，とサルトルは日記の中で言及している。Sartre, *Carnets de la drôle de guerre*, p. 35 を参照。

129　Michel Foucault, *Les Mots et les choses*, p. 394 を参照。

130　Ibid., p. 397 を参照。

131　ミシェル・フーコーのインタヴュー。*Quinzaine littéraire*, no. 5 (May 15, 1966), cited in Didier Eribon, *Michel Foucault* (1926-1984) (Paris: Flammarion, 1991), p. 189.

132　Michel Foucault, *Les Mots et les choses*, p. 398 を参照。

第四章　ハイデガー，サルトルとフランスのヒューマニズム

1　マルテンは，近年，ハイデガーのほとんどミステリアスな修辞能力を強調してきた。Rainer　Marten, *Heidegger Lesen* (Munich: W. Fink.1991) を参照。
2　この議論に対する説明として，“Heideggers Übersetzung des ‘je eigenen Daseins’ in das deutshe Dasein,” in Karl Löwith, *Mein Leben in Deutschland vor und nach 1933: Ein Bericht* (Frankfurt/M.:Fischer,1989), pp. 32-42 を参照。
3　ヨーロッパ大陸の状況についての熟達した観察者であるド・マンは，この急速な変化を，危機の兆候であると主張した。Paul de Man, *Blindness and Insight:Essays in the Rhetoric of Contemporary Criticism* (Minneapolis: University of Minnesota Press, 1983), p. 3 を参照。
4　一般的な概観として，Kate Soper, *Humanism and Anti-Humanism* (La Salle, IL:Open Court), 1986 を参照。
5　この議論については，Ernesto Grassi, *Einführung in philosophische Probleme des Humanismus* (Darmstadt: Wissenschaftliche Buchgesellschaft, 1986), pp. 13-18. を参照。『規則』と同じ時期に，デカルトは，先に他者が考えたことへの一切の依存を原理的に排除する体系的手続きのために歴史的研究と体系的研究との間に区別を引いた。ルネ・デカルトの『精神指導の規則』の第三規則を参照。*The Philosophical Works of Descartes*, vol. I, ed. and trans. E. S. Haldane and G .R. T. Ross (Cambridge: Cambridge University Press, 1970), pp. 5-8.
6　“Lettes on Humanisim”, in Martin Heidegger, *Basic Wrirings*, ed. D. F. Krell(New York: Harper&Row,1977) pp. 189-242 を参照。
7　Julien Benda, *La Trahison des clercs* (Paris: Grasset,1975), pp. 153-154. を参照。
8　ルネサンスのヒューマニズムについての短い議論として以下の序論を参照。The *Renaissance Philosophy of Man*, ed. Ernst Cassirer, Paul Oskar Kristeller, and John Herman Randall, Jr. (Chicago: University of Chicago Press, 1971) pp. 1-20.
9　説明として，Jacob Burkhardt, *The Civilization of the Renaissance in Italy*, ed. Irene Gordon (New York:New American Library, 1960) を参照。グラッシによれば，ヒューマニズムは，ルネサンスの哲学に先行している。Grassi, *Einführung in Philosophische Probleme des Humanisumus*, p. 2 を参照。
10　Jean-Claude Margolin, “Humanism in France,” in *The Impact of Humanism in Western Europe*, ed. Anthony Goodman and Angus MacKay (London: Longman, 1990) ,p. 164:「幾つかの点に関しては，その論争にも関わらず，ヨーロッパのヒューマニズムが，特に，西ヨーロッパでは，古典研究の熱狂的

実践と，人間の尊厳の鋭い認識に基礎を置いた人間の哲学との間で，揺れていたことは，受け入れられるかもしれない」

11　Harald Hoffding, A History of Modern Philisophy, vol. I, tr. B. E. Meyer (New York: Dover, 1955), p. 12.

12　有益にもヒューマニズムを古典文学の復興と考えるゲイは，その他の次元への十分な注意を払うことに失敗している。Peter Gay, *The Enlightenment: An Interpretation*, (2vols., New York: Norton, 1977), vol. I, pp. 257-322 を参照。

13　ニートハンマーの古典的ヒューマニズムについては，*Hegel: The Letters*, tr. Clark Butler and Christiane Seiler (Bloomington: Indiana University Press, 1984), pp. 138-139 を参照。

14　Roland W.Henke, *Hegels Philosophieunterricht* (Würzburg: Königshausen & Neumann,1989) を参照。

15　Pico della Mirandola, *Oration on the Dignity of Man*, §3. cited in *The Encyclopedia of Philosophy*, vol. ? ,ed. Paul Edwards (New York: Macmillan, 1972), p. 70. ミランドラと同様の議論については，Ludovicus Vives, "A Fable About Man," in The Renaissance Philosophy of Man, ed. Ed, E. Cassirer, P. O. Kristeller, and J.H.Randall, Jr (Chicago: University of Chicago Press, 1971), pp. 387-393.

16　Michel Foucault, "What Is Enlightenment?," in *The Foucault Reader*, ed. Paul Rabinow (New York : Pantheon, 1984), pp. 43-44 を参照。

17　Ernst Cassirer, *The philosophy of the Enlightenment*, tr Fritz C. A. Koelln and James P. Pettegrove (Princeton: Princeton University Press, 1968) を参照。

18　Gay, *The Enlightenment: An Interpretation, and The Party of Humanity: Essays in the French Enlightenment* (New York: Norton, 1971) を参照。

19　David Hume, *A Treatise of Human Nature*, ed. L. Selby-Bigge (Oxford: Clarendon Press, 1968), p. 273.

20　Ibid., P. xix.

21　Ibid., P. xx

22　Ibid.

23　Immanuel Kant, *Critique of pure Reason*, tr. N. Kemp Smith (New York: Macmillan, 1961), B xxx, p. 29 を参照。

24　Immanuel Kant, *Prolegomena to Any Future Metaphysics*, intr. L. W.Beck (Indianapolis: LLA, 1950), p. 8.

25　"An Answer to the Question: What Is Enlightenment?," in Immanuel Kant, *Perpetual Peace and Other Essays*, tr. Ted Humphrey (Indianapolis: Hacket,1985), p. 41 を参照。

26　Tom Rockmore, "Subjectivity and the Ontology of History," in *The Monist*, vol.74, no.2 (April 1991), pp. 187-205.

27　オルソンは最近になって，特にルター派的な意味で理解された精神は，ヘーゲルの中心的なカテゴリーであると論じている。Alan M.Olson, *Hegel and the Spirit: Philosophy as Pneumatology*, (Princeton: Princeton University Press, 1992.) を参照。

28　Kant, *Critique of Pure Reason*, B 508, p. 433 を参照。

29　Ibid., B867, pp. 657-658

30　Ibid., B867, p658

31　Edmund Husserl, *Ideas: General Introduction to Pure Phenomeology*, tr. W. R. Boyce Gibson (New York: Collier Books, 1962), p. 166 を参照。

32　イッポリットは，ヘーゲルが含意しているヒューマニズムを指摘し，以下のように書く

> 永遠なる真理という古典的なドグマ主義と共に，超越論的意識という概念が歴史的生成という概念によって揺り動かされた時，『現象学』は，いずれにしても人間的事実及びその可能なる合理性の基礎を開示しているという点ですぐれている。(Jean Hyppolite, “Situation de l'homme dans la phénoméologie hégélienne,” *Les Temps Modernes*, no. 19 (April 1947), p. 1289)

33　Mikel Dufrenne, *Pour l'homme* (Paris: Seuil, 1968) を参照。

34　Roger Garaudy, *Prespectives de l'homme: Existentialisme, pensée Catholique, srtucturalisme, Marxisme* (Paris: Presses universitaires de France, 1969) を参照。

35　Heinrich Heine, *Religion and Philosophy in Germany*, tr. John Snodgrass (Albany: SUNY Press, 1986) を参照。

36　Jean-Paul Sartre, *Being and Nothingness*, tr. by Hazel E. Barnes (New York: Washington Square Press, 1973), p. 792 を参照。

37　人間の異教徒的概念に中心的に関わるものとしての啓蒙観については，Gay, The *Enlightenment: An Interpretation*, vol. I: The Rise of Modern Paganism を参照。

38　Henri de Lubac, *Le Drame de l'humanisme* (Paris: Cerf, 1983), p. 8.

39　この見解の説明として，Roger Daval, *Historie des idées en France* (Paris: Presses universitaires de France, 1965), p. 122 を参照。

40　André Bourde,　“Les lumières, 1715-1789,” in *Histoire de la France de 1348 à 1852*, ed. by Georges Duby (Paris: Larousse, 1988), p. 277 を参照。

41　Etienne Gilson “L'Etre et Dieu,” *Reveu Thomiste*, vol.62 (April/June 1962), p. 181 を参照。「キリスト教が死滅し，それを何人も疑わない時代があった。それはヴォルテールの合理主義的理神論とダランベール及びディドロの多少なりともためらいがちの無神論によって特徴付けられる哲学者の時代だった。」

42　Denis Diderot, “Epicuréisme,” in *Œuvres, vol. XIV: Encyclopédie*, p. 525,

cited in Gay, *The Enlightenment*, vol. I, p. 305.

43　マーゴリンによれば，イタリアのヒューマニズム比較して，1480 年と 1520 年の間，フランスの多様性は，中世とルネサンスとのより大きな連続性によって，そして芸術，思想，様式についてのいくつかのイタリア的見解に対する批判的もしくは敵対的でさえある反応によって，特徴づけられる。Margolin, “Humanism in France,” pp. 164-165. を参照。

44　Française Rabelais, *Pantagruel*, ed. Pierre Michel (Paris: Librairie Générale Française, 1972), bk. 2, ch.8, pp. 119-132 を参照。

45　モンテーニュの見解に対する対照的な反応としてデカルトとパスカルの見解を理解しようとする興味深い試みとして，Léon Brunschwicg, *Descartes et Pascal: Lecteurs de Montaigne* (New York and Paris: Brentano, 1944) を参照。

46　「この未知の世界を前にして，人間は自己自身の生を隠れ家とする。彼の生は，常に現前する所与として彼に属する」Bernard Groethuysen, *Anthropologie philosophique* (Paris: Gallimard, 1952), p. 264.

47　モンテーニュに言及しながら，パスカルは，「自己自身を描くという彼の愚かな構想」と言っている。Blaise Pascal, *Pensées*, ed. L. Brunschvicg (Paris: Garnier, 1961), s. 2, no. 62. ヴォルテールは，反対に「あるがままの自己を描こうとするモンテーニュの魅力的な構想。何故なら彼は人間の本性を描いたからだ」と言及している。Voltaire, *Lettres philosophiques*, lettre XXV: “Sur les pensées de M. de Pascal”

48　Michel Montaigne, *Les Essais de Michel de Montaigne*, ed. Pierre Villey (Paris: Presses universitaires de France, 1965), p. 3.

49　Donald M.Frame, *Montaigune's Discovery of Man: The Humanization of a Humanist* (New York: Columbia University Press, 1955), p. 168 を参照。

> 「われわれは，彼の後年においても，以前として彼をヒューマニストと呼べるかもしれない。もし，我々がそうするなら，しかし，実のところ，彼が，その語の意味を変えてしまったことを言明しているのである。彼は，その語に，それが以前，決して持つことのなかった幅と範囲を与えた。彼は，その語を，彼が自分自身をそうしたのと同様に，全くもって人間的なものにしたのである。」

50　Françoise Charpentier, *Essais, Montaigne* (Paris: Hatier, 1979), p. 50 を参照。

> 「『レイモン・スボンの弁護』から跡づけられるように，この真理の問題は，モンテーニュをして，彼の人生の最も深刻な危機へと沈めることになる。自己自身以外に真理はないと理解したモンテーニュは，まさにこの疑いの回転ドアを通過すべく，彼自身の言うところでは『滑車』に乗るべく，“この私”を見つめ，辛抱強くかつ優しく培い，最終的には，“この私”を『忠実に享受』するに至るまで全面的に受け入れられるようになることを承諾するのである。それが真の実存哲学なのである──

まさに実存主義という現代の思想がこの表現に与えているのと同じ意味において」

51　デカルトは，基礎付け主義の原型を提供したが，基礎付け主義の最初のヴァージョンではなかった。ベーコンは，「人間理性の織物」は「基礎」が欠けており，「科学，芸術，全ての人間の知識全体の再建が，適切な土台の上に打ち建てられることを」奨励した。“The Great Instauration,” in Francis Bacon, *The New Organon and Related Writings*, ed. Fulton H. Anderson (Indianapolis: LLA, 1960), pp. 3-4.

52　デカルトをヒューマニストとして読むものとして， Roger Lefèvre, *L'Humanismue de Descartes* (Paris: Presses universitarires de France, 1957) を参照。ルフェーヴルによれば，デカルトはヒューマニズムへの彼の関心から，後のフランスの実存主義を先取りしていた。Roger Lefèvre, *La Pensée existentialiste de Descartes* (Paris: Bordas, n. d.), p. 178 を参照。

53　Roger Lefèvre, *L'Humanismue de Descartes*, p. vii:「デカルト主義が，その時代を超えるべく時代に応える形で，文化による自然改良の試みであり，かつそうあろうとしたことが分かる……」 及び p. 246「デカルト的ヒューマニズムは，来るべき世紀に対して，人間性を高揚させるよう呼びかける」を参照。他の最近の議論として，André Glucksman, *Descares, c'est la France* (Paris Flammarion,1987) を参照。

54　*Discourse on Method*, in Descartes, Philosophical Works, I, p. 107 を参照。

55　Ibid., p. 87 を参照。

56　Ibid., p. 116 を参照。

57　Ibid., p. 401 を参照。

58　“Cartesianism“in J.B.Bury, *The Idea of Progress: An Inquiry into Its Origin and Growth* (New York: Macmillan, 1932), pp. 66-77 を参照。

59　André Bourde, “*Les lumières*,” pp. 269-270.

60　Denis Diderot, *Rameau's Nephew and Other Works*, tr. Jacques Barzun and Ralph H.Bowen (Indianapolis: LLA, 1964), p. 293.

61　ルソーは，動物と人間の間の相違が，人間が，彼ら自身で，完成できるという事実にあると主張している。

「しかし，これら全ての問いを取り巻く困難が，人間と動物の間のこの差異について論じる余地を残しているとすれば，両者を区別でき，かつ異論の余地のない非常に特殊なもう一つの性質がある。それは自己完成能力である。つまり，環境の助けを借りながら，他の全ての能力を持続的に発展させていく能力であり，種族として，そして個人としての私たちの内に宿っているものである」(J-J. Rousseau, “Discours sur cette question proposée par l' Académie de Dijon: Quelle est l' origine de l'inégalité parmi les hommes et si elle est autorisée par la loi naturelle,”

in *Du contrat social* (Paris: Garnier, 1962), p. 48)

62　Condorcet, *Esquisse d' un tableau historique des progrès de l' esprit humain*, ed. Alain Pons (Paris: Flammarion, 1988), p. 266.

63　Ludwig Feuerbach, *The Essence of Christianity*, tr.George Eliot (New York: Harper & Row, 1957) を参照。

64　Søren Kierkegaard, *Fear and Trembling*, tr. Walter Lowrie (Garden City: Doubleday, n.d.) を参照。

65　ヘーゲルは，フランス革命が，実践において，その理論的な目的と矛盾した，社会的局面における，抽象的理性の例であるという，有名な見解を持っていた。"Absolute Freedom and Terror," in G.W.F. Hegel, *Phenomenology of Spirit*, tr. A.V.Miller (Oxford: Oxford University Press, 1977), pp. 355-363 の議論を参照。

66　バークは，フランス革命は，典型的な啓蒙による伝統の侮蔑の結果であると論じた。Edmund Burke. *Reflections on the Revolution in France*, ed. Thomas H.D.Mahoney, with an analysis by Oskar Piest (Indianapolis: LLA,1955) を参照。

67　e.g. Daniel Guérin, L'Anarchisme (Paris:Gallimard, 1965) を参照。

68　その叙述として，Cornelius Castoriadis, "Les Mouvements des annés soixante," cited in Luc Ferry and Alain Renaut, 68-86: *Itinéraires de l' individu* (Paris: Gallimard,1987), pp. 551-567 を参照。

69　e.g. Maurice Blondel, "Le Christianisme de Descartes," *Revue de la métaphysique et de la morale,4* (1896), pp. 551-567 を参照。

70　Decartes, *Philosophical Works*, I, p. 145.

71　Ibid., p. 133.

72　Daval, *Histoire des idée en France*, pp. 29, 38 を参照。

73　アラン・ポンスによるコンドルセへの卓越した「導入」, *Esquisse d'un tableau historique*, pp. 36-37 を参照。

74　Ibid., p. 37 を参照。

75　Blaise Pascal, *Pensées*, ed. Jacques Chavalier, intr. Jean Guitton (Paris: Librairie Générale de France, 1962), p. 185, §384:「ピュロン主義は真である」Ibid., §387:「ピュロン主義は宗教に奉仕する」を参照。

76　Blaise Pascal, *Les Provinciales*, (Paris: Editions Garnier, 1965), "Dixhuitième lettre," pp. 354-380 を参照。

77　Heidegger, "*Letter on Humanism*", pp. 193-242 を参照。

78　その役割が恐らくわずかなものである五番目の要素は，ニーチェやキルケゴールのような他の哲学的人物へのハイデガーの注目である。後者の思想は，アンリ・ドラクロワとヴィクトール・バッシュにより，20 世紀の初めに，フランスに紹介された。そして，1946 年の講義における実存主義についてのヴァールの評価は，部分的に，ハイデガーとキルケゴールの関係について

の彼の評価に依拠している。*A Short History of Existentialism*, tr. Forrest Williams and Stanley Maron (New York: Philosophical Library, 1949) を参照。

79　詳細については，Georges Bataille, cited in *The College of Sociology* (1937-1939), p. 299 を参照。

80　Martin Heidegger, "De la nature de la cause," tr. A. Bessey, *Recherches philosophiques*, vol.1, no.1(1931), pp. 83-125 を参照。

81　Alexandre　Koyré, "Qu'est-ce que la métaphysique? Introduction" *Bifur*, no. 8 (June 1931), p. 5.

82　Ibid., p. 5.

83　Ibid., p. 6.

84　Ibid., p. 8.

85　Alexandre　Koyré, "L' Evolution philosophique de Martin Heidegger," *Critique* (1946); rpt. *in Etudes d'histoire de la pensée philosophique* (Paris: Armand Colin, 1961) を参照。

86　Jean Wahl, "Heidegger et Kierkegaard: Recherches des éléments originaux de la philosophie de Heidegger," *Recherches philosophiques*, vol. 2, (1932), pp. 349-370 を参照。

87　Martin Heidegger, *Qu'est-ce la métaphisique?*, tr. Henry Corbin (Paris: Gallimard, 1938) を参照。この巻は，『形而上学とは何か』のフランス語での完訳，「根拠の本質」の完訳，『存在と時間』の§§46-53 と 72-76,『カントと形而上学の問題』§§42-45,『ヘルダリンと詩の本質』の完訳を含んでいる。

88　Georges Gurvitch, *Les Tendances acutelles de la philosophie allemande* (Paris: Virn, 1930) を参照。

89　Emmanuel Lévinas, "Martin Heidegger et l' ontologie," *Reveue philosophique*, (May-June 1932), pp. 395-431, rpt. In Emmanuel Lévinas, *En découvrant l' existence avec Husserl et Heidegger* (Paris: Vrin, 1988) を参照。また，最初はスペインで出版され，1949 年にはフランスでこの著作の最初の版に収められた形で出版された彼の初期のエッセー "L'ontologie dans le temporel" も参照。

90　それは，ただちに出版された。Emmanuel Lévinas, *Théorie de l'intuition dans la phénomeologie de Husserl* (Paris: Vrin, 1930) を参照。

91　Alexandre　Kojéve, "Compte rendu de Georg Misch *Lebensphilosophie und Phänomenologie*," *Recherches philosophiques*, vol. 2, (1932-1933), pp. 470-474: "Compte rendu de J.Kraft, *Von Husserl zu Heidegger*," *Recherches philosophiques*, vol. 2 (1932-1933), pp. 475-477; "Compte rendu de *La Phénoménologie: Journées d'études de la Société Thomiste*," *Recherches philosophiques*, vol. 3, (1933-1934), pp. 429-431; "Compte rendu de A. Sternberger, *Der verstandene Tod: Eine Untersuchung zu Martin Heideggers Existentialontologie*," *Recherches*

philosophiques, vol.4, (1934-1935), pp. 400-402: "Compte rendu de A. Delp Tragishe *Existenz: Zur Philosophie Martin Heideggers,*" *Recherches philosophiques*, vol.5 (1935-1936); "Compte rendu de A.Fischer, Die *Existenzphilosophie Martin Heidegger: Darlegung und Würdigung ihrer Grundgedanken,*" *Recherches philosophiques*, vol.6 , (1936-1937), pp. 396-397 を参照。

92 Kojève, "Compte rendu de A. Fischer, pp. 396-397 を参照。

93 Gurvitch, *Les Tendances actuelles de la philosophie allemande* を参照。

94 E.Lévinas,"Martin Heidegger et l' ontologie," in *En découvart l' existence avec Heidegger et Husserl* (Paris : Vrin, 1988), pp. 53-76 を参照。この論文は，最初，1932 年に刊行された。

95 Lévinas, *En découvrant l' existence*, p. 89 を参照。

96 マルティン・ハイデガーは，ヘーゲル思想と自己の思想との間に，積極的な関係があるといういかなる主張も拒絶した。*Martin Heidegger, Hegels Phänomenologie des Geistes*, ed. Ingtraud Görland (Frankfult/M.: Vittorio Klostermann, 1988) を参照。

97 M.Heidegger, *Being and Time*, tr. J. Macquarie and E. Robinson (New York: Harper & Row, 1962), §82: "A Comparison of the Existential-ontological Connection of Temporality, Dasein, and World-Time, with Hegel's Way of Taking the Relation between Time and Spirit," pp. 480-486 を参照。

98 力と理解のヘーゲルの見解についてのハイデガーの発言に関する批判的議論については，Denise Souche-Dagues, *Hégélianisme de dualisme*: Réflexions sur le phénomène (Paris: Vrin, 1990), pp. 20-32 を参照。

99 A.Kojève, *Introduction à la lecture de Hegel*, ed. R. Queneau (Paris: Gallimard, 1947), p. 527n.

100 ハイデガーのフランスの翻訳者アンリ・コルバンに宛てられた 1937 年 3 月 10 日付の彼の手紙を参照。Martin Heidegger, *Questions I et II* (Paris: Gallimard, 1968), p. 10.

101 神の存在の存在論的証明に関するカントの分析については，Kant, *Critique of Pure Reason*, B 620-631, pp. 500-507 を参照。

102 「現存在 Dasein」の適切なフランス語への翻訳に関する論争の後，オーバンクは，あらゆる翻訳は，ハイデガーの意図を偽造する危険を犯しているので，術語はオリジナルのままにしておいた方が良いと主張している。Ernst Cassirer and Martin Heidegger, *Débat sur le kantisme et la philosophie* (Davos, mars 1929) (Paris: Beauchesnes), p. 9 の彼の「紹介」を参照。

103 尊敬されるフランスのハイデガー研究者であるミシェル・アールは，ハイデガーの著作の最近の版の序文で，コルバンの最初の翻訳は，フランスの公衆に，ハイデガーの著作へ接近する機会を提供したと述べている。

Heidegger, *Questions I et II*, p. 7 を参照。

104 Kojéve, *Introduction à la lecture de Hegel*, p. 11.

105 Heidegger, *Being and Time*, p. 33 を参照。

106 Heidegger, *Questions I et II*, pp. 9-17 を参照。

107 Ibid., p. 20.

108 Jean-Paul Sartre, *L'Existentialisme est un humanisme* (Paris: Nagel, 1964) を参照。

109 "A Propos de l' Existentialisme," in Jean Beaufret, *Introduction aux philosophies de l' existence : De Kierkegaard à Heidegger* (Paris: Denoël/Gonthier, 1971), pp. 9-63 を参照。

110 Heidegger, *Questions* I et II, p. 14.

111 Jean-Paul Sartre, *Esquisse d' une théorie des émotions* (Paris: Hermann, 1965), p. 8; サルトルの強調。サルトルは，後の著作の中でも，「現存在」の翻訳を維持した。実存主義についての有名な一般向けの講演の中で，例えば，彼は，「人間，あるいは，ハイデガーが言うところの人間的現実」について語っている。 Sartre, *L'Existentialisme est un humanisme*, p. 21.

112 *Le Collège de sociologie* (1937-1939), ed. By Roger Hollier (Paris: Gallimard, 1979), p. 187.

113 Simone de Beauvoir, *La Force de l' âge* (Paris: Gallimard, 1960), p. 483 を参照。

114 *Bulletin de la Société française de philosophie*, 1937, p. 168 を参照。

115 Ibid., p. 168-172 を参照。

116 Jean Wahl, *La Pensée de l' existence* (Paris: Flammarion, 1951), pp. 5-6 を参照。

117 Jean Wahl, *Mots, mythes et réalité dans la pensée de Heidegger* (Paris: Les cours de la Sorbonne, 1962), p. 183 を参照。

118 Otto Pöggeler, "Jean Wahls Heidegger-Deutung," *Zeitschrift für philosophische Forschung*, 1958, pp. 437-458. を参照。

119 *Bulletin de la Société française de philosophie*, 1937, p. 193-194 を参照。

120 Jean-Paul Sartre,"Le république du silence," in *Situations*, III,pp. 11-12, cited in John Gerassi, *Jean-Paul Sartre: Hated Conscience of His Century* (Chicago: University of Chicago Press, 1989), p. 174.

121 シュピーゲルベルクによれば，サルトル以上に，フランスでのフッサールへの関心を創りだしたものはいない。Herbert Spiegelberg, *The Phenomenological Movement: A Historical Introduction* (The Hague: Martinus Nijhoff,1982), p. 434 を参照。

122 「三人のH」についてのサルトルの解釈の手短な要約として，Sartre, *Being and Nothingness*, "Husserl, Hegel, Heidegger," pp. 315-339.

123 Jean Beaufret, *Introduction aux philosophies de l' existence* (Paris: Denoël,

1971), p. 5.
124 Jean-Paul Sartre, *Situations*, X (Paris: Gallimard, 1975), p. 110 を参照。
125 Julliette Simont, "Sartre et la consicence malheureuse," in *Magazine littéaire*, no. 293 (November 1991),pp. 59-61 を参照。
126 Christopher M. Fry, *Sartre and Hegel: The Variations of an Enigma in "L' Etre et le Néant,"* p. 3 を参照。
127 Beauvoir, *La Force de l' âge*, p. 447.
128 Jean-Paul Sartre, *Critique de la raison dialectique* (Paris: Gallimard, 1960), p. 248.
129 サルトルは，ある場合に，外の世界に気づいていないかのように思える。彼の雑誌への言及の中で，「メモは責務，日常的なささやかな責務であり，むしろ謙虚さをもってそれを再読することになる」と書いている。 Jean-Paul Sartre, *Les Carnets de la drôle de guerre* (Paris: Gallimard, 1983), p. 90.
130 Ibid., p. 34.
131 Immanuel Kant, *Fundamental Principles of the Metaphysics of Morals*, tr. By Thomas K. Abbott (New York:LLA, 1949), p. 67 を参照。
132 Sartre, *Being and Nothingness*, p. 562 を参照。
133 Ibid., p. 568.
134 Ibid., p. 571.
135 Jean-Paul Sartre, *Lettres au Castor et à quelques autres* (2 vols., Paris: Gallimard, 1983), vol.II, p. 301, cited in Gerassi, Sartre, p. 170.
136 伝統についての議論としては，Heidegger, *Being and Time*, §74 を参照。
137 Arthur Danto, "Thoughts of a Bourgeois Daftee," in *New York Times Book Review*, March 31, 1985, cited in Grassi, Sartre, p. 168.
138 サルトルによれば，1940 年代の初めに，自由は，他者の自由によって制限されているという自由の観念を受け入れることで，彼は，自らの当初の絶対的自由観を修正した。Simone de Beauvoir, *La Cérémonie des adieux, suivi de Entretiens avec Jean-Paul Sartre* (Paris: Gallimard, 1981), p. 453 を参照。
139 Jean-Paul Sartre, *Situations*, I (Paris: Gallimard, 1947), p. 33:「人間が，デカルトが神に基礎づけたこの創造的自由を回復し，この真理にしてヒューマニズムの本質的な基礎であるもの，つまりその現われによって世界が実在せしめられている人間と存在を疑うに至るには二世紀にわたる危機――信仰の危機と科学の危機――が必要だろう」
140 シモーヌ・ド・ボーヴォワールへの 1940 年の 1 月 9 日付の手紙の中で，彼は，自分の日記を再読していて，最も明瞭な観念がハイデガーに帰することに気づいて不平を言っている。この手紙は，Annie Cohen-Solal, *Sartre* (Paris: Gallimard, 1985), p. 202 に引用されている。
141 われわれは，サルトルの専門的な思想と，その非公式で一般的な表明と

を区別すべきである。この講演に関する議論については，Thomas R. Flynn, *Sartre and Marxist Existentialism: The Test Case of Collective Responsibility* (Chicago: University of Chicago Press, 1984), pp. 31-48 を参照。

142 Martin Heidegger, "The Self-Assertion of the German University," in *Martin Heidegger and National Socialism: Questions and Answers*, ed. G.Neske and E.Kettering (New York: Paragon, 1990), pp. 15-31 を参照。このテクストの分析については，T. Rockmore, *On Heidegger's Nazism and Philosophy* (Berkeley: University of California Press, 1992), chapter 2, pp. 28-72 を参照。

143 行動の必要性を説いている講演の中で，彼は，自らのデカルト主義を主張するに際して，以下のように書いている。

「出発点としては，これ以外の真理はありえない。我思う故に我有り：これは自己自身に到達する意識の絶対的真理である。従って，人間が自己自身に到達するこの瞬間の外部で人間を理解するあらゆる理論は，何であれ，真理を抑圧する理論である」(Sartre, *L' Existentialisme est un humanisme*, p. 64)

144 サルトル思想とマルクス主義との適合性については，T.Rockmore,"Sartre and 'the Philosophy of Our Time'," *Jounal of the British Society for Phenomenology*, vol.9, no. 2(May 1978), pp. 92-101 を参照。

第五章　ジャン・ボフレと『ヒューマニズム書簡』

1 ドイツの指導的なハイデガー学者の一人ペゲラーは，フランスのハイデガーの受容におけるサルトルの役割を正しく認めている。「サルトルの紹介でハイデガーはフランスの知識人の議論を決定的に支配する思想家となった」Otto, Pöggeler "Jean Wahls Heidegger Deutung," *Zeitschrift für philosophische Forschung*, 1958. p. 438.

2 この著作によって受けた深い印象についてのドゥルーズの見解については James Miller, *The Passions of Michel Foucault* (New York; Simon &Schuster, 19939, P 40 を参照。

3 J,Gerassi, *Jean -Paul Sartre; Hated Conscience of His Century* (Chicago: University of Chicago Press, 1989) p. 30 を参照。

いかなる知識人も，いかなる文筆家も，だれも，サルトルほどに，大西洋の両側で大学人，ジャーナリスト，知識人，政治家に憎まれた人はいなかった。このような考えは新しいものではない。サルトルは彼らに半世紀間も憎まれつづけたのである。

4 完全なリストについては Gerassi, *Sartre ch. 2 "L'Adulte Terrible,"* pp. 30-37 を参照。

5 例えば，"Plaidoyer pour les intellectuals; Trois conférences données à Tokyo

et à Kyoto en septembre et octobre 1966" Jean-Paul Sartre, *Situations philosophique* (Paris; Gallimard,1990). pp. 219-281 を参照。

6 ミシェルは占領期にはドイツ人の許可なしにはだれも出版できなかったと指摘している。彼はヴァールその他のように海外でではなく，占領下のフランスで出版を続けたカミュ，ヴァレリー，ギュルワン，コクトー，モーリアック，ジッド，ポランなどの著述家たちの詳しいリストを提供している。Henri Michel, Paris allemand (Paris;Albin Michel, 1981),ch,9 "L'activité culturelle; évasion ou soumission?, pp. 315-346 を参照。

7 これはジョセフの最近の批判的研究の主たるメッセージである。Gilbert Joseph, *Une si douce occupation: Simone de Beauvoir et Jean-Paul Sartre*, 1940-1944 (Paris; Albin Michel, 1991) を参照。主としてシモーヌ・ド・ボーヴォワールに向けられた同じような研究については Bianca Lamblin, *Mémoires d'une jeune fille dérangée* (Paris; Editions Balland, 1993) を参照。

8 "'L'homme est-il mort?," *Arts et Loisirs*（1966 年 6 月 15 日 ）, D. Eribon, Michel Foucalt, (Paris: Flammarion, 1991), p. 189 に引用。

9 この見方はデコンブが詳しく展開し，うまくハイデガーと関連づけている。Vincent Descombes, *Le Même et l'autre* (Paris: Editions de Minuit, 1979), p. 93

10 Eribon, *Foucault*, p. 297 を参照。

11 Ibd., p. 188 を参照。

12 Pierre Bourdieu, *Le Sens pratique* (Paris: Minuit, 1980), p. 8 を参照。Eribon, *Foucault*, p. 188 に引用。

13 Jean-Paul Sartre, *La Nausée* ((Paris:Gallimard, 1938) pp. 164-179p.

14 カナパは，全ての人がヒューマニズムに賛成だが，ヒューマニズムについての異なった見解の間でヒューマニズムという用語以上に共通なものが必ずしもあるわけではない，と正しい指摘をしている。Jean Kanapa, *L'Existentialisme n'est pas un humanisme* (Paris: Editions Socials, 1947), pp. 13-14 を参照。

15 「第二次大戦終決後，全ての思想の潮流がヒューマニズムをかかげた。サルトルは実存主義がヒューマニズムであることを示し，マルクス主義者は自分の利益になるようにこれを利用し，またP・アンリ・ド・リュバックはある種の無神論にヒューマニズム的な性格があることを認めた。」Jean-Claude Margolin, *L'Humanisme en Europe* (Paris: Presses universitaires de France, 1981), p. 6

16 Jean Lacouture, *Léon Blum* (Paris: Editions du Seuil, 1977), pp. 517-523 を参照。

17 Tony Judt, *Past Imperfect: French Intellectuals*, 1944-1956 (Berkeley: university of Calfornia Press, 1992) を参照。

18 Judt, *Past Imperfect*, pp. 87-88, 90 を参照。

19　Maurice Merleau-Ponty, *Humanisme et terreur: Essai sur le problème communiste* (Paris: Gallimard, 1947) を参照。

20　Maurice Merleau-Ponty, *les Aventures de la dialectique* (Paris: Gallimard,1955) を参照。

21　例えば, Drieu la Rochelle, *Socialisme fasciste* (Paris:Gallimard, 1934) を参照。

22　ジョゼフはサルトルの抵抗運動への参加の神話はそれ以上の何ものでもないことを示している。Jozeph, *Une si douce occupation* pp. 366ff を参照。また知識人の役割の研究については Jacques Débru-Bridel, *La Résistance intellectuelle* (Paris:Juilliard, 1970) を参照。

23　Annie Cohen-Social, Paul Nizan: *Communiste impossible*, (Paris: Grasset, 1980) を参照。

24　*Politzer contre le nazisme*, ed. Rogern Bourderon (Paris: Editions sociales, 1984) を参照。

25　Gabrielle Ferrières, *Jean Cavaillès: Un Philosophe dans la guerre*, 1903-1944 (Paris: Seul, 1982) ; また, Georges Canguilhem, *Vie et mort de Jean Cavaillès* (Ambialet/Vaillefrance-Albigeois: Laleure, 1976) を参照。

26　Roger Garaudy, *Les Lettres françaises*, December 28, 1945 p. 89, Cohen-Social, *Sartre*, p. 381 に引用されている。

27　Jean Wahl, *Petite Histoire de l'existentialisme*, (Paris: Club Maintenant, 1947) p. 12

28　*Bulletin de la Societé Française de Philosophie*, 1937, pp, 193-194 を参照。ジャン・ヴァールの論文に対して, ハイデガーは次のように書いている (p. 193)「あなたの「実存の哲学」に関する批判的コメントは非常に啓発的です。しかし『存在と時間』において「実存」, あるいは「キルケゴール」が問題にされているとしても, 私の哲学的傾向を実存哲学 Existenzphilosophie という分類に入れることはできないと, 繰り返さなければなりません。」

29　この件についての話は Miller, *The Passion of Michel Foucault*,. 42-44　を参照。

30　サルトルの講義に関して, ビュルニエは次のように書いている。「これらのくだりが重視されるに至ったのは, 『存在と無』を読むことを躊躇い, 141 ページまでざっと読んだだけで, これであまり骨を折らずにサルトルを攻撃できると, 良心の呵責を感じることもなくぬか喜びした多くの批評家たちの怠惰のせいだと思われる。」(M. A. Burnier, *Les Existentialiste et la politique*, p. 31, Michel Contat, &Michel Rybalka, *Les Ecrits de Sartre : Chronologie, bibiliographie commentée* (Paris: Gallimard, 1970), p. 131 に引用。

31　Tomas Aquinas, On *Being and Essence*, tr. Armand Maurer (Tronto: Pontifical Institute of Medieval Studies, 1949)

32　Jean-Paul Sartre, *L'existentiallisme est un humanisme* (Paris: Nagel, 1964) p.

17を参照。
33　Ibid., p. 21を参照。
34　Ibid, p. 62を参照。
35　Ibid., p. 65を参照。
36　Ibid., p. 92を参照。
37　Ibid. を参照。
38　Ibid., p. 10を参照。
39　Ibid., p. 64を参照。
40　Ibid., p. 94を参照。
41　Ibid.., p. 95を参照。
42　Ibid., p. 95を参照。
43　Ibid., p. 44を参照。
44　Ibid., p. 61を参照。
45　Ibid., p. 88を参照。
46　Henri Lefevre, *L'Existentialisme*, (Paris: Le Sagittaire, 1946)
47　フランスのアカデミズム哲学についての優れたフランス・マルクス主義的な批評として，最初1932年に出たポール・ニザンの *Les Chiens de garde* (Paris: Maspero, 1960) を参照。
48　Lefevre, *L'Existentialisme*, p. 13を参照。
49　フランスにおける論議のこのパースペクティヴについては Georg Lukács, *Existentialisme ou Marxisme?, tr.* E.Kelemen , (Paris:Nagel, 1948. rpt. 1961) を参照。
50　Lefevre, *L'Existentialisme*, p. 191を参照。
51　Ibid., p. 211を参照。
52　Ibid., p. 213を参照。
53　Ibid., p. 221を参照。
54　Ibid., p. 224を参照。
55　フランスにおけるヤスパース研究については Michel Dufrenne &Paul Ricoeur, *Karl Jaspers et la philosophie de l'existence* (Paris:Seuil, 1947) を参照。
56　Etienne Gilson, *L'Etre et l'essence* (Paris: Vrin, 1987), p. 354
57　Ibid. p. 361を参照。
58　E.Lévinas, "L'Ontologie est-ell fondamentale?, *Revue de métaphysique et de morale*, vol.. 56(January-March 1951), p. 89を参照。
59　Henri Birault, "Existence et vérité d'après Heidegger," *Revue de métaphysique et de morale*, vol.. 56 (January-March 1951), p. 35-87を参照。
60　Henri Birault, *Heidegger et l'expérience de la pensée* (Paris: Gallimard, 1978), p. 9を参照。
61　Henri Birault, "Existence et vérité", p. 39を参照。

62 Jean Beaufret, "A proprs de l'existentialisme," in Jean Beaufret, *Introduction aux philosophies de l'existence: De Kierkegaard à Heidegger* (Paris: Denoël/Gonthier, 1971), pp. 9-77 を参照。

63 Ibid., p. 19 を参照。

64 Ibid., p. 16 を参照。

65 Ibid., p. 62 を参照。

66 彼の "Martin Heidegger et le problème de la vérité," *Introduction aux philosophies de l'existence* (Paris: Denoël/Gonthier, 1971), pp. 111-146 を参照。

67 Ibid., p. 129 を参照。

68 Ibid., p. 131 を参照。

69 Ibid., p,136 を参照。

70 Jean Beaufret, *Dialogue avec Heidegger*, vol. II *Philosophie* moderne (Paris: Editions de Minuit, 1973), p. 18.

71 Ibid., pp, 49-50 を参照。

72 Ibid., p, 133 を参照。

73 Ibid., p, 147 を参照。

74 Jean Beaufret, *Dialogue avec* Heidegger, vol.III *Approche de Heidegger* (Paris: Editions de Minui, 1974), pp. 41,222 を参照。

75 Jean Beaufret, *Dialogue avec Heidegger*, vol. IV *Le Chemin de Heidegger* (Paris: Editions de Minui, 1985), pp. 113-114 を参照。

76 Wahl, *Petite Histoire de l'existentialisme*, p. 52

77 Ibid., p,69 を参照。

78 Tom Rockmore, *On Heidegger's Nazism and Philosophy* (Berkely: University of Califormia Press) を参照。

79 The Rectorial Address, " in *Martin Heidegger and National Socialism*, ed. Günther Neske &Emil Ketering (New York: paragon House, 1990), pp,5-14.

80 この議論はファリアスによって展開されたものである。Victor Farías, *Heidegger and Nazism*, ed. Joseph Margolils &Tom Rockmore, tr. Paul Burell & Gabriel R, Ricci (Philadelphia: Temple University Press, 1989)

81 "Wege zur Aussprache," *Alemannenland: Ein Buch von Volkstum und Sendung*, ed. Franz Kerber (Stuttgart: J.Engelhorns Nacht, 1937), pp. 135-139, rpt, Guido Schneeberger, *Nachlese zu Heidegger: Dokumente zu seinem Leben und Denken* (Berne, 1962) pp. 258-262w を参照。

82 ブリンクマンは 1918 年のドイツの崩壊のあと，ヒトラーとムッソリーニの人種観に影響された美術史分析をした。彼はイタリア，フランス，ドイツは三つの先進国（Führernationen）である，とみなした。Erich Brinkmann, *Geist der Nationen*: *Italiener-Franzosen-Deutsche* (Hamburg: Hofmann & Campe, 1938), pp. 159-162 を参照。

83 Schneeberger, *Nachlese zu Heidegger*, p. 262

84 Ibid., p, 258

85 "Rectorial address-Facts and Thoughts,", p. 497

86 *Schneeberger, Nachlese zu Heidegger*, p. 260

87 この初期マルクスの見解について，彼の論文 "Contribution to the Critique of *Hegel's Philosophy of Right*: Introduction" in Karl Marx, *Early Writings*, tr. T. B. Bottomore (New York: McGraw-Hioll,1964) pp. 41-60 を参照。ルカーチは強い影響を持った彼自身のマルクス解釈の基礎を階級意識の効力においた。Georg Lukács, *Hisotry and Class Consciousness: Studies in Marxist Dialectics*, tr. R.Livingstone (Cambridge: MIT Press, 1971)

88 Schneeberger, *Nachlese zu Heidegger*, p. 260

89 抑圧された人間性に奉仕する革命的な形態の思想の一つにマルクス主義を数えようとするルカーチ自身の努力は，ここでのハイデガーの見解に重要な点で相似しているが，これは彼の長いマルクス主義期において一貫したものであった。

90 "Lettre à Monsieur Beaufret," Martin Heidegger *Lettre sur l'Humanisme* tr.R.Munier (Paris: Aubier, 1964), pp,179-185

91 Mikkel Borch-Jacobsen, *Lacan: le Maître absolu* (Paris: Flammarian, 1990), p. 32 を参照。

92 ハイデガーの「烙印付け」に，そして，後には「名誉回復」へと繋がることになったヤスパースのレポートについては，Hugo Otto, *Martin Heidegger: Unterwegs su seiner Biographie* (Frankfurt/M.: Campus, 1988), pp. 315-317 を参照。

93 Jasper's letter to Heidegger of August 23, 1933, cited in Ott, *Martin Heidegger*, pp. 192-193 を参照。

94 ハイデガーをめぐるクローチェのフォスラーとの往復書簡については Schneeberger, *Nachlese zu Heidegger*, pp. 110-112 を参照。

95 アルチュセールが，自分の反ヒューマニズムがハイデガーの『ヒューマニズム書簡』の影響を受けている事実を認めたことについては，Louis Althusser, *L'Avenir dure longtemps suivi de Les Faits*, ed. Oliver Corpet & Yann Moulier Boutang (Paris: Stock/Imee, 1992), p. 168 を参照。この著作を起点としてアルチュセールを理解しようとする研究として，Stanislas Breton, "Althusser aujourd'hui," *Archives de philosophie*, vol. 56. no.3. pp. 417-430 を参照。

96 このテクストについての四つの解釈を分類したクジノーは，その体系的な曖昧さのせいできわめて解釈が難しいと述べている。Robert Henri Cousineau, *Humanism and Ethics: An Introduction to Heidegger's Letter on Humanism with a Critical Bibliography* (Louvain: Edition Nauwelaerts, 1972,

esp. pp. 65-66 を参照。

97 Gerhard Krüger, Martin Heidegger und der Humanismus, “ Studia Phiolosophica, no. 9 (1949), pp. 93-129, rpt.Philosophische Rundschau, 1950, pp. 148-178 を参照。

98 Beaufret, *Introduction aux philosophies de l'existence*, p. 16.

99 Martin Heidegger, *Letter sur l'humanisme*, pp. 182-183 を参照。

100 Martin Heidegger, *L'Etre et le Temps*, §§1-44 tr. R,Boehm & De Waelhens (Paris: Gallimard, 1964).

101 Martin Heidegger, *L'Etre et le Temps*, tr. Emmnuel Martineau (Paris:gAuthentica, 1985).

102 Martin Heidegger, *L'Etre et le Temps*, tr. François Vezin (Paris: Gallimard, 1986).

103 ジョゼフ・ロヴァンによる，『ヒューマニズム書簡』の最初のヴァージョンの部分訳が Fontaine, no. 63 (1947) に掲載された。このテクストの改訂版がハイデガーによって 1947 年に出版され，1953 年に *Cahiers du sud*, nos. 319-320 に掲載され，1957 年に二カ国語で手に入るようになった。

104 Martin Heidegger, *Letter sur l'humanisme*, pp. 182-183. 強調はハイデガーによる。

105 ハイデガーはヘルダリンについての連続講義を 1934/35 の冬学期，1941/42 の冬学期，1942 年の夏学期の三回行った。第一の講義はハイデガーの詩への転回を理解するうえで特に重要である。Martin Heidegger, *Hölderlins Hymnen “Germanien” und “Der Rhein”*, ed. Susanne Ziegler (Frankfurt/M.:Vittorio Klostermann, 1980) を参照。

106 ハイデガーはニーチェについての講義を 1936 年と 1940 年 に行った。彼の講義の修正版については，Heidegger, *Nietzsche* (vols., Pfullingen: Neske, 1961) を参照。

107 Martin Heidegger, *Die Grundbegriffe der Metaphysik: Welt-Endlichkeit-Einsamkeit* (Wintersememter 1929/30) ed. Friedrich-Wilhelm von Hermann (Frankfurt/M.: Vittorio Klostermann, 1980) を参照。

108 ここと，主要な哲学的著作においてハイデガーが疎外を主張しているため，マルクス主義の影響を認めようとする著作家もある。ゴルドマンは『存在と時間』がルカーチの『歴史と階級意識』への応答である，と論じる。Lucien Goldmann, *Lukács and Heidgger: Towards a New Philosophy*, tr. William G,Boelhower (London : Routledge & Kegan Paul.1977) を参照。

109 Martin Heidegger, “The Letter on Humanism,” M. Heidegger, *Basic Writings* ed. D.F.Krell (New York: Harper& Row, 1077), p. 219.

110 Ibid. p, 208 を参照。

111 Ibid., p, 231.

112 Ibid., p, 220 を参照。
113 Ibid., p. 221 を参照。
114 Ibid., p. 222 を参照。
115 Ibid., p, 239 を参照。
116 Ibid., p 231 を参照。
117 Ibid., pp, 239 .241-242 を参照。
118 Ibid., p, 220 を参照。
119 Ibid., p, 221 を参照。
120 Ibid., p, 220 を参照。
121 行為の哲学者ブロンデルは十字架上の聖ヨハネによって図示された，真の行動は神を思うことであるという宗教的な見解を想起する。「すべての他の行動を包み，達成するのは，神を真に思うことである」Maurice Blondel, cited in André Lalande, *Vocabulaire technique et critique de la philosophie*, vol. 1 (Paris: Presses universaitaires de France, 1926), p. 17
122 転回の時期と性質については論争がある。ボフレは，これを 1927 年の『存在と時間』の出版の後であり，それは，それ以前の始まりよりもラディカルなもう一つの始まりである，としている。Beaufret, *Dialogue avec Heidegger*, IV, p. 85 を参照。
123 例えば，マルティン・ハイデガーの哲学においては無神論が本質的である，という彼のコメントを参照。*Phänomenologische Interpretationene zu Aristotles: Einführung in die Phänomenologische Forschung*, ed. Walter Bröcker & Käte Bröcker-Oltmanns (Frankfurt/M,: Vittorio Klostermann, 1985), p. 15
124 Beaufret, *Dialogue avec Heidegger*, IV, p. 112 を参照。
125 George Kovacs *The Question of God in Heidegger's Phenomenology* (Evanston: Northwestern Unviersty Press, 19900. p. 180n27 を参照。
126 イエズス会の修道院での勉学期間の後，ハイデガーの組織宗教に対する関係は自然でなくなり，敵対的にすらなった。彼は，哲学はキリスト教に基盤におくことはできないと常に考えていた。最近の研究としては Kovacs, *The Question of God* を参照。フランスでの議論ではボフレがこの点を認めている。Beaufret, *Dialogue avec Heidegger*, IV, p. 111, また Eryck de Rubercy & Dominique Le Buhan, *Douze questions posée à Jean Beaufret à propos de Martin Heidegger* (Paris: Aubier Montaigne, 1983), p. 32 を参照。
127 1937 年のフランス哲学会において発表された，ジャン・ヴァールのハイデガーについての論文に対する応答の中で，自分の哲学上の理論と宗教的信仰とを重ね合わそうとする傾向のあるレヴィナスは，ハイデガーはむしろ両者を区別しようとしていると主張している。"Lettre de M.E. Lévinas" in *Bulletin de la Société française de philosophie*, 1937, p,194
128 Birault, "Existence et verité" p. 87 を参照。彼は後に考えを変えた。後の

論文では，ハイデガーの存在論とキリスト教をきっぱりと区別している。Henri Birault, “La foi et la pensée d’après Heidegger,” *Recherches et débats* no. 10 (May 1955), p. 132.”「しかし，存在の声は神の言葉ではない。それは，われわれを暗い存在（Il y a）と，神々と人間との住まう明るみに対する本来的驚きへと誘うのである」

129 Martin Heidegger, “ The Letter on Humanism”, pp. 207-208.

130 L’endurance de la pensée (Paris: Plon,1969) を参照。

131 “Preface by Martin Heidegger,” William J,Richarson, *Heidgger: Through Phenomenology to Thought* (The Hague: Martinus Nijhoff, 1967), pp. viii-xxiii を参照。

132 Ibid., pp. . xvi, xvii を参照。

133 文脈重視のアプローチをする人であれば，ハイデガーにきわめて密着した信奉者であっても，このような転回についての反文脈的見解，そもそも転回がなかったのではないか，と疑うに至るような立場はとらないだろう。Ernst Nolte, Heidegger: *Politik und Geschichte in Leben und Denken* (Berlin: Propyläen, 1992) を参照。

134 Albert Rosales, “Zum Problem der Kehre im Denken Heideggers,” *Zeitschrift für philosophische Forschung*, 38 (1984), p. 243 を参照。

135 Ibid., p,262 を参照。

136 J.-F,Mattéi,“Le Chiasme heideggérien ou la mise à l’écart de la philosophie” in Dominique Janicaud and J,-F J.F,Mattéi, *La Métaphysique à la limite* (Paris: Presses universitaires de France, 1983). p. 85.

137 Ibid., p, 93 を参照。

138 Jean Grondin, Le Tournant dans la pensée de Martin Heidegger (Paris: Presses universitaires de France, 1987), p, 121 を参照。

139 Martin Heidegger, *Metaphysische Anfangsgründe der Logik im Ausgang von Leibniz* (Sommersemister 1928), ed, Klaus Held (Frankfurt/M.: Vittorio Klostermann, 1978) を参照。

140 Martin Heidegger, “On the Essence of Truth,” in M. Heidgger, *Basic Writings* ed. D.F,Krell (New York: Harper& Row, 1977), p. 139.

141 Martin Heidegger, *Schellings Abhandlung* “*Über das Wesen der menschlichen Freiheit* ” (1809), ed, Hildegard Feick (Tübingen: Max Niemeyer, 1971), p, 38 .

142 Ibid., p, 79.

143 Martin Heidegger, *The Will to Power as Art*, tr. David Farell Krell（New York: Harper& Row, 1979）ch, 5 (The Structure of the ‘Major Work’: Nietzsche’s Manner of Thinking as Reversal [Umkehrung]” and（“Truth in Platonism and Positivism: Nietzsche’s Overturning [Umdrehung] of Platonism”, pp, 25-33, 151-161

144 Ibid., pp, 29, 30 を参照。

145 Ibid., p, 210 を参照。

146 Heidegger, *Nietzsche*, p. 654 を参照。

147 "Only A God Can Save Us : Der Spiegel's interview with Martin Heidegger," *Phisolophy Today*, Winter 1976, p. 274 を参照。

148 Hanna Arendt, The Life of the Mind : Willing (New York: Harcourt Brace Jovanovich, 1978), p.173 を参照。

149 Aubenque, "Encore Heidegger et le nazisme," *Le Débat*, no. 48 (January-February 1988), p. 121 を参照。

150 Silvio Vietta, *Heideggers Kritik am Nationalsozialismus und an der Technik* (Tübingen: Maz Niemeyer, 1989) ch. 4 Heideggers Nietzsche-Lektüre: Kritik der Weltanschauungen und Nihilismusbegriff" pp. 48-68, esp. pp. 66-68 を参照。

151 Otto Pöggler, "Heidegger, Nietzsche, and Politics, *The Heidegger Case: Philosophy and Politics*, ed..Tom Rockmore and Jozeph Margolis (Philadelphia: Temple University Press, 1972 pp. 114-140 を参照。

152 Martin Heidegger, *Beiträge zur Philosophie*, ed. Friedrich-Wilhelm von Hermann (Frankfurt/M.: Vittorio Klostermann, 1989), p. 407.

153 Ibid., p, 408.

154 Martin Heidegger, *Die Technik und die Kehre* (Pfullingen: Neske, 1962), p, 42 を参照。

155 Heidegger, *Höderlins Hymnen* を参照。

156 Martin Heidegger, *Zur Bestimmung der Philosophie*, ed. Bernd Heimbüchel (Frankfurt/M.: Vittorio Klostermann, 1987), p, 75 その他参照。

157 Rockmore, *On Heidegger's Nazism and Philosophy.*

第六章　ハイデガーの『ヒューマニズム書簡』とフランスのハイデガー主義

1 体系の一般的な問題を通してのカントの批判哲学の受容についての議論は, Tom Rockmore, Hegel's *Circular Epistemology* (Bloomington: Indiana University Press, 1986),ch. 2: "Epistemological Justification: System, Foundation, and Circularity," pp. 16-43 を参照。

2 Martin Heidegger, *Being and Time*, tr. J. Macquarie and E. Robinson (New York: Harper & Row, 1962), §44: "Dasein, disclosedness, and truth," pp. 256-273 を参照。

3 例えばマルティン・ハイデガーの *Gelassenheit* (Pfullingen:Neske,1959) に収められた諸論考を参照。

4 Martin Heidegger, "The Letter on Humanism," in M, Heidegger, Basic Writings ed. D. F. Krell(New York : Harper & Row, 1977), p. 197 を参照。

5　Ibid., p. 198 を参照。
6　Ibid., p. 207 を参照。
7　Ibid. を参照。
8　Ibid., p. 209 を参照。
9　Ibid., p. 210 を参照。
10　ハイデガーのフランスの翻訳者によれば,「書簡」は,講義「形而上学とは何か」への手引きであるとともに,『存在と時間』への最良の手引きでもある。Roger Munier, "Introduction" to Martin Heidegger, *Lettre sur l'humanisme* tr.R.Munier (Paris: Aubier, 1964), p. 7 を参照。
11　形而上学と哲学,もしくは形而上学と西洋哲学との単純な同一視は,哲学を超えるものとしての後期の立場の表現を試みるハイデガーの努力にとっては有効であるが,問題を孕むものである。フランスの哲学的議論における異論については,Paul Ricoeur, *La Métaphore vive*, (Paris:Editions du Seuil, 1975), p. 395:「今や思考の怠惰と化している,便利さのゆえに西洋の思想全体を形而上学というたった一つの単語で言い表すことを止める瞬間が来た,と私には思える」。リクールの批判に対するJ・ボフレの応答については,Jean Beaufret, Dialogue avec Heidegger, vol. IV: Le Chemin de Heidegger (Paris:Editions de Minuit, 1974), p. 41 を参照。
12　オットー・ペゲラーは,彼の良く知られたハイデガー研究の「第二版への後書」の中で,「『寄与』は,私にとって,ハイデガーの主要な作品である」Otto Pöggeler, *Martin Heidegger's, Path of Thinking*, tr. Daid Magurshak and Sigmund Barber (Atlantic Highlands,NJ:Humanities Press, 1987), pp. 286-287 と書いている。『寄与』の出版の後に書かれたより最近の論文では,「この孤独の中で,ハイデガーは,1936-38 の間に,彼の本来の主著である『哲学への寄与』を執筆した」(Otto Pöggeler "'Praktische　Philosophie' als Antwort an Heidegger," *in Martin Heidegger und das "Dritte Reich": Ein Kompendium*, ed. Bernd Martin (Darmstadt:Wissenschaftliche Buchgesellschaft,1989), p. 85) と述べている。
13　この作品の参照で,マルテンは,「その中 [=『寄与』] で,彼は全くもってあからさまに,論議し展開するということは一切試みることなく,自らの考察,思いつき,幻想,預言者的な推測や予感を奔放に走らせながら,同時に,それらが相互に何重にも連携し合うようにしたのである。そこから帰結してくるものは,哲学的には最低の説得力しかなく,それゆえ満足の行くものではない。しかしそれこそが,哲学者ハイデガーに典型的な振る舞いなのである」と書いている。Rainer Marten, *Heidegger Lesen* (Munich: Wilhelm Frink, 1991), p. 84.
14　この議論については,Rockmore, *On Heidegger's Nazism and Philosophy* (Berkeley: University of California Press, 1922), ch.5: "Nazism and the *Beiträge*

zur Philosophie" pp. 176-203 を参照。

15　Beaufret, *Dialogue avec Heidegger*, IV, p. 9 を参照。

16　Heidegger, *Basic Writings*, p. 242.

17　E.de Rubercy and D. Le Buhan, *Douze questions posées à Jean Beaufret à propos de Martin Heidegger* (Paris:Aubier Montaigne, 1983), p. 17 を参照。

18　Pierre Bourdieu, "Aspirant philosophe: un point de vue sur le champ universitaire dans les années 50," in *Les Enjeux philosophiques des années 50* (Paris: Centre Georges Pompidou), p. 23n.

19　例えば，ハイデガー思想についてのボフレのインタビューに関する 1975 年 2 月 22 日付けのボフレ宛の手紙の中で，ハイデガーは，質問 10 と質問 11 に対する答えを，「全体的に見て本来的な傑作」であると賞賛している。De Rubercy and Le Buhan, *Douze questions*, p. 74.

20　Beaufret, *Dialogue with Heidegger*, IV , p. 80 を参照。

21　Ibid., p. 21 を参照。

22　Jean Beaufret, "Heidegger et le problème de la vérité, in J. Beaufret, *Introduction aux philosophies de l'existence* (Paris: Denoël/Gonthier, 1971), p. 136 を参照。

23　Jean Beaufret, "Heidegger et le monde grec," in Beaufret, *Introduction aux philosophies de l'existence*, p. 154. ボフレの強調。

24　Beaufret, *Dialogue avec Heidegger*, IV, p. 124 を参照。

25　Ibid., p. 126 を参照。

26　完全なリストについては，Ibid., p. 81 を参照。

27　Ibid., p. 82 を参照。

28　Ibid.

29　Ibid.

30　Pierre Aubenque,"Heideggers Wirkungsgeschichte in Frankreich," in *Martin Heidegger - Faszination und Erschrecken: Die politische Dimension einer Philosophie*, ed.Peter Kemper (Frankfult/M.: Campus, 1990), p. 124.

31　Ibid., p. 115 を参照。

32　ボフレは，自らのアカデミックなキャリアが，ハイデガーへの献身のために不利を被ったと記している。Beaufret, *Dialogue avec Heidegger*, IV, p. 81 を参照。

33　Martin Heidegger, "The Rectorate 1933/34: Facts and Thoughts," in Martin *Heidegger and National Socialism: Questions and Answers*, ed. G. Neske and E. Kettering (New York:Paragon, 1990), pp. 15-32 を参照。

34　William J. Richardson, *Heidegger: Through Phenomenology to Thought* (The Hague: Nijhoff,1963, 2nd edn 1967) を参照。

35　Fredrich-Wilhelm von Herrmann, *Die Selbstinterpretationen Martin*

Heideggers (Meisenheim am Glan: Anton Hain, 1974) を参照。

36　Otto Pöggeler, *Der Denkweg Martin Heideggers* (Pfullingen: Neske, 1963) を参照。その次の版で，ペゲラーはより批判的な距離を獲得している。

37　Richardson, *Heidegger* を参照。ペゲラーのより最近の見解については，Otto Pöggeler, *Neue Wege mit Heidegger* (Freiburg i. B.: Alber, 1992) を参照。

38　Beaufret, *Introduction aux philosophies de l'existence* を参照。

39　Jean Beaufret, *Dialogue avec Heidegger*, (4 vol., Paris: Minuit, 1973-1985) を参照。

40　Parménide, *Le Poème, ed. Jean Beaufret* (Paris: Presses universitaries de France, 1991) を参照。

41　Jean Beaufret, *Entretiens avec Frédéric de Towarnicki* (Paris: Presses universitaires de France, 1984) と de Rubercy and Le Buhan, *Douze questions* を参照。

42　この情報は，"Essai de bibliographie de Jean Beaufret," in Jean Beaufret, *Introduction aux philosophies de l'existence* (Paris: Vrin, 1986, pp. 171-182) から採られている。

43　Beaufret, *Dialogue avec Heidegger*, Ⅳ,p. 82 を参照。

44　Beaufret, *Introductions aux philosophies de l'existence*, p. 147 を参照。

45　例えば，アーレントは，ハイデガーは我々に，ハイデガー以前に誰も考えていなかったような考え方を教えたと典型的に主張している。Hannah Arendt, "Martin Heidegger ist achtzig Jahre alt," *Merkur*, 1969, pp. 893-902 を参照。

46　Jean Beaufret, *Introduction aux philosophies de l'existence*, p. 62.

47　Beaufret, *Dialogue avec Heidegger*, vol. Ⅲ : Approche de Heidegger (Paris: Editions de Minuit,1974), p. 62 を参照。

48　"Le chemin de Heidegger," in Beaufret, *Dialogue avec Heidegger*, Ⅳ, pp. 88-107 を参照。

49　"En chemin avec Heidegger," in Beaufret, *Dialogue avec Heidegger*, Ⅳ, pp. 108-128 を参照。

50　聖人伝に向けて決意して努力しているというこの印象は，ハイデガーについての完全に没批判的な伝記記述と，ボフレと詩人ルネ・シャールに宛てた彼の手紙から成るこの巻に含まれていることによって更に強められている。de Rubercy and Le Buhan, *Douze questions*.

51　Ibid.,p. 29. Beaufret, *Dialogue avec Heidegger*, Ⅳ, p. 94 も参照。

52　これは，『哲学への寄与』への明らかな言及のように思える。ボフレは，それを見たか，もしくは草稿段階のものを手にしたのかもしれない。問題は，その草稿が，1936－38 年にしたためられており，それゆえ，1927 年よりもずっと後になってしまう，ということになる，ということである。しかし，

恐らくボフレは，1927年に始まった思考の運動を，後に執筆され，その中でこのことが詳細に記述されることになる仕事と混同している。

53 Beaufret, *Dialogue avec Heidegger*, IV, p. 93.

54 Ibid.

55 Ibid., p. 126 ボフレの強調。

56 Martin Heidegger, *Identity and Difference*, tr. Joan Stambaugh (New York: Harper & Row, 1969), p. 36 を参照。

57 Beaufret, *Dialogue with Heidegger*, IV, p. 126 を参照。

58 Ibid., p. 127 を参照。

59 一つ例を挙げるなら，初期のボフレの教え子であり，最良で，最も信心深いフランスのハイデガー主義者の一人であるクルティーヌは，それにもかかわらず，ハイデガーの理論が，政治的共同体の観念の分析を許さず，『存在と時間』が端から端まで，宗教倫理的な諸カテゴリーの現実的な倒錯を表現していると述べている。Jean-François Courtine, *Heidegger et la phénoménologie* (Paris: Vrin,1990), p. 348 を参照。

60 Beaufret, *Dialogue avec Heidegger*, IV, p. 82 を参照。

61 Alain Renaut, "La fin de Heidegger et la tâche de la pensée," *Etudes philosophiques*, no. 4 (October -December 1977), pp. 485-492 を参照。

62 "A propos de *Questions IV* de Heidegger," in Beaufret, Dialogue avec Heidegger, IV, pp. 75-87 を参照。

63 ボフレにとって，ルノーは，ジャン＝ポール・フェイのような"単なる"社会学者よりもすぐれた文献学者である。ボフレによれば，ルノーは，「ニュアンスにおいてしか誤らない」くらいすぐれている，としている。Ibid., p. 87.

64 Jules Vuillemin, *l'Héritage kantien et la révolution copernicienne* (Paris: Presses universitaires de France, 1954) を参照。

65 Jean Beaufret, *Dialogue avec Heidegger*, vol. II: *Philosophie moderne* (Paris:Editions de Minuit, 1973), pp. 96-97 を参照。

66 Maurice Merleau-Ponty, *Phénoménologie de la perception* (Paris: Gallimard, 1945), p. 1 を参照。

67 Beaufret, *Dialogue avec Heidegger*, III, p. 62 を参照。

68 Martin Heidegger, "The age of the World Picture," in M. Heidegger, *The Question Concerning Technology and Other Essays*, tr.W.Lovitt (New York: Harper and Row, 1977), pp. 115-154 を参照。

69 Beaufret, *Dialogue avec Heidegger*, III, p. 57 を参照。

70 "Heidegger et la théologie," in Beaufret, *Dialogue avec Heidegger*, IV, pp. 38-50 を参照。

71 Ibid., p. 41 を参照。

72　Ibid., p. 43 を参照。
73　Ibid., p. 41 を参照。
74　Ibid., p. 43 を参照。
75　Karl Löwith, "Les Implications politiques de la philosophie de l'existence chez Heidegger," *Les Temps Modernes*, vol.2, no. 14 (November 1946), pp. 343-360 を参照。
76　Beaufret, *Dialogue avec Heidegger*, IV, p. 113 を参照。
77　Ibid., p. 121 を参照。
78　ハイデガー思想と政治的コミットメントとの関係が，深刻な問題を孕んでいると見なしたかつてのボフレの弟子については，Dominique Janicaud, *L'Ombre de cette pensée : Heidegger et la question politique* (Grenoble: Millon, 1990) を参照。
79　Beaufret, *Introduction aux philosophies de l'existence*, pp. 30-31 を参照。
80　Beaufret, *Dialogue avec Heidegger*, IV, p. 118.
81　Beaufret, *Entretien avec Fréderic de Towarnicki*, p. 87 を参照。
82　de Rubercy and Le Buhan, *Douze questions*, p. 37 を参照。
83　Ibid., p. 38 を参照。
84　ハイデガーのシュタウディンガー非難についての愕然とさせる報告については，Hugo Ott, *Martin Heidegger: Unterwegs zu seiner Biographie* (Frankfurt/M.: Campus, 1988), pp. 200-213 を参照。
85　Hugo Otto, "Biographical Bases for Heidegger's 'Mentality of Disunity'," in *The Heidegger Case: On Philosophy and Politics*, ed. T. Rockmore and J. Margolis (Philadelphia: Temple University Press,1992), p. 109 を参照。
86　*Cahiers de l'Herne: Heidegger*, ed.Michel Haar (Paris: Editions de L'Herne, 1983) を参照。
87　それぞれ，マルクス主義とエコロジー，及び形而上学の終焉における行為概念を扱っているジャニコーとシュールマンの論稿がこれに当たる。Ibid. を参照。
88　Jean-Marie Veysse, "Heidegger et l'essence de l'université allemande," in *Cahiers de l'Herne : Heidegger*, ed. M. Haar, pp. 497-511 を参照。同様の解釈学的な妙技は，近年 , スコットによって演じられている。それと同じ精神の下での，学長就任演説についての彼の解釈として，Charles Scott, *The Question of Ethics: Nietzsche, Foucault, Heidegger* (Bloomington: Indiana University Press,1990), pp. 178-192 を参照。
89　Jean-Michel Palmier, *Les Écrits politiques de Heidegger* (Paris: ¼ Herne, 1968).
90　Jean-Michel Palmier, "Heidegger et le national-socialisme," in *Cahiers de l'Herne : Heidegger*, ed. M. Haar, pp. 409-447 を参照。

91　フェリーとルノーによれば，デリダは，マイナーなハイデガーのテクストを過度に解釈しようとするフランスのハイデガー主義的傾向の典型である。Luc Ferry and Alain Renaut, *La Pensée 68: Essai sur l'antihumanisme contemporain* (Paris: Gallimard,1988), p. 153 を参照。

92　Luc Ferry and Alian Renaut, *Heidegger et les modernes* (Paris: Grasset, 1988), p. 153 を参照。

93　Michel Haar, *Le Chant de la terre* (Paris: L'Herne, 1985) を参照。

94　Michel Haar, *Heidegger et l'essence de l'homme* (Grenoble: Millon,1990) を参照。

95　Haar, *Le Chant de la terre*, p. 22 を参照。

96　Ibid., p. 23.

97　Ibid., p. 81 を参照。

98　Ibid., p. 82 を参照。

99　Ibid., p. 95 を参照。

100　Haar, *Heidegger et l'essence de l'homme*, p20 を参照。

101　Ulrich Sieg, "Die Verjudung des deutschen Geistes," *Die Zeit, December* 22, 1989, p. 50 を参照。

102　ハイデガーが「指導者原理」を公的に支持したことについては，Guido Schneeberger, *Nachlese zu Heidegger* (Berne, 1962), pp. 135-136 を参照。

103　Haar, *Heidegger et l'essence de l'homme*, pp. 10-11.

104　Ibid., p. 21 を参照。

105　Ibid., p. 248.

106　Ibid., p. 249 を参照。

107　Ibid., p. 250.

108　Ibid., p. 252.

109　Reiner Schürmann, *Heidegger on Being and Acting: From Principles to Anarchy, tr.* Christine-Marie Gros (Bloomington: Indiana University Press, 1987) を参照。この本のより短い版が，最初，*Le Principe d'anarchie: Heidegger et la question de l' agir* (Paris:Edtions de Seuil, 1982) として出版された。

110　デリダは，ド・マンが，常にハイデガーに批判的であり，ハイデガー思想を喧伝したとは非難しえないことを強調するために骨を折っている。Jacques Derrida, *Mémoires pour Paul de Man* (Paris: Editions Galilée, 1988), p. 227 を参照。

111　David Farrell Kell, *Daimon Life: Heidegger and Life-Philosophy* (Bloomington: Indiana University Press, 1992) を参照。

第七章　ハイデガーと現代フランス哲学

1　Alain Boutot, *Heidegger* (Paris: Presses universitaires de France, 1989) を参照。

2　Alain Boutot, *Heidegge et Platon* (The Hague: Nijhoff, 1970) を参照。

3　哲学史への体系的アプローチと歴史的アプローチの絶対的な区別についての議論としては，Tom Rockmore, "Quines Witz und die Philosophiegeschichte," in *Annalen für dialektische Philosophie* vol. 9, ed. Hans Jörg Sandkühler (Zürich: Peter Lang,1991), pp. 219-226 を参照。

4　Dominique Janicaud, *Le Tournant théologique de la phénoménologie française* (Combas: Editions de l'Eclat, 1991) を参照。

5　Jacques Lacan, *Le Séminaire, livre XI: Les quatre concepts fondamentaux de la psychanalyse*, ed. Jacques-Alain Miller (Paris Editions du Seuil, 1973), p. 227.

6　Martin Heidegger, *On the Way to Language*, tr. Peter D. Hertz (San Francisco: Harper&Row,1982) を参照。

7　Lacan, *Le Séminaire*, XI, p. 240 を参照。

8　この言明は，実存主義についてのヴァールの講義に続く議論の中に見られる。Jean Wahl, *Petite Histoire de l'existentialisme* (Paris: Club Maintenant, 1947), p. 83.

9　例えば，Denise Souche-Dagues, *Le Développement de l' intentionalité dans la phénoménologie husserlienne* (The Hague: Nijhoff, 1972) を参照。JeanT. Desanity, *Introduction à la phénoménologie* (Paris: Gallimard,1976) も参照。

10　ハイデガーに近い者の中による最近の例としては，その全てがフッサールへのハイデガーの関わりの局面に関係しているクルティーヌによる論集がある。Jean François Courtine, *Heidegger et la phénoménologie* (Paris: Vrin, 1990).

11　Paul Ricoeur, *A l'Ecole de la phénoménologie* (Paris: Vrin, 1986) を参照。

12　レヴィナスのフッサール解釈の恣意的な性質を強調する最近の議論に関しては，Janicaud, *Le Tournant théologique*, pp. 26-29 を参照。

13　マリオンの最初の著書，*Sur l'ontologie grise de Descartes* (Paris: Vrin, 1981) は，その当時の最も重要なデカルト研究者及びハイデガー研究者であるフェルデイナン・アルキエとジャン・ボフレに捧げられている。そのことが，彼の哲学的思想の主要な二つの源泉を示している。マリオンの立場に対する広範な現象学的観点からの批判として，Janicaud, *Le Tournant théologique*, ch. 3, pp. 39-56 を参照。

14　デリダは，フッサールに関する著作を頻繁に出版してきた。一冊の小さな著作に匹敵する（著書全体の 219 頁の内，170 頁に及ぶ）エドムント・フッサールへの長大な序論を参照。In E. Husserl, *L' Origine de la géométrie* (Paris: Presses universitaires de France, 1974); Jaques Derrida, *La Voix et le phénomène: Introduction au problème du signe dans la phénoménologie de*

Husserl (Paris: Presses universitaries de France, 1967); 及びデリダ自身の論文である *Le Problème de la genèse dans la philosophie de Husserl* (Paris: Presses universitaires de France, 1990) を参照。

15　彼の最近の著作については，“D'une idée de la phénoménologie à l'autre: 1.Husserl; 2. La réappropriation heideggérienne,” in Jacques Taminiaux, *Lectures de l'ontology fondamentale: Essais sur Heidegger* (Grenoble: Million, 1989), pp. 17-88 を参照。

16　これに関連した様々な局面についての十五の論稿を含んだ Courtine, *Heidegger et la phénoménologie* を参照。

17　Jean-Luc Marion, *Réduction and donation: Recherches sur Husserl, Heidegger et la phénoménologie* (Paris: Presses universitaires de France, 1989) を参照。

18　良質な最近の研究については，William L. McBride, *Sartre's Political Theory* (Bloomington: Indiana University Press, 1991) を参照。

19　少なくとも三つの例があり，その中でサルトルは，ハイデガーのナチズムと彼の哲学的思想の間には，哲学的な繋がりが存在しないという見解を維持している。“Deux documents sur Sartre”, in *Les Temps Moder nes*, vol. 1, no. 4 (January 1946), p. 713，そしてサルトル自身の論稿 “A Propos de l'existentialisme: Mise au point,” in *Action*, no. 17 (1944), p. 11 及び Jean-Paul Sartre, *Search for a Method*, tr. Hazel E.Barnes (New York: Vintage, 1968), p. 38 を参照。

20　サルトルはフッサール研究者でなく，フランスのフッサール研究は，その決定的な推進力をレヴィナスに負っている。しかし半世紀経ってもジャニコーは依然として，サルトルのフッサールの志向性に関する短いテクスト “Une Idée fondamentale de la phénoménologie de Husserl: L'Intentionnalité” を，中心的なフランスのテクストと見なしている。Janicaud, *Le Tournant théologique*, pp. 8-11 を参照。

21　1891 — 1917 年にかけての諸作品の翻訳を含んだ，ニーチェの参考文献として，Gabriel Huan, *La Philosophie de Frédéric Nietzsche* (Paris:E.de Boccard, 1917), pp. 345-360 を参照。

22　Jean Beaufret, *Introduction aux philosophies de l'existence*. (Paris: Denoël, 1971), p. 203 を参照。

23　Emile Faguet, *En lisant Nietzsche* (Paris: Société française d'imprimerie et de librairie, 1904) を参照。

24　Julien Benda, *La Trahison des clercs* (Paris: Gasset, 1975), p. 181n を参照。この著作の最初の版は，1927 年に出版されている。バンダは自らの見解の基礎を，R. Berthelot, *Un Romantisme utilitaire* (Paris: F. Alcan, 1911) に置いている。

25　Henri Lefebre, *L'Existentialisme* (Paris: Editions Sagittaire, 1946), pt2, ch.2:

“l’existentialisme magique (suite): Nietzsche,” pp. 143-159 を参照。
26 JeanWahl,“Le Nietzsche de Jaspers,” in *Recherches philosophiques*, vol. 6 (1936-1937), pp. 346-362 を参照。
27 1930 年から 1960 年までのフランスの著述家たちへのニーチェの影響については，Pierre Boudot, *Nietzsche et l’au-delà de la liberté: Nietzsche et les écrivains français de 1930 à 1960* (Paris: Aubier-Montaigne, 1970) を参照。
28 Pierre Klossowski, *Nietzsche et le cercle vicieux* (Paris: Mercure de France, 1969) を参照。
29 Gilles Deleuze, *Nietzsche et la philosophie* (Paris : Presses universitaires de France, 1962) 及び Gilles Deleuze, Nietzsche (Paris : Presses universitaires de France, 1965) を参照。
30 1970 年代におけるフランスのニーチェ解釈についての代表的な調査は，*Nietzsche aujourd’hui* (Paris: UGE, 1973) として出版された，1972 年 6 月のスリジー＝ラ＝サルで開催されたニーチェ討論会の記録を参照。
31 V. Descombes, *Le Même et l’autre* (Paris: Editions de Minuit, 1979), p. 218 を参照。
32 *Pourquoi nous ne sommes pas nietzschéens*, ed.Luc Ferry and Alain Renaut (Paris : Grasset, 1991) を参照。
33 最近の著書で，コフマンは，ニーチェが「偉大な哲学者たち」より重要でないと疑う者たちを嘲笑している。Sarah Kofman, *Nietzsche et la scène philosophique* (Paris : Editions Galilée, 1986), p. 10 を参照。
34 Philippe Raynaud, “Nietzsche éducateur,” in *Pourquoi nous ne sommers pas nietzschéens*, ed. L. Ferry and A, Renault (Paris: Grasset, 1991), pp. 194-201 を参照。
35 この観点からのバタイユの業績を説明したものとして，Allan Stoekl, *Agonies of the Intellectual* (Lincoln: University of Nebraska Press, 1992), ch. 10: “Sur Bataille: Nietzsche in the Text of Bataille,” pp. 261-282 を参照。
36 Pierre Chassard, *Nietzsche: Finalisme et histoire* (Paris: Copernic, 1977) を参照。
37 Olivier Reboul, *Nietzsche, critique de Kant* (Paris: Presses universitaires de France, 1974) を参照。
38 Sarah Kofman, *Nietzche et la métaphore* (Paris: Editions Galilée, 1974) を参照。
39 Beaufret, *Introduction aux philosophies de l’existence*, pp. 203-205 を参照。
40 その見解に異議を唱えた多くのフランスの哲学者たちに抗して，クルティーヌは，プラトン主義を転覆しようとするニーチェの奮闘が，ニーチェ自身を最もプラトン的な思想家にしたというハイデガーの主張を想起させる。Courtine, *Heidegger et la phénoménologie*, pp. 130-131 を参照。
41 François Laruelle, *Nietzsche contre Heidegger* (Paris: Payot, 1977) を参照。

42　Jaques Derrida, *Eperons : Les styles de Nietzsche* (Paris : Flammarion, 1978) を参照。

43　Martin Heidegger, *Being and Time*, tr. J. Macquarie and E. Robinson (New York: Harper & Row,1962), p. 43 を参照。

44　Martin Heidegger, *The Basic Problems of Phenomenology*, tr. Albert Hofstadter (Bloomington: Indiana University Press, 1982), p. 80 を参照。

45　Ibid を参照。

46　Jean-François Courtine, *Suarez et le système de la métapysique* (Paris: Presses universitaires de France, 1990), p. 5; クルティーヌの強調。

47　Ibid.

48　Ibid., pp. 534-535 を参照。

49　アリストテレスの「ポイエーシス（poiesis)」と「プラクシス（praxis)」という概念のハイデガーの再定義に関する注意深い研究として，J. Taminiaux, "La réappropriation *de l'Ethique à Nicomaque*: Poiesis et praxis dans l'articulation de l'ontologie fondamentale," in Taminaux, *Lectures de l'ontologie fondamentale : Essais sur Heidegger* (Grenoble :Millon,1989), pp. 147-190 を参照。また，Jacques Taminiaux, "Heidegger and Praxis," in *The Heidegger Case : On Philosophy and Politics*, ed. T. Rockmore and J. Margolis (Philadelphia : Temple University Press, 1992), pp. 188-207 も参照。

50　Ch.5: "Die Griechen," in Rainer Marten, *Heidegger Lesen* (Munich: W.Fink, 1991), pp. 153-226 を参照。Rainer Marten, "Heidegger and the Greeks," in *The Heidegger* Case, pp. 167-187 を参照。

51　Jean Beaufret, *Dialogue avec Heidegger*, vol. I : *Philosophie grecque* (Paris: Editions de Minuit, 1973) を参照。

52　Pierre Aubenque, *Le Problème de l'être chez Aristote: Essai sur la problématique aristotélicienne* (Paris: Presses universitaires de France, 1962, 2nd edn 1966) を参照。

53　Pierre Aubenque,La Prudence chez Aristote (Paris: Presses universitaires de France,1963) を参照。

54　Aubenque, *Le Problème de l'être chez Aristote*, p. 21 を参照。

55　Ibid.,p. 3　オーバンクの強調。

56　Ibid を参照。

57　存在 - 神学（ontotheology）についてのハイデガーの見解に関しては，"The Onto-theolegical Constitution of Metaphysics," in Martine Heidegger, *Identity and Difference*, tr. Joan Stambaugh (New York: Harper & Row, 1974), pp. 42-43 を参照。

58　Pierre Aubenque,"La Philosophie aristotélicienne et nous," in *Aristote aujourd' hui*, ed. M. A. Sinceur (Paris : Unesco and Editions Eres,1988), p. 321

を参照。

59 Martin Heidegger, *Unterwegs zur Sprache*, ed. Friedrich-Wilhelm von Herrmann (Pfullingen: Neske, 1985), p. 160 と Aubenque, "La Philosophie aristotélicienne et nous," p323 を参照。

60 Rémi Brague,"La Phénoménologie comme voie d'accès au monde grec: Note sur la critique de la *Vorhandenheit* comme modèle ontologique dans la lecture heideggérienne d'Aristote," in *Phénoménologie et métaphysique*, ed. Jean-Luc Marion and Guy Planty-Bonjour (Paris: Presses universitaires de France, 1984), pp. 247-273 を参照。Rémi Brague, "La Naissance de la raison grecque," in *La naissance de la raison en Grèce*, ed. Jean-François Mattéi (Paris : Presses universitaires de France, 1990), pp. 23-31 も参照。

61 Heidegger, *Being and Time*, pt 1, ch. 3: "The Worldhood of the World," §§ 14-24, pp. 91-148 を参照。

62 Rémi Brague, *Aristote et la question du monde* (Paris: Presses universitaires de France, 1988), p. 6.

63 Ibid., p. 47 を参照。

64 Ibid., p. 110 を参照。

65 Ibid., pp. 513-514 を参照。

66 Ibid., p. 514.

67 Ibid. を参照。

68 Heidegger, *Being and Time*, p. 494 を参照。

69 Ibid., p. 215 を参照。

70 Martin Heidegger, Parmenides, tr. Richard Rojcewicz and André Schuwer (Bloomington: Indiana University Press, 1992) を参照。

71 "The Principle of Identity" in Matrin Heidegger, *Identity and Difference*, tr. J. Stambaugh (New York: Harper&Row, 1974), pp. 23-41 を参照。

72 "Héraclite et Parménide" and "Lecture de Parménide," in Jean Beaufret, Dialogue avec Heidegger, vol. I : *Philosophie grecque* (Paris : Editions de Minuit, 1973), pp. 38-51, 52-85 を参照。

73 Parménide, *Le poème, ed.* and tr. Jean Beaufret (Paris, 1955), p. 7 を参照。

74 彼は,「数回の話し合いの中で提供された極めて貴重な助言」に対してハイデガーに感謝している。Ibid., p. x を参照。

75 Ibid., p. 27 を参照。

76 Ibid., p. 53 を参照。

77 Ibid., p. 67 を参照。

78 Ibid., p. 69 を参照。

79 Ibid., p. 70 を参照。

80 「基礎付け主義 foundationalism」の議論については, *Antifoundationalisme*

Old and New, ed. Tom Rockmore and Beth Singer (Philadelphia: Temple University Press, 1992), pp. 1-12 を参照。

81 Heidegger, *Being and Time*, §32: "Understanding and Interpretation," pp. 188-194 を参照。

82 "The World of Nietzsche: 'God is dead.'" in Martin Heidegger, *The Question Concerning Technology and Other Essays*, tr.W.Lovitt (New York: Harper & Row, 1977), pp. 53-112 を参照。

83 Jean-François Lyotard, *La Condition postmoderne* (Paris: Editions de Minuit, 1979), p. 7 を参照。

84 Ibid., p. 9 を参照。

85 Ibid., p. 63 を参照。

86 Ibid., p. 64 を参照。

87 Ibid., p. 89 を参照。

88 Ibid., p. 105 を参照。

89 ch. 3: "Le Structuralisme: De la méthode structurale à la philosophie de la mort de l'homme," in Roger Garaudy, *Perspectives de l'homme: Existentialisme, pensée catholique, structuralisme, marxisme* (Paris: Presses universitaires de France, 1969), pp. 231-250 を参照。

90 Michel Foucault, *Histoire de la foile à l'âge classique* (Paris: Gallimard, 1972), pp. 56-59 を参照。

91 "Cogito et histoire de la folie," in Jacques Derrida, *l'Ecriture et la différence* (Paris: Editions du Seuil, 1967), pp. 51-97 を参照。

92 Foucault, *Histoire de la foile*, p. 602.

93 Michel Foucault, *Power/Knowledge: Selected Interviews and Other Writings, 1972-1977*, ed. Colin Gordon (New York: Pantheon, 1980), p. 131 を参照。

94 Foucault, *Power/Knowledge*, p. 133 を参照。

95 "The Age of World Picture," in M. Heidegger, *The Question Concerning Technology and Other Essays*, tr. W. Lovitt (New York: Harper & Row,1977), pp. 115-154 を参照。

96 Foucault, *Knowledge/Power*, p. 117.

97 Ibid.

98 Heidegger, *Being and Time*, p. 1 を参照。

99 Janicaud, *Le Tournant théologique*, p. 57 を参照。

100 *Phénoménologie et théologie*, ed. Jean-François Courtine (Paris: Criterion,1992) を参照。

101 彼の著作の研究については，Gabrielle Dufour-Kowalska, *Michel Henry: Un Philosophe de la vie et la praxis* (Paris: Vrin, 1980) を参照。

102 彼は優れた小説家である。例えば Michel Henry, *Le Fils du roi* (Paris:

Gallimard, 1981) を参照。

103 Michel Henry, *L'Essence de la manifestation* (Paris : Presses universitaires de France, 1963, 2nd edn 1990); tr. Gerard Etzkorn (2vols., The Hague: Martinus Nijhoff, 1973) を参照。

104 アンリは，ある水準における，フッサールとハイデガーの現象学の基本的な同一性を読み取っている。彼は，「意識の哲学と存在の哲学の違いは存在しない」と明確に主張している。Henry, *L'Essence de la manifestation*. p. 118.

105 Ibid., §1, pp. 1-3 を参照。

106 Jean-Luc Marion, *Questions cartésiennes* (Paris: Presses universitaires de France, 1991), pp. 161, 164 を参照。デカルト研究に対するアンリの貢献の分析については，ibid., "La Générosité et le dernier 'cogito,'" pp. 153-187 を参照。

107 Henry, *L'Essence de la manifestation*. p. 573.

108 Ibid., p. 858 を参照。

109 Michel Henry, *Phénoménologie matérielle* (Paris : Presses universitaires de France. 1990), p. 6.

110 E.Husserl, *The Crisis of European Sciences and Transcendental Phenomenology*, tr. David Carr (Evanston: Northwestern University Press, 1970), §28, pp. 103-110 を参照。

111 Henry, *Phénoménologie matérielle*, p. 10.

112 Jean-Luc Marion,"Le Cogito s' affect-t-il? La générosité et le dernier cogito suivant l'interprétation de Michel Henry," *in Questions cartésiennes*, pp. 153-187 を参照。

113 Jean-Luc Marion, *Dieu sans l'être* (Paris: Fayard, 1982) を参照。

114 彼の著作についての短い言及として，Roger-Pol Dorit, "Les paradoxes de Jean-Luc Marion," *Le Monde* (July12, 1991), p. 24 を参照。

115 Marion, *Sur l'ontologie grise de Decscartes*; と彼の他の著作 *Sur la théologie blanche de Descartes* (Paris : Presses universitaires de France. 1981) を参照。

116 Marion, *Réduction et donation*, ch.2 : L' *ego* et la *Dasein*, pp. 119-162 を参照。

117 Marion, *Questions cartésiennes*, pp. 153-164 を参照。

118 概観的には，"A propos de réduction et donation de Jean-Luc Marion," a special issue of *Revue Métaphysique et de Morale*, no. 1 (1991) を参照。

119 Marion, *Réduction et donation*, p. 8.

120 Ibid., p. 303 を参照。

121 Ibid., p. 305.

122 議論については，"Is Derrida a transcendental philosopher?," in Richard Rorty, *Philosophical Papers, II* : *Essays on Heidegger and Others* (Cambridge: Cambridge University Press, 1991), pp. 119-128 を参照。

123 この見解については，Hilary Putnam, *Realism with a Human Face*, ed.

James Conant (Cambrige: Harverd University Press, 1990), p. 51 を参照。
124　例えば Herman Rapaport, *Heidegger and Derrida: Reflections on Time and Language* (Lincoln: University of Nebraska Press, 1989) を参照。
125　Luc Ferry and Alain Renaut, *La Pensée 68 : Essai sur l'anti-humanisme contemporain* (Paris: Gallimard,1988), pp. 201, 221 を参照。
126　Geoffrey Bennington and Jacques Derrida, *Derrida* (Paris: Editions du Seuil,1991), p. 254 :

ハイデガーのオリジナリティは部分的に，デリダによって作り出された。デリダ自身もまた，ハイデガーのオリジナリティの一つである。しかしそれぞれが抱えている逆説ゆえに，ハイデガーとの近接性体が，他の思想家との場合よりも重大な他性を暗示しているのではないかと疑われる。

127　シェリング宛ての 1795 年 4 月 16 日付のヘーゲルの手紙を参照。In *Hegel: The Letters*, tr. C. Butler and C. Seiler (Bloomington: Indiana University Press, 1984), pp. 35-36.
128　例えば，最近の論文の中の彼の記述を参照。

あなたの寛大さに対して，もう一つ注意すべきこと，もう一つ呼びかけておきたいことがあります。時間がないので，私が今年困難な読解のためにゆっくりしたテンポで進めてきたセミナーを通して進めてきた仕事の一部，あるいはそのいくつかの断片を，不連続的になっているところはあるかもしれませんが，お示しするに留めておきましょう。それはハイデガーのいくつかのテクストについての可能な限り綿密で周到な読解です。（Jacques Derrida, *Heidegger et la question: De l'esprit at autres essais*）(Paris : Flammarion, 1990), p. 176)

129　Jacques Derrida, "Geschlecht: Différence sexuelle, différence ontologique," in *Cahiers de l'Herne : Heidegger*, ed. M. Haar (Paris: Editions de l'Herne, 1983), pp. 571-594, reprinted in Jacques Derrida, *Heidegger et la question* を参照。
130　Derrida, "Geschlecht," p. 571 を参照。
131　Ibid., p. 575 を参照。
132　Ibid., p. 594 を参照。
133　Martin Heidegger, "The Letter on Humanism," in *Basic Writings*, ed. D. F. Krell (New York: Harper & Row, 1977), p. 240 を参照。
134　Heidegger, *Being and Time*, ch. 3 "The Worldhood of the World," §§ 14-24, pp. 91-148 を参照。
135　"Philosophy and the Crisis of European Man," in E. Husserl, *Phenomenology and the Crisis of Philosophy*, pp. 155-158 を参照。
136　Husserl, *L'Origine de la géométrie*, pp. 45, 120, 162 を参照。
137　Derrida, *De l'esprit*, pp. 94-100 を参照。また，J. Derrida, *L'Autre Cap*

(Paris: Editions du Minuit, 1991), pp. 36-37 も参照。

138 “Les Fins de l’homme,” in Jacques Derrida, *Marges de la philosophie* (Paris: Editions de Minuit, 1972), pp. 129-164 を参照。デリダの強い影響力を持つ論文に関する最近の批判的な読解として，Stoekl, *Agonies of the Intellectual*, pp. 209-217 を参照。

139 Jacques Derrida, *Positions* (Paris: Editions de Minuit, 1972), p. 18 を参照。

140 Ibid., p. 73 を参照。

141 ストークルは，サルトルとフランスのヒューマニズムに対するデリダの非難を，ナイーヴで，テーマ的であると正当に特徴づけている。Stoekl, *Agonies of the Intellectual*, pp. 209 を参照。

142 Derrida, *Marges de la philosophie*, p. 136.

143 Ibid., p. 139.

144 Heidegger, *Being and Time*, p. 62 を参照。

145 Ibid., pp. 188-194 を参照。

146 Jacques Derrida, Glas (2 vols., Paris :Denoël,1981) を参照。

147 英訳として，Edmund Husserl, *The Crisis*, appendix 3, pp, 353-378 を参照。

148 Husserl, *L’Origine de la géométrie*, p. 8 を参照。

149 ソシュールは，構造主義の時代のフランス哲学において非常に影響力があった。Ferdinand de Saussure, *Cours de linguistique générale* (Paris: Payot, 1968) を参照。

150 Heidegger, *Being and Time*, p. 47 を参照。

151 “The End of Philosophy and the Task of Thinking,” in M. Heidegger, *On Time and Being*, tr. J. Stambaugh (New York: Harper & Row, 1977), p. 56 を参照。

152 Derrida, *La Voix et le phénomène*, pp. 2-3 デリダの強調。現前の形而上学へのデリダの批判についての議論は，Marion, *Réduction et donation*, pp. 33-38 を参照。

153 Derrida, *Marges de la philosophie*, p. 140.

154 Ibid., p. 148.

155 デリダの批判に対する，最近のフッサールの擁護については，J. Claude Evans, *Strategies of Deconstruction: Derrida and the Myth of the Voice* (Minneapolis: University of Minnesota Press, 1992) を参照。

156 Heidegger, “The End of Philosophy,” pp. 55-73 を参照。

157 Derrida, *La Voix et le phénomène*, p3 を参照。

158 Derrida, *Marges de la philosophie*, p. 54.

159 “Circonfession,” in Bennington and Derrida, *Derrida*, pp. 7-291 を参照。

160 デリダが，結局，他のあらゆる思想家に反対しているのと同様にハイデガーにも反対しているというベニントンの主張は，誤ったものである。Bennington and Derrida, Derrida, p. 255 を参照。

161 Reiner Schürmann,"Que faire à la fin de la métaphysique," in *Cahiers de l'Herne: Heidegger*, ed.M.Haar (Paris:Editions de l'Herne,1983), p. 473 n2 を参照。

162 『葉書』の中で，デリダはこの翻訳に抵抗している。Jacques Derrida, *La Carte postale* (Palis: Flammarion,1980), pp. 285-287 を参照。『精神について』の中で，彼は，躊躇もしくは更なる注釈なしに，この訳を採用している。*De l'esprit*, p. 35 を参照。議論については，Rapaport, *Heidegger and Derrida*, pp. 3-4 を参照。

163 Christopher Norris, *Derrida* (London: Fontana,1987), pp. 94-95 を参照。

164 "Deconstruction and Circumvention" in Rorty, *Philosophical Papers*, 11, pp. 85-106 を参照。

165 デリダの脱構築の概念に関する議論については，Rodolphe Gasché, *The Tain of the Mirror* (Cambridge: Harvard University Press, 1986), pp. 121-254 を参照。

166 Edmund Husserl, *Experience and Judgment*, tr. James S. Churchill and Karl Ameriks (Evanston: Northwestern University Press, 1973), pp. 47-48 を参照。

167 "Abbau" という語は，『存在と時間』が出版された 1927 年に行われた講義の中に現れている。Heidegger, *The Basic Problems of Phenomenology*, p. 23 を参照。

168 Heidegger, *Being and Time*, § 6 を参照。

169 Heidegger, *The Basic Problems of Phenomenology*, pp. 22-23.

170 Gasché, *The Tain of Mirror*, p. 176 を参照。

171 G. W. F. Hegel, *Phenomenology of Spirit*, tr. A. V. Miller (Oxford: Oxford University Press, 1977), ch. 1: "Sense Certanity: or the 'this' and 'meaning'," pp. 58-67 を参照。

172 例えば，Edmund Husserl, *Ideas: General Introduction to Pure Phenomenology*, tr. W. R. Boyce Gibson (New York: Collier, 1962), §124, pp. 318-322 を参照。この二人の思想家の関係についての議論は，J. N. Mohanty, *Husserl and Frage* (Bloomington: Indiana University Press, 1982) を参照。

173 Derrida, *L'Origine de la géométrie*, §11, pp. 155-171 を参照。

174 Derrida, *Positions*, p. 73.

第八章　ハイデガーの政治とフランス哲学

1 本章の記述は，この問題に関して以前に執筆した論考にもとづいているが，決定的に異なった論考として読まれたい。Ch. 7: "The French Reception of Heidegger's Nazism," in Tom Rockmore, *On Heidegger's Nazism and Philosophy* (Berkeley: University of California Press, 1992), pp. 244-281.

2　たとえば，ルカーチの哲学的地位がハイデガーに比べて低いことや，彼が後にスターリン主義から距離を取ろうと努力したことなどの理由から，両者のアナロジーは限定的なものである。意味深いのは，全体主義に抗して民主主義を支持するために試みられたルカーチの研究が，結局完成しなかったということである。Georg Lukács, *Demokratisierung heute und morgen*, ed. László Sziklai (Budapest: Akademiai Kiado, 1985) を参照。ルカーチのマルクス主義とスターリニズムをめぐる議論に関する分析として，Tom Rockmore, *Irrationalism: Lukács and the Marxist View of Reason* (Philadelphia: Temple University Press, 1992) を参照。

3　ルカーチのスターリン主義に対する強力な批判としては，イシュトヴァーン・エルシ（István Eörsi）の序文を参照のこと。Georg Lukács, *Pensée vécue, mémoires parlés*, tr. Antonia Fonyi (Paris: L'Arche, 1986), pp. 9-29.

4　ハイデガーのナチへの転回に関する一連の資料としては，Guido Schneeberger, *Nachlese zu Heidegger: Dokumente zu seinem Leben und Denken* (Berne, 1962) を参照。

5　これについての議論として，Rockmore, *On Heidegger's Nazism and Philosophy*, ch. 4, pp. 122-175 を参照。

6　Martin Heidegger, "The Rectorate 1933/34: Facts and Thoughts," in *Martin Heidegger and National Socialism: Questions and Answers*, ed. Günther Neske and Emil Kettering, intr. Karsten Harries (New York: Paragon, 1990), pp. 15-32.

7　"Only a God Can Save Us: *Der Spiegel's* Interview with Martin Heidegger," Philosophy Today, Winter 1976 を参照。

8　Schneeherger, *Nachlese zu Heidegger*, p. 136 を参照。

9　Martin Heidegger, *An Introduction to Metaphysics*, tr. Ralph Manheim (NewHaven: Yale University Press, 1977), p. 19〔Ga. Bd. 40, S.208〕.

10　引用箇所は以下に読むことができる。Victor Farías, *Heidegger und Nazism*, ed. J. Margolis and T. Rockmore (Philadelphia: Temple University Press, 1989) p. 287: 適宜改訳した。

11　Tom Rockmore, "Heidegger and Holocaust Revisionism," in *Martin Heidegger and the Holocaust*, ed. Alan Rosenberg and Alan Milchman (Atlantic Highlands, NJ: Humanities Press, 1994) を参照。

12　George Leaman, *Heidegger im Kontext: Gesamtüberblick zum NS-Engagement der Universitätsphilosophen* (Hamburg: Argument Verlag, 1993) を参照。

13　Hugo Ott, *Martin Heidegger: Unterwegs zu seiner Biographie* (Frankfurt/M.:Campus, 1988), pp. 201-213 を参照。

14　このような警告の最近の例として，John Sallis, *Echos: After Heidegger* (Bloomington: Indiana University Press, 1990) がある。サリスによれば，ハイデガーの政治という問いを我々が提起するとき，我々は彼のテクストが

我々に語りかけてくるのを妨げてしまうのである。Ibid., p. 11 を参照。

15　ハイデガーの『形而上学入門』に関する論評 “Declin ou floraison de la métaphysique,” *Critique*, (April 1956), pp. 354-361 を参照。

16　この議論に関しては Tom Rockmore, “Philosophy, Literature, and Intellectual Responsibility,” *American Philosophical Quarterly*, vol. 30, no. 2 (April 1993), pp. 109-122 を参照。

17　Victor Farías, *Heidegger et le nazisme* (Paris: Verdier, 1987) を参照。Farías, *Heidegger and Nazism* も参照。

18　存在と義務の関係に関する彼の見解をめぐっては，Heidegger, *An Introduction to Metaphysics*, pp. 196-206〔Ga. Bd. 40, S.205-215〕を参照。

19　事実に即したより詳細な説明としては，Rockmore, *On Heidegger's Nazism and Philosophy*, pp. 244-281 を参照。

20　Alphonse de Waelhens, *La Philosophie de Martin Heidegger* (Louvain : Nauwelaerts, 1942, rpt. 1971) を参照。

21　Hans-Georg Gadamer “The Political Incompetence of Philosophy,” in *The Heidegger Case: On Philosophy and Politics* ed. T. Rockmore and J. Margolis (Philadelphia: Temple University Press, 1992), pp. 364-372 を参照。

22　Karl Löwith, “Les Implications politiques de la philosophie de l'existence chez Heidegger,” *Les Temps Modernes*, vol. 2, no. 14 (November 1946), pp. 343-360 を参照。

23　Thomas Sheehan, “Heidegger and the Nazis,” *The New York Review of Books*, vol. 35, no. 10 (June 16, 1988) を参照。

24　Rainer Marten, *Heidegger Lesen* (Munich: Wilhelm Fink, 1991) を参照。

25　Michael E. Zimmerman, *Heidegger's Confrontation with Modernity: Technology, Politics, Art* (Bloomington: Indiana University Press, 1990) を参照。

26　Otto Pöggeler, “Den Führer führen? Heidegger und kein Ende,” in *Philosophische Rundschau*, vol. 32 (1985), pp. 26-67 を参照。また以下も参照。Otto Pöggeler. “Heideggers politisches Selbstverständnis,” in *Heidegger und die praktische Philosophie*, ed. Annemarie Gethmann-Siefert and Otto Pöggeler (Frankfurt/M.: Suhrkamp, 1988), pp. 17-63.

27　Dieter Thomä, *Die Zeit des Selbst und die Zeit danach: Zur Kritik der Textegeschichte Martin Heideggers 1910-1976* (Frankfurt/M.: Suhrkamp. 1990).

28　彼のパースペクティヴの変化は考慮すべきであり，かつ勇気あるものである。1983 年の時点で，彼はハイデガーの思考に判断を下すことが時期尚早だと主張していた。以下を参照。Dominique Janicaud and Jean-François Mattéi, *La Métaphysique à la limite* (Paris : Presses universitaires de France, 1983).

29　Dominique Janicaud, *L'Ombre de cette pensée: Heidegger et la question politique* (Grenoble: Millon, 1990) を参照。
30　Jean-Michel Palmier, *Les Ecrits politiques de Heidegger* (Paris : L'Herne, 1968) を参照。パルミエの偏向的なハイデガー主義者としての側面は，同じテーマをめぐる彼の最近の議論においては消えている。フーゴ・オットの伝記へのパルミエによる「あとがき」を参照。Hugo Ott, *Martin Heidegger: Eléments pour une biographie* (Paris: Payot, 1990), pp. 379-413.
31　Georg Lukács, *Existentialisme ou Marxisme*?, tr. E. Kelemen (Paris: Editions Nagel, 1948, rpt. 1961) を参照。
32　"Anhang: Heidegger Redivivus," in Georg Lukács, *Existentialismus oder Marxismus?* (Berlin: Aufbau Verlag, 1951), pp. 161-183 を参照。
33　Jean Beaufret, *Dialogue avec Heidegger*, vol. IV: *Le chemin de Heidegger* (Paris: Editions de Minuit, 1974), p. 87 を参照。
34　これらのテクストに関しては以下を参照。Jean-Pierre Faye, "Heidegger et la révolution," *Médiations*, no. 3 (Autumn 1961), pp. 151-159.
35　Jean-Pierre Faye, "Attaques Nazies contre Heidegger," *Médiations*, no. 5 (Summer 1962), pp. 137-151 を参照。
36　François Fédier, "Trois Attaques contre Heidegger," *Critique*, no. 234 (November 1966), pp. 883-904 を参照。
37　スコットは学長演説をドイツの大学と学問にのみ関わる資料として再読している。Charles Scott, *The Question of Ethics: Nietzsche, Foucault, Heidegger* (Bloomington: Indiana University Press, 1990), ch. 5: "These violent passions: The Rector's address," pp. 148-172 を参照。
38　François Fédier, "A propos de Heidegger: Une lecture dénoncée," *Critique*, no. 242 (1965), pp. 672-686 を参照。
39　Frédéric de Towarnicki, "Traduire Heidegger," *Magazine littèraire*, no. 222 (September 1985), p. 75 を参照。
40　Hugo Ott, "Wege und Abwege: Zu Victor Farias' kritischer Heidegger-Studie," *Neue Zürcher Zeitung*, no. 275 (November 27, 1987), p. 67.
41　Lucette Valensi, "Présence du passé, lenteur de l'histoire" in *Présence du passé, lenteur de l'histoire: Vichy, l'occupation, les Juifs,*" *Annales*, vol. 48, no. 3 (May/June 1993), p. 491.
42　"French Angered at Ruling on Nazi Collaborator," *The New York Times* (April 15, 1992), p. 5 を参照。
43　Christian Jambet, préface to Farías, *Heidegger et le nazisme*, p. 14.
44　Pierre Bourdieu, *L'Ontologie politique de Martin Heidegger* (Paris: Editions de Minuit, 1988) を参照。
45　Jean-François Lyotard, *Heidegger et "les juifs"* (Paris: Editions Galilée, 1988)

を参照。

46　Luc Ferry and Alain Renaut, *Heidegger et les modernes* (Paris: Grasset, 1988) を参照。

47　François Fédier, *Heidegger: Anatomie d'un scandale* (Paris: Robert Laffont, 1988) を参照。

48　Jacques Derrida, *De l'esprit: Heidegger et la question* (Paris: Flammarion, 1990) を参照。

49　Philippe Lacoue-Labarthe, *La Fiction du politique* (Paris: Christian Bourgois,1987) を参照。

50　Janicaud, *L'Ombre de cette pensée* を参照。

51　Victor Farías, "Foreword to the Spanish Edition, Heidegger and Nazism," in The Heidegger Case, pp. 33-34 を参照。

52　Lyotard, *Heidegger et "les juifs,"* p. 16 を参照。

53　とりわけ以下を参照。Luc Ferry and Alain Renaut, *La Pensée 68: Essai sur l'anti-humanisme contemporain* (Paris: Gallimard, 1988).

54　彼の反論としては以下を参照。Michel Foucaull, *Power / Knowledge: Selected Interviews and Other Writings*, 1972-1977, ed. C. Gordon (New York: Pantheon, 1980), p. 114.

55　Fédier, *Heidegger: Anatomie d'un scandale*, p. 37 を参照。

56　Ibid., p. 162.

57　Aristotle, *De Interpretatione*, 9, 19b30-34, in *The Complete works of Aristotle*, vol. I, ed. Jonathan Barnes (Princeton: Princeton University Press, 1984), p. 30 を参照。

58　ヤスパース宛のハイデガーの書簡，1950年4月8日付を参照。M. Heidegger and K.Jaspers. *Briefwechsel 1920-1963*, ed. W. Biemel and H. Sauer (Frankfurt / M.: Vittorio Klostermann 1990), p. 202.

59　最近刊行されたハイデガーの書簡では，「ドイツ精神のユダヤ化(Verjudung)」が嘆かわしいものとされている。Ulrich Sieg, "Die Verjudung des deutschen Geistes," in *Die Zeit*, no. 52 (December 22, 1989), p. 50 を参照。また以下も参照。Bourdieu, *L'Ontologie politique de Martin Heidegger*, pp. 59 61n.

60　Bourdieu, *L'Ontologie politique de Martin Heidegger*, p. 10.

61　Janicaud, *L'Ombre de cette pensée*, pp. 58-64 を参照。

62　Ibid., p. 63.

63　bid., p. 159.

64　ボフレによれば「ハイデガーは彼に対して表明されている異議の動機となりうるようなことは一度として何もしていない」。そして彼の思考の政治的精査は「凡庸な者たちによる凡庸さの名における陰謀」に由来しているので

ある。J. Beaufret, *Entretien avec F. de Towarnicki* (Paris: Presses universitaires de France, 1984), p. 87. 以下も参照。ibid., p. 90.

65 ハイデガーの政治に関するデリダの見解として，以下に挙げる最近の批判的議論を参照。Stoekl, *Agonies of the Intellectual*, pp. 217-232.

66 ストークルによれば，デリダはそのハイデガー的なアプローチゆえに，基本的にハイデガーの政治を批判できない。Stoekl, *Agonies of the Intellectual* (Lincoln: University of Nebraska Press, 1992), pp. 200, 228-229 を参照。

67 「ヒューマニズムをナチズムの主犯とみなす」ラクー＝ラバルトの見解に関しては，以下を参照。Agnes Heller, "Death of the Subject?," in *Can Modernity Survive?* (Berkeley: University of California Press, 1990), p. 66.

68 とりわけ，"La Transcendance fini e/t dans la politique" および "Poétique et politique," in Philippe *Lacoue-Labarthe, L'imitation des modernes* (Paris:Editions Galilée, 1986) を参照。

69 Lacoue-Labarthe, *La Fiction du politique*, p. 28 を参照。

70 Ibid., p. 43.

71 Ibid., p. 64.

72 Ibid., p. 138.

73 Jacques Derrida, "Like the Sound of the Sea Deep Within a Shell: Paul de Man's War," in *Responses on Paul de Mans Wartime Journalism*, ed. Werner Hamacher, Neil Hertz, and Thomas Keenan (Lincoln: University of Nebraska, 1989), pp. 127-164 を参照。

74 "Un Entretien avec Jacques Derrida: Heidegger, l'enfer des philosophes," *Le Nouvel Observateur*, no. 47 (November 27, 1987) を参照。法的措置への訴えに関しては，"Preface to the MIT Press Edition: Note on a Missing Text," in *The Heidegger Controversy*, ed. Richard Wolin (Cambridge: MIT Press, 1993), pp. ix-xx を参照。

75 トーマス・セーハンの批判的論考に対するデリダの応答と，セーハンによる再反論は以下を参照。*The New York Review of Books*, vol. 40, no. 4 (February 1 1. 1993). pp. 44-45.

76 Derrida, *De l'esprit*, p. 11 を参照。

77 "Die Sprache im Gedicht: Eine Erörterung von Georg Trakls Gedicht," in Martin Heidegger, *Unterwegs zur Sprache* (Pfullingen: Neske, 1959) を参照〔Ga. Bd. 12〕。

78 Derrida, *De l'esprit*, p. 12 を参照。

79 この議論に関しては，以下を参照。Rockmore, *On Heidegger's Nazism and Philosophy*, ch. 5, pp. 189-199 and passim.

80 Jacques Derrida, *De la grammatologie* (Paris: Editions de Minuit. 1967), p. 227 を参照。

81　Ott, *Martin Heidegger: Unterwegs zu seiner Biographie* を参照。

82　Ernst Nolte, *Heidegger: Politik und Geschichte im Leben und Denken* (Berlin:Propyläen, 1992) を参照。

83　Karl Löwith, *Heidegger: Denker in dürftiger Zeit* (Stuttgart: J. B. Metzler, 1984).

84　この議論に関しては以下を参照。Rockmore, *On Heidegger's Nazism and Philosophy*, ch. 5, pp. 176-203.

85　Simone de Beauvoir, *La Force de l'âge*, p. 483 を参照。

86　Etienne Gilson, *L' Etre et l'essence* (Paris: Vrin, 1987), p. 358 を参照。

第九章　ハイデガー，フランス哲学，そして哲学的伝統

1　Otto Pöggeler, *Martin Heidegger's Path of Thinking*, tr. Daniel Magurshak and Sigmund Barber (Atlantic Highlands: Humanities Press,1989), p. 247 を参照。

2　"The Question Concerning Technology," in Martin Heidegger, *Basic Writings*, ed. D. F. Krell (New York: Harper & Row,1977), p. 296.

3　Herbert Schnädelbach, *Philosophy in Germany 1831-1933*, tr. Eric Matthews (Cambridge: Cambridge University Press,1984) p. 1 を参照。

4　Gilbert Ryle,"Review of Martin Heidegger's Sein und Zeit," *Mind*, vol. 38 (1929) を参照。

5　Rudolf Carnap,"The Elimination of Metaphysics through Logical Analysis of Languages," in *Logical Positivism*, ed. A.J.Ayer (Glencoe,IL: Free Press, 1959) を参照。

6　"Hegel and the Hermeneutics of German Idealism," in Tom Rockmore, *On Hegel's epistemology and Contemporary Philosophy* (Atlantic Highlands, NJ: Humanities Press 1996) を参照。

7　近年におけるフィヒテの最も忠実な擁護者は，ラインハルト・ラウトである。例えば，Reinhard Lauth, *Hegel vor der Wissenschaftslehre* (Stuttgart: Franz Steiner Verlag,1987) を参照。また，Reinhard Lauth, *Die transzendentale Naturlehre Fichtes nach den Prinzipien der Wissenschaftslehre* (Hamburg: Meiner Verlag,1984) も参照。

8　例えば，Walter Schulz, *Die Vollendung des deutschen Idealismus in der Spätphilosophie Schellings* (Stuttgart: Kohlhammer,1955) を参照。

9　Immanuel Kant, *Critique of Pure Reason* tr. Norman Kemp Smith (New York:Macmillan,1961), B. 867, pp. 655-656 を参照。

10　Entwurf eines Systems der Naturphilosophie (1799), in F. W. J. Schelling, *Ausgewählte Schriften*, vol. I (Frankfurt/M.:Suhrkamp,1985) に対する彼の序文 (p. 339) を参照。

11　Karl Jaspers, *Psychologie der Weltanschauungen* (Berlin: Springer Verlag,1925), pp. 1-2.

12　Wilhelm Dilthey, *Gesammelte Schriften*, vol.V. ed. Georg Misch (Stuttgart: B.G.Teubner, and Göttingen: Vandehoek und Ruprecht,1914-1917), V. p. 416 及び，“Die Typen der Weltanschauung und ihre Ausbildung in den metaphysischen Systemen”, in Dilthey, *Gesammelte Schriften*, vol.VIII, pp. 73-118 も参照。ディルタイの世界観（Weltanschauung）についてのすぐれた議論としては，Rudolf Makkreel, Dilthey: *Philosopher of the Human Sciences* (Princeton: Princeton University Press,1975), ch.9:“The Weltanschauungslehre and the Late Aesthetics,” pp. 345-384 を参照。

13　“Philosophy as Rigorous Science,“ in Edmund Husserl, *Phenomenology and the Crisis of Philosophy* を参照。

14　§2: “The concept of philosophy: philosophy and world-view,” in M.Heidegger, *The Basic Problems of Phenomenology*, fr. tr. A.Hofstadter (Bloomington: Indiana University Press, 1982), pp. 4-11 を参照。

15　Ibid., p. 6 を参照。

16　Ibid., p. 7 を参照。

17　この区別をするのはますます困難になりつつある。実際，最近ノルテは，ナチスであることは名誉なことではないが非難されるべきことでもない，と論じている。Ernst Nolte: *Politik und Geschichte im Leben und Denken* (Berlin:Propylaeu,1992) を参照。

18　M.Heidegger, *Being and Time*, tr. J. Macquarie and E. Robinson (New York: Harper & Row,1962), p. 75n.

19　Ibid., p. 238 を参照。

20　Ibid., p. 227 を参照。

21　§14:“Precursory characterization of objectivism and transcendentalism: The struggle between these two ideas as the sense of modern spiritual history,“ in Husserl, *The Crisis*, pp. 68-70 を参照。

22　Max Scheler, *Man's Place in Nature*, tr. Hans Meyerhoff (Boston: Beacon, 1961).

23　H. O. Pappé, “Philosophical Anthropology,” *in The Encyclopedia of Philosophy*, vols. V-VI, ed. Paul Edwards (New York:Macmillan,1972), p. 160 を参照。

24　Heidegger, *Being and Time*, pp. 37-38 を参照。

25　Ibid., p. 74 を参照。

26　Ibid., p. 75 を参照。

27　Ibid. を参照。

28　Ibid., p. 38 を参照。

29 Ibid., p. 170 を参照。
30 Ibid., p. 227 を参照。
31 Ibid., p. 244 を参照。
32 Ibid., p. 336 を参照。
33 Ibid., p. 73 を参照。
34 Ibid., p. 58.
35 M. Heidegger, "The Age of the World Picture," in *The Question Concerning Technology and Other Essays*, tr.W.Lovitt (New York: Harper & Row,1977), p. 133.
36 Ibid., p. 153 を参照。
37 M.Heidegger, "The Letter on Humanism," in *Basic Writings*, ed. D. F. Krell (New York: Harper & Row, 1977), p. 204 を参照。
38 Ibid., p. 213 を参照。
39 Ibid., p. 221 を参照。
40 Ibid., p. 222.
41 Dominique Janicaud, *Hegel et le destin de la Grèce* (Paris: Vrin, 1975) を参照。
42 Heidegger, "Letter on Humanism," p. 224.
43 Fernand Braudel, *On History, tr. Sarah Matthews* (Chicago: University of Chicago Press, 1980), p. 217.
44 Martin Heidegger, *Ontologie: Hermeneutik der Faktizität* (Sommersemester 1923), ed. Kate Brocker-Oltmanns (Frankfurt/M.:Vittorio Klostermann, 1988) を参照。
45 Heidegger, *Ontologie*, p. 108 を参照。
46 "The Rectorial Address," in *Martin Heidegger and National Socialism: Questions and Answers*, ed. Günter Neske and Emil Kettering, intr. Karsten Harries, tr. Lisa Harries and Joachim Neugroschel (New York: Paragon House, 1990), p. 13.
47 Heidegger, "Letter on Humanism," p. 222.
48 Ibid., pp. 236-240 を参照。